»Alles Schreiben hat ja das Ziel, daß wir drei wieder zusammenkommen«

Walter Kaufmann (19. Januar 1924 – 15. April 2021)

L. Joseph Heid (Hg.)

Johanna Kaufmann / Sally Kaufmann

# »Alles Schreiben hat ja das Ziel, daß wir drei wieder zusammenkommen«

Nachrichten an den Sohn Walter Kaufmann 1939–1943

Duisburger Geschichtsquellen 15

Redaktion:
Dr. Andreas Pilger

Die Reihe DUISBURGER GESCHICHTSQUELLEN wird herausgegeben von der
Stadt Duisburg
Der Oberbürgermeister
Dezernat für Familie, Bildung und Kultur, Arbeit und Soziales
Stadtarchiv
sowie der Mercator-Gesellschaft e. V. Duisburg

Titelbild:
Letzte gemeinsame Ferien der Familie Kaufmann, Domburg/Niederlande, August 1937
(Foto: Privatarchiv Walter Kaufmann)

1. Auflage Mai 2021
Umschlaggestaltung: SatzHerstellung Verlagsdienstleistungen Heike Amthor, Fernwald
Satz und Gestaltung: SatzHerstellung Verlagsdienstleistungen Heike Amthor, Fernwald
Druck und Bindung: Plump Druck & Medien GmbH, Rolandsecker Weg 33,
       53619 Rheinbreitbach

© Klartext Verlag, Essen 2021

**KLARTEXT**

Jakob Funke Medien Beteiligungs GmbH & Co. KG
Jakob-Funke-Platz 1, 45127 Essen
info@klartext-verlag.de, www.klartext-verlag.de

ISBN 978-3-8375-2097-2

Alle Rechte der Verbreitung, einschließlich der Bearbeitung für Film, Funk, Fernsehen, CD-ROM, der Übersetzung, Fotokopie und des auszugsweisen Nachdrucks und Gebrauchs im In- und Ausland sind geschützt.

Bibliografische Information der Deutschen Bibliothek
Die Deutsche Bibliothek verzeichnet diese Publikation in der Deutschen Nationalbibliografie; detaillierte bibliografische Daten sind im Internet über http://www.dnb.de abrufbar.

»Denn jeder einzelne Mensch ist schon eine Welt, die mit ihm geboren wird und mit ihm stirbt, unter jedem Grabstein liegt eine Weltgeschichte.«

*Heinrich Heine, Reisebilder, Reise von München nach Genua, 1828*

# Inhalt

*Walter Kaufmann*
Zum Geleit .................................................... 9

*L. Joseph Heid*
Vorwort und Dank ............................................. 11

*L. Joseph Heid*
Johanna und Sally Kaufmann und ihre Briefe an Sohn Walter Kaufmann.
»Wir schreiben andauernd Briefe und einmal wird auch für uns der Brief
kommen, der uns die Möglichkeit gibt, irgendwo andershin zu kommen.«
.................................................................. 21

Walter Kaufmann: Johanna Kaufmann – Duisburg, 1938 ............... 21
1. Duisburg, 19. Januar 1939 ..................................... 22
2. November 1938 – der Judenpogrom ............................. 29
3. Das rettende Ufer – Kindertransporte nach England 1938/39 ....... 42
4. Hugo Daniels – der »gute Onkel«? ............................. 45
5. Anna Essinger und die New Herrlingen/Bunce Court School –
   eine Exilschule in Kent ....................................... 52
6. Dr. iur. Sally Martin Kaufmann und Johanna Kaufmann .......... 59
7. Der »Dunera«-Boy ............................................ 67
8. »Vati rechnet sehr damit, daß wir im Laufe des Jahres noch fortkämen«.
   Sally Kaufmanns Auswanderungsbemühungen .................. 71
Exkurs: Kuba, enttäuschte Hoffnung auf Rettung ................... 80
9  Die Briefe – Traumatisierung durch Trennung .................... 86
10 Postverkehr in Zeiten des Krieges .............................. 92
11 Der Schein der Normalität ..................................... 97
12 Die Kaufmanns – eine jüdische Familie ........................ 106
13 »Wir haben aber die feste Zuversicht, dass der Allgütige unseren Weg
   richtig lenkt«. Das Schicksal von Sally und Johanna Kaufmann ..... 114
14 Das zweite Leben des Walter Kaufmann ........................ 130

Walter Kaufmann: Sally Martin Kaufmann – Duisburg, 1929 .......... 145

*L. Joseph Heid*
Editorische Notiz ................................................. 147
Stammbäumchen Familie Kaufmann .............................. 149

**Briefe**

England ............................................................ 151

*Januar 1939 – Dezember 1939* ...................................... 151
*Januar 1940 – Mai 1940* ............................................ 297

Australien ......................................................... 320

*Februar 1941 – Dezember 1941* ..................................... 320
*Januar 1942 – Dezember 1942* ...................................... 347
*Januar 1943 bis Februar 1950* ...................................... 374

Abkürzungen ....................................................... 389

Quellen und Bibliographie .......................................... 391

Bildnachweis ....................................................... 403

Personenregister ................................................... 405

*Walter Kaufmann*
# Zum Geleit

Ludger Heid hat den Briefen meiner Eltern eine Dokumentation vorangestellt, die weit über eine schlichte Einleitung hinausgeht: Sie ist gut recherchiert und – erschütternd! Sie beschwört das Grauen der Nazizeit herauf, die Zeit der Peitsche und der Galgen, die Zeit, in der die Judenheit Deutschlands, die Judenheit Europas aufs tödlichste bedroht war. Am Schicksal einer jüdischen Familie, meiner Familie, an dem, was meinem Vater geschah, meiner Mutter geschah, was mir geschah, wird nacherlebbar, was deutschlandweit geschah. Die Stadt Duisburg steht für alle deutschen Städte. Wie sich in Duisburg die Unterdrückung der Juden von Jahr zu Jahr, Monat zu Monat, Tag zu Tag steigerte, die Bürger der Stadt zunehmend feindlich gegen ihre jüdischen Nachbarn wurden, es nach den Novemberpogromen im Jahr 38 hemmungslos weiterging: Enteignung der Juden, Zwangseinweisung in Judenhäuser, Verschleppung nach Theresienstadt bis hin zur Vernichtung im Gas von Auschwitz, all das wird am Schicksal meiner Eltern vorgeführt – ihr Schicksal steht für das Schicksal all jener Juden, die Nazideutschland nicht rechtzeitig verlassen hatten, nicht verlassen konnten und so der braunen Macht zum Opfer fielen. Ludger Heids Dokumentation summiert sich zu einem Dokument des Grauens.

Acht Jahrzehnte habe ich die Briefe meiner Eltern verwahrt: in England, im australischen Exil, habe sie im fünfundfünfziger Jahr zurück nach Deutschland bringen und der Staatsbibliothek in Berlin überreichen können. Was mit meinen Briefen an die Eltern geschah, weiß keiner. Trugen die Eltern sie nach Theresienstadt, verbrannten die Briefe allesamt in den Krematorien von Auschwitz? Ludger Heid ist anzurechnen, dass er sich in die Gefühlswelt des jungen Flüchtlings Walter Kaufmann zu versetzen vermochte, als er schrieb: »… die Kinder (gemeint sind jüdische Kinder in der Emigration, W.K.) litten darunter, dass ihnen die Gefahren, in denen die zurückgebliebenen Eltern schwebten, durchaus bewusst waren und sie ihnen nicht helfen konnten …« So sehr ich in England und in Australien den Briefen meiner Eltern entgegenfieberte, mir graute es vor dem, was die Briefe mir mitteilen würden, weil ich so wenig für die Eltern tun konnte.

Walter Kaufmann, im Herbst 2018

# Vorwort und Dank

Im Jahre 2013 erschien im Jerusalemer Verlag Keter Press eine schmale, reich illustrierte Briefedition »Postkarten an einen kleinen Jungen«, die auf anrührende Weise die Geschichte vom jüdischen Kindertransport nach England nacherzählt. Es ist eine Veröffentlichung des Internationalen Instituts für Holocaust-Forschung, Yad Vashem, der israelischen zentralen nationalen Gedenkstätte in Jerusalem. Autoren sind Henry Foner und Heinz Lichtwitz.[1] Indes handelt es sich hier nicht um zwei Autoren: Heinz Lichtwitz wurde am 12. Juni 1932 in Berlin geboren, später gab er sich den Namen Henry Foner. Foner war der Name der englischen Gastfamilie, die den kleinen Heinz liebevoll aufnahm, sein Leben rettete, ihn in ihre Obhut nahm und ihn erzog. Viele deutsche Juden haben sich nach dem Holocaust, nach Befreiung und Emigration einen anderen Namen zugelegt.

Es ist dies, soweit bekannt, die einzige veröffentlichte Edition von Postkarten, die ein Vater seinem mit einem Kindertransport nach England geschickten Kind in den Jahren ab 1939 nach England sandte, bis dieser Postverkehr gezwungenermaßen zum Erliegen kam – Max Lichtwitz, der Postkarten schreibende Vater, wurde im August 1942 deportiert, dann ermordet. Es handelt sich um ein einmaliges archivalisches Korpus.

Heinz Lichtwitz war, als er die erste, am 3. Februar 1939 geschriebene Postkarte erhielt, gerade sechseinhalb Jahre alt, und die Postkarten, die ihn in den folgenden Wochen und Monaten regelmäßig aus Berlin erreichten, waren Karten aus der Welt der Märchen oder hatten Tiermotive, bunte Bildchen, es waren Ansichtskarten voller Lebensfreude. Ihre Publikation nimmt sich aus wie eine illustrierte Geschichte des Kindertransports, liebevoll, zärtlich, kindgerecht in der äußeren Buchform ausgestaltet, eine bunte, ja eine imaginierte schillernde Welt, so könnte man auf den ersten Blick meinen. Indes verbirgt sich hinter dieser bunten Fassade eine Welt des Schreckens.

1   Foner/Lichtwitz 2013.

Anders die Briefe oder Karten, die der fünfzehnjährige Walter Kaufmann – zwei Wochen vor »Heini« Lichtwitz mit einem Kindertransport nach England gelangt – ab dem 19. Januar 1939 über einen Zeitraum von viereinhalb Jahren von seinen Eltern erhält. Die Eltern von Walter Kaufmann, das sind Johanna Kaufmann und ihr Mann Dr. Sally Martin Kaufmann, von den NS-Behörden mit Berufsverbot belegt, gewesener Anwalt und Notar, Vorsitzender der Jüdischen Gemeinde Duisburgs, die im Begriff ist, sich aufzulösen. Die meisten Gemeindemitglieder können sich durch Auswanderung oder Flucht retten, diejenigen, denen das bis Herbst 1941 nicht gelingt, sind sozusagen zur Deportation verurteilt und damit dem sicheren Tod überantwortet.

Den Kaufmann'schen Briefen und Karten sieht man nach fast achtzig Jahren die Gebrauchsspuren an. Hier ist nichts vordergründig Schönes: Wasser- und Tintenflecken, abgetrennte Ecken, wo einmal eine Briefmarke geklebt hat, kurz: Man sieht sofort, dass diese Briefe und Karten öfters gelesen wurden. Dieses Briefkonvolut von Nachrichten Johanna und Sally Kaufmanns ist einmalig, einzigartig, es sind Nachrichten, die sie im Zeitraum vom 19. Januar 1939 bis zum 24. Juni 1943 ihrem Sohn Walter zunächst nach »Otterden near Faversham« in der Grafschaft Kent zusenden, dann (ab Sommer 1940) in die unwirtlichen Gefangenenlager Hay und Tatura im Südwesten bzw. Nordwesten Australiens, weit entfernt von den Städten und der Küste, denn die Internierten sollen keinen Kontakt mit Australiern haben. Dann wird das Ehepaar Kaufmann ins Ghetto Theresienstadt deportiert, von dort ins Vernichtungslager Auschwitz verschleppt, wo sie, am 30. Oktober 1944 eintreffend, an der berüchtigten Rampe selektiert und vermutlich unmittelbar danach ins Gas gestoßen werden.[2] Oder anders, in ihrer Diktion ausgedrückt, sie »reisen« von Duisburg ab, gehen auf die »große Reise«.

Es sind insgesamt 144 Poststücke – Briefe, Karten, Päckchen –, die Johanna und Sally Kaufmann ihrem Sohn zukommen lassen, Zeugnisse von mutigen Eltern, die sich aus Liebe von ihrem Sohn trennen, um ihn in schwerster Zeit in Sicherheit zu wissen. Die Briefe und Karten atmen den Geist inniger Zuneigung, handeln auch von gütigen, anständigen Menschen, die in Großbritannien einem jungen Menschen Zuflucht und die Chance auf ein neues Leben gewähren.

---

2   Roden 1986a, Teil 2, S. 1165; Gedenkbuch, Deportationschronologie (https://www.bundesarchiv.de/gedenkbuch/chronicles.html.de?page=1) sowie die Einträge https://bundesarchiv.de/gedenkbuch/de896513 und https://www.bundesarchiv.de/gedenkbuch/de896943, abgerufen 9.8.2020.

Der am 19. Januar 1924 in Berlin geborene Walter Kaufmann, der ursprünglich Sally Jitzchak Schmeidler heißt, ist der Sohn einer zum Zeitpunkt der Geburt siebzehnjährigen, ledigen Mutter, Rachela Schmeidler, eine Verkäuferin im Kaufhaus Tietz, die in einer Kellerwohnung in der Mulackstraße mitten im ostjüdisch geprägten Berliner Scheunenviertel wohnt. Das geht aus seiner Adoptionsurkunde hervor. Mehr hat der Sohn Walter nicht herausgefunden, mehr weiß er nicht. Die ledige Mutter ist nicht in der Lage, ihren Sohn zu versorgen. Die Familie, in die Walter Kaufmann ab dem dritten Lebensjahr hineinwächst, ist das genaue Gegenteil des Milieus, aus dem er stammt. Der Adoptivvater ist promovierter Jurist, angesehener Rechtsanwalt und Notar in Duisburg, alteingesessen und prominent, gutbürgerlich, vornehm. Ein liberaler Jude, den das Schicksal dazu bestimmt, die Jüdische Gemeinde in den Jahren der Verfolgung zu führen, den Gemeindemitgliedern Beistand zu leisten, wo und wann immer das unter den obwaltenden Umständen überhaupt möglich ist.

Es ist nach den November-Ereignissen des Jahres 1938 für die Eltern Kaufmann ein Gebot der Stunde, dass Sohn Walter so schnell wie möglich Deutschland verlassen soll. Alles muss er zurücklassen. Das Zuhause, die (materielle) Sicherheit und natürlich die Eltern, Familienangehörigen und Freunde, die er zum größten Teil nie mehr wiedersehen wird. Die Erinnerungen hat Walter Kaufmann mitgenommen – und den Schmerz des Verlustes.

Mehr als 10 000 Kinder und Jugendliche werden zwischen Dezember 1938 und dem Kriegsbeginn im September 1939 mit dem sogenannten Kindertransport nach Großbritannien gerettet. Neben der Jugend-Aliyah, mit der 1933–1939 etwa 5000 Kinder und Jugendliche nach Palästina gelangen, sind die Kindertransporte das bedeutendste Werk zur Rettung von Kindern und Jugendlichen vor der nationalsozialistischen Verfolgung. Anlass für die Kindertransporte nach Großbritannien sind Presseberichte über die im Ausland Entsetzen auslösenden Pogrome am 9. und 10. November 1938, in deren Verlauf in ganz Deutschland Synagogen angezündet, Geschäfte und Wohnungen zerstört und jüdische Männer, Frauen und Kinder misshandelt werden. Mindestens 463 Kinder aus dem Rheinland und mindestens 260 Kinder aus Westfalen können mit einem Kindertransport gerettet werden.[3]

Nach dem Eintritt Großbritanniens in den Krieg mit Deutschland wird der nunmehr sechzehnjährige Walter Kaufmann – wie all die anderen mit einem Kindertransport aus Nazi-Deutschland nach Großbritannien geflohenen

---

3   Siehe Kindertransporte aus Nordrhein-Westfalen, http://www.kindertransporte-nrw.eu/kindertransporte_fluchtpunkt.html, abgerufen 20.08.2020.

deutsch-jüdischen Jugendlichen – zum »feindlichen Ausländer« erklärt und unter schikanösen Umständen mit Hunderten anderen deutschen Flüchtlingen nach Australien deportiert.

Nachdem Walter Kaufmann aus britisch-australischer Gefangenschaft entlassen ist und viereinhalb Jahre Dienst in der australischen Armee getan hat, beginnt er ein aufregendes Leben, ein komplexes Schriftstellerleben, das ihn über die Jahrzehnte durch die Kontinente führt. Und dabei beobachtet er gut und verdichtet seine Beobachtungen in seinen Erzählungen. In seinen häufig autobiografischen Storys scheinen auch immer wieder die Erinnerungen an seine geliebten Eltern auf. Doch erst im hohen Alter schreibt er zwei kurze Porträts über seine Eltern. Aus Sicht des Herausgebers macht es tiefen Sinn, diese beiden biografischen Skizzen exponiert in die Einleitung zur Briefedition aufzunehmen und diese sozusagen einzurahmen – das Porträt der Mutter steht am Anfang, die Biografie des Vaters schließt den Einführungstext ab.

Walter Kaufmann teilt das Schicksal mit über 10 000 anderen jüdischen Kindern und Jugendlichen aus dem »großdeutschen« Raum, als er Anfang 1939 als Jugendlicher, allein, auf einen Kindertransport nach England geschickt wird. Dort lebt und kümmert sich zwar ein »Pflegevater« um ihn, doch vermag er zu ihm kein Vertrauensverhältnis aufzunehmen. Mit der familiären Fürsorge ist es vorbei, als die jüdischen Flüchtlinge aus Deutschland bei Kriegsbeginn von England aus nach Australien deportiert und dort interniert werden. Deportiert und interniert werden in dieser Zeit auch seine in Duisburg ausharrenden Eltern, die ihren Tod über den »Umweg« Theresienstadt in einer der Gaskammern in Auschwitz finden.

Walter Kaufmann bekannte einmal, dass kein Tag vergehe, an dem er nicht an seine Eltern denke, die in Auschwitz ermordet wurden, während er, weit entfernt auf der anderen Seite der Erdkugel, in einem britischen Internierungslager in Australien ausharren musste und erst Jahre später vom grausamen Schicksal seiner Eltern erfuhr.

Die Briefe und Postkarten, die Johanna und Sally Kaufmann ihrem Sohn Walter in dessen Exiljahren in England und Australien schreiben, hat Walter Kaufmann, wie er einmal sagte, aus »Liebe zu den Eltern« aufgehoben – zunächst in Bunce Court, einer kleinen Gemeinde in Kent im Südosten Englands, wo er zur Schule ging. Er hat die Briefe seiner Eltern wie den sprichwörtlichen Augapfel gehütet, hat sie bei seiner eigenen Deportation bei sich getragen, durch die Irische See, auf dem Militärtransporter *Dunera* mit all den deutschen Gefangenen an Bord, der deutschen Torpedos trotzte, vorbei an der französischen und entlang der gesamten westafrikanischen Küste um das Kap der Guten Hoffnung – was für ein sinnträchtiger Name – durch den Indischen Ozean bis in das entlegene Australien. Später dann trägt er sie als angeheuerter Seemann erneut über die Weltmeere hin und her.

Was eines Tages mit den Briefen geschehen sollte, darüber hat Walter Kaufmann lange Zeit keine Pläne. Sie gelangen im Jahre 1956 an Bord eines DDR-Schiffes an ihren Ausgangspunkt – nach Deutschland – zurück, als Walter Kaufmann vom Olympia-Komitee der DDR als Dolmetscher berufen und sein spärlicher Besitz von Sydney nach Übersee überführt wird. Nachdem er sich in Berlin/DDR niedergelassen hat, werden sie in der Wohnung Walter Kaufmanns zunächst in Berlin-Kleinmachnow, später am Märkischen Ufer in Berlin-Mitte aufbewahrt. Im Jahre 2008 überlässt er das Briefkonvolut der Handschriftenabteilung der Staatsbibliothek zu Berlin – Preußischer Kulturbesitz, als Vorlass. Hier finden sie ihr endgültiges Domizil.

Die Briefe und Karten von Johanna und Sally Kaufmann handeln von der Sorge um ihren minderjährigen Sohn, der am 19. Januar 1939, gerade fünfzehn Jahre alt geworden, mit dem jüdischen Kindertransport aus dem nazistischen Deutschland nach Großbritannien hat fliehen können. Die Eltern haben derweil die zuversichtliche Erwartung auf ein baldiges Wiedersehen mit ihm. Die Briefe handeln zugleich von der Hoffnung der Eltern, mit ihrem Sohn in einem anderen Land noch einmal neu beginnen zu können, eine Hoffnung, die mehr als vier Jahre währt, doch am Ende zerstört wird. Freie Nationen haben sich als hartherzig gegenüber den jüdischen Verfolgten gezeigt und überantworten durch ihre Grenzschließungen Hunderttausende einem grausamen Tod. Sally Kaufmann ist zur Geisel der Nazis geworden. Auf tragische Weise ist er gezwungen, die Jüdische Gemeinde seiner Heimatstadt Duisburg aufzulösen, um selbst mit dem letzten Deportationszug über Theresienstadt in das Vernichtungslager Auschwitz verschleppt zu werden.

Er, Sally Kaufmann, handelt im Auftrag der Nazi-Behörden, der Gestapo, auf deren Geheiß, und nicht aus eigener Machtvollkommenheit. Er selbst verfügt über keine Macht. Die Nazis haben ihn heimtückisch zu ihrem Werkzeug gemacht. Welch eine Erniedrigung für einen unbescholtenen Mann, seinen eigenen Glaubensgenossen die Nachrichten über deren Deportation mitteilen zu müssen. Johanna und Sally Kaufmann werden ermordet, Walter Kaufmann überlebt den Holocaust in Australien in britischer Internierung und anschließendem Militärdienst und beginnt nach Kriegsende ein intensives, erfülltes Leben als anerkannter Schriftsteller.

Inhaltlich spiegeln die postalischen Nachrichten der Eltern nicht annähernd die tatsächlichen Bedrückungen wider, denen sie als Juden ausgesetzt sind. Das mag seinen Grund in der Bemühung haben, den Sohn nicht mehr zu ängstigen, als er ohnehin besorgt ist. Es sind zumeist sachlich gehaltene Berichte, in ihrer Diktion vorsichtig formuliert, sprachlich abgewogen. Erzählt wird vom Alltag in Duisburg, und es sind Handreichungen für den Sohn, damit er sich in der Fremde besser zurechtfindet. Anrede- und Grußformeln sind über alle Maßen persönlich, intim, zärtlich, wenn von »innigst«, »allerliebst«, »herzlichst«, »tausend Küsse« die Rede ist – sprachliche Superlative.

Dem Sohn wird so weit als möglich Normalität vorgegaukelt: Unbeschwertes »gemütliches« Zusammensein mit Freunden und Verwandten, mit denen man Kaffee trinkt, Kartoffelsalat mit Würstchen isst, Belanglosigkeiten, Klatsch und Tratsch sind die tonangebenden Nachrichten von Haus zu Haus. Von antijüdischen Maßnahmen des Regimes, die sich auf die noch in Duisburg lebenden Juden und damit auch auf die Kaufmanns unmittelbar auswirken, ist in den Briefen wenig oder nichts zu lesen. Das eigentlich Furchtbare findet sich in den Briefen und Karten *nicht* wieder, scheint allenfalls zwischen den Zeilen auf – bedrückend für den heutigen Leser, der um das historische Geschehen weiß.

Dabei hat das Deutsche Reich in der Nacht vom 9. auf den 10. November 1938 endgültig aufgehört, ein Rechtsstaat zu sein. In dieser Nacht hat ein verbrecherischer Mob das Kaufmann'sche Haus in der Duisserner Prinz-Albrecht-Straße gestürmt, seine Bewohner körperlich attackiert, das Mobiliar zerstört, Sally Kaufmann in sogenannte Schutzhaft genommen und wenige Tage später ins Konzentrationslager Dachau verschleppt. Nach dem Ende des Pogroms gibt die Reichsregierung bekannt, der »Führer« werde von nun an die »Judenfrage« auf dem Verordnungswege lösen – »legal, aber hart«, wie Joseph Goebbels am 12. November im *Völkischen Beobachter* schreibt. Jetzt werde »tabula rasa« gemacht, notiert der hinkende Propagandaminister am 13. November 1938 in sein Tagebuch.[4] Selbst in ihrem verbrecherischen Tun sind die Nazis darauf bedacht, ihren Maßnahmen eine Scheinlegalität zu geben.

In den Tagen darauf hagelt es Verordnungen und Gesetze, die darauf abzielen, der jüdischen Minderheit die Existenzgrundlage zu rauben. Bald dürfen Juden kein Haus- und Grundeigentum mehr haben; Juden dürfen keine Geschäfte mehr führen und müssen ihre Unternehmen und Betriebe veräußern; der möglichst niedrig anzusetzende Erlös kommt auf ein Sperrkonto, das der Staat verwaltet, kurz: Juden werden zu Almosenempfängern ihrer Todfeinde.

Nicht genug der Entrechtung und Enteignung, man will Juden auch die Luft zum Atmen nehmen: Juden dürfen keine Kraftfahrzeuge mehr halten und keinen Führerschein haben; Juden dürfen nicht mehr auf allgemeine Schulen und Universitäten; Juden dürfen keine Theater, Konzerte, Kinos, keine Rummelplätze, keine Sportplätze und Bäder, keine Lesehallen und Museen mehr besuchen. Dem Berufsverbot für Ärzte und Anwälte folgt jetzt dasjenige für Zahnärzte, Tierärzte,

---

4   Goebbels 1992, Bd. 3, S. 1284.

Apotheker und Hebammen. Juden müssen – außer den Eheringen – alles abliefern, was sie an Edelmetall und Schmuck besitzen. Juden dürfen keine Brieftauben mehr halten. Die antijüdischen Verbote nehmen kein Ende. Die Habgier des NS-Staates ist kaum zu stillen. Die Nazis erweisen sich nicht nur als Mörder – sie sind Raubmörder.

All das geschieht in den Monaten nach dem Novemberpogrom des Jahres 1938, einiges zwischen Pogrom und Walter Kaufmanns Abreise aus Deutschland – und von all dem findet sich in den Kaufmann'schen Briefen kein Wort, allenfalls zwischen den Zeilen in vager Andeutung. Etwa 100 000 deutschen Juden gelingt es noch, bis Kriegsbeginn ins Ausland zu entkommen. Doch viele können die Mittel nicht aufbringen oder erhalten keine Auswanderungspapiere. Zu diesen zählen Johanna und Sally Kaufmann, allen Bemühungen zum Trotz. Manche mögen sich trotz allen Elends immer noch nicht von ihrer Heimat trennen. Es ist für den, der das Ende kennt, bedrückend zu lesen, wie sich die Hoffnung der Eltern, ausreisen zu können, durch die Briefe zieht, eine Hoffnung, die immer aufs Neue enttäuscht wird.

Handgeschriebene, nicht immer leicht zu entziffernde Texte aus der Sütterlinschrift zu übertragen und in den Rechner einzugeben ist eine anstrengende Arbeit – und in diesem Fall eine quälende dazu, weil es um ein Schicksal dreier Personen geht, das berührt, das nicht kalt lassen kann. Zwei Personen schreiben fast täglich Briefe oder Reichspostkarten: Dr. Sally Martin Kaufmann ist beinahe 53 Jahre alt, als er seine Korrespondenz beginnt, seine Ehefrau Johanna, geborene Hartoch, steht vor ihrem 49. Geburtstag. Wir wissen um ihr Ende. In der *Geschichte der Duisburger Juden* heißt es lakonisch: »1943 […] nach Theresienstadt deportiert, von hier aus kurz vor Kriegsende nach Auschwitz.« Und weiter dann: »8.5.1945 für tot erklärt.«[5] Das alles ist bekannt, als uns die Briefe zur Kenntnis gelangen.

Es sind Briefe und Karten, die Wort für Wort in die moderne Schriftform übertragen sein wollen, und sie handeln allesamt von einer Person, die selbst gar nicht mit auch nur einer einzigen Zeile zu Wort kommt – der Sohn Walter. Walter Kaufmanns Briefe und Karten, die er seinen Eltern schreibt, sind verloren. Ob die Eltern die Lebenszeichen ihres Sohnes mit in das Lager nehmen konnten?

Die Eltern gehen stets detailliert auf den Inhalt von Walters Mitteilungen ein, weil sie alles interessiert, was der Sohn schreibt, wie er sich entwickelt, welche schulischen Fortschritte er macht, mit welchen Freunden er sich umgibt, welche Berufsvorstellungen er hat, all das können wir aus den Briefen von Johanna und

---

5   Roden 1986a, Teil 2, S. 1165.

Sally Kaufmann herauslesen und verstehen. Mit fortschreitender Zeit werden die Erwartungen größer, wachsen sich die Fragen der Eltern an den Sohn zu Ermahnungen und schließlich Forderungen aus, befürchten sie doch, dass sie über die Distanz hinweg die Kontrolle über und den Einfluss auf ihren Filius zu verlieren drohen.

Das Briefkonvolut von Johanna und Sally Kaufmann bildet ein geschlossenes Korpus, das mit dem Tag der Abreise von Sohn Walter am 19. Januar 1939 nach England beginnt und mit dem letzten Lebenszeichen der Eltern, dem Tag ihrer »Abreise« nach Theresienstadt am 24. Juni 1943 endet, viereinhalb Jahre, in denen sich das Schicksal des deutschen Judentums und mit ihm das der Kaufmanns auf tragische Weise entschied.

Niemals ist auch nur von einem einzigen nichtjüdischen Nachbarn die Rede, der Empathie für die verfolgten Juden gezeigt hätte. In den Kaufmann'schen Briefen spiegelt sich nicht nur eine »typische« deutsch-jüdische Familiengeschichte, sondern die Korrespondenz erzählt *en miniature* die deutsch-jüdische Beziehungsgeschichte in ihren tragischen Facetten. Es ist zugleich eine Geschichte der großen jüdischen Wanderung in den 1930er und 1940er Jahren. Die Juden, das Volk der Diaspora.

Die hier vorgestellten Briefe wurden vor mehr als fünfundsiebzig Jahren geschrieben, die ältesten vor über achtzig Jahren. Es sind »einfache« Briefe, die die Eltern an ihren heranwachsenden Sohn geschrieben haben, der gerade erst fünfzehn Jahre alt geworden war. Einfache, ungestelzte und schnörkellose, nicht für die Nachwelt geschriebene Briefe, einfach, nicht im (ab)wertenden Sinne gemeint, und ursprünglich nicht verfasst in der Absicht, diese eines fernen Tages vor einem breiten interessierten Publikum zu veröffentlichen. Wer eine intellektuelle, literarische Tiefe in den Briefen sucht, muss zwangsläufig enttäuscht werden. Es sind Briefe des gewöhnlichen Alltags.

Die Briefe von Johanna und Sally Kaufmann erzählen eine Geschichte von Leid (und unvollendetem) Glück, von einer scheinbaren Normalität, die es so nicht gab. Indes ist es eine Geschichte, die sich tatsächlich so ereignet hat. Eine Geschichte, die von Flucht und Emigration handelt, von geglückter und misslungener. Und von Mord. Eine Geschichte, die von furchtbaren Lebensschicksalen berichtet. Nichts ist frei erfunden. Die Briefe Johanna und Sally Kaufmanns, der Hauptgegenstand dieser Edition, sind für die allgemeine wie für die jüdische Geschichte der Stadt Duisburg wichtig und bedeutsam. Eine Geschichte, die sich auch anderswo genauso oder so ähnlich abgespielt haben mag.

Es bedarf keiner umständlichen Erläuterung, dass die hier veröffentlichten Briefe keiner »neutralen« Quellengattung zuzurechnen sind. Der Herausgeber ist überaus dankbar für die Möglichkeit, Gespräche mit dem Empfänger der Briefe – Walter Kaufmann – haben führen zu dürfen, der ihm, aller verständlichen menschlichen Unzulänglichkeiten zum Trotz, wertvolle Einblicke und Einschätzungen zu Aspekten geben konnte, die in den Briefen entweder unerwähnt blieben oder sich zwischen den Zeilen verbergen.

Der Zeitgenosse von heute, der den Verlauf und das grausame Ende der Geschichte kennt, kann die Briefe nur mit großer Beklemmung und Erregung lesen. Er verfügt über ein Wissen, das die Menschen damals nicht hatten, die nicht im Entferntesten auch nur ahnen konnten, was das Schicksal für die zu wehrlosen Opfern herabgewürdigten Juden bereithielt, ein Schicksal, das jede menschliche Fantasie übersteigt.

\*

Dr. Uri Kaufmann und Martina Strehlen, beide Alte Synagoge Essen, halfen mit archivalischen Auskünften; ebenso Immo Schatzschneider, Mahn- und Gedenkstätte für die Opfer des Nationalsozialismus, Düsseldorf. Dank an Marinko Betker, Dr. Michael Kanther und Monika Nickel vom Stadtarchiv Duisburg und Robin Richterich vom Zentrum für Erinnerungskultur, Menschenrechte und Demokratie der Stadt Duisburg, der das Projekt mit großem Interesse und Anregungen begleitet hat. Dr. Andreas Pilger, Direktor des Stadtarchivs Duisburg, sei für seine engagierte redaktionelle Mühewaltung, seine großzügige Förderung des Editionsprojekts und die Aufnahme in die Reihe der »Duisburger Geschichtsquellen« gedankt. Meinen lieben Freundinnen Sabine Grefe (Übersetzungen) und Marion Marquardt (Recherche) sei herzlich gedankt. Dank an Rebekka Kaufmann für die Überlassung von Fotos und Deborah Kaufmann für biografische Hinweise. Meine Frau Karin hat alltäglich über viele Monate mit großer Empathie und Anregungen das Kaufmann-Projekt mit getragen. Zu guter Letzt danke ich Walter Kaufmann für die Genehmigung, die Briefe seiner Eltern abzudrucken, und für die unendliche Geduld, mit der er alle an ihn gerichteten Fragen – die seine schmerzliche Erinnerung an das Geschehen, das mehr als achtzig Jahre zurückliegt, wieder hochkommen ließen – mit bestem Wissen und Vermögen beantwortete.

L. Joseph Heid<br>Im Sommer 2020

*L. Joseph Heid*

»Wir schreiben andauernd Briefe und einmal wird auch für uns der Brief kommen, der uns die Möglichkeit gibt, irgendwo andershin zu kommen.«

# Johanna und Sally Kaufmann und ihre Briefe an Sohn Walter Kaufmann

## Walter Kaufmann

### Johanna Kaufmann – Duisburg, 1938

*Nie war ich meiner Mutter so nah, waren wir uns beide so nah, wie in dem Augenblick, als sie zu mir hoch rief: »Komm vom Dach, ich flehe dich an! Komm vom Dach runter.« Ich aber ließ nicht davon ab, auf dem Sims zu balancieren, gefährlich nah am Rand, hoch über der Straße, und rief laut zurück: »Liebst du mich. Sag, dass du mich liebst!« Sie rief: »Ich liebe dich. Bitte – komm vom Dach.« Ich hangelte mich bis zu einem der Haken zwischen den Ziegeln, hielt mich daran fest und erreichte so das Oberlicht, durch das ich aufs Dach gelangt war, und ließ mich zurück auf den Dachboden fallen. Unten im Haus stieß ich auf meine Mutter, die verstört im Korbsessel der Diele saß. »Warum tust du mir das an«, hauchte sie, »warum bloß tust du mir das an?« »Weil ich will, dass du mich lieb hast.« »Aber das habe ich doch, das habe ich doch«, beteuerte sie, was ich für diesen Augenblick, und nur für diesen einen, auch glauben wollte.*

*Nicht lange später war es wieder anders, nicht lange später zweifelte ich erneut an ihrer Liebe. Und das ging so, bis in den November achtunddreißig, als Mutter und ich im Keller unseres Hauses hockten, wohin uns die SS-Männer verbannt hatten. Über uns hörten wir das Stampfen von Stiefeln, das Splittern von Holz, das Klirren von Glas. Ich versuchte, mich von Mutter loszureißen, um herauszubekommen, was da passierte, doch sie hielt mich so fest wie nie zuvor. »Geh nicht fort. Bleib hier, bleib hier bei mir«, flehte sie und ich blieb, bis das Stampfen der Stiefel verebbt und kein Laut mehr zu hören war. »Sie sind fort, Mutter, fort.« Sie aber ließ mich lange nicht los. »Du bist alles, was ich habe, alles* was mir geblieben ist.« Sie erschrak vor den eigenen Worten, aber es war, wie sie es empfand, wie sie es empfinden musste.

Nur Stunden zuvor hatte die Gestapo den Vater verhaftet – und noch am gleichen Tag, am Tag der Pogrome, verließen Mutter und ich das verwüstete Haus, fuhren zum Polizeipräsidium und eilten durch kahle Korridore von Zimmer zu Zimmer, um zu erfahren, wohin der Vater gebracht worden war. In jenen Minuten voller Angst und Verzweiflung war ich wirklich alles, was der Mutter geblieben zu sein schien, war ich ihr geliebter Sohn. Und nur wenige Wochen später fügte ich der Mutter den Schmerz ihres Lebens zu. Das war auf Gleis 13 des Duisburger Hauptbahnhofs, wo ich, gerade fünfzehnjährig geworden, den Zug bestieg, der mich und etliche Hundert weitere Flüchtlingskinder nach Holland bringen sollte, von wo wir hofften, nach England zu gelangen. »Mutter«, sagte ich, sagte es aus einer Ahnung heraus, die mir durch eine unbedachte Bemerkung unserer einstigen Hausangestellten gekommen war, »sei nicht traurig. Ich bin doch gar nicht dein Kind. Drum sei nicht traurig, bitte, Mutti!« Sie wurde blass, sie verstummte, sie erstarrte. Ich lehnte aus dem Abteilfenster, »Mutter, so hör doch«, rief ich. Sie hörte mich nicht. Der Zug ruckte an, fuhr ab, lange noch sah ich sie zwischen den anderen Müttern auf dem Bahnsteig, ihr bleiches Gesicht, ihr schwarzes Haar, und dann verlor ich sie im Rauch der Lokomotive aus den Augen …[1]

## 1. Duisburg, 19. Januar 1939

Der 19. Januar 1939 ist ein Donnerstag. Ein ganz normaler Wintertag im sogenannten Dritten Reich. Der Alltag läuft in geregelten nationalsozialistischen Bahnen. Das Reich bereitet sich auf die Feierlichkeiten zum sechsten Jahrestag von Hitlers Inmachtsetzung am 30. Januar 1933 vor. Das in Duisburg meistgelesene Lokalblatt, die *National-Zeitung*, macht auf der ersten Seite mit einem unspektakulären Artikel »Die jüngsten Offiziere vor dem Führer« auf, in dem davon die Rede ist, dass alle Leutnante des Offiziersjahrgangs 1939 von Adolf Hitler in der Reichskanzlei empfangen worden sind.[2] Viel martialisches Geschnarr und militärisches Geplärr. Die gesamte Seite drei widmet sich dem »Endkampf um Barcelona« im immer noch tobenden Spanischen Bürgerkrieg.

---

[1] Walter Kaufmann: »Johanna Kaufmann – Duisburg, 1938«, in: Kaufmann 2018, S. 35–36.
[2] Auch im Folgenden: National-Zeitung. Organ der Nationalsozialistischen Deutschen Arbeiterpartei, Nr. 19, Donnerstag, 19. Januar 1939.

3. Johanna Kaufmann mit Sohn Walter, ca. 1927.

Das kulturelle Leben der Stadt hat an diesem Tage nichts Außergewöhnliches zu bieten. Über das Duisburger Kulturprogramm an diesem 19. Januar 1939 berichtet die Duisburger *National-Zeitung* Folgendes: Im Theater steht *Das Land des Lächelns*, eine romantische Operette in drei Akten von Franz Lehár, einem von Hitlers Lieblingskomponisten (neben Richard Wagner), auf dem Spielplan. Das Libretto haben Ludwig Herzer und Fritz Löhner-Beda nach einer Vorlage von Victor Léon geschrieben. Aus dieser Operette stammt die berühmte Arie »Dein ist mein ganzes Herz«, die unter anderem durch Interpretationen von Richard Tauber weltbekannt wurde. Eine andere bekannte Arie in dieser Operette heißt »Ich möcht' wieder einmal die Heimat seh'n«. Welch eine Ironie, dass alle drei Librettisten Juden sind: Ludwig Herzer (1872–1939), der eigentlich Ludwig Herzl hieß, musste nach dem »Anschluss« Österreichs fliehen und konnte mit Mühe und Not im November 1938 noch das rettende Schweizer Staatsgebiet erreichen. Fritz Löhner-Beda, geboren 1883 als Bedřich Löwy, 1942 auf grausame Weise in Auschwitz erschlagen, war ein österreichischer Librettist, Schlagertexter und Schriftsteller. Victor Léon (1858–1940) hieß eigentlich Victor Hirschfeld, war ein österreichischer Librettist, Textdichter und Autor und Sohn des Rabbiners Jakob Heinrich Hirschfeld. Er wurde nach dem »Anschluss« Österreichs 1938 hochbetagt noch mit Berufsverbot belegt.

In die Duisburger Lichtspielhäuser kommen Anfang 1939 die aktuellen Kino-Hits, die allesamt 1938 abgedreht worden sind und Ende 1938 Premiere gefeiert haben: Im prächtig-eleganten Mercator-Palast läuft täglich in drei Vorstellungen *Nanon* mit Erna Sack, Johannes Heesters, Berthold Ebbecke und Otto Gebühr in den Hauptrollen. *Nanon* ist eine deutsche Verwechslungskomödie von Herbert Maisch aus dem Jahr 1938. Von der Zensur ist der Film als »jugendfrei ab 14 Jahre« freigegeben und erlebt am 15. November 1938, fünf Tage nach dem Novemberpogrom, im Ufa-Palast in Hamburg seine Premiere. Dieser »heiter-romantische« Operettenfilm wird von der Kritik als »kostümfreudig, nicht sonderlich originell«[3] beschrieben. Bei der FSK-Prüfung 1954 erhält der Film die Einstufung »ab 16 Jahre/nicht feiertagsfrei«. Im Gloria wird zum letzten Mal vor der Programmänderung *Nanu, Sie kennen Korff noch nicht?* mit Heinz Rühmann geboten, eine Kriminalkomödie von Fritz Holl, die am 21. Dezember 1939 ihre Uraufführung erlebt hat, und im Primus läuft in der dritten Woche *Sergeant Berry* mit Hans Albers, dessen Premiere am 22. Dezember 1938 in München stattfand und der erst am 26. Januar 1939, eine Woche nachdem er am 19. Januar in Duisburg angelaufen ist, in Berlin uraufgeführt werden wird.

Auf der Lokalseite ist eine Notiz der »Deutschen Arbeitsfront« der NS-Gemeinschaft »Kraft durch Freude« platziert, die einen »großen bunten Varieté-Abend« im Saale Rosendahl in Duisburg-Hamborn in der Weseler Straße unter dem Motto ankündigt: »*Die lustigen Sieben*, Eintritt: 80 Rpf.«[4]

Alles ganz normal für einen Januartag des Jahres 1939 – könnte man vermuten.

Doch »lustig«, wie es die Varieté-Veranstaltung der »Deutschen Arbeitsfront« vorzugeben verspricht, ist der Tag nicht für jeden Duisburger. An diesem Tag hat Walter Kaufmann, der Sohn des Vorsitzenden der Jüdischen Gemeinde Duisburgs und des gewesenen Rechtsanwalts und Notars, Dr. Sally Kaufmann, Geburtstag. Er wird fünfzehn Jahre alt.

Für Walter Kaufmann ist der 19. Januar 1939 ganz und gar nicht ein Tag wie jeder andere. Es ist der Tag, an dem er mit anderen Jugendlichen aus Duisburg über Holland nach Großbritannien abreisen wird. Seine Eltern, Sally und Johanna Kaufmann, haben ihn für einen jüdischen Kindertransport angemeldet. Sie wollen ihren Sohn angesichts der zunehmenden antijüdischen Gewalt in Sicherheit bringen, um dann selbst so bald wie möglich Deutschland, Duisburg zu verlassen, um sich mit ihrem Sohn wieder zu vereinigen.

Es liegt gerade einmal gut neun Wochen zurück, dass ein Pogrom über die Duisburger Juden gekommen ist, für den der Volksmund des splitternden Glases wegen, das die Straßen bedeckte, das euphemistische Wort »Kristallnacht« parat hatte. Nach den November-Exzessen haben die Nazi-Behörden für eine kurze Zeit einen scheinbar humanitären Spalt in ihrer Judenpolitik geöffnet und die Möglichkeit zugelassen, jüdische Kinder außer Landes, nach England, zu bringen, wenn alles seine Ordnung hat. Ihre Ordnung.

---

3   Wikipedia, Artikel »Nanon (Film)«, abgerufen 2.12.2019.
4   *National-Zeitung*. Organ der nationalsozialistischen Deutschen Arbeiterpartei, Nr. 19, Donnerstag, 19. Januar 1939.

Walter soll in der Obhut eines Vertrauten der Familie Kaufmann, mit Namen Hugo Daniels, in England zunächst seine Schulausbildung fortsetzen, die Eltern wollen dann, soweit einige persönliche Dinge zu Hause erledigt seien, nachkommen, und dann würde man weitersehen. Walter Kaufmann gehört zu etwa 10 000 jüdischen Kindern aus Deutschland, Österreich und der Tschechoslowakei, die in dieser Zeit nach England ausreisen können.

Die Kaufmanns sind über Ort und Zeitpunkt der Abfahrt sowie über die Menge des zulässigen Gepäcks, im Regelfall ein Koffer, benachrichtigt worden. Bekleidung, Bücher, Familienfotos, einige wenige persönliche Dinge hat Johanna für ihren Sohn zusammengepackt.

In Duisburg ist es nicht, wie andernorts, untersagt, dass die Eltern das Abfahrtgleis betreten. Es sind aufwühlende Szenen, die sich an diesem Morgen auf dem Duisburger Hauptbahnhof abspielen. Weinende Mütter, weinende Kinder, Abschiedsschmerzen. Peinlich berührt sind die Reisenden, die mehr oder weniger zufällig Augen- und Ohrenzeugen dieses Abschiedsszenarios werden und mitbekommen, was sich auf dem Perron ereignet.

Johanna Kaufmann ist glücklich, dass ihr Sohn Walter nach Großbritannien darf, und zugleich unglücklich über die Trennung. Sie kann angesichts des wartenden Zuges, der ihren Sohn zunächst nach Hoek van Holland bringen soll, auf dem Bahnsteig ihre Tränen nicht länger zurückhalten. Walter berührt das unangenehm, er hat seine Mutter nie zuvor weinen sehen. Mit einer tröstenden Bemerkung will er ihren Abschiedsschmerz lindern, indem er sagt, sie solle nicht traurig sein, er sei doch gar nicht ihr Sohn. Er meint es gut, denn er weiß seit einiger Zeit, dass er ein Adoptivkind ist,[5] hat aber in diesem Moment kein Gespür dafür, dass er seine Mutter mit diesem ungeschickten Hinweis tief verletzt. Ein Satz, dessen Tragweite er mit seinen jungen fünfzehn Jahren gar nicht recht begreift und der doch als Abschiedssatz nachklingt und ihn fortan quälen wird. Denkt er an die Abschiedsszene zurück, bleibt ihm lebenslang der Satz zurück: »Ich habe meiner Mutter sehr weh getan.«[6]

Walter Kaufmann kann auch nicht erfassen, nicht einmal ahnen, dass dies ein Abschied für immer sein wird. Er würde die geliebte Mutter, den Vater nie

---

5   Als Walter Kaufmann ungefähr zehn Jahre alt war, deutete die Kaufmann'sche Hausgehilfin an, er sei adoptiert. Was der Zehnjährige nicht begriff, ihn aber »mit Ahnungen erfüllte«. 1955 übergab ihm Maria Minuth, die ehemalige Sekretärin seines Vaters, die Adoptionsurkunde (Walter Kaufmann in einer E-Mail an den Verfasser, 25. November 2017).

6   Interview Walter Kaufmann, 25. Juni 2015.

mehr wiedersehen. In seine Heimatstadt Duisburg, in der er sein bisheriges Leben verbracht hat, würde er vorläufig nicht mehr zurückkehren. Erst als erwachsener Mann wird er die Stadt seiner Jugend und seiner Eltern wiedersehen. Und das wird ein schwieriges, schmerzliches und ernüchterndes Wiedersehen sein, eine Wiederbegegnung, die mit Trauer und Enttäuschungen verbunden ist, Wunden aufreißt, die nie wirklich geheilt waren.

Für die zurückbleibende Johanna Kaufmann bedeutet der Abschied von ihrem Sohn der Beginn einer Leidenszeit, die nicht mehr enden sollte. Für den jungen Walter bedeutet England Sicherheit, Leben und das Ende der Verfolgung, gleichzeitig aber auch Abschied, Trennung, der Verlust der Heimat. Die vielfach als Folgen eines traumatischen Identitätsverlustes beschriebenen Depressionen und Beziehungsstörungen, Ängste aller Art – wozu noch das Schuldgefühl der Überlebenden gehörte, das in der Wissenschaft als »survivors guilt« bekannt ist – stellten sich bei Walter Kaufmann nicht ein.[7] Das war sein subjektives Empfinden. Das hat er rückblickend immer wieder betont.[8]

Noch aufgewühlt vom Abschied am Bahnhof, eilt Johanna Kaufmann zurück in ihr Haus in der Duisburger Prinz-Albrecht-Straße und schreibt eine erste Postkarte an Sohn Walter: »Unsere Gedanken haben Dich auf der ganzen Reise begleitet.« Inzwischen hat der Postbote die Tagespost gebracht, darunter einen Brief aus London: »Wir hatten gerade Nachricht, daß Onkel Hugo Dich in London begrüssen wollte, wir sind sehr froh darüber.«

Dieser »Onkel Hugo« ist Hugo Daniels, in dessen Obhut Walter Kaufmann seine Zeit in England verbringen soll, (vermutlich) kein Onkel im verwandtschaftlichen Sinne, sondern ein aus Düsseldorf stammender Reeder, mit dem die Eltern Kaufmann irgendwann in Kontakt gekommen sind und der sich bereit erklärt hat, Sohn Walter unter seine Fittiche zu nehmen. Von »Onkel Hugo« ist in den Briefen und Karten der Eltern fortan unzählige Male die Rede in wechselnden Namensbezeichnungen: »Mr. D.« oder »Herr D.« und anderen Varianten.

Und die »Mutti« schließt ihre erste Karte mit dem Wunsch: »Aber bleibe gesund, mein guter Junge, und sei herzl[ich] gegrüsst und geküsst« (Brief 1). Es ist dies die erste von etwa 150 Sendungen – Karten, Briefe, Pakete –, die Johanna Kaufmann in den folgenden Monaten bis zum Sommer 1943 ihrem Sohn Walter zukommen lassen wird.

Noch während Mutter Johanna ihre erste Karte an ihren Sohn Walter schreibt, rollt der Zug mit den jüdischen Kindern der holländischen Nordseeküste entge-

---

7  Siehe dazu u. a.: Thüne 2019, S. 8–22.
8  Z. B. Interview Walter Kaufmann, 25. Juni 2015.

4. Übermüdete Flüchtlingskinder aus Deutschland bei ihrer Ankunft in der englischen Hafenstadt Harwich, Ende 1938.

gen. Ziel: Hoek van Holland, der niederländische Seehafen zwischen Den Haag und Rotterdam. Von hier soll es mit der Fähre nach Harwich, der englischen Hafenstadt im Südosten des Landes in der Grafschaft Essex, gehen und von dort mit dem Dover-London-Express weiter nach London.

In seinen literarischen Erzählungen erinnert sich Walter Kaufmann immer wieder an den Abreisetag, an den Abschied von den Eltern:

*Duisburg, Krefeld, Venlo an der Grenze … Ich habe schon vor langer Zeit zu lernen begonnen, mich von etwas zu trennen: von meinen Wellensittichen, von meinem Hund, meinen Fischen, die sich zwischen den Scherben des Aquariums auf dem Teppich zu Tode zappelten. […] Und was tun sie Vater in Dachau an? Mutter, sei froh, daß ich wegfahre. […] Der Zollbeamte an der Grenze meldet einem SS-Offizier: ›Lauter abreisende Juden‹.*[9]

Bei der Ankunft in Harwich kommt ein Vertreter des »Refugee Children's Movement« an Bord und hängt jedem Kind eine Kennkarte um den Hals, auf der der Name und die jeweilige Nummer vermerkt sind. Die Einwanderungsbehörden

---

9   Walter Kaufmann hat die Erfahrungen seiner »Abreise« mehrfach in leicht veränderter Form publiziert, Zitat hier: Walter Kaufmann: »Abreise«, in: Kaufmann 1985, S. 108f. Vgl. auch: Kaufmann 2004, S. 104–108; Kaufmann 2013, S. 325–329.

setzen ihren Stempel auf die Genehmigung des Innenministeriums, und der Amtsarzt stempelt die Karten der Kinder. Im Anschluss erlaubt man den Kindern, das Schiff zu verlassen, und durchsucht ihr Gepäck. Nicht nur die Nazis suchen nach Schmuggelware, auch die britischen Zollbehörden hegen den Verdacht, die Kinder könnten etwas auf die britische Insel einschmuggeln.

Doch die Ankunft im sicheren England ist für den fünfzehnjährigen Walter Kaufmann alles andere als glücklich. Niemand ist in London am Bahnhof, um ihn, wie verabredet, in Empfang zu nehmen. Welch eine Enttäuschung, welch eine Ernüchterung und Angst. Onkel Hugo, Walters Sponsor, ist nicht erschienen, um seinen Schützling willkommen zu heißen. Während Walters Reisegefährten von ihren neuen Pflegeeltern in die Arme genommen werden und nach und nach das Bahnhofsgelände verlassen, steht Walter Kaufmann wartend und frierend mit seinem Koffer, immer noch nach seinem Onkel Ausschau haltend, in der Bahnhofshalle, bis sich, da ist es bereits nach Mitternacht, Helfer der Bahnhofsmission seiner annehmen und er sich unvermittelt auf einer Pritsche in einem Schlafsaal eines Männer-Asylheims wiederfindet. Er ist mutterseelenallein. Ein ebenso langer wie aufregender Tag an der Londoner Liverpool Street Station geht zu Ende. Kein guter Start in ein neues Leben.

Die Eltern wissen nur zu genau, wie schwer Walter beim Abschied in Duisburg, ausgerechnet an seinem Geburtstag, das Herz ist. Während ihr Sohn – in englischer Sicherheit, aber von Heimweh geplagt – sich der Hoffnung hingibt, die Eltern bald wiederzusehen, geht das Leben in Duisburg scheinbar normal und ruhig weiter.

Elf Tage nach Walter Kaufmanns Abreise aus Duisburg und Ankunft in London erklärt Adolf Hitler am 30. Januar 1939 vor dem Deutschen Reichstag die europäischen Juden zu Geiseln. In der traditionellen Rede zum Tag seiner Inmachtsetzung droht der »Führer« und Reichskanzler dem europäischen Judentum die Ausrottung an, falls der europäische Krieg, den er zur Neuordnung des Kontinents zu führen gedenkt, zu einem »*Weltkrieg*« erweitert würde. Hitler sagt:

> *»Und eines möchte ich an diesem vielleicht nicht nur für uns Deutsche denkwürdigen Tag nun aussprechen. Ich bin in meinem Leben sehr oft Prophet gewesen und wurde meistens ausgelacht […] Ich will heute wieder ein Prophet sein: Wenn es dem internationalen Finanzjudentum in und außerhalb Europas gelingen sollte, die Völker noch einmal in einen Weltkrieg zu stürzen, dann wird das Ergebnis nicht die Bolschewisierung der Erde und damit der Sieg des Judentums sein, sondern die Vernichtung der jüdischen Rasse in Europa.«*[10]

---

10  Adolf Hitlers Reichstagsrede vom 30. Januar 1939 in: Verhandlungen des Reichstags 1939–1942, S. 1–21, hier S. 2ff.

Hitlers »Prophezeiung« von der »Vernichtung der jüdischen Rasse in Europa« für den Fall eines Krieges, diese unmissverständliche Ankündigung werden die Kaufmanns an ihrem Radio in der Duisburger Prinz-Albrecht-Straße mit Schrecken vernommen haben. Auch in England hat man die Worte des »Führers« registriert. Inwieweit sie an das Ohr des fünfzehnjährigen Walter Kaufmann gelangen, sei dahingestellt. Von den Eltern hört er jedenfalls nichts darüber.

## 2. November 1938 – der Judenpogrom

Bis zu diesem 19. Januar 1939 hatten die Duisburger Juden schon viele Stufen der Erniedrigung, der Willkür, ja, auch der Gewalt erfahren und erlitten. Nach all dem, was den Kaufmanns selbst an Demütigungen, Benachteiligungen und roher Gewalt entgegengeschlagen war, nutzten sie die Gelegenheit, ihren Sohn in Sicherheit zu bringen und zugleich ihre eigene Emigration zu forcieren. Wenige Wochen zuvor, am 9./10. November 1938, hatten Nazi-Vandalen ihr Haus in der Prinz-Albrecht-Straße 17 heimgesucht – Walter Kaufmann hat das in vielen seiner Kurzgeschichten erwähnt –, das Mobiliar kurz und klein geschlagen, Sally Kaufmann misshandelt, verhaftet, am 17. November 1938 ins Konzentrationslager Dachau verschleppt und ihn unter bestimmten Auflagen drei Wochen später entlassen. Seit dem Mittelalter hatte Deutschland keinen derartigen Judenpogrom mehr erlebt.

Wie hatte sich die Situation der deutschen Juden bis zur Abreise Walter Kaufmanns nach England entwickelt? Der brutale Boykott gegen jüdische Geschäfte am 1. April 1933, die schändliche Bücherverbrennung im Mai 1933, die Nürnberger Rassegesetze zweieinhalb Jahre später und all die anderen antijüdischen Maßnahmen in den Folgemonaten haben viele Menschen erschüttert. Knapp 40 000 von mehr als 500 000 deutschen Juden sind im ersten Jahr der Nazi-Herrschaft gegangen. Aber die meisten bleiben im Vertrauen auf das Deutschland, das sie zu kennen glauben. Sie harren wegen ihrer schulpflichtigen Kinder aus, weil sie Haus und Grund besitzen, weil sie Geschäftsinhaber oder mittelständische Unternehmer sind.

Das Hauptaugenmerk des Regimes gilt bis 1938 Kommunisten, Sozialdemokraten und Oppositionellen generell. Sally Kaufmann gehört zu keiner dieser Gruppen. Er ist ein Liberaler und (jüdischer) »Freimaurer«[11], nämlich aktives

---

11  Antisemitismus einerseits, Weltoffenheit andererseits wurden in deutschen Freimaurerlogen seit Jahrhunderten artikuliert. Indem die Freimaurer Juden von der Mitgliedschaft in den Logen ausschlossen, gingen sie eine Komplizenschaft mit

Mitglied in der Loge B'nai B'rith (»Söhne des Bundes«)[12], einer jüdischen Organisation mit humanistischer, philanthropischer und antizionistischer Zielsetzung, mit ihren Ritualen den Freimaurern ähnlich. Der Unabhängige Orden B'nai B'rith hat die Devise »Wohltätigkeit, Bruderliebe, Eintracht«, und jüdische Selbsterziehung ist eines der Hauptziele.[13] Die deutschen Juden wähnen sich nach den anfänglichen Exzessen des Regimes trotz fortschreitender Entrechtung relativ sicher, quasi im Windschatten der Ereignisse. Immerhin etwa 130 000 Juden verlassen zwischen 1934 und dem Sommer 1938 das Land.

Der Novemberpogrom markiert sozusagen die Vorentscheidung über das Schicksal der deutschen Juden, nachdem ihnen in Hitler-Deutschland nach und nach die Luft zum Atmen genommen worden ist. Kurz: Zwischen dem 30. Januar 1933 und dem November 1938 haben die deutschen Juden alles das verloren, was sie im Zuge ihrer Emanzipation in 200 Jahren erreicht hatten.

Zu dem am 25. Juli bzw. 27. September 1938 verordneten Entzug der Zulassung von Ärzten (zum 30. September 1938) und Rechtsanwälten (zum 30. November 1938) kam am 17. August 1938 die Einführung von Zwangsvornamen (ab 1. Januar 1939), Entzug und Kennzeichnung der Pässe mit einem diskriminierenden roten »J« (5. Oktober 1938) und in der Nacht vom 9. auf den 10. November 1938 der Einsatz nackter Gewalt. Was die deutschen Juden nach dem Attentat des Jugendlichen Herschel Grynszpan auf den deutschen Legationsrat Ernst vom Rath am 7. November 1938 in Paris erwartete, konnten sie bereits einen Tag später, als

---

dem Nationalsozialismus ein. Eine dezidiert antijüdische Haltung innerhalb der freimaurerischen Bewegung hielt die Nationalsozialisten allerdings nicht davon ab, das Freimaurertum zu verfolgen, indem sie Juden und Freimaurer als Inkarnation des Bösen in eins setzten. Im Parteiprogramm der NSDAP war die schärfste Gegnerschaft gegen die Freimaurerei formuliert. Am 17. August 1935 wurde die Freimaurerei in Deutschland verboten. Vgl. https://freimaurer-wiki.de/index.php/Antisemitismus_und_Freimaurerei (abgerufen 6.11.2020).

12   Seine Aktivität in der B'nai-B'rith-Loge kommt u. a. dadurch zum Ausdruck, dass Sally Kaufmann 1924 in der Duisburg-Loge einen Vortrag gehalten hat. Der Vortrag trug den Titel »Die Juden in Duisburg bis zum Beginn des 18. Jahrhunderts«. Siehe dazu: Heid 2015b.

13   »Großpräsident« des Unabhängigen Ordens B'nai B'rith (U. O. B. B.) seit 1924 (bis 1937) war der Repräsentant des deutschen Judentums, Rabbiner Leo Baeck. Am 20. April 1938 mussten alle Logen aufgelöst werden. Was den B'nai B'rith in Duisburg betrifft – die Loge wurde vermutlich im Jahre 1922 gegründet und hatte ihr Logenheim im Haus von Theodor Lauter am Kuhlenwall 28 –, so hat Günter von Roden darüber berichtet. Die Duisburg-Loge »Zur Treue« verstand sich eigenem Selbstverständnis nach als politisch neutral, wenngleich sie den jüdischen Aufbau in Palästina bejahte und unterstützte. Roden 1986b.

deutsche und französische Ärzte noch um das Leben des Diplomaten rangen, im Parteiorgan *Völkischer Beobachter* lesen: »Es ist klar, daß das deutsche Volk aus dieser neuen Tat Folgerungen ziehen wird. Es ist ein unmöglicher Zustand, daß in unseren Grenzen Hunderttausende von Juden noch ganze Ladenstraßen beherrschen, Vergnügungsstätten bevölkern und als (ausländische) [sic] Hausbesitzer das Geld deutscher Mieter einstecken, während ihre Rassegenossen draußen zum Krieg gegen Deutschland auffordern und deutsche Beamte niederschießen.«[14]

Als am Abend des 9. November die Nachricht vom Tod vom Raths bekannt wurde, gab Propagandaminister Joseph Goebbels das Signal für »spontane« Aktionen gegen die Juden im »Großdeutschen Reich«. So bot das Attentat des Herschel Grynszpan, dessen Eltern im Rahmen der »Polenaktion« am 28. Oktober 1938 aus Deutschland ausgewiesen worden waren, den Nationalsozialisten den von langer Hand geplanten willkommenen Vorwand, den Pogrom in der Nacht vom 9. auf den 10. November 1938 zu inszenieren. Zahlreiche NS-Organisationen, nicht zuletzt die Feuerwehr, arbeiteten Hand in Hand, um die Synagogen, aber auch Geschäfte und Häuser von Juden »kontrolliert« abzubrennen. »Arischer« Besitz sollte nach Möglichkeit verschont bleiben. Goebbels machte sogleich die deutsche Bevölkerung für die Exzesse in dieser Nacht verantwortlich: Der »Volkszorn« habe sich mit einem Mal Bahn gebrochen.[15] Als »Folgerung« des Pogroms ließ die NS-Führung die Verfolgung der Juden noch weiter verschärfen. Die »Reichskristallnacht«, so die zynisch-poetische Umschreibung für den großangelegten, monströsen Pogrom vom November 1938, stellte innerhalb der blutigen Dynamik der NS-Gewaltherrschaft einen Wendepunkt dar, in dem vergangene Maßnahmen des Regimes in ein helles Licht traten und in dem sich buchstäblich die Weichenstellung für die Vernichtung des europäischen Judentums anzeigte. Die Glasscherben haben dem Pogrom den in der Bevölkerung verbreiteten Namen gegeben, doch sollte der sogenannte Volksmund hier wortschöpferisch tätig gewesen sein, zeugt dies nicht von mitfühlender Anteilnahme oder gar versticktem Protest. Die Nazi-Presse verwendete den Begriff nicht, in ihr sprach man verharmlosend von »Ereignissen« und »Geschehnissen«. Es war ein von Goebbels höchstpersönlich geplanter und auf das »Großdeutsche Reich« bezogener flächendeckend ausgeführter Pogrom, der als spontaner Ausbruch eines gerechten Volkszorns kaschiert war. Das Attentat, das von einem polnisch-jüdischen jungen Mann in Paris verübt wurde und den Nazis als willkommener Anlass für den von langer Hand inszenierten Pogrom herhalten musste, benutzte Goebbels, um kollektiv gegen das deutsche Judentum insgesamt vorzugehen.

---

14  *Völkischer Beobachter,* 8. November 1938.
15  Goebbels 1992a, S. 1281, Eintrag v. 10. November 1938.

5. Novemberpogrom in Duisburg: Brennende Synagoge in Ruhrort,
9./10. November 1938.

Dass es sich auch in Duisburg um von den zentralen Parteistellen organisierte Aktionen handelte, belegt eine Polizeiakte.[16] Sie enthält Niederschriften über telefonische Anweisungen und Abschriften von Fernschreiben an die örtlichen Polizeibehörden.

10. November 1938, 1 Uhr: In einem Bericht des Duisburger Polizeipräsidenten an den Regierungspräsidenten in Düsseldorf heißt es: Demonstrationen gegen Juden seien in dieser Nacht zu erwarten,[17] wobei darauf zu achten sei, deutsches Leben und Eigentum nicht zu gefährden sowie Plünderungen zu verhindern. Um 3.50 Uhr ging von der Staatspolizei Düsseldorf die fernmündliche Mitteilung betreffend die Maßnahmen gegen Juden ein.[18] Eine Hundertschaft der Ordnungspolizei wurde in Marsch gesetzt, ihr Einsatzort war die Umgebung der brennenden Synagoge. Geschäfte und Wohnungen von Juden durften »nur« zerstört, auf keinen Fall geplündert werden. Die Polizei war angewiesen, die Durchführung dieser Anordnung zu überwachen und Plünderer festzunehmen, ansonsten jedoch die gesamte Aktion zu unterstützen. Die Feuerwehr sollte sicherstellen, dass sich das Feuer nicht weiter ausbreitete.

Die sogenannte (Reichs-)Kristallnacht war nichts anderes als ein Pogrom, der die Duisburger Juden völlig überraschend traf. Im gesamten »Großdeutschen

16  StADU 306/253.
17  Siehe dazu auch im Folgenden: Roden 1986a, Teil 2, S. 839ff. Auch: Progressiver Eltern- und Erzieherverband 1983, S. 71ff.; Archiv der Stadt Duisburg 1983, S. 97ff. sowie StADU 306/253.
18  Stapo (Staatspolizei) Düsseldorf (X), StADU 306/253.

Reich« sollten die jüdischen Gotteshäuser in Brand gesetzt werden und jüdisches Eigentum zerstört werden – ohne Rücksicht auf Menschenleben.

Den Novemberpogrom hat Walter Kaufmann aus nächster Nähe miterlebt. Die Ereignisse im Kaufmann'schen Haus in der Prinz-Albrecht-Straße 17 hat er in seiner autobiografisch gefärbten Erzählung *Die einfachen Dinge* im Jahre 2004 beschrieben:[19]

> *November neunzehnhundertachtunddreißig, Stadt Duisburg im Rheinland: Unser Haus mit der steinernen Treppe, vor der Eingangstür – das Schloss gesprengt, die Tür eingeschlagen, sie hängt lose in den Angeln; neben der Tür die elektrische Klingel – aus der Wand gerissen, an zwei Drähten baumelnd. Käte ist nicht mehr bei uns – das Gesetz verbot uns eine Hausangestellte. Die schwingenden Glastüren im Flur – in Scherben, die Glassplitter auf den Teppichen knirschen unter den Füßen. Vaters Bibliothek – ein wüstes Durcheinander von zerstörten Möbeln; die Bücherregale mit den Glasscherben umgekippt, juristische Werke und Romane auf den Boden geworfen. ›Der Zauberberg‹, ›Krieg und Frieden‹, die ›Deutsche Justiz‹ mit zerrissenen Einbänden in die Ecke geschleudert. Mutters Frühstückszimmer – überall das gleiche Bild.*
>
> *Alles in Trümmern, die Porzellansammlung ein Scherbenhaufen, die Landschaftsaquarelle mit Messern aufgeschnitten.*
>
> *Unten im Garten in einem Blumenbeet lag der Flügel, wie eine riesengroße, hilflose Schildkröte auf dem Rücken. Die breiten Fenster waren eingeschlagen, die Rahmen mit herausgerissen. […]*
>
> *Sturmabteilungen brechen mit Gewalt in ein Haus ein, trampeln alles nieder, demolieren alles, was ihnen in den Weg kommt, schlagen alles in Stücke, verhaften – das war eine ›Ordnung‹, die wir zerstören. Ja, wir zerstören sie; in unserem Herzen, in unserem Geist, jeder einzelne von uns, zerstören sie durch unsere Art zu leben, zu denken und zu handeln. […]*
>
> *Es war ein langer Tag. Es war ein furchtbarer, ein grausamer Tag. Unser Volk, das jüdische Volk, blutete, wurde verwundet, geschlagen und auseinandergerissen. Es dauerte lange, bis der Abend kam.*
>
> *Bei uns zu Haus gab es keine Tränen. Wir waren wie versteinert, vielleicht waren wir auch zu stolz, um Tränen zu vergießen. Unsere Gedanken weilten beim Vater, der am Morgen verhaftet worden war, und wir beteten für ihn.*

Sally Kaufmann war an diesem 10. November 1938 zunächst in den Keller geflüchtet, dort von SS-Leuten heraufgeholt und schwer misshandelt, danach verhaftet

---

19   In: Kaufmann 2004, S. 14f.

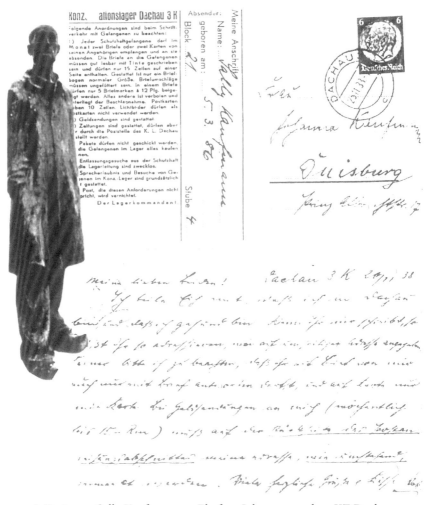

6. Karte von Sally Kaufmann an Ehefrau Johanna aus dem KZ Dachau.
Die Karte brauchte fünf Tage, um die Lagerzensur zu passieren.

und in sogenannte Schutzhaft genommen worden. Am 17. November 1938 wurde er mit weiteren »prominenten« Duisburger Juden in das Konzentrationslager Dachau deportiert. Und damit war die inzwischen stark geschrumpfte Jüdische Gemeinde Duisburgs ohne Leitung.

Am 20. November 1938 – drei Tage nach seiner Ankunft im Lager – gab es ein erstes Lebenszeichen von Sally Kaufmann: »Ich teile Euch mit, dass ich in Dachau bin und dass ich gesund bin.«[20] Die Postkarte aus Block 21, Stube 4, hatte zuvor die Lagerzensur passieren müssen.

20   Zit. nach: Tietz 1993, S. 114.

Nach einer ersten »vorläufigen« Statistik[21] der Duisburger Polizei war in Duisburg die Synagoge in der Junkernstraße ausgebrannt und im Gemeindehaus auf dem Kuhlenwall die Inneneinrichtung zerstört. An gewerblichen Einrichtungen fielen der Zerstörungswut der Pogromisten unter anderem zum Opfer: das Café und die Konditorei Siegmund Löwenberg, Friedrich-Wilhelm-Straße 97; ein Gerätelager (Besitzer unbekannt) auf der Friedrich-Wilhelm-Straße 75 (Brandschaden); das Bielefelder Wäschegeschäft, Königstraße 68; das Herrenmodegeschäft Steinhauer, Poststraße; das Papierwarengeschäft Marcus in der Beekstraße; das Seidenrestgeschäft Goldschmidt in der Beekstraße; das Bettengeschäft Siegmund Schönwald auf dem Sonnenwall; das Konfektionsgeschäft Oskar Landau auf dem Sonnenwall. Bei acht Geschäften in der Universitätsstraße, dem vornehmlichen Wohngebiet der Duisburger Ostjuden, wurden überall die Schaufenster zertrümmert. Die unzähligen demolierten Häuser und Wohnungen jüdischer Eigentümer oder Mieter, wie das Kaufmann'sche Haus in der Prinz-Albrecht-Straße, lassen sich zahlenmäßig nicht erfassen.

Die Flammen schlugen aus den Synagogenfenstern in der Junkernstraße, weithin sichtbar. Von den Fenstern der umliegenden Häuser wurden die Menschen Zeugen einer Schreckensnacht ungeahnten Ausmaßes. Wie überall im Reich beobachteten auch in Duisburg Schaulustige in dieser Nacht und am nächsten Morgen die Brände. Wir wissen nichts über deren Gefühle angesichts der Flammen. Wir wissen nichts über Zustimmung und Ablehnung. Doch jeder, der Zeuge dieser Tat wurde, wusste, dass es Brandstiftung war. Ein vorsätzliches Zerstörungswerk, inszeniert mit Brechstangen, Äxten und anderer Gerätschaft. Er sah Uniformierte, Schutzpolizei ebenso wie Männer in Parteiuniformen. Die uniformierten Feuerwehrleute standen herum, angelehnt an ihr schweres Gerät, das eine gespenstische Kulisse bildete. Es war eine absurde Situation: Es war ihr erster Einsatz, bei dem sie *nicht* löschten, eine Situation, die rational nicht erklärt werden konnte. In diesen Nazi-Uniformen steckten Gesichter und Hände, die in Duisburg unbekannt waren. Waren sie aus einer der Nachbarstädte eigens nach Duisburg gekarrt worden, um scheinheilige Anonymität zu wahren? Duisburger Parteigenossen waren jedenfalls in Essen im Einsatz, dort sollte sie auch niemand erkennen. In einem Zeugenbericht vom 23. November 1938 heißt über das Pogromgeschehen in Duisburg: »Bemerkenswert, dass das Mordgesindel nicht aus Ortsansässigen bestand. Die Täter, größtenteils Jugendliche anfangs der 20, dürften wahrscheinlich aus Dortmund stammen, um […] die ›spontane Rache‹ zu üben. Diese Taktik scheint in Nordwestdeutschland ziemlich allgemein gewesen zu sein: SA etc. auszutauschen, Dortmunder nach Duisburg […] etc.;

---

21   Auch im Folgenden: StADU 306/253.

einerseits um keine Mitgefühle aufkommen zu lassen, falls sich die Aktion zufällig gegen persönlich Bekannte richten sollte, andererseits um die Identifizierung der Täter durch die Opfer zu vermeiden.«[22] So war es überall, wo im »Großdeutschen Reich« die jüdischen Gotteshäuser brannten – von Flensburg bis zur Steiermark, von Bitburg bis Halle an der Saale.

In Rabbiner Neumarks Wohnung in der Fuldastraße 1 konnte man den Synagogenbrand geradezu riechen, das Klirren, Splittern des zerbrechenden Glases der Synagogenfenster hören, das Knistern brennenden Holzes des *Almemors*, der Synagogenkanzel, und der Synagogenplätze. Von seiner Wohnung bis zur Synagoge waren es nicht einmal hundert Schritte. Seine Reaktion kennen wir nicht, wir wissen nichts über seine ohnmächtigen Versuche, dem Vandalismus Einhalt zu gebieten. Nichts, nicht einmal die heiligen Thorarollen vermochte er vor den unheiligen Brandstiftern zu schützen. Nichts sollte übrig bleiben, außer: Asche.

Rabbiner Neumarks Wohnung wurde in jener Nacht von den Nazi-Vandalen heimgesucht. Eine Wohnung im »gutbürgerlichen« Wasserviertel. Er, das geistliche Oberhaupt einer einstmals blühenden Gemeinde, eine gelehrte Autorität in der Stadt, musste dem entfesselten braunen Mob machtlos zusehen. Er selbst wurde in »Schutzhaft« genommen. Nachdem die Glaskristalle weggeräumt, die Scherben beseitigt waren, wurde des Rabbiners Privatwohnung zur Notsynagoge: Er richtete einen *Minjan* ein, also die vorgeschriebene Zahl von zehn erwachsenen Betern, ohne sich um die behördliche Genehmigung zu kümmern. Er diente dem Geist im Ungeist. Das war sein Widerstand gegen die Barbarei.

Rabbiner Neumark wusste nur allzu gut um den Rigorismus der Nazis: Gerade zehn Tage war es her, dass er, zusammen mit dem Gemeindevorsitzenden Sally Kaufmann, eine größere Anzahl Mitglieder seiner Gemeinde, Ostjuden allesamt, am Duisburger Bahnhof verabschieden musste. Mit etwa 17 000 anderen Ostjuden in Deutschland waren sie zum Teil aus ihren Betten heraus zum Bahnhof verschleppt und dann unter unvorstellbar schikanösen Bedingungen über die deutsch-polnische Grenze abgeschoben worden. Die erste Massendeportation des sogenannten Dritten Reiches.

Eine Woche nach dem Pogrom: Der Duisburger Oberbürgermeister als Ortspolizeibehörde warnte am 17. November 1938 die Jüdische Gemeinde, dass aufgrund des Brandes in der Synagoge Einsturzgefahr bestehe. Nicht zuletzt zur Gefahrenvermeidung für die Nachbarschaft sei binnen drei Tagen mit der Niederlegung des Gebäudes und mit den Aufräumungsarbeiten zu beginnen. Zuvor sei die erforderliche Abbruchgenehmigung einzuholen. Es folgte die Androhung, dass im Falle der Nichtbefolgung die Abbrucharbeiten auf Kosten der Gemeinde

---

22  Barkow et al. 2008, S. 357.

ausgeführt würden.[23] Binnen drei Tagen. Und der Gemeindevorsitzende Sally Kaufmann befand sich seit dem 10. November 1938 in sogenannter Schutzhaft. Er allein konnte satzungsmäßig rechtsgeschäftliche Erklärungen im Namen der Gemeinde abgeben, die aufgefordert war, die Reste der Synagoge »ordnungsmäßig niederzulegen«. Dem konnte allerdings nicht Folge geleistet werden, da der Gemeindevorsitzende Dr. Sally Kaufmann noch im KZ Dachau inhaftiert war und andere Verantwortliche auch nicht zu erreichen waren.

Die jüdische Volksschule, die im Gemeindehaus in der Junkernstraße 2 untergebracht war, war zwar nicht zerstört, aber durch Demolierung der Inneneinrichtung unbenutzbar geworden. Zwischen dem 13. Januar und dem 24. Februar 1939 wurde das Synagogengebäude niedergerissen. Damit war die 1875 errichtete ehrwürdige Duisburger Synagoge, die bei ihrer Erbauung als »Zierde der Stadt« und deren Einweihungstag in der *Rhein und Ruhrzeitung* als einen »Freudentag« gepriesen wurde,[24] aus dem Duisburger Stadtbild verschwunden.

*24. März 1939: Die zerstörten Synagogen sind durch die jüdischen Kultusvereinigungen abzutragen.*[25]

Der Raubzug wurde intensiviert: Wenige Wochen nach dem Pogrom war am 13. Dezember 1938 die Verordnung über Zwangsveräußerung (»Arisierung«) jüdischer Gewerbebetriebe ergangen. Der Haupträuber, der Staat, musste mit den kleineren Räubern, nämlich diversen Parteigenossen, um die Beute kämpfen, bis im Februar 1939 ein Erlass über eine hohe Besteuerung von »ungerechtfertigten Entjudungsgewinnen« (der Parteigenossen) herauskam.

Neben dem Terror, der offenen, losgelösten Gewalt, den die deutschen Juden in der Schreckensnacht vom 9./10. November 1938 erleiden mussten – fast 30 000 jüdische Männer waren in sogenannte Schutzhaft genommen und in Konzentrationslager eingeliefert worden –, erfuhren sie einen immensen materiellen Schaden, etwas, das die nationalsozialistischen Machthaber euphemistisch »Sühneleistung« nannten:[26] Die Juden hatten alle Schäden, welche während des Pogroms an ihren Betrieben und Wohnungen entstanden waren, unverzüglich zu beseitigen, für die

---

23 StADU 610/3766. Vgl. auch: Roden 1986a, Teil 1, S. 146f.
24 Rhein- und Ruhrzeitung, 1. März 1875 u. 6. März 1875. Vgl. dazu auch Stadt Duisburg 1992.
25 Kulka/Jäckel 2004, S. 629.
26 Siehe dazu: Barkai 1988, Zit. S. 115. Das Thema »Novemberpogrom« ist historiografisch gut erforscht. Genannt sei u. a.: Thalmann/Feinermann 1987; Barkow et al. 2008. Für den Regionalraum Rheinland: Faust 1987; Fleermann/Genger 2008.

```
Geheime Staatspolizei            Ausgestellt am: 21.11.38
Staatspolizeistelle Düsseldorf
Aussendienststelle Duisburg.

Vor-und Zuname: Eugen Kaufmann
Geb. am : 23.8.87 .......in: Duisburg
Wohnort: Duisburg ...... Beruf: Bankdirektor i.R.
Familienstand: verh. ...... Staatsangeh.: DR.
Religion: Jude ........ Tag der Festnahme: 10.11.38
Z.Zt.untergebracht in: Dachau
Tag der Entlassung: 
In das Konzentrationslager Dachau überführt am: 16.11.38
```

7. »Schutzhaft«-Befehl für Sally Kaufmanns Bruder Eugen Kaufmann vom 21. November 1938. (LAV NRW R, RW 58 Nr. 62912, Bl. 3)

Wiederherstellung eines geordneten Straßenbildes zu sorgen und die Kosten dafür zu tragen. Die fälligen Versicherungsleistungen flossen in den Staatssäckel. Den zu diesem Zeitpunkt noch in Deutschland lebenden rund 300 000 Juden (Duisburg: 1394)[27] wurde zunächst als »Sühnekontribution« die ungeheure Summe von 1 Milliarde Reichsmark auferlegt. Schlimmer traf das deutsche Judentum jedoch die am 12. November 1938 ergangene »Verordnung zur Ausschaltung der Juden aus dem Wirtschaftsleben«,[28] der zufolge ab dem 1. Januar 1939 den Juden unter anderem der Betrieb von Einzelhandelsunternehmen, Versandgeschäften sowie die Ausübung von handwerklichen Diensten untersagt war.

In Duisburg waren 60 Juden in sogenannte Schutzhaft genommen bzw. nach Dachau verschleppt worden. Einer der »Schutzhäftlinge« war Sally Kaufmann. Was die »Schutzhäftlinge« betraf, so erhielt die Duisburger Staatspolizei am 14. November 1938 eine geheime telefonische Mitteilung, dass bis zum kommenden Tag, »früh um 8 Uhr«, listenmäßig nach Düsseldorf mitzuteilen sei, welche inhaftierten Juden für eine Überführung in ein Konzentrationslager in

---

27  Zahl bei: Roden 1986, Teil 2, S. 870.
28  Reichsgesetzblatt 1938, S. 1580.

8. *Jenseits der Kindheit*, Erzählungen von Walter Kaufmann, 1. Aufl. Berlin (DDR) 1985.

Frage kämen.[29] Die Kriterien für die Einlieferung in ein KZ waren klar definiert: Voraussetzung war, dass die Betreffenden nicht über 55 Jahre alt und »haft- und arbeitsfähig« waren. Die Listen mussten folgende Angaben enthalten: Laufende Nummer; Familienname, Vorname; Geburtsdatum und -ort; Wohnung; Staatsangehörigkeit. Sally Kaufmann war zu diesem Zeitpunkt 52 Jahre alt.

Die Vorbereitungen und Überführung in die Konzentrationslager waren unter Wahrung völligen Stillschweigens getroffen worden. Offensichtlich waren die Nazis sich zu diesem Zeitpunkt ihrer Judenmaßnahmen hinsichtlich der Reaktion der Bevölkerung noch nicht sicher und trauten der deutschen Öffentlichkeit in dieser Frage nicht über den Weg.[30]

*Wie ihn das mitnahm, wie er litt, versuchte er zu verbergen. Ich aber spürte es, denn ich liebte ihn. Und es ängstigte mich zutiefst, als er an jenem grauen Novembermorgen im Jahre 38 verhaftet wurde, ihn zwei Männer in dunklen Ledermänteln abführten, die gewundenen Steintreppen hinunter auf die Straße, und er in einem schwarzen Mercedes meinen Blicken entschwand. Erst Wochen später sollte ich ihn wiedersehen, sehr verändert, abgemagert und mit geschorenem Kopf. Sein Schweigen war unheilvoller noch als an jenem anderen Tag. Und wieder wusste ich alles. In den Worten Schutzhaft und Dachau, die ich vernommen hatte, steckte mehr als nur eine Ahnung des Grauens. Ich fühlte mich jenseits der Kindheit, heimatlos, der Stadt und dem Land entfremdet. Ich stand an der Schwelle zu einem anderen Leben, in dem es Vater nicht mehr geben würde.*[31]

---

29  Auch im Folgenden: Roden 1986a, Teil 2, S. 847.
30  Ebda., StADU 306/253, Bl. 35.
31  Walter Kaufmann anlässlich der Einweihung des Mahnmals zum Gedenken an die verfolgten Duisburger jüdischen Juristen im Land-/Amtsgericht, Duisburg.

Diese Sätze Walter Kaufmanns sprechen für sich, sie sagen so unendlich viel aus. Sie lassen die Kindesliebe ebenso spüren, wie sie die Unmenschlichkeit der Nazis beschreiben.

Walter Kaufmann hat diese Worte 1993 im Duisburger Landgericht gesprochen, dort, wo sein Vater jahrelang gearbeitet hat, bis ihn der SA- und SS-Pöbel erst durch die Gerichtssäle und dann durch die Duisburger Innenstadt jagte. Der Anlass für die Erinnerung des Sohnes war ein Mahnmal, das im November 1993 zum Gedenken an die 44 Duisburger Anwälte und Richter, die Opfer rassistischer und politischer Verfolgung zwischen 1933 und 1945 geworden waren, eingeweiht wurde. Ein völlig veränderter Mensch kam nach drei Wochen aus Dachau zurück, kahl geschoren, eingefallen und zerbrochen. Er war mit einem umfangreichen Wissen über die Zustände in einem deutschen Konzentrationslager ausgestattet. Über Dachau sprach Sally Kaufmann mit seinem Sohn nie auch nur ein einziges Wort.

All das – und viel mehr – war vor dem 19. Januar 1939 den Duisburger Juden und namentlich Sally Kaufmann geschehen, und Walter Kaufmann hatte es hautnah miterlebt. Und insofern verstand er das Bedürfnis seiner Eltern, ihn ins rettende Ausland, in sichere Obhut zu schicken bis zu einem zu erwartenden Wiedersehen.

Wie konnte eine deutsche Justiz so verkommen? Die zynische Politik der offenen Lüge, der faits accomplis, des Betrugs, die Kaskaden der Gewalt, die von Berlin aus die Nachbarländer erschütterten, der Einbruch des radikal Bösen in die vertraute, wenn auch nicht schöne Welt, das alles bedeutete für die Kaufmanns – wie für alle Juden in Deutschland – in diesen Jahren eine enorme Herausforderung. Die Kaufmanns hatten sich dieser zu stellen, um dann damit umgehen zu lernen – auf ihre Weise.

Nach dem Novemberpogrom gilt für Juden ein Autofahrverbot. Auch das Betreten öffentlicher Bibliotheken ist ihnen nun vollständig untersagt. Den Kaufmanns wird Stück für Stück die Grundlage ihrer ohnehin beschnittenen Existenz entzogen, über allem schwebt der Verlust von Haus und Besitz. Als ein letzter Ausweg erscheint die Auswanderung. Sally Kaufmann hat lange gezögert, sich mit diesem Gedanken zu beschäftigen, und nun läuft ihm die Zeit davon. Er sieht, wie seine Verwandten und Bekannten aus der Jüdischen Gemeinde sich in alle Erdteile zerstreuen. Und als er sich immer nachdrücklicher um die eigene Auswanderung bemüht, platziert ihn das amerikanische Konsulat ganz weit hinten auf der Liste der Auswanderungssuchenden. Die Kaufmanns haben die Quotennummer 29367.

Auskunft: Walter Kaufmann, 5.2.2018. Vgl. auch: Nießalla/Keldungs 1993.

9. Johanna und Sally Kaufmann in ihrer Wohnung Prinz-Albrecht-Straße 17. Der Gemeindevorsitzende ist stark gezeichnet von der KZ-Haft (»Kahlgeschoren wie ein Zuchthäusler ...«) und durch die strapaziöse Arbeit als »Konsulent«.

Affidavits, Organisationen der Auswandererhilfe und viele gescheiterte Hoffnungen bestimmen Ende der 1930er Jahre Denken und Handeln der deutschen Juden. Die Kaufmanns geben sich einer fatalen Illusion hin: Die Erklärung, die sie sich selbst und ihrem Sohn schuldig zu sein glauben, ist die, dass es sehr vielen Schicksalsgefährten noch viel schlechter gehe als ihnen. Ihnen scheint es Trost, andere Leidensgenossen zu haben.

Mitgefühl, Solidarität von Nachbarn mit den Kaufmanns angesichts der erlittenen seelischen und körperlichen Verletzungen hat es nicht gegeben, auch wenn es Walter Kaufmann in seinen Erzählungen beschreibt. Er wollte es so, und die Leser erwarteten es. Empathie blieb Fiktion. Auch seine Straßenfreunde verhielten sich teilnahmslos. Im November 1938 war er innerlich bereits aus Deutschland fort.

Die nichtjüdische deutsche Bevölkerung hatte nach 1933 schon sehr bald die privaten Sozialkontakte zu Juden spürbar eingeschränkt. Freunde, Bekannte, Mitschüler und Kollegen hatten sich zurückgezogen und im besten Falle vorher mitgeteilt, dass sie um ihrer Stellung willen dazu gezwungen seien. Die antisemitische Propaganda war allgegenwärtig und besonders im überall ausgehängten *Stürmer* wirksam mit Terrordrohungen gegen »Judenfreunde« vermischt. Angst vor Repressionen bestimmte die Beziehung von beiden Seiten.

Die deutsche Gesellschaft hatte sich bis 1938 verändert, nahm die Lage des jüdischen Nachbarn mit Gleichmut hin. Viele arbeiteten beflissen oder als Überzeugungstäter dem Regime zu. Es fehlte an Anteilnahme und an Hilfsbereitschaft. Die NS-Führung wusste längst, das hatte das öffentliche antijüdische Trommelfeuer in den ersten Monaten nach der Machtübernahme der Nazis gezeigt, dass zentral gesteuerte, systematisch durchgeführte Angriffe auf Juden in jeder deutschen Stadt von der Bevölkerung widerspruchslos hingenommen wurden. Sally und sein Bruder Eugen Kaufmann hatten es am eigenen Leibe erfahren. Proteste blieben in den NS-Jahren aus.

Mit der Ausreise von Sohn Walter nach England im Januar 1939 begann der fast viereinhalb Jahre andauernde Kampf Sally und Johanna Kaufmanns um ein

Visum und ein Affidavit, die Bürgschaft, die Ausreisewillige beibringen mussten, um in einem Land aufgenommen zu werden. Dadurch sollte sichergestellt werden, dass die Familie ihren Lebensunterhalt selbst bestreiten konnte. Die Kaufmanns bemühten sich um eine Auswanderung, die man auch *Flucht* nach irgendwo nennen könnte – um der weiteren Verfolgung durch die Nationalsozialisten zu entkommen. Auch um sich mit ihrem Sohn wieder zu vereinigen. In den Worten von Sally Kaufmann klingt das so: »Alles Schreiben hat ja das Ziel, daß wir drei wieder zusammenkommen« (Brief 3) und »bald wieder zusammenfeiern« (Brief 19).

## 3. Das rettende Ufer – Kindertransporte nach England 1938/39

Der Novemberpogrom des Jahres 1938 gegen die jüdische Bevölkerung in Deutschland hatte der Weltöffentlichkeit drastisch vor Augen geführt, dass Juden im Deutschen Reich schutzlos und vogelfrei waren. Gleichwohl machten es die damals bestehenden strengen Einwanderungsbestimmungen vieler Länder den deutschen Juden trotz ihrer Verfolgung nahezu unmöglich, Deutschland zu verlassen.

In den Wochen nach dem Novemberpogrom kam es allerdings zu zahlreichen diplomatischen Initiativen in der Flüchtlingsfrage. Der amerikanische Präsident Franklin D. Roosevelt unterschrieb eine Verordnung, die es Tausenden Deutschen mit zeitlich begrenzter Aufenthaltsgenehmigung ermöglichte, in den Vereinigten Staaten zu verbleiben. Andere Länder gaben dem moralischen Druck ebenfalls nach, widmeten sich aber den Flüchtlingen im Kindesalter und gaben die Einführung von neuen Programmen für die Aufnahme von unbegleiteten verfolgten Kindern aus Deutschland bekannt. Die Hilfsbereitschaft in der Bevölkerung von Aufnahmeländern war groß, zumal diese Flüchtlinge nicht auf den ohnehin durch die Wirtschaftskrise geschwächten Arbeitsmarkt drängten, und sie galten im Vergleich mit Erwachsenen als anpassungsfähiger, da es ihnen leichter fiel, die fremde Sprache und die kulturellen Gebräuche zu erlernen.

Nach den Novemberexzessen erklärte die britische Regierung ihre Bereitschaft, unbegleitete jüdische Kinder und Jugendliche bis zum Alter von 17 Jahren vorübergehend in Großbritannien aufzunehmen. Das Einwanderungsprogramm wurde im britischen Unterhaus beraten und fand eine parlamentarische Mehrheit. Beschlossen wurde auch eine Lockerung der Einreisebestimmungen, indem kein reguläres Einreisevisum, sondern nur eine »Identitätsbescheinigung« vorgebracht werden musste. An die britischen Familien wurde appelliert, jüdische Pflegekinder aufzunehmen. Die jüdischen Gemeinden Großbritanniens gaben die Garantie ab, für die Reise- und Umsiedlungskosten der Kinder aufzukommen, und versprachen, Sorge dafür zu tragen, die Kinder im Land in Pflegefamilien zu verteilen und ihnen eine Ausbildung zu ermöglichen.[32] Das deutsche Wort »Kindertransport« fand Eingang in den englischen Sprachschatz und wird seitdem für die Rettungsaktion verwendet.

Als besonders dringlich galten unter anderem Fälle von Kindern, bei denen ein oder beide Elternteile in einem Konzentrationslager inhaftiert waren. Das traf auf Walter Kaufmann zu. Johanna Kaufmann wird mit dem eingangs erwähnten in London lebenden Reeder Hugo Daniels Kontakt aufgenommen haben, der eine finanzielle Garantie für Walter Kaufmann übernahm.

Bei diesem humanitären Unternehmen leisteten auch nichtjüdische Organisationen Unterstützung, darunter die Quäker. Das waren aufrechte Leute, die sich zuständig fühlten für (rassisch) Verfolgte. Etwa 10 000 jüdische Kinder aus Mitteleuropa – Deutschland, Österreich, Tschechoslowakei – erhielten nun die Möglichkeit, in der Zeit zwischen Dezember 1938 und September 1939 eine Zuflucht in Großbritannien zu finden.

In den Tagen nach dem Pogrom begannen verzweifelte Eltern im ganzen Reichsgebiet nach Wegen zu suchen, um ihre Kinder vor dem Zugriff der Nazis und vor zukünftigen Gewaltausbrüchen in Sicherheit zu bringen. Während Sally Kaufmann noch in Dachau interniert war, leitete Johanna Kaufmann alles Notwendige ein, um ihren Sohn Walter für einen Kindertransport nach England anzumelden. Es entsprach ihrem Selbstverständnis als hoch assimilierte deutsche Jüdin, den Sohn zur Auswanderung freizugeben. Für sie wie für ihren Mann gab es bis zum November 1938 immer noch scheinbar gute Gründe, die gegen eine Auswanderung sprachen. Bis dahin war bei den Kaufmanns die Erkenntnis, dass die Basis jüdischen Lebens in Deutschland verloren gegangen war, noch nicht hinreichend ausgeprägt, auch wenn bei ihnen viele Gedanken um eine Emigration kreisten. Der Pogrom änderte alles.

Das Verfahren gestaltete sich so, dass die Reichsregierung die »Reichsvereinigung der Juden in Deutschland« mit der Durchführung der Kindertransporte beauftragte. Die »Reichsvereinigung« hatte zu diesem Zweck entsprechende Abteilungen innerhalb der regionalen und gemeindlichen Institutionen der jüdischen Wohlfahrtspflege eingerichtet. Sie sollten die Anträge sammeln und an die »Reichsvereinigung« weiterleiten, die über die Anträge nach Dringlichkeit

---

32  Wikipedia, Artikel »Kindertransport«, abgerufen 2.12.2019. – Zum Thema »Kindertransport« gibt es inzwischen eine umfangreiche Literatur, genannt seien: Benz 2003; Benz et al. 2003; Curio 2006; Göpfert 1999; Hammel 2003; Hammel/Lewkowicz (ed.) 2012; Kröger 2003; Harris et al. 2000; Salewsky 2001; Thüne 2019; Turner 2002; Wexberg-Kubesch 2012.

entscheiden und im Kontakt mit den jüdischen Hilfsorganisationen im In- und Ausland und den ausländischen Hilfskomitees die Verschickung der Kinder organisieren wollte.[33]

Die Kindertransporte, die sich unverhofft als Rettungsanker für die Kinder aus jüdischen Familien auftaten, waren als eine Art Ad-hoc-Lösung für ein vermutlich vorübergehendes Problem konzipiert worden. Es war geplant, dass die Kinder ein oder zwei Jahre später, nach dem erhofften Machtverlust der Nazis, nach Deutschland zurückkehren oder in das Land der inzwischen emigrierten Eltern weiterziehen würden. In der Realität offenbarte sich allerdings spätestens ab Herbst 1939 ein vollständig anderes Szenario.

Für Walter Kaufmann, ausgestattet mit dem Status eines »Transmigranten«, stellte sich Großbritannien trotz seiner ernüchternden Erfahrung am Ankunftstag als ein Glücksfall dar, ein »heller Streifen am Horizont«, hier begann für ihn ein neues, schönes Leben.[34]

Im Dezember 1938 begannen die Kindertransporte nach England. Der erste Transport kam am 2. Dezember 1938 mit 196 Kindern aus Berlin an. Der letzte Transport verließ Deutschland am Tag des deutschen Überfalls auf Polen am 1. September 1939. Ein knappes Jahr wurden die Transporte von den NS-Behörden geduldet. Der Ablauf der Transporte erfolgte so, dass die Kinder mit dem Zug von ihren Heimatbahnhöfen über die Niederlande meist nach Hoek van Holland fuhren, und von dort weiter per Schiff zu der englischen Hafenstadt Harwich.[35] Letzteres wurde von einem Team aus der Bunce Court School betreut, dort, wo auch Walter Kaufmann seine schulische Heimat finden sollte. Die Reformpädagogin Anna Essinger, von ihr wird noch die Rede sein, die bereits 1933 mit 66 Kindern nach England geflohen war, nahm später in dem von ihr gegründeten Internat New Herrlingen/Bunce Court School Flüchtlinge aus den Kindertransporten auf.

---

33    Im September 1933 war die »Reichsvertretung der Deutschen Juden«, ein Zusammenschluss jüdischer Vereine, gegründet worden, um eine Gesamtvertretung und Sprecherin des deutschen Judentums gegenüber den deutschen Behörden und ausländischen Institutionen zu schaffen. Mit Erlass der Nürnberger Gesetze 1935 in »Reichsvertretung der Juden in Deutschland« und später in »Reichsvereinigung der Juden in Deutschland« umbenannt, wurde sie unter Beibehaltung dieses Namens im Juli 1939 in eine Zwangsvereinigung umgewandelt, die der direkten Kontrolle der Gestapo unterworfen war. Vgl. Schoeps 1992, S. 386.

34    Interview Walter Kaufmann, 25. Juni 2015.

35    Vgl. dazu: Wikipedia, Artikel »Kindertransport«, abgerufen 22.1.2020; zur Literatur siehe: FN 32.

England bedeutete für die Kinder zunächst, ihr Leben gerettet, erlebte Verfolgung hinter sich gelassen zu haben. Zugleich bedeutete es Abschied von den geliebten Eltern, Verlust der vertrauten Heimat. Sie waren mit einem Mal auf sich alleine gestellt, mussten schneller als andere Kinder ihres Alters erwachsen werden. Außer einer Fotografie von den Eltern durften sie keine persönlichen Sachen mitnehmen, keine Spielsachen oder Bücher. An den Bahnhöfen spielten sich oft herzzerreißende Szenen ab, sodass die Nazis eine Zeit lang verboten, dass Eltern ihre Kinder zum Zug brachten.[36] In Duisburg galt das Verbot nicht.

In England mussten sich die jungen Flüchtlinge an eine neue Welt gewöhnen – und an eine neue Sprache. Kaum ein Kind brachte Englischkenntnisse mit, sodass viele sich zunächst nur mühsam verständlich machen konnten. Zu dem oft problemlosen Lernen der neuen Sprache gesellte sich aber auch »Scham wegen des Akzents und der (unvermeidlichen) Fehler«. Es gab Kinder, die sich sprachlich herabgesetzt fühlten, die jahrelang mit dem Englischen haderten, weil sie Deutsch nicht aufgeben wollten. Das Deutsche war für die deutsch-jüdischen Kinder eine belastete Sprache und blieb es das ganze Leben lang. Sie wurde vergessen, abgelehnt, wieder gewonnen, aber niemandem war sie völlig gleichgültig.[37]

Die Eltern hatten ihren Kindern eingeschärft, sich »artig« zu verhalten, nicht aufzufallen. In den »Richtlinien des »Deutsch-Jüdischen Hilfskomitees« kann man nachlesen: »Sprechen Sie nicht deutsch auf der Strasse, in Verkehrsmitteln oder sonst in der Öffentlichkeit […] Sprechen Sie lieber stockend englisch als fliessend deutsch – und *sprechen Sie nicht laut.*«[38]

Nach der Ankunft saßen die Kinder im Bahnhof »mit einem Namensschild um den Hals« und warteten darauf, von den Pflegeeltern abgeholt oder in verschiedene Sammelunterkünfte gebracht zu werden.[39] Einige hatten Glück mit ihren Gastfamilien, einige machten schlechte Erfahrungen.

## 4. Hugo Daniels – der »gute Onkel«?

Hugo Daniels ist die Schlüsselfigur im Kaufmann'schen Familiendrama. Wer war dieser Mann, den die Eltern zumeist gar nicht beim vollen Namen nannten? »Mr. D.«, »Onkel Hugo«, waren die Distanz anzeigenden Kürzel für einen Mann, der Walter Kaufmann in seine Obhut nahm, jedenfalls für den Unterhalt

---

36  Siehe dazu, auch im Folgenden: Salewsky 2001 sowie Übelhack 2001
37  Vgl. Thüne 2019, S. 16–19, Zit. S. 17.
38  German Jewish Aid Committee 1938, S. 13, zit. nach: Thüne 2019, S. 18.
39  Übelhack 2001.; Stadt Duisburg 2015, S. 67–69; Benz et al. 2003.

des Jungen sorgte.[40] Hugo Daniels zahlte das Schulgeld und kam für weitere Lebenshaltungskosten auf, war bereit, die Kosten für die Überfahrt der Eltern nach Chile zu übernehmen, bot sich als Bürge, als »Garant«, bei der Auswanderung an, korrespondierte mit allen möglichen Stellen, um die Auswanderung der Eltern zu ermöglichen. Mit diesem Mann verknüpften die Kaufmanns all ihre Hoffnungen. »Wir müssen abwarten, ob und was er für uns tun kann« (Brief 17).

Doch alle Auswanderungsbemühungen liefen ins Leere. Und es sprach ein gewisser Fatalismus aus den Worten, wenn Johanna Kaufmann im April 1939 feststellte: »Es geht im Leben nicht immer alles nach Wunsch, das erleben wir doch jeden Tag und trotzdem dürfen wir nicht verzagen und müssen unseren Mut behalten« (Brief 31). Wer also ist dieser Mann, auf den die Eltern bauten und den als Gönner nur nicht zu enttäuschen sie den Sohn ständig anhielten?

Hugo Daniels war Reeder und Schiffseigner und -makler. Einmal ist in den Kaufmann'schen Briefen davon die Rede, er sei aus seinen »Kohlengeschäften« ausgeschieden und »segele« vielleicht in Kürze nach Amerika (Brief 20).

Vom ersten bis zum letzten Lebenszeichen fällt in den Kaufmann'schen Briefen der Name Hugo Daniels. Offensichtlich hatten die Kaufmanns ihr Schicksal an diesen Reeder gebunden, jenen Mann, von dem Walter Kaufmann – der in seinen Erzählungen immer wieder über ihn schrieb – später steif und fest behauptete, ihn nur noch ein einziges Mal gesehen zu haben nach jenem kalten Januartag 1939 in der Londoner Bahnhofsmission, nachdem »Onkel Hugo« tags zuvor nicht an der Liverpool-Station erschienen war, um seinen »Pflegesohn« abzuholen. Das zweite Mal sei er dann im Frühjahr 1940 erschienen, um Walter mitzuteilen, dass er angesichts der politischen Verhältnisse nun nichts mehr für die Eltern in Deutschland tun könne.

Sehr rasch lernte Walter Kaufmann die englische Sprache, sodass die Schulleiterin Anna Essinger nicht mehr durch den Schulpark rufen und ihn ermahnen musste, gefälligst englisch zu sprechen. Sein Englisch war nahezu »impeccable«, untadelig, geworden. Er hätte sich sprachlich sogar im Umfeld des eleganten Mr. Daniels behaupten können. Doch der hielt sich zum Bedauern von Walter Kaufmann – fern. Und da er praktisch nichts mehr für seine Eltern zu tun imstande war, ließ Walter Kaufmann jegliche Dankbarkeit vermissen. Mehr noch: *Wieder*

---

40   Herkunft und eine familiäre Verbindung von Hugo Daniels bleiben im Dunkeln. Allerdings muss es eine nicht näher bekannte Beziehung gegeben haben. Daniels war – wann, lässt sich nicht feststellen – nach England ausgewandert und dort wohlhabend geworden. An ihn habe sich Sally Kaufmann hilfesuchend gewandt, für Sohn Walter zu bürgen. Interview Walter Kaufmann, 25. Juni 2015.

10. Poststempel des Schifffahrts- und Speditionsunternehmens Hugo Daniels, Düsseldorf, 5. Oktober 1937.

*sperrte ich mich gegen ihn und nach kürzester Zeit fuhr er in seiner chauffeurgesteuerten schwarzen Limousine davon – und aus meinem Leben ...*[41]

Im Düsseldorfer Adressbuch des Jahres 1907 findet sich folgender Eintrag: »Schifffahrt u. Spedition: Hugo Daniels G. m. b. H. Düsseldorf. Schifffahrtsverkehr u Sammelladung«. Und dann: »* Hugo Daniels G. m. b. H., Inh.: Hugo Daniels & Fritz Roeber jr., Hafen, Quaistr. 22. Filiale 2100 Antwerpen. Spedition, Schiffahrt, Schiffsmakler, Lagerhaus (Reichsbank Giro-Konto). T Rheinfahrt«. Das ist der Firmeneintrag. Und über den privaten Hugo Daniels heißt es: »4425 Daniels, Hugo, Kfm.« Als Adresse ist angegeben: »Graf-Adolfstr. 26.«[42]

Hugo Daniels war »Fuhrunternehmer und Spediteur«, geboren am 30. Mai 1866 in Bockum. Er war verheiratet mit der am 15. Juni 1873 in Herdecke geborenen und am 30. Juni 1901 in Unna gestorbenen Wilhelmine, geborene Marx. Aus dieser Ehe ist ein Kind hervorgegangen: Anna Elisabeth Bertha Daniels, geboren am 5. Juli 1897 in Düsseldorf.

Nach dem Tod seiner ersten Frau war Daniels seit dem 21. Oktober 1906 mit der aus Frankfurt stammenden, am 10. September 1880 geborenen Ella Elisabeth, geborene Türck, wiederverheiratet. Seine zweite Ehefrau starb nach gut einem Jahr Ehe am 8. Februar 1908.[43]

Hugo Daniels war am 4. November 1889 von Krefeld-Uerdingen nach Düsseldorf gezogen und hatte eine Wohnung in der Neusser Straße 6. Am 20. Dezember

---

41 Kaufmann 2010, S. 69.
42 GenWiki, http://wiki-de.genealogy.net/Telefon-Adressbuch_Düsseldorf_1907, abgerufen 10.3.2019.
43 StA Düsseldorf, Standesamt Düsseldorf-Mitte 432/08.

11. Eintrag der Duisburger Dependance der Hugo Daniels GmbH im Adressbuch der Stadt Duisburg 1925/26.

1921 erfolgte seine Abmeldung von der Scheibenstraße 15 nach Saarbrücken.[44] Danach verlieren sich seine Spuren, bis er Ende der 1930er Jahre im Leben der Kaufmanns eine Rolle zu spielen beginnt.

Das international aufgestellte Speditionsunternehmen Hugo Daniels mit Hauptsitz in London scheint auch in anderer Geschäftsform existiert zu haben: »Hugo Daniels & Co.« In einer Firmenanzeige von 1909 waren die gesamten Geschäftsfelder der »Spedition – Schiffahrt« von »Hugo Daniels G. m. b. H. Düsseldorf« unter der Firmenanschrift Neuer Hafen 22 aufgeführt.[45] Und diese umfassten unter anderem: überseeische Transporte; Schiffsbefrachtung »nach allen Richtungen«; Lager- und Kellerräume für feuergefährliche Güter in einer Größe von 10 000 Quadratmeter; Eiskelleranlage am Hafen; Bahn- und Schiffsanschluss; Transportversicherung; Konsignation (überseeisches Verkaufskommissionsgeschäft); Zollabfertigung; Assekuranz, Lombard (Kredit gegen Verpfändung beweglicher Sachen) und Inkasso. Das Unternehmen verfügte über Geschäftsbeziehungen mit Reedereien in Hamburg, Berlin, Straßburg, Amsterdam, Rotterdam, St. Gallen und in niederländische Besitzungen, wo es Hafenstädte mit exotisch klingenden Namen wie Soerabaja, Probolingo, Passarocron, Padang oder Tjilatjap und andere unaussprechliche Zielhäfen gab. Ein solcher Unternehmer mit weltweiten Verbindungen im Speditionsgeschäft sollte nicht in der Lage gewesen sein, dem Ehepaar Kaufmann eine Schiffspassage aus Deutschland zu ermöglichen?!

Eine Filiale befand sich offensichtlich weiterhin in Düsseldorf. Hier hieß der Teilhaber Walter Löhnberg, dessen Wohnung während des Novemberpogroms 1938 »restlos zerstört« wurde.[46]

44  Ebda.
45  Werbeanzeige Firma Hugo Daniels, 1909. StADU 42/371.
46  Fleermann/Genger 2008, S. 222.

12. Briefkopf der Firma Hugo Daniels, Düsseldorf, den 3. Februar 1897.

Walter Kaufmann hat Hugo Daniels folgende Erzählung gewidmet:

Hugo Daniels – London, 1939

*Rings um mich her schnarchten die Männer. Ich wälzte mich auf der Pritsche, schlaflos im Schlafsaal des Obdachlosenasyls, Mütze und Mantel und Schuhe hatte ich anbehalten, meinen Koffer dicht hinterm Kopf verstaut, und wollte nicht begreifen, dass keiner gekommen war, um mich vom Bahnhof abzuholen. Nicht eines der Kinder, die mit mir auf Transport gewesen waren, ist zurück geblieben, alle waren sie längst in der Obhut von Verwandten oder englischen Pflegeeltern. Nur ich hatte ausharren müssen, vier geschlagene Stunden, bis ein Mann von der Bahnhofsmission sich meiner annahm, die Telefonnummer eines Hugo Daniels herausfand, dort anrief und mich, als niemand antwortete, auf einem Doppeldeckerbus nach East London ins Asyl brachte. Dort, so erklärte er mir in simplem Englisch, sollte ich die Nacht verbringen – anderntags würde man weitersehen. Im Morgengrauen saß ich aufrecht auf der Pritsche, nippte an dem Blechbecher mit Tee und grübelte. Das Warten dehnte sich endlos. Schließlich hörte ich den Wachmann etwas rufen, das wie mein Name klang: »Kofmen!« In der Tür vom Schlafsaal stand ein hochgewachsener Herr in dunklem Mantel, steifem Hut und mit einem Schirm überm Arm. Ich lief zu ihm hin. »Da bist du endlich«, sagte er in seltsam klingendem Deutsch. Wer? Ich? Das traf doch eher auf ihn zu. Seine Erklärung, ihm sei gesagt worden, ich wäre erst heute zu erwarten, konnte ich nicht annehmen – waren doch all die anderen Kinder pünktlich abgeholt worden! Er musste mich einfach vergessen haben. Es täte ihm leid, sagte er jetzt, doch was nicht zu ändern sei, sei nicht zu ändern. Ich blieb stumm. Dankbar sein, dankbar sein, dankbar sein, war mir von den Eltern aufgetragen worden, so nahm ich also meinen Koffer und folgte Herrn Daniels zum Taxi, das vor dem Asyl parkte. Lange fuhren wir durch den Londoner Nebel, bis wir zu einem prächtigen Gebäude gegenüber einem Park gelangten. Ein Aufzug trug uns zu einer geräumigen Wohnung mit antiken Möbeln, Kupferstichen an den Wänden und Gemälden von Seelandschaften mit Schiffen – wohl seine Schiffe, denn Herr Hugo Daniels war Reeder, wie mein Vater mir erklärt hatte, ein reicher Schiffseigner, der in England für mich sorgen würde. Ein Diener nahm mir Mütze und Mantel ab, auch den Koffer, und zeigte mir die kleine Toilette neben dem Wohnungseingang, wo ich mir Gesicht und Hände waschen könne. Dann brachte er mich zu einem Raum, wo zum Frühstück gedeckt war. Herrn Daniels, der schon da war, Onkel Hugo zu nennen, wollte mir nicht über die Lippen, bislang war auch keine Rede davon gewesen. Er wirkte streng, wie er da saß, das grau melierte Haar korrekt gescheitelt, die Wangen sorgfältig rasiert, der Mund schmal wie der Riss in einer Maske. Er fragte nicht nach meinem Vater, nicht nach der Mutter, nicht nach unserem Leben in Deutschland, auch nicht nach meiner Reise. Doch merkte er, dass ich wohl müde sei nach der Nacht im Asyl – es täte ihm leid, dass es so gekommen war, sagte er noch einmal, doch was nicht zu ändern sei, sei nicht zu ändern. Und ob mir heute noch eine Reise zuzumuten wäre, die verglichen mit der anderen ein Katzensprung sei. »Noch heute?«, fragte ich. Er nickte. Ich nickte – und dachte wieder ans Dankbarsein. Dem lautlos eingetretenen Diener gab er Anweisung, mir das Sofa im Arbeitszimmer zu zeigen, wo ich mich ausruhen könne. Der Diener verbeugte sich beflissen. Als ich aufstand, zog er sanft meinen Stuhl nach hinten. Herr Daniels hob leicht die Hand und verwies darauf, dass um 12 Uhr 43 ein Personenzug nach Kent führe. »My man Wilmers wird dich zum Bahnsteig bringen und gegen drei wirst du in Faversham abgeholt – darauf mein Wort!« Er lächelte. Von Faversham sei es nicht weit zum Internat, fügte er noch hinzu. Ehe ich dem Diener folgte, winkte er mich noch einmal zu sich. »Und dies zur Zerstreuung auf dem Weg«, sagte er und gab mir eine Zeitschrift mit dem Titel World Wide Magazine. Ich sagte nicht, dass ich die kaum lesen könne, weil mein Englisch dafür nicht reichte. Stattdessen bedankte ich mich, auch für die fünf Schillinge, die er für mich in eine lederne Börse zählte. »All the best, my boy«, sagte er, »pot luck!« Und damit überließ er mich dem Diener – seitdem sollte ich ihm nur noch ein Mal begegnen, im Internat, dem er bei Kriegsbeginn einen Besuch abstattete, wohl auch um mir mitzuteilen, dass er für die Eltern nun nichts mehr tun könne – was nicht zu ändern sei, sei nicht zu ändern …*[47]

[47] Dieses Portrait ist unter dem Titel »Hugo Daniels (London, 1939): Unbekannte Bekannte« erschienen in: *Neues Deutschland*, 4. August 2017, S. 15, sowie unter dem

Das, was Walter Kaufmann rückblickend über seinen »Onkel« Hugo Daniels zu sagen hat, klingt nicht gerade schmeichelhaft und deckt sich ganz und gar nicht mit dem, was die Briefe seiner Eltern spiegeln. In seiner Erzählung *Jene Stunden im Internat*, in der Walter Kaufmann wieder einmal Hugo Daniels erwähnt – ohne ihn beim Namen zu nennen –, wird seine ganze Enttäuschung deutlich. Hier spricht Walter Kaufmanns Alter Ego »Martin« zu einem Freund und sagt: »*Stell dir einen Reeder vor mit Schiffen auf allen Weltmeeren – glaubst du nicht, dass so einer meine Eltern noch aus Deutschland rausholen könnte?*« […] *Martin erklärte* […] *und erzählte, warum es ihm nicht gelungen war, den Onkel um Hilfe für die Eltern zu bitten.* […] Der Freund antwortet darauf: »*Je größer das Haus, umso weniger Platz für die Gäste? Diesen Onkel schlag dir aus dem Kopf.*«⁴⁸

Walter Kaufmann scheint das Verhalten und das Bemühen bzw. Nichtbemühen des »Onkel Hugo« um die Rettung der Eltern von seinem Ende her zu bewerten – vom faktischen Ergebnis, dass seine Eltern nicht aus Deutschland fortkamen. Im Hintergrund hat sich Hugo Daniels offensichtlich doch im Rahmen seiner Möglichkeiten sowohl um die Eltern als auch um Walter bemüht. Wie sonst hätte zum Beispiel Sally Kaufmann schreiben können: »Fast gleichzeitig kamen Rote-Kreuz-Briefe von Anna Essinger und Onkel Hugo. Letzterer schrieb ›I try release for Walter and permission to stay in Australia after war, farming!‹« [»Ich bemühe mich um Walters Entlassung und die Erlaubnis, nach dem Krieg in Australien zur Landarbeit zu bleiben!« – L.J.H.] und dies mit dem Satz kommentieren können: »Wir finden es rührend von ihm, dass er sich nach wie vor um Dich bekümmert« (Brief 126). Hier betont Sally Kaufmann die ständigen Bemühungen von Hugo Daniels, der »nach wie vor« Fäden zur Rettung der Eltern zieht.

Im Alter hat sich Walter Kaufmanns Eindruck von Hugo Daniels verfestigt. Retrospektiv versieht er ihn mit den wenig löblichen Etiketten »kalt«, »abweisend«, »gleichgültig«, »hochmütig«.⁴⁹

---

Titel »Hugo Daniels – London, 1939« in: Kaufmann 2018, S. 39–41.
48   Walter Kaufmann: »Jene Stunden im Internat«, in: Kaufmann 2013, S. 340.
49   Walter Kaufmann im Gespräch mit dem Verfasser, Berlin, 5. September 2017.

## 5. Anna Essinger und die New Herrlingen/Bunce Court School – eine Exilschule in Kent

Die am 15. September 1879 in Ulm geborene Anna Essinger war eine deutsche Reformpädagogin.[50] Sie stammte aus einer deutsch-jüdischen Familie. Im Jahre 1899 zog sie zu ihrer Tante nach Nashville im US-Bundesstaat Tennessee, wo sie mit Quäkern in Kontakt kam. Sie absolvierte ein Germanistikstudium. 1919 kehrte sie nach Deutschland zurück und arbeitete als Lehrerin. Seit 1912 leitete ihre Schwester Clara Weimersheimer im baden-württembergischen Herrlingen ein eigenes Kinderheim für schwer erziehbare und psychisch labile Kinder. Aus diesem Kinderheim entstand 1925/26 ein Landschulheim, in dem auch Anna Essinger unterrichtete.

In der NS-Zeit war an der Fortführung des Landschulheims mit seinen jüdischen Lehrerinnen nicht zu denken. Als weitblickende Lehrerin suchte Essinger nach einer Möglichkeit, ihre Schule, geschützt vor nationalsozialistischer Verfolgung, außerhalb Deutschlands fortzusetzen, und fand in der Grafschaft Kent im Süden Englands ein geeignetes Objekt. Mit 66 Kindern und deren Lehrern verließ Anna Essinger am 5. Oktober 1933 Deutschland in Richtung England. In der Bunce Court School in Otterden bei Faversham/Kent setzte sie ihre pädagogische Tätigkeit im Herbst 1933 fort.

Das neue Domizil war ursprünglich ein altes Herrenhaus, Bunce Court, aus der Zeit Heinrichs VIII. stammend. Es war ein weitläufiges dreistöckiges Haus mit über 40 Zimmern und einer großen, parkähnlichen Außenanlage und hatte den Zuschnitt eines Schulinternats.

Ab Herbst 1938 stellte sich mit den eintreffenden deutsch-jüdischen Kindern und Jugendlichen eine neue Herausforderung. Anna Essinger organisierte mit ihren Lehrern und älteren Schülern die schulische und menschliche Versorgung dieser Kinder. Für die Schüler, die nicht in ihrem Internat untergebracht werden konnten, suchte sie nach Pflegefamilien und Unterbringungsmöglichkeiten. Anna Essinger hat in den NS-Jahren und danach über 900 Kinder aus Deutschland, Österreich, Polen, der Tschechoslowakei und England betreut und unterrichtet. Unter diesen Kindern und Jugendlichen waren auch solche, die ein Konzentrationslager überlebt hatten, Jugendliche, die ein freies, antiautoritäres Leben, wie

---

50 Vgl. auch im Folgenden: Wikipedia, Artikel »Anna Essinger«, abgerufen 1.12.2018 sowie die umfangreiche Literatur u. a.: Berger 1997; Essinger 1983; Giebeler 1997; Lüdtke 2011; Schachne 1986.

es auf Bunce Court alltäglich geführt wurde, nicht kannten und sich nur schwer dareinfanden.

Essinger verbrachte ihre letzten Lebensjahre in Bunce Court mit Schreiben. Sie korrespondierte viel mit ehemaligen Schülern, welche sie, wie Walter Kaufmann auch, »Tante Anna« nannten. Weltoffenheit, Weitsicht und ihr unerschütterlicher Pragmatismus waren ihre herausragendsten Eigenschaften. Konsequent und mit viel persönlichem Einsatz half sie Kindern, jüdischen und nichtjüdischen. Viele der ihr anvertrauten Kinder und Jugendlichen haben später ihre Warmherzigkeit und Selbstlosigkeit gewürdigt. Walter Kaufmann hat Anna Essingers Verhalten im Zusammenhang mit seiner Deportation aus Otterden durchaus kritisch gesehen. Eine Kritik war, dass Anna Essinger die Schüler nie darin bestärkt habe, ihren jüdischen Wurzeln treu zu bleiben, und ihnen somit ihr jüdisches Erbe vorenthalten habe. Sie war sich ihrer jüdischen Wurzeln zwar immer bewusst, konnte für sich selbst jedoch keinerlei religiöses Dogma akzeptieren.

Seiner Lehrerin Anna Essinger hat Walter Kaufmann ein kleines, nicht unkritisches, literarisches Denkmal gesetzt:

Anna Essinger – Faversham, 1940

*Seit ich vor achtzehn Monaten im Internat aufgenommen war, hatte die Direktorin nicht ein einziges persönliches Wort an mich gerichtet. Für mich blieb sie die Unnahbare, und nie habe ich erlebt, dass irgendwer sie mit dem unter uns Schülern gängigen TA ansprach, was für Tante Anna stand. Ich respektierte sie, mochte sie aber weit weniger als die anderen für uns zuständigen Erwachsenen, Alex Wormleighton, zum Beispiel, den Englischlehrer, oder András Varga, der Mathematik unterrichtete, oder Ullrich Meyer, unseren Sportlehrer. Nicht ein einziges Mal war ich in TA's Allerheiligstem, ihren Privaträumen im zweiten Stock des Herrenhauses – ich wollte auch nie dorthin, mir reichte es, dass ich sie hin und wieder von oben mit gellender Stimme in den Park rufen hörte: »English, Walter Kaufmann, please!« TA trug eine Brille mit Linsen dick wie Flaschenglas, sie war kurzsichtig wie eine Eule (sind Eulen das?), dabei äußerst hellhörig. Rufend, mich ermahnend, Englisch und nur Englisch zu sprechen, lehnte sie im offenen Fenster, korpulent, vollbusig, ihr Gesicht umrahmt von schütterem, grau meliertem Haar: die Direktorin. Und natürlich gehorchte ich jedes Mal prompt, wechselte vom Deutschen ins Englische – oder hielt den Mund. Je besser mein Englisch wurde, umso seltener kamen TA's Ermahnungen – so dass ich an diesem Sommertag im zweiten Kriegsjahr keinen Schimmer hatte, warum sie meinen Namen rief: »Walter Kaufmann, please!« Ich war allein im Park, hatte mit keinem geredet und, zu TA hochblickend, sah ich sie winken. Ich ging ins Herrenhaus, stieg die Treppe hoch zum zweiten Stock und klopfte an die Tür des Allerheiligsten. »Come in!« Ich trat ein. TA thronte hinterm Schreibtisch, der wie ein Halbmond geformt war, und auf den antiken Stühlen zu ihren Seiten saßen zwei mir fremde Männer, steif und aufrecht saßen sie da, beide in zu engen Anzügen und Hemden mit blauen Schlipsen. Ihre Hüte hielten sie auf den Knien, und sie schwiegen auch, nachdem TA mir erklärt hatte, die Männer seien gekommen, um mich abzuholen. Abzuholen! Ich blickte sie an. Sie nickten. »Take me away! Where to? Why?«, fragte ich. Sie antworteten nicht. Nur einer sagte schließlich: »Sorry, my boy. What has to be, has to be.« Ich sah mich um, als enthielten die Bücher auf den Regalen die Erklärung für meine Lage, als könnten die Kupferstiche Antwort geben, die Kerzen in den Kerzenhaltern Licht ins Dunkel bringen. TA verharrte breit und reglos im Schreibtischsessel, sie schaute ernst, dabei nicht unfreundlich, und dann wiederholte sie, was einer der Männer gesagt hatte: »What has to be, has to be.« Sie sprach von Regierungsanweisungen und bat mich, im Boys House für nur ein paar Tage, »just a few days«, meine Sachen zu packen. Das Warum und Wohin erklärte sie nicht – aber leid täte es ihr, so wie das Ganze auch den beiden Männern leid täte. Ich schluckte, kämpfte mit den Tränen, fragte, ob das alles wirklich dringlich wäre, so Hals über Kopf. »Leider«, sagte TA, »leider, leider …« Sie hatte ins Deutsche gewechselt, was mich wunderte, und ich sagte nichts – und fand mich nicht viel später mit gepackter Tragetasche an der Auffahrt zum Herrenhaus ein, wo ein schwarzer Bentley parkte. Vorn auf dem Beifahrersitz saß schon Hans, der Gärtner, er bebte vor Zorn und rief etwas von Antifaschisten zu internieren und dass das eine Schande sei, »a shame, yes, a bloody shame!«, und ich, der noch immer keine Erklärung dafür hatte, warum man mich abholte, stieg traurig, dabei nicht ohne die Hoffnung ins Auto, dass sich schon alles regeln und ich bald wieder zurück sein würde. TA hat's versprochen, sagte ich mir, sie hat es versprochen!*[51]

Anna Essinger starb am 30. Mai 1960 in Otterden, Kent.

Walter Kaufmann hatte bis 1938 das Realgymnasium (heute Steinbart-Gymnasium) in Duisburg besucht, eine Schule, auf der schon sein Vater und sein Onkel

---

51 Walter Kaufmann: »Anna Essinger – Faversham, 1940«, in: Kaufmann 2018, S. 42–43.

Eugen Kaufmann[52] das Abitur abgelegt und die auch seine Cousins Edgar[53] und Arnold[54] besucht hatten. Mit zehn kam er auf das Steinbart-Realgymnasium mit »dunklen Vorahnungen«,[55] die sich alle bewahrheiteten: Ab der Sexta gehörte er zu jenen Außenseitern, die Jülich, Herzstein, Katzenstein und Ruben hießen und sich vom Unterricht ausgeschlossen fanden, wenn »Rassenkunde« auf dem Stundenplan stand.

Seine schulischen Leistungen waren nicht gerade berauschend: *Jahr für Jahr [hatte ich mich] für meine schlechten Zeugnisse auf dem Realgymnasium zu verantworten, wozu sollte ich denn lernen, ich, der Ausgestoßene …*[56] Das hatte seine Gründe: Walter Kaufmann lehnte einen Großteil seiner Lehrer ab, die im Strom der Zeit schwammen, die in SA-Uniform zum Unterricht erschienen und mit »Hitler-Gebrüll« vor die Klasse traten. Andererseits war er für jene Lehrer eingenommen, die ihn persönlich ansprachen, deren Unterricht konnte er »mit Freuden« genießen. Die angepassten Lehrer, die ihre Pädagogik ganz im Sinne der neuen, nationalsozialistischen Zeit ausgerichtet hatten und den jüdischen Schüler Kaufmann beim »Rassenkundeunterricht« vor die Tür setzten, stießen ihn ab.

Mit dem Wechsel zur Jüdischen Privatschule Düsseldorf 1938 war Walter Kaufmann als Schüler glücklich, er war unter seinesgleichen, erlebte warmherzige Lehrer, erfuhr hier mehr über deutsche Kultur und Literatur als zuvor auf dem deutschen Realgymnasium.[57] Eine ähnliche Erfahrung sollte er während seiner

---

52  Eugen Kaufmann (1887–1964), Direktor und Begründer des Duisburger Bankvereins. Im Februar 1939 Emigration über Großbritannien nach Palästina. Mehr zu Eugen Kaufmann im Portrait »Eugen Kaufmann. Gründer und Direktor des Duisburger Bankvereins (DBV)«, in: Roden 1986a, Teil 2, S. 960–963 sowie kurzbiografische Daten, in: Ebda., S. 1162.

53  Edgar Kaufmann (1914–1967), Sohn von Eugen Kaufmann, emigrierte im Dezember 1935 in die USA. Edgar Kaufmann versuchte vergeblich, Sally und Johanna Kaufmann ein Affidavit für die USA zu beschaffen. Vgl. dazu seine Bemühungen u. a. in den Briefen Nr. 103, 106, 109 und vor allem in Brief Nr. 112.

54  Arnold Kaufmann (geb. 1917), Bruder von Edgar Kaufmann, war im Februar 1937 nach Palästina emigriert.

55  Mündliche Auskunft, Walter Kaufmann im Gespräch mit dem Verfasser, Berlin, 6. September 2017.

56  Kaufmann 1984, S. 61.

57  1935 wurde die private »jüdische Volksschule« in der Kasernenstraße im umgebauten Gemeindehaus gegründet. Am 28. April 1935 wurde die »Jüdische Privatschule Düsseldorf« in der Großen Synagoge feierlich eröffnet. Leiter war zunächst Studienassessor Kurt Herz (geboren 1903 in Offenbach), welcher 1933 als Jude aus dem Staatsdienst entlassen worden war. Während des Pogroms am 9./10. November 1938 wurde die Schule, die sich im Nebenhaus der Synagoge befand, demoliert. Der Unterricht wurde nach kurzer Unterbrechung im Gebäude der Jüdischen Gemein-

Schulzeit in England machen, eine Zeit, die er als eine der schönsten in seinem Leben bezeichnete.[58] Drei Schulen hatte Walter Kaufmann bis dahin schon hinter sich gebracht – die Volksschule in Duissern, eine »rotbraune, Furcht einflößende Festung«, der er oft genug »entkommen« war und die in ihm kaum eine frohe Erinnerung hinterlassen hatte. Erst als er nach dem Ausschluss aller jüdischen Kinder von öffentlichen Schulen 1938 zur Jüdischen Schule nach Düsseldorf wechseln musste, begann für Walter Kaufmann eine bessere Zeit, und die setzte sich in New Herrlingen im englischen Kent fort, wo »gelesen, gelernt und gespielt« wurde und es jenes zwischenmenschliche Miteinander gab.

Nach seiner Entlassung aus der Dachauer KZ-Internierung am 8. Dezember 1938 hatten Sally und vor allem Johanna Kaufmann wie erwähnt alles darangesetzt, ihren Sohn Walter mit einem der Kindertransporte außer Landes zu bringen. Sally Kaufmann war auf die Reformschule im englischen Kent aufmerksam geworden, die ihre Wurzeln in Süddeutschland hatte und einen ausgezeichneten pädagogischen Ruf besaß – Anna Essingers New Herrlingen School, ein Internat mit »freundlichen Lehrern und aufgeschlossenen Schülern«.[59]

Die englische Exilschule hatte als Zielsetzung, die »entwurzelten und verunsicherten Flüchtlingskinder« in der Herausbildung einer »neuen, komplexen Identität« zu unterstützen und sie bei der »Auseinandersetzung mit einer fremden Umwelt« pädagogisch zu begleiten.[60] Dabei stand Bunce Court School zugleich in der Tradition deutscher Schulkultur: Die Schülerinnen und Schüler sollten angehalten werden, alles zu bewahren, was in der deutschen Sprache, Literatur, Kunst und Musik schön ist.[61] Allerdings legten die Lehrerinnen und Lehrer Wert darauf, dass die Schüler so schnell wie möglich die englische Sprache erlernten. Der Unterricht erfolgte selbstverständlich in englischer Sprache. »English, Walter Kaufmann, please«, die gellende Stimme Anna Essingers aus dem zweiten Stock des Herrenhauses, die hörte Walter Kaufmann allzu oft, und das hallte ihm lange in den Ohren. Es war gewollt, an der englischen Sprache auch außerhalb des Klassenzimmers festzuhalten.

In Bunce Court hatten die Freitagabende stets einen festlichen Charakter. Viele Kinder, die zuhause den Abendgottesdienst am Vorabend des Schabbat in der Sy-

---

de in der Grafenberger Allee 78 fortgesetzt. Wikipedia, Artikel »Jüdisches Leben in Düsseldorf«, abgerufen 22.1.2020; Mahn- und Gedenkstätte Düsseldorf 1998.

58  Interview Walter Kaufmann, 25. Juni 2015.
59  Kaufmann 2010, S. 146.
60  Feidel-Mertz 2003, S. 102.
61  Ebd., S. 107.

13. Im Internat in England, New Herrlingen/ Bunce Court School, Walter Kaufmann (re.), 1939.

nagoge zu verbringen oder den Kiddusch gewohnt waren, hatten das Bedürfnis, den Freitagabend in religiöser Weise zu gestalten und versammelten sich zu diesem Zweck in der Schulbücherei. Religiöse Feiertage wurden in Bunce Court generell beachtet.

Anna Essinger stand bereits in ihrer früheren Herrlinger Zeit in der Tradition der Reformpädagogik Alexander Sutherland Neills und dessen Summerhill-School. Die Schülerinnen und Schülern sollten sich zu »ganzheitlichen Menschen« entwickeln, andere Menschen, wie verschieden sie auch seien, achten.[62]

An die New Herrlingen/Bunce Court School erinnert sich Walter Kaufmann trotz seiner Kritik mit Glück und Respekt.[63] Die Flüchtlingskinder, die an dieser Exilschule Aufnahme fanden, gehörten insofern zu einer privilegierten Minderheit, als sie sich in einer Gemeinschaft von gleichermaßen Betroffenen auf behutsame Weise in ein neues Milieu einleben durften. Die Pädagogik war koedukativ und erfolgte auf der Grundlage des Prinzips von Freiwilligkeit. Freiwillig war auch der Unterricht, was Walter Kaufmann »weidlich« genoss. Dennoch reifte er zu einem guten Schüler.

Das Schulgebäude in dem ehemaligem Landhaus lag in idyllischer Umgebung, es gab Parks und kleine Häuser für die Schülerinnen und Schüler. Es waren dort erfahrene Lehrer, die zum Teil selbst die Emigration kennengelernt hatten und aus Deutschland, Österreich und Ungarn stammten. Auch Johanna Kaufmann schien zufrieden mit der Verhältnissen in New Herrlingen/Bunce Court und schrieb erleichtert: »Es ist wirklich ein grosses Glück, mein bester Junge, daß Du dort sein kannst. Ich bin sicher, daß Du Dich in der Schule sehr gerne anstrengen wirst« (Brief 3).

Im Mai 1940 verkündete Premier Winston Churchill zur Beruhigung der britischen Bevölkerung und in Panik vor einer deutschen Invasion sein berüchtigtes

---

62  Essinger 1983, S. 82.
63  Auch im Folgenden: Interview Walter Kaufmann, 25. Juni 2015.

Verdikt über die in Großbritannien lebenden Hitler-Flüchtlinge – »Sperrt sie alle ein!« (»Collar the lot«). Das galt auch für Walter Kaufmann, den weder sein Alter von erst sechzehn Jahren noch seine jüdische Herkunft bei diesem seltsamen bürokratischen Akt schützten. Man holte ihn aus dem Unterricht und rief ihn ins Sanctum der Schulleiterin Anna Essinger, wo zwei Constables auf ihn warteten. »Sorry, my boy, but what has to be, has to be«, ließ einer der Männer verlauten, während der andere wiederholte, was Walter Kaufmann bereits von der Schulleiterin gehört hatte, dass dies eine Regierungsanordnung sei. Schließlich erfuhr er, dass er in ein Lager nach Liverpool gebracht würde, von wo aus man gedachte, ihn weiter nach Australien zu verfrachten. Weitere Gründe für die Maßnahme der beiden Amtspersonen, die von »Agententätigkeit« und »Spionage im Küstenbereich« sprachen, leuchteten ihm nicht ein. Er verstand die Welt nicht mehr, denn mit den erwähnten Anschuldigungen hatte er nichts zu tun.[64]

Den Engländern fehlte in diesem historischen Augenblick jedes Verständnis und jede Einsicht, dass den Juden eine besondere Gefahr drohte. Die Inhaftierung der Emigranten war eine der in Hysterie beschlossenen Maßnahmen, die später zurückgenommen wurden.

Bis dahin hatte Walter Kaufmann in seinem Exil durchaus auch positive Erfahrungen gemacht. Für ihn als jüdischen Minderjährigen, der die wachsende Feindseligkeit im NS-Staat in vollem Bewusstsein erlebt hatte – der von seinen Klassenkameraden verhöhnt und attackiert, von seinen Lehrern gedemütigt, von seinem nichtjüdischen Freundeskreis im Stich gelassen wurde, der die Entrechtung, Erniedrigung und Beraubung der Eltern und Verwandten miterlebt hatte und sich an das hasserfüllte, gewalttätige Klima, die ständige Bedrohung, Beklemmung und seine Angst erinnern konnte –, hatte das Leben in England bis dahin auch eine große Erleichterung gebracht und ihm ein Gefühl von wieder gewonnener Freiheit vermittelt. Er hatte sich schnell an die neuen Lebensumstände gewöhnt, Entgegenkommen erfahren, Unterstützung erlebt und neue Freunde gefunden.

Der Krieg veränderte das Leben der Schulgemeinde nachhaltig, als an jenem Maimorgen im Jahr 1940 die zwei britischen Regierungsvertreter wie aus heiterem Himmel erschienen und mitteilten, dass ab sofort alle Lehrer, die keine Briten seien, und alle nichtbritischen Schüler, die sechzehn Jahre alt oder älter waren, als »enemy aliens« in ein Internierungslager zu gehen hätten. Innerhalb von zwei Stunden wurden etwa fünfzehn Männer und Jungen abtransportiert.

---

64 In seiner Erzählung »Parias« schildert Walter Kaufmann seine Verhaftung in Faversham, in: Kaufmann 2004, S. 129–133.

Für Walter Kaufmann war mit dem erzwungenen Abschied aus dem Internat New Herrlingen eine Welt zusammengebrochen. Er musste jäh Abschied nehmen von der liebgewonnenen Schule, von seinen neuen Freunden und den Lehrern, denen er vertraut hatte. Er fragte sich, ob die Engländer so Krieg führten, indem sie Hitler-Gegner einsperrten. Seine Jugendzeit war beendet, und niemand war da, der ihn aus seiner misslichen Lage hätte befreien können. Auch Onkel Hugo war nicht erreichbar. Wieder einmal.

## 6. Dr. iur. Sally Martin Kaufmann und Johanna Kaufmann

Der Adoptivvater. Oder war er doch der (leibliche) Vater? Dr. Sally [Martin] Kaufmann[65] – geboren am 5. März 1886 in Duisburg, deportiert aus Duisburg nach Theresienstadt und von dort weiter verschleppt ins Vernichtungslager Auschwitz, ermordet, mit Datum 8. Mai 1945 für tot erklärt – war der Sohn des Kaufmanns Julius Kaufmann (1849–1920) und seiner Frau Helene Kaufmann, geb. Wiener (1850–1927). Sally Kaufmann war nach dem im Jahre 1904 bestandenen Abitur am Duisburger Städtischen Realgymnasium (später: Steinbart-Gymnasium) und dem Jurastudium als Rechtsanwalt und Notar (»Kaufmann I«) beim Landgericht Duisburg mit einer Kanzlei Am Buchenbaum 4 tätig. Im Jahre 1915 wohnte er in der Königstraße 24. Er nahm als Frontkämpfer am Ersten Weltkrieg teil und wurde noch am 25. Februar 1935 »Im Namen des Führers und Reichskanzlers« Adolf Hitler mit dem Eisernen Kreuz und mit dem Ehrenkreuz für Frontkämpfer ausgezeichnet.[66] Doch zu diesem Zeitpunkt kränkte Kaufmann diese Auszeichnung aus der Hand der Nationalsozialisten. Noch mehr kränkte ihn, dass er als ehemaliger Frontoffizier nicht mehr an den nationalen Feiern auf dem Kaiserberg teilnehmen durfte.

---

65  Biografisches zu Sally Kaufmann in: Roden 1986a, Teil 2, S. 963–966; Mauss 2013, S. 263–268; Heid 2015b.
66  Vgl. dazu: Tietz 1993, S. 80 (Faksimile der Urkunde).

14. »Im Namen des Führers und Reichskanzlers« verliehenes »Ehrenkreuz« für den »Frontkämpfer« Dr. Sally Kaufmann, Duisburg, den 25. Februar 1935.

Sally Kaufmann war mit der am 11. Juni 1890 in Düsseldorf geborenen Johanna Hartoch verheiratet, die wie er in Auschwitz ermordet und mit Datum 8. Mai 1945 für tot erklärt wurde. 1926/27 adoptierten sie den am 19. Januar 1924 in Berlin geborenen Walter, der ursprünglich den Namen Sally Jitzchak Schmeidler trug.[67] Wenn, wie Walter Kaufmann später vermutete, sein Adoptivvater auch sein leiblicher Vater war, was hieß das für die Adoptivmutter, Johanna Kaufmann?

»Meine Mutter war enorm warmherzig, liebevoll und nachgiebig – in allem«, so erinnert sich Walter Kaufmann an seine Mutter.[68] Der Vater war das genaue Gegenteil – ein strenger, auf Ordnung und »Rigorosität« im Alltag bedachter Mann, den es geschmerzt haben mag, dass sein Sohn ein »renitenter« Schüler war, und der nicht verstand, wie sehr dieser unter den vom Nationalsozialismus infizierten Lehrern litt.

---

67  Zu Walter Kaufmann ausführlich siehe: Heid 2011, S. 393–411. Über seine Suche nach seiner Herkunft (und seinem ursprünglichen Namen) siehe seine autobiografische Kurzgeschichte »Suche nach der Herkunft«, in: Kaufmann 2004, S. 229–231.

68  Auch im Folgenden: Interview Walter Kaufmann, 25. Juni 2015.

15. Das Ehepaar Johanna und Dr. Sally Kaufmann während einer Urlaubsreise im Schweizer Wengen, August 1924.

Im November 1929 bezog die Familie ein eigenes Haus in der Prinz-Albrecht-Straße 17.[69] Sally Kaufmann war mit seiner Geburtsstadt Duisburg aufs Engste verbunden.

Im Gegensatz zu den Justizbeamten und Notaren hatte das Reichsbürgergesetz vom 15. September 1935 (Nürnberger Gesetze) die jüdischen Rechtsanwälte, die unter die Ausnahme (»Frontkämpferprivileg«) des Rechtsanwaltgesetzes vom 7. April 1933 fielen, nicht betroffen. Dies war der NSDAP und der organisierten Anwaltschaft ein Dorn im Auge. Deswegen wurde ihr Ausschluss mit Nachdruck gefordert. Doch es sollten noch einige Jahre vergehen, bis es schließlich in der 5. Verordnung zum Reichsbürgergesetz am 27. September 1938 lapidar hieß: »Juden ist der Beruf des Rechtsanwaltes verschlossen.«[70]

Als dekorierter ehemaliger Frontkämpfer des Weltkrieges war Sally Kaufmann beim Landgericht Duisburg zunächst noch als Rechtsanwalt zugelassen, doch bereits am 14. November 1934 musste er das Notariat aufgeben. Er war gezwungen, seine Kanzlei zu verkleinern, und zog am 1. Dezember 1936 in ein Bürozimmer in die Düsseldorfer Straße 1. Er verlor die Möglichkeit, überhaupt anwaltliche Aufgaben wahrzunehmen, und war allein befugt, in jüdischen Angelegenheiten tätig zu sein. Briefkopf und Stempel lauteten fortan: »Dr. iur. Sally Kaufmann, Konsulent, zugelassen nur zur rechtlichen Beratung und Vertretung von Juden […] J Kennkarte Duisburg K 10«. Und damit avancierte er schließlich gegen seinen Willen zum »Leiter der Bezirksstelle Rheinland der Reichsvereinigung der Juden in Deutschland, Büro Duisburg«.[71]

69  Vgl. dazu: Manfred Tietz 1993, S. 78–141.
70  Reichsgesetzblatt 1938, Teil I, Nr. 165, 14. Oktober 1938, S. 1403.
71  Nießalla/Keldungs 1993, S. 32; Roden 1986a, Teil 2, S. 965. – Bis 1935 hatte der Name der deutsch-jüdischen Gesamtvertretung »Reichsvertretung der Deutschen Juden« gelautet.

16. Postkarte von »Hanna« und Sally Kaufmann aus Mittenwald vom 31. Juli 1931 an Familie Eugen Kaufmann: »Beifolgendes Bildchen zeigt Euch wie gut es uns hier geht. Es ist auf einer Wanderung nach Partenkirchen aufgenommen …«.

17. Rechtsanwalt und Notar Dr. Sally Kaufmann, 1930er Jahre.

Die Macht des Terrors begann allerspätestens mit der Inmachtsetzung Hitlers am 30. Januar 1933: Man darf nicht annehmen, dass die offen ausgeübte Gewalt allein ein Terror der Straße, des Pöbels war. Sie hatte längst alle möglichen Gesellschaftsbereiche erfasst. Und wo sie am wenigsten vermutet wurde und sich im eigentlichen Sinne ad absurdum führte, das war der Bereich der Justiz, die eigentlich dritte Gewalt im Staat – im staatsphilosophischen Denken unantastbar und unabhängig, losgelöst von den beiden anderen Gewalten Legislative und Exekutive. Aber die Judikative hatte in der heraufziehenden Diktatur längst ihre Unschuld verloren.

Bereits vor dem groß angelegten »Tag des Judenboykotts« vom 1. April 1933 sah sich die Justiz in Duisburg mit antisemitischen Angriffen auf jüdische Richter und Rechtsanwälte konfrontiert. Die antijüdische Stimmung wurde besonders durch die *National-Zeitung* manipuliert und aufgeheizt, die am 22. Februar 1933 die Juden als »plattfüßige Jordanplanscher« und »krummnasige, asiatische Gewächse« verunglimpfte.[72]

---

72  *National-Zeitung*, 22. Februar 1933.

Auch das Landgericht Duisburg am König-Heinrich-Platz – zuständig für die Amtsgerichte Dinslaken, Duisburg, Duisburg-Hamborn, Duisburg-Ruhrort, Mülheim an der Ruhr, Oberhausen und Wesel – wurde am 23. März 1933 nicht verschont. An diesem 23. März 1933 kam es zur zwangsweisen »Dispensierung« aller im amtlichen Justizbereich Duisburgs tätigen Juden. Der örtliche »Bund Nationalsozialistischer Deutscher Juristen« mit Rechtsanwalt Dr. Philipp Winkler an der Spitze der Ortsgruppe forderte auch den sofortigen Ausschluss jüdischer Anwälte vor Gericht,[73] was die *National-Zeitung* am 24. März 1933 in einem diffamierenden Artikel aufgriff. Schon die Überschrift lässt keinen Zweifel: »Wir wollen deutsches Recht! Flaggenwechsel auch beim Landgericht«. Und dann weiter: »Durch die Gänge und Hallen wehte der Knoblauchgeruch Ostgaliziens, und die angeblichen preußischen Staatsbürger jüdischen Glaubens, deren Vorsitzender Rosenthal[74] – geschützt durch die Sozialdemokratie und ihre Vasallenparteien – trotz einer gegen ihn wegen Wechselfälschung geführten Untersuchung nicht nur im Amte des Rechtsanwaltes, sondern auch des preußischen Notariats bleiben konnte, stellten sich vor die übelsten Vertreter des Judentums […]. Noch spreizt sich auf den Aushängeschildern jüdischer Rechtsanwälte der preußische Adler als Zeichen des beamteten Notariats. […] Eine symbolische Handlung war es, die [am 23. März] auch äußerlich kundgab, dass die nationalsozialistischen Juristen gewillt sind, die Säuberungsaktion mit aller Schärfe durchzuführen. Eine Abteilung der SA nahm im Hofe des Landgerichts Aufstellung […] und wie einst Luther die Bannbulle verbrannte, so häufte man auch auf dem Hofe des Landgerichts die Symbole eines fluchbeladenen Systems, die Ebert-Bilder und schwarz-rotgelben [sic] Fahnen zur Vernichtung auf. […] In Zukunft dürfte über einen deutschen Mann niemals wieder ein rassefremder Richter zu Gericht sitzen.«[75]

Die SA zog an diesem 23. März 1933 in einer Art Prozession durch eine immer dichter werdende Menschenmenge Richtung Dellplatz, wo die »Symbole der Schmach und Schande deutscher Geschichte«, so tönte die *National-Zeitung*, nunmehr für die gesamte Öffentlichkeit weit sichtbar, verbrannt wurden. Juden wurden dabei gezwungen, verschiedene andere schwarz-rot-goldene »Fetzen« zu ihrem »letzten Bestimmungsort, nämlich der Verbrennung«, zu tragen. Auch Sally Kaufmann wurde durch die Stadt getrieben, geschlagen, verhöhnt und musste

---

73  Siehe dazu: Mauss 2013, S. 44. Vgl. auch: Burghardt 2015, S. 128.
74  Dr. Richard Rosenthal, geboren am 21. September 1886 in Duisburg, war Rechtsanwalt, SPD-Mitglied, Schriftführer des Central-Vereins deutscher Staatsbürger jüdischen Glaubens (CV). Außerdem war Rosenthal Mitglied des Republikanischen Klubs, der Liga für Menschenrechte. Nach »Schutzhaft« am 29. März 1933 emigrierte Rosenthal am 31. Juli 1933 nach Antwerpen, dann in die USA.
75  *National-Zeitung*, 24. März 1933.

an dem geschilderten öffentlichen Spektakel und Autodafé teilnehmen. Die Nazis hatten von jeher ein gutes Gespür für Theatralik, um deren suggestive Kraft sie wussten. Auch der Rückgriff auf Martin Luther, der den Juden in seinen späteren Jahren mit tiefem Hass gegenüberstand, war alles andere als zufällig.

Dieses Gesamtschauspiel vollzog sich unter den Augen der Justizkorona. Es war dies eins der vielen unerklärlichen Mysterien des NS-Unrechtsstaates, dass Juristen diese archaische Tat widerspruchslos zuließen. Das Gericht, die Justiz im Allgemeinen, galt doch in der Neuzeit als geschützter Rechtsraum, und das Gerichtsgebäude selbst war sozusagen ein exterritorialer Raum, der sakrosankt war. Wie war es nur möglich, dass deutsche Juristen Recht derart verletzten?

Im Berufsverbot, das für alle anderen Juristen jüdischer Herkunft ebenso galt, liegt die eigentliche Tragik: Juristen, die sich bis dahin auf das verbriefte Recht stützten, den Rechtsstaat, wo immer sie es vermochten, wehrhaft verteidigten, die sich für ihre Mandanten, ob schuldig oder nicht, ins Zeug legten, um diesen zu ihrem Recht zu verhelfen, waren mit einem mal nicht in der Lage, sich selbst zu verteidigen. Sie mussten ohnmächtig am eigenen Leibe erfahren, dass der Staat, dem sie bislang treu gedient hatten, zu einem Unrechtsstaat verkommen war und keine Macht der Welt ihnen zu ihrem Recht verhelfen konnte. Der deutsche Rechtsstaat hatte zu existieren aufgehört.

Tatsächlich wurde in Duisburg dann auch allen jüdischen Anwälten, mit Ausnahme des Rechtsanwaltes Dr. Siegbert Cohn,[76] der Auftritt bei Gericht bereits am 1. April 1933 untersagt – also eine Woche vor dem Erlass des »Gesetzes über die Zulassung zur Rechtsanwaltschaft« vom 7. April 1933.

Dazu schrieb die *National-Zeitung* am 4. April 1933: »Von der Person des Herrn Cohn abgesehen, war das hiesige Landgerichtsgebäude gestern zum ersten Mal judenfrei.« Der bereits erwähnte Philipp Winkler, Wortführer im »Bund Nationalsozialistischer Deutscher Juristen« und nach der Machtübernahme 1933 Vorsitzender des Duisburger Anwaltvereins, erklärte am 9. April 1933, »dass der Anwaltsverein grundsätzlich sich gegen jede weitere Zulassung eines jüdischen Anwalts mit Ausnahme des bereits zugelassenen jüdischen Anwalts Cohn ausspreche«.[77]

---

76   Mauss 1993, S. 101.
77   OLG-Präsident Düsseldorf an Preußischen Justizminister, 9. April 1933, in: LAV NRW R, Ger. Rep. 180 Nr. 234 (zit. nach: Mauss 1993, S. 101). – Trotzdem wurde Cohn Ende März/Anfang April 1933 im Zuge des Boykotts kurz in »Schutzhaft« genommen. Mit einer Deportationsaufforderung Mitte 1942 musste Siegbert »Israel« Cohn, wie er nunmehr zwangsweise hieß, einen Betrag von 2000 Reichsmark als »unentgeltliche Zuwendung« an die »Reichsvereinigung der Juden in Deutsch-

In der Duisburger *National-Zeitung* hieß es am 30. Mai 1933: »Gegen 10 Uhr [am 29. Mai 1933 – L. J. H.] drangen die Demonstranten [SA] spontan in das Gebäude ein und durchzogen die Korridore mit lauten Protestrufen, in die sich immer wieder die Forderung mischte: ›Juden heraus!‹ [...] Einzelne, darunter die Rechtsanwälte Levy,[78] Simon,[79] Dr. Kaufmann I, Katzenstein[80] und Löwenberg,[81] wurden durch die sich immer mehr vergrößernden Menschenmassen aus den Sitzungssälen gefegt.« Welch eine ordinäre, menschenverachtende Sprache, die durch die gleichgeschaltete Lokalpresse in die Duisburger Haushalte transportiert wurde. Dr. Kaufmann I, das war Dr. Sally Kaufmann, Rechtsanwalt und Notar. Kaufmann I, weil es auch Kaufmann II gab: Rechtsanwalt und Notar Dr. Wilhelm Kaufmann.[82]

Aufgrund der nationalsozialistischen Rassengesetzgebung wurde der in Duisburg als Rechtsanwalt und Notar zugelassene Dr. Sally Martin Kaufmann am 30. November 1938 in der Liste der Rechtsanwälte gelöscht. Seine Kanzlei als Rechtsanwalt lief gut bis zum Einsetzen der Boykott- und Verfolgungsmaßahmen, wonach er sich nur noch als »Rechtskonsulent« betätigen durfte. Spätestens, allerspätestens jetzt stand er allein und isoliert da. Während des Novemberpogroms am 10. November 1938 wurden wie erwähnt in seinem Privathaus in der Prinz-Albrecht-Straße 17 sämtliche Einrichtungsgegenstände bzw. der Hausrat ebenso wie

---

    land« abführen, sein restliches Vermögen auf seinem Sicherstellungskonto bei der Deutschen Bank in Ruhrort wurde am 27. Juli 1942 »zu Gunsten des Reiches« eingezogen. Ein Tag zuvor, am 26. Juli 1942, war Cohn nach Theresienstadt deportiert worden, wo er am 23. März 1944 ermordet wurde.

78  Dr. Otto Levy, Rechtsanwalt und Notar, geb. 10. Februar 1890 in Oberhausen, September 1933 Emigration nach Jerusalem, dort wieder Rechtsanwalt. Gestorben 16. Mai 1969 in Tel Aviv.

79  Max Simon, geb. 25. Februar 1883 in Altenkirchen/Westerwald, Rechtsanwalt und Notar, Vorsitzender des Gemeindevorstands und der Zionistischen Vereinigung Duisburgs, Emigration 1935 nach Palästina.

80  Dr. Robert Katzenstein, geb. 4. Juli 1886 in Eschwege/Hessen, Rechtsanwalt, Vorstandsmitglied des Anwaltvereins, »Schutzhaft« am 10. November 1938 in Dachau. 12. Mai 1939 Emigration nach Honduras.

81  Otto Löwenberg, geb. 3. August 1886 in Wuppertal, Rechtsanwalt, Repräsentant der Synagogengemeinde Hamborn, Vorsitzender der Zionistischen Ortsgruppe Hamborn, 1934 Umzug nach Wuppertal, am 4. Dezember 1938 nach Palästina ausgewandert.

82  Dr. Wilhelm Kaufmann, geboren am 20. November 1895 in Witten, Abitur am Ruhrorter Realgymnasium, Kriegsteilnehmer und seit 1928 Anwalt in Duisburg. Er war Schriftführer des Reichsbundes jüdischer Frontsoldaten. Im Jahre 1935 gab Kaufmann seine Anwaltspraxis auf, 1938 emigrierte er in die USA.

die Büroeinrichtung in seiner Kanzlei auf der Düsseldorfer Straße 1 von der SS zerstört.[83] Es handelte sich dabei um einen Büroraum, in dem Sally Kaufmann noch seine »Konsulentengeschäfte« abwickeln konnte.[84]

Den Verlust seiner Bestallung als Rechtsanwalt und Notar empfand Sally Kaufmann als furchtbare Erniedrigung und Entwürdigung – der zentrale Schock seines Lebens, ihm war der soziale Tod zugefügt worden. Und es war alles andere als ein Trost, dass sämtliche seiner Kollegen die Rechtsanwalts- und Notariatszulassung verloren und zum »Konsulenten« herabgesunken waren. Sein Kollege und Freund Max Löwenstein, Vorsitzender der Jüdischen Gemeinde Hamborn, hat darüber einen Eigenbericht hinterlassen, der auch auf Sally Kaufmann zutrifft. Löwenstein schrieb über seine verantwortungsvolle und schwierige Tätigkeit als »Konsulent«: »Als Jüdischer Konsulent für den Oberlandesgerichtsbezirk Düsseldorf mit dem Amtssitz in Duisburg hatte ich eine Aufgabe zu erfüllen, die meine ganze Kraft und Energie in Anspruch nahm – unter Vernachlässigung der Interessen meiner Frau, die sich niemals beklagte, aber in ständiger Angst um mich lebte. Ich wusste natürlich, dass es sich um eine Liquidation handelte, aber eine unverschuldete Liquidation, und ich habe mich meiner schwierigen und nicht ungefährlichen Aufgabe mit voller Hingabe gewidmet. Die Gefahr, der ich durch meine Tätigkeit in erhöhtem Maße ausgesetzt war, habe ich in vollem Bewusstsein ignoriert.«[85] Diese Sätze hätte auch Sally Kaufmann schreiben können, und sie treffen auch auf Johanna Kaufmann zu.

*1. September 1941: Polizeiverordnung über die Kennzeichnung der Juden: Ab 15. September 1941 ist es Juden, die das sechste Lebensjahr vollendet haben, verboten, sich in der Öffentlichkeit ohne einen Judenstern zu zeigen. Juden ist es verboten, ohne schriftliche, polizeiliche Erlaubnis ihre Wohngemeinde zu verlassen und Orden, Ehrenzeichen oder sonstige Abzeichen zu tragen.*[86]

Johanna Kaufmann musste aufgrund einer Polizeiverordnung über die Kennzeichnung der Juden in der Öffentlichkeit vom 1. September 1941 wie alle jüdischen Frauen in Deutschland den gelben Judenstern tragen. Diese Verordnung trat vierzehn Tage nach ihrer Verkündigung in Kraft. Johanna Kaufmann blieb »Sternträgerin«, wie es amtssprachlich in der Wiedergutmachungsbürokratie allenthalben bezeichnet wurde, bis zu ihrer Deportation am 24. Juni 1943 nach

---

83  Wiedergutmachungsakte Johanna Kaufmann, StADU 506/4035.
84  Wiedergutmachungsakte Dr. Sally Kaufmann, StADU 506/4039.
85  Zit. nach: Roden 1986a, Teil 2, S. 982.
86  Kulka/Jäckel 2004, S. 639f.

Theresienstadt und darüber hinaus bis zu ihrer Ermordung in Auschwitz im Oktober 1944. Mit Datum 8. Mai 1945 wurde sie für tot erklärt.

## 7. Der »Dunera«-Boy

Im Jahre 1940 lebten in England Hunderttausende von Deutschen und Österreicher.[87] Die meisten von ihnen hatten als Juden und Oppositionelle in Großbritannien Zuflucht vor Verfolgung des NS-Regimes gesucht. Die Briten waren gleichwohl nicht geneigt, einen Unterschied zwischen Nazi-Sympathisanten und Verfolgten zu machen, stuften sie ab dem Frühjahr 1940 als sogenannte »enemy aliens« ein und internierten sie in Lagern. Das größte Internierungslager befand sich auf der Isle of Man in der Irischen See. Mit dem Fortgang des Krieges begannen die Briten damit, sich dieser unerwünschten Menschen durch Deportation außerhalb der Britischen Inseln zu entledigen – in ihre überseeischen Besitzungen nach Kanada und Australien.

Walter Kaufmann wurde im Mai 1940, wie erwähnt, unvermittelt von der Schule weg festgenommen. Er, der inzwischen sechzehnjährige aus Hitler-Deutschland geflohene Jude, sah sich mit einem Mal als »feindlicher Ausländer« definiert. Ihm wurde Gelegenheit gegeben, seine wenigen Habseligkeiten zusammenzupacken, und dann wurde er in das Lager Huyton gebracht. Huyton ist ein östlich an Liverpool angrenzender Ort. Während des Zweiten Weltkriegs befand sich hier ein Internierungslager für »enemy aliens«. Aus allen britischen Landesteilen waren die über sechzehnjährigen männlichen Deutschen nach Huyton gebracht und über ihr weiteres Schicksal im Unklaren gelassen worden. Walter Kaufmann erinnert sich: »Eng und voll und schwer erträglich.«[88]

Im Hafen Liverpools lag die HMT *Dunera*, ein Truppentransporter, der in den 1930er Jahren gebaut worden war. Nun wurde sie dafür verwendet, die »feindlichen Ausländer« aus Großbritannien fortzuschaffen und unter Militärbewachung nach Australien zu transportieren.[89]

Am 10. Juli 1940 verließ die *Dunera*, die auf eine Personen-Kapazität von 1600 Menschen, einschließlich Mannschaft ausgelegt war, mit 2542 Internierten an Bord Liverpool. Eine 57 Tage dauernde schikanöse Seereise nahm ihren Ausgang.

---

87  Siehe dazu und im Folgenden: Kolbet 2000.
88  Walter Kaufmann an den Verf. (E-Mail), 1. März 2018.
89  Auch im Folgenden: Wikipedia, Artikel: HMT Dunera, abgerufen 22.1.2020.

Bei der Einschiffung spielten sich so unglaubliche Szenen ab, dass fast jeder »aus Selbsterhaltungstrieb zögerte«, ehe er das Gefangenenschiff betrat.[90] Kräftige Stöße mit dem Gewehrkolben halfen den Zögernden nach. Den Internierten wurde alles, was sie in der Hand oder Tasche trugen, aus der Hand gerissen. Auch Walter Kaufmann verlor einen Großteil seiner persönlichen Utensilien, konnte die Briefe seiner Eltern jedoch vor der Vernichtung retten.

Walter Kaufmann lag inmitten der übrigen Passagiere eingepfercht im Bauch des Schiffes, das sich durch die aufgewühlte Irische See quälte. Die hygienischen Bedingungen waren katastrophal, wie sich auch Walter Kaufmann erinnert.

Zwei Tage nachdem die *Dunera* in Liverpool abgelegt hatte, löste ein Vorfall Panik an Bord aus. Walter Kaufmann erinnert sich:

*Durcheinanderschreiend, sich gegenseitig stoßend, drängten die Männer aus dem düsteren Zwischendeck zu den Niedergängen, glitten aus auf Erbrochenem, fielen hin, rappelten sich wieder hoch, und immer noch schlingerte das Schiff, polterten Kannen und Schüsseln gegen die Stahlwände, und die überschwappenden Fäkalienkübel verpesteten die Luft.*[91]

Das war »Hitlers verlängerter Arm« – Torpedos.

Klaus Wilczynski, einer der Internierten auf dem Schiff, beschreibt die Situation: »Ein heftiger Knall, wie wenn Metall auf Metall schlägt, schreckt mich auf. Der Schiffsleib dröhnt. Tassen und Teller fallen klirrend aus den Regalen auf der Steuerbordseite. Etwas Unheimliches, Gewaltiges, ist gegen die Bordwand geschlagen.« Kurz darauf knallte es erneut. »Dumpfer als beim ersten Mal, entfernter, doch irgendwie noch bedrohlich. Es klingt, als sei der Kiel auf einen schweren Gegenstand aufgestoßen.«[92] Schnell machte die Meinung die Runde, dass die Torpedos nicht explodierten, weil ein Sabotageakt in der deutschen Rüstungsindustrie vorgelegen habe. Auch Walter Kaufmann ist davon überzeugt. Er wird bei der Torpedo-Attacke gegen einen Pfeiler geschleudert und leicht verletzt.[93]

Walter Kaufmann hat die Bedingungen auf der *Dunera* in seiner Erzählung *The Lionhunter* anschaulich beschrieben:

---

90   Wilczynski 2001, S. 18f.
91   Walter Kaufmann: »Parias«, in: Kaufmann 2013, S. 352 sowie (textgleich) in: Kaufmann 2004, S. 129–133.
92   Wilczynski 2001, S. 71.
93   Walter Kaufmann: »Willi Mertens – Truppentransporter ›Dunera‹, auf See, 1940«, in: Kaufmann 2018, S. 53.

*»Git! You git«*, brüllte er, kaum dass ich an Deck der *»Dunera«* gelangt war, *»you git!«* Er stampfte seinen Gewehrkolbenknapp neben meinem Fuß auf. Ich sprang in Sicherheit und verschwand die Leiter hinunter in den Bauch des Schiffes. Für den Rest der Reise nahm ich mich vor ihm in Acht – wie wir alle, die in England interniert und auf dem Truppentransporter auf dem Weg nach Australien waren. Längst hatte man dem Feldwebel der Wachmannschaft den Namen Lionhunter angehängt: Er war bullig von Gestalt, stiernackig, gab seinen Soldaten stets den Ton an, und er scheuchte uns, wo er konnte. Besonders ihm war anzulasten, dass die Soldaten unser an Deck aufgestapeltes Gepäck geplündert und über Bord geworfen hatten, was sie nicht gebrauchen konnten. Wie gesagt, wir mieden den Lionhunter und, weiß Gott, ich mied ihn stets. […] Ein letztes Mal kamen wir uns in Kapstadt in die Quere, wo die »Dunera« vor Anker lag und ich aus dem Bullauge der Latrine auf den fernen Tafelberg blickte und aufs schäumende Meer unter afrikanischer Sonne. Daran sah ich mich satt, bis ich den Lionhunter brüllen hörte: »You git!« Sofort zog ich den Kopf ein. Der schlägt zu, dachte ich, das Schwein schlägt zu. Und ich sollte recht behalten: Als die »Dunera«, in Sydney angekommen, vertäut im Hafen lag, schlug der Lionhunter tatsächlich zu. Ich sah es nicht selbst, doch die Kunde davon verbreitete sich wie ein Lauffeuer. Der Lionhunter hatte seinen Gewehrkolben mit Wucht auf den Fuß eines Jungen gesetzt, […] und hatte ihm die Zehen gebrochen. […] Wir sahen ihn erst in Hay wieder, dem Lager in der Wüste, sein rechter Fuß in Gips und er auf Krücken. […]*[94]

Befehligt wurde die *Dunera* von Lieutenant-Colonel William Patrick Scott, der aus seiner antisemitischen Haltung keinen Hehl machte. Spannungen unter den Passagieren waren insofern gegeben, als sich auf dem Schiff auch deutsche Soldaten befanden, die gefangen genommen worden waren und nunmehr in englische Gefangenschaft nach Australien gebracht und in Hay (New South Wales) und später in Tatura (Victoria) interniert wurden.

Einer der auf der *Dunera* Inhaftierten war, wie bereits erwähnt, Klaus Wilczynski, der darüber ein Buch geschrieben hat.[95] Er kam sich mit seinen Leidensgefährten auf der wippenden Gangway vor »wie eine Herde Schlachtvieh für Übersee«. In seinem 2001 erschienenen Buch *Das Gefangenenschiff* schreibt er des Weiteren: »Ein Tritt in den Hintern beschleunigt die Gangart. Nicht stolpern, befiehlt mein Selbsterhaltungstrieb. Und den Koffer schön festhalten. Einer der Soldaten sieht das anders. Er stellt sich mir in den Weg, grapscht nach dem Koffer

---

94  Walter Kaufmann: »The Lionhunter«, in: Kaufmann 2018, S. 51f.
95  Auch im Folgenden: Wilczynski 2001, S. 33 ff.

[…] Obszöne Anfeuerungsrufe der Wachsoldaten an Bord treiben den ständig nachdrängenden Zug erschöpfter, eingeschüchterter Menschen nach einem für sie nicht erkennbaren Schema ins Vorderschiff, nach achtern und in den vorderen Teil des Mittelschiffs. ›Bewegt euch, ihr Bastarde!‹ Tief hinein in den Schiffsleib ging es, ein erstes, ein zweites und noch ein drittes Deck hinunter. Die verrammelten Bullaugen ließen kein Tageslicht durch. Hier wurden die Neuankömmlinge erneut gefilzt, verschwanden Uhren, Stifte, Taschenmesser und selbst -tücher in den Taschen der uniformierten Raubritter. Alsbald machte das Wort vom ›Taschenschlachtschiff‹ die Runde.«

Nach drei Zwischenstopps in den afrikanischen Häfen von Freetown/Sierra Leone, Takoradi/Goldküste (Ghana) und Kapstadt in Südafrika erreichte die *Dunera* Ende August Fremantle an der australischen Westküste und acht Wochen nach dem Auslaufen in Liverpool ihr endgültiges Ziel in Sydney.

In Liverpool mit Prügel an Bord getrieben, beendeten die in Australien von Bord getriebenen 2000 vor dem Nazi-Terror Geflohenen auch unter Schlägen ihre unfreiwillige Schiffsreise. Von dort aus ging es mit dem Zug weiter nach Hay in New South Wales, wo die Gruppe auf zwei Lager verteilt wurde. Eines der beiden Lager war »Camp Hay«, in dem eintausend deutsche und österreichische Juden untergebracht waren. Achtzehn Monate verbrachte er mitten in der australischen Wüste zwischen Stacheldraht und Wachtürmen.

Während die *Dunera* im Jahre 1967 zur Weiterverwertung verkauft wurde, treffen sich auch mehr als fünfundsiebzig Jahre später die noch lebenden »*Dunera*-Boys« (reunions) jährlich jeweils im September und November in Melbourne, Sydney und Hay und tauschen ihre Erinnerungen aus. Nach der Jahrtausendwende hat auch Walter Kaufmann zuletzt an einem solchen Treffen mit dreißig Ehemaligen teilgenommen.

Als Walter Kaufmann in Australien ankam, vermisste er persönliche Dinge, die ihm abhandengekommen waren – sogar Schuhe. *Er ging leichtfüßig, denn ihn beschwerte nicht mehr, als er am Leibe trug,* schreibt er in seiner Erzählung *Verbannung* über seine Ankunft in Sydney –

> *eine vom Salzwasser zerfressene Hose, zu weit für ihn und durch eine Schnur um die Hüften gehalten, ein kragenloses Flanellhemd und um den Hals einen Wollschal seiner Mutter, von der er jetzt nicht nur durch ein Spalier von Soldaten, sondern auch die Weiten der Meere getrennt war.*[96]

---

96  Walter Kaufmann: »Verbannung«, in: Kaufmann 2004, S. 138.

Über den Verlust heißt es in seiner Skizze *Ed Sullivan – Hay, 1940*:

*Das sei eine Geschichte, erklärte ich ihm, die mit dem U-Boot-Angriff auf das Schiff zu tun habe, das uns von England nach Australien gebracht hatte. Damals sei ich aus der Hängematte geschleudert worden und hätte in der Panik meine Schuhe nicht mehr finden können – und auch später nicht! »Und hattest kein zweites Paar im Gepäck?«, fragte Sullivan. Unser Gepäck, sagte ich, sei von den Wachsoldaten geplündert oder über Bord geworfen worden.*[97]

## 8. »Vati rechnet sehr damit, daß wir im Laufe des Jahres noch fortkämen«. Sally Kaufmanns Auswanderungsbemühungen

Das Jahr 1938 stellte für die deutschen Juden eine Zäsur bei der Auswanderung dar. Die NS-Machthaber begannen nach dem »Anschluss« Österreichs an das Deutsche Reich im Frühjahr 1938, ihre politischen Ziele in Richtung Expansion neu auszurichten – allen vordergründigen friedenspolitischen Beteuerungen zum Trotz wurden die Weichen für den großen Krieg gestellt, die Aufrüstung forciert, die Judenpolitik verschärft: Die Flüchtlings-Konferenz von Evian am Genfer See im Juli 1938,[98] die auf Initiative von US-Präsident Roosevelt den verfolgten Juden eine Heimat in einem außereuropäischen Teil der Welt finden sollte, war, nachdem man zunächst wortreich das große Leid der Juden beklagt hatte, ergebnislos zu Ende gegangen, so gut wie kein Land war bereit, seine Grenzen zu öffnen – und damit war das Schicksal der europäischen Juden besiegelt. Der Zweite Weltkrieg setzte auch den darauf folgenden Verhandlungen ein vorläufiges Ende. Auch die Vereinigten Staaten waren nicht bereit, eine nennenswerte Zahl jüdischer Flüchtlinge aus Europa aufzunehmen. Sie blieben bei ihrer Quote von 27.370 Juden aus Deutschland und Österreich pro Jahr. Die Konferenz von Evian wollte jede Provokation Deutschlands vermeiden und trug letztlich nur dazu bei, Juden und jüdische Flüchtlinge als Problem zu betrachten. Kurz: Bevor die Nazis den jüdischen Flüchtlingen den Ausgang aus Europa versperrten, verschlossen die Vereinigten Staaten ihnen den Eingang. Und damit wurde die Chance vergeben, viele Menschenleben zu retten. Die Vereinigten Staaten wollten sich weder in die

---

97  Walter Kaufmann: »Ed Sullivan – Hay 1940«, in: Kaufmann 2018, S. 58. – Hier stellt sich die Frage, wie Walter Kaufmann die Briefe seiner Eltern unversehrt bewahren konnte.

98  Zur Evian-Konferenz siehe: Thies 2017.

Flüchtlingsprobleme Europas noch gar die Rassenpolitik der Nazis hineinziehen lassen.

In Evian kamen die Delegierten über Lippenbekenntnisse nicht hinaus. Etwas anderes konnte auch nicht erwartet werden, war doch bereits in der Einladung von der Versicherung die Rede, dass von keinem Land erwartet oder verlangt würde, eine größere Anzahl von Emigranten aufzunehmen, als unter den gültigen Gesetzen vorgesehen war. Und damit erreichte die Konferenz für die jüdischen Flüchtlinge aus Deutschland keine grundlegenden Verbesserungen. Ganz im Gegenteil: Als in der Schlussresolution jede Kritik an der deutschen Reichsregierung vermieden worden war, weil man das Regime, das das Problem geschaffen hatte, nicht verprellen wollte, konnten auch die Nationalsozialisten zufrieden sein. Diese verstanden das Konferenzergebnis als eine Art Freibrief für ihre Judenpolitik. Die »freie« Welt jedoch hatte in humanitärer Hinsicht versagt und deutlich gemacht, dass sie nicht bereit war, den Bedrängten zur Hilfe zu kommen.

Nach Hitlers Kriegserklärung an die USA am 11. Dezember 1941 beschloss das State Department aus Sorge vor einer »fünften Kolonne« aus dem Machtbereich Hitlers und Mussolinis, keinerlei Visa für Flüchtlinge aus »enemy nations« mehr auszustellen.

Hitlers Inmachtsetzung 1933 erfüllte die deutschen Juden mit Sorge. Allzu lange und oft hatten sie seine antisemitischen Tiraden vernommen, mit einem gewalttätigen Antisemitismus der Straße schlimme Erfahrungen gemacht. Dennoch glaubten viele, dies sei eine vorübergehende Erscheinung, und fühlten sich noch sicher in einem Land, für das sie im Weltkrieg ihr Blut geopfert hatten. Mit Gedanken an eine Auswanderung beschäftigte sich immer noch nur ein kleiner Teil der deutschen Judenschaft. Das galt zumal für die weitgehend assimilierten Juden, die noch immer an ihrem Vaterland hingen und nicht wahrhaben wollten, dass sich niemand schützend vor sie stellen würde. Wenn die Nationalsozialisten ernst meinten, was sie vom Anfang ihres Auftretens an sagten, nämlich dass es keine Juden mehr auf deutschem Boden geben sollte, dann hätten Juden nur eine Chance gehabt, um dem zu entgehen, was zum Holocaust wurde: die Flucht in andere Länder.

Doch einer etwaigen Auswanderung standen eine Reihe von ernsthaften Hindernissen entgegen: Da war zunächst die sogenannte Reichsfluchtsteuer, die vor dem Verlassen des Deutschen Reiches aufgebracht werden musste, erhebliche Kosten, die mancher nicht aufzubringen imstande war. Später sollten weitere Abgaben hinzukommen. Der NS-Staat hatte zusätzliche bürokratische Hürden aufgebaut: Ein Reisepass konnte bei der Polizei erst beantragt werden, wenn das jeweilige Finanzamt bestätigt hatte, dass alle Steuern ordnungsgemäß bezahlt waren. Dann die Auflagen, die die ins Auge gefassten Aufnahmeländer vorschrieben – vorweisbares Vermögen, bestimmte Berufsqualifikationen, Personen, die für die Einwanderungswilligen bürgten. Allen Hindernissen zum Trotz konnten sich bis zum Auswanderungsstopp im Herbst 1941 etwa sechzig Prozent der deutschen Juden durch Auswanderung retten. Die Kaufmanns gehörten nicht zu den Davongekommenen.

Viele Juden mussten feststellen, dass keine Macht außerhalb Deutschlands ihnen viel mehr als rhetorische Unterstützung und Versprechen bieten wollte. Warum konnten nicht mehr Juden in Sicherheit gebracht werden? Die kurze Antwort lautet, dass eine Mischung aus Antisemitismus und wirtschaftlichen und politischen Interessen verhinderte, dass während des Holocaust Juden in großer Zahl in anderen Ländern aufgenommen wurden oder auf andere Weise Hilfe erhielten. Mehr Großzügigkeit hätte leicht Zig-Tausende Juden mehr retten können. Doch es fehlte der politische Wille – nicht nur in Washington. Eine humanitäre Ausnahme waren die Kindertransporte, als Großbritannien zwischen Dezember 1938 und September 1939 etwa 10 000 jüdische Kinder aufnahm.

Bis zum Beginn der ersten systematischen Deportationen im Oktober 1941 hatten die Nazis noch nicht versucht, möglichst viele Juden in ihrem Machtbereich umzubringen. Ihre Ziele waren, sie auszusondern, auszuplündern und dann loszuwerden, wenn auch Zigtausende von bereits ausgewanderten bzw. geflohenen Juden in den besetzten oder teilbesetzten Ländern schon erfasst und interniert worden waren. Die Politik der Nazis änderte sich endgültig ab dem 20. Januar 1942 bei der Wannsee-Konferenz. Danach begann das Mordprogramm zu greifen.

Wir wissen nicht, ab wann genau sich die Kaufmanns ernsthafte Gedanken um eine Auswanderung gemacht haben. Selbstzeugnisse darüber haben sie nicht hinterlassen. Gründe, Deutschland zu verlassen, hatte Sally Kaufmann in ausreichendem Maße – der Entzug seiner Lizenz, als Anwalt tätig sein zu können, die Gewalt, die ihm und seinen jüdischen Kollegen 1933 im Gericht angetan wurde, der Schulantisemitismus, dem sein Sohn tagtäglich ausgesetzt war. Und all das andere, was Juden täglich erdulden mussten. Als Vorsitzender der Jüdischen Gemeinde hatte er umfassende Kenntnis über alle Vorgänge, die die Gemeindemitglieder betrafen.

Es ist sehr wahrscheinlich, dass Sally Kaufmann den im Dezember 1939 erschienenen *Philo-Atlas* besessen hat, zumindest hat er ihn für seine eigenen Pläne herangezogen.[99] Der Untertitel lautet: *Handbuch für die jüdische Auswanderung*. Sally Kaufmann hat schon deswegen in dieses Handbuch geschaut, weil

---

99  Philo-Atlas 1938.

es Auskunft gab über alle möglichen relevanten Aspekte der Lebens- und Arbeitsbedingungen in den Staaten, die als Auswanderungsland in Frage kamen. Der interessierte Leser konnte sich über die klimatischen, sozialen, kulturellen und politischen Verhältnisse in den potenziellen Aufnahmeländern informieren und erhielt Auskunft über administrative Hindernisse, die die Zufluchtsuchenden eventuell zu gewärtigen hatten. Auch vom Vorhandensein jüdischer Gemeinden etwa in Nord- und Südamerika war im Handbuch die Rede. Das allererste Stichwort schon wird Sally Kaufmann interessiert haben – »ABC-Staaten« –, wo es heißt: »[…] nennt man Argentinien, Brasilien u. Chile (wegen ihrer Anfangsbuchstaben) […].«[100] Chile, auf dieses Land richtete Sally Kaufmann sein Augenmerk – und seine Hoffnung.

In den Kaufmann'schen Briefen an den Sohn ist häufig die Rede von Auswanderung. Sally Kaufmann musste nach seiner Entlassung aus Dachau nicht länger überzeugt werden, dass er Deutschland zu verlassen habe. Die immer neuen Maßnahmen gegen die Juden, Verordnungen, das antijüdische alltägliche Klima machten es nachgerade notwendig, sich mit der Frage einer Auswanderung zu beschäftigen zumal er aus Dachau mit der Auflage entlassen worden war, Deutschland baldmöglichst zu verlassen. Mochte es bis zum Novemberpogrom ein Gedankenspiel gewesen sein, nunmehr war der Ernst der Lage nicht länger zu übersehen. Indes gab es für Sally Kaufmann auch Gründe, die dagegen sprachen – die Verantwortung für die Gemeinde, die auf seinen Schultern lag. Er hatte eine Ehefrau und einen Sohn, der im sicheren England ausharrte, und somit durfte er das Ziel nicht aus den Augen verlieren, nach Wegen zu suchen, aus Deutschland herauszukommen. Er wusste, auch dazu gab der *Philo-Atlas* hinreichende Auskunft, dass er möglichst eine handwerkliche oder landwirtschaftliche Fähigkeit nachzuweisen hatte, die in den Aufnahmeländern benötigt wurde, um die Aussicht auf Erhalt eines Visums zu verbessern. Doch Sally Kaufmann war weder Handwerker noch Landwirt – er war ausgebildeter Jurist.

Sally Kaufmann war bewusst, dass er die Bereitschaft aufbringen musste, jede Art von Arbeit anzunehmen, auch solche, die mit seinem bisherigen Beruf nichts zu tun hatte und unter seinem Niveau lag. Er war bereit, sich »umqualifizieren« zu lassen, jede Hilfsarbeit anzunehmen. Er war inzwischen zum »Umschichtler« geworden, so nannte man die Juden, die eine Schulung durchlaufen hatten, um die Aussicht auf Aufnahme in ein Land fern der Heimat zu erhöhen.

100 Ebd., S. 1.

Als potenzieller Einwanderer musste Sally Kaufmann ganz neu anfangen. Das hatte nichts Entehrendes an sich. Intensive Bemühungen um Sprachkenntnisse, Bereitschaft, sich von der Großstadt zu lösen und in weniger von Auswanderern überlaufenden Gegenden eine Existenz zu gründen, waren Vorleistungen, die zu erbringen waren. Nur unter solchen Voraussetzungen konnte eine Auswanderung, ein Neuanfang in überseeischen Ländern erfolgreich sein. »Auswanderungssperrguthaben«, allein bei diesem Wort musste es Sally Kaufmann gegraut haben. Und nicht weniger, wenn er Umrechnungstabellen, Reichsfluchtsteuer, Impfempfehlungen oder Visabestimmungen zu studieren begann.

Immer wieder versicherten die Eltern: »Unsere Pläne sind noch nicht viel weiter gediehen, jedenfalls bemühen wir uns andauernd. Und einmal wird es ja klappen s g w [so Gott will]« (Brief 19). Doch jedes Mal müssen sie die Erwartungen dämpfen: »Nimm aber vorläufig das Ungünstigste an […]« (Brief 23). Die Nazis hatten Sally Kaufmann mit der Auflage aus der Dachauer KZ-Internierung entlassen, Deutschland in absehbarer Zeit zu verlassen. Indes forcierte und bremste der NS-Staat die Auswanderung der deutschen Juden bis zum Auswanderungsverbot im Herbst 1941 gleichzeitig. Die Verdrängung Sally Kaufmanns aus seinem Anwaltsberuf förderte seinen Emigrationswillen, aber die Ausplünderung durch Vermögenskonfiskation und ruinöse Abgaben hemmte seine Auswanderungsmöglichkeiten.

Jetzt versuchte das Ehepaar Kaufmann, eine sichere Zuflucht außerhalb des Herrschaftsbereichs der Nazis zu finden – in jedem Land, das ihnen Zutritt gewährte. Und Sally Kaufmann klammerte sich sprichwörtlich an jeden Strohhalm, der sich ihm bot.

Indonesien, das niederländische Kolonie war, wurde als Erstes genannt: »Onkel Hugo hat nun noch keine Nachricht von Batavia erhalten, er macht uns weitere Vorschläge und ist rührend in seinen Bemühungen« (Brief 2). Weitere Emigrationsziele waren unter anderem: Kuba, USA, Chile, auch Zwischenstationen für einen vorübergehenden Aufenthalt wurden genannt – Belgien, England. Die Enttäuschungen folgten stets auf dem Fuß: »Wir sind auch schon sehr nervös, besonders Vati, daß immer und immer wieder etwas dazwischen kommt« (Brief 48). Indes beirren ließ sich Sally Kaufmann nicht: »Wir schreiben andauernd Briefe und einmal wird auch für uns der Brief kommen, der uns die Möglichkeit gibt, irgendwo andershin zu kommen« (Brief 53).

Die Bemühungen richteten sich vor allem auf das zweite »gelobte« Land – die USA. Aufgrund der zunehmenden Zahl Ausreisewilliger hatten die Vereinigten Staaten Einreisequoten für jedes Herkunftsland festgelegt. Sie sollten die Zahl der Emigranten regulieren. Die Devise der Amerikaner lautete: Keine höheren amerikanischen Einwanderungsquoten, keine zusätzlichen finanziellen Belastungen für den Steuerzahler. Bereits im Sommer 1939 war das Soll nicht nur für das laufende, sondern auch für die beiden folgenden Jahre erfüllt. Den deutschen Juden, die sich danach auf die Einwanderungsliste setzen ließen, sagte man, sie müssten drei Jahre warten – bis 1942 –, ehe sie eventuell ein Visum bekämen. Im Oktober 1938 hatten sich die Kaufmanns beim amerikanischen Konsulat registrieren lassen – ihre Nummer war 29367.

Spätestens seit dem Novemberpogrom 1938 verfolgte Sally Kaufmann nachdrücklich einen Emigrationsplan. Noch sollten die Juden freiwillig aus Deutschland verschwinden. Wie »freiwillig« die Aufforderung war, lässt sich an den Auflagen ermessen, mit denen jüdische Männer aus den Konzentrationslagern entlassen wurden. Das änderte sich ein Jahr später mit dem Kriegsbeginn: Nun hatten die Nazis die Möglichkeit, das umzusetzen, was ihre Führer von jeher angekündigt hatten – die systematische Ermordung der Juden. Wer von ihnen bis Oktober 1941 Deutschland nicht verlassen hatte, saß unwiderruflich in der Falle. Dann verhängte NS-Deutschland ein Auswanderungsverbot.

*12. Dezember 1938: Vorbeugende Maßnahmen gegen Umgehung der Devisenbestimmungen: Zur wirksamen Verhinderung der jüdischen Kapitalflucht ist eine planmäßige Sicherung des jüdischen Vermögens anzustreben.*[101]

Zwischen 1933 und 1938 verließen knapp 170 000 Juden Deutschland. Darunter Verwandte und Bekannte der Kaufmanns. Eugen Kaufmann, ein Jahr jüngerer Bruder von Sally Kaufmann, hoch geachteter Direktor und Mitbegründer des Duisburger Bankvereins, Mitglied und 1929/30 Präsident der Duisburg-Loge B'nai B'rith »Zur Treue«, wohnhaft gewesen am piekfeinen Kaiserberg in der Wilhelmshöhe Nr. 1, verließ mit Ehefrau Jeanette im Februar 1939 Deutschland, um mit einem sogenannten Kapitalistenzertifikat[102] über England nach Palästina auszuwandern. Und hier wurde aus einem gestandenen Banker ein »Farmer«, der den Kuhstall ausmistete – und glücklich war, das bluttriefende Deutschland hinter sich gelassen zu haben. Er unterwarf sich, wie seine Frau Jeanette schreibt, »mit Schwung einem sehr schweren ungewohnten Dasein«.[103] Ein solcher »Schwung« war beim Bruder Sally Kaufmann nicht auszumachen.

Bereits in ihrem dritten Brief, vom 26. Januar 1939, da ist Walter gerade einmal eine Woche in England, schrieb Johanna Kaufmann von der bevorstehenden

---

101 Kulka/Jäckel 2004, S. 625f.
102 Wer mit einem Kapitalistenzertifikat – unquotiert – nach Palästina auswandern wollte, musste ein Eigenkapital von 1000 englischen Pfund vorweisen.
103 Siehe das Kurzportrait von Rita Vogedes in: Roden 1986a, Teil 2, S. 962.

Abreise der nächsten Verwandten Eugen und Jeanette Kaufmann nach Palästina, die allerdings noch auf Ausreisepapiere warteten: »Sie hoffen aber doch, Anfang nächster Woche abreisen zu können.« Und es folgte die Mitteilung: »Gestern Abend haben Mosers mit uns gegessen, die auch bald nun abreisen« (Brief 3). Der Getreidehändler Richard Moser und seine Frau Martha Moser waren enge Freunde der Kaufmanns. Martha Moser war Vorstandsmitglied des Israelitischen Frauenvereins, Leiterin des Jüdischen Frauenbundes und seit 1931 in der Gemeindevertretung. Ihr Sohn Hans Hermann (John Harold), geboren 1921, war auf dem Steinbart-Realgymnasium Mitschüler von Walter Kaufmann. Nachdem sie bereits im Januar 1937 nach Holland und Juli 1938 zunächst in die Schweiz ausgereist waren, wanderten sie im Januar 1939 endgültig nach Australien aus. So lichteten sich nach und nach die Reihen der Duisburger Juden.

Mit der Zeit werden die elterlichen Hinweise auf die eigene Auswanderung in den Briefen immer konkreter. Ab März 1939 fehlt in kaum einem Brief der Hinweis auf die Auswanderungsabsichten. Hier führt Sally Kaufmann das Wort. Seine Briefzusätze beziehen sich auf den Stand der gemachten Fortschritte. Und auch der Sohn sollte von England aus seine Fühler ausstrecken, sich umhören, wo und ob ein weiterer Bürge gefunden werden könne, der notwendige zweite »Garant«. All das sollte dem Sohn eine baldige Familienzusammenführung signalisieren. »Du hast doch noch ein schönes Leben sgw [so Gott will] mit uns zusammen vor Dir!«, ermuntert die Mutter ihren Sohn (Brief 62). Mit uns zusammen. Und der Vater ergänzte: »Bleibe also ruhig und für die Zukunft vertrauensvoll. Wir werden uns sicher bald wiedersehen« (Brief 82).

Exotische Emigrationsziele gerieten in das Kaufmann'sche Blickfeld – Honduras, die Philippinen. Doch auch scheinbar leichter zu erreichende Fluchtpunkte wurden ins Auge gefasst – England und Palästina. Auch wenn das Visum für Chile schon unterwegs zu sein schien, blieben die USA weiterhin das erklärte Auswanderungsziel Nummer eins.

Die Herzsteins, die Winters, die Rubens, die Eisenbergs, Jülichs, Müllers und wie sie alle hießen, Verwandte und Bekannte, »fuhren« nach und nach »ab«, zerstreuten sich über den gesamten Globus. Die Kaufmanns aber blieben zurück. Und dabei mühten sie sich ab. Schon ein wenig resigniert schrieb Sally Kaufmann im Mai 1939 an seinen Sohn: »Aber die Zahl der Freunde und Bekannten, z. T. auch der Klienten, die im Ausland sind, ist so groß, daß man manchen Brief ungeschrieben lassen muß« (Brief 44). Seine eigenen Bemühungen stockten dagegen, auch wenn er überzeugt war, dass die Auswanderung unmittelbar vor der Tür stand. Die Hoffnungen richteten sich inzwischen auf Kuba und Chile, wobei er Chile Kuba vorzog. Er schrieb am 22. Mai 1939: »So meine ich, daß eins von diesen beiden Ländern uns schließlich aufnehmen wird, denn England wird für uns wohl kaum je in Frage kommen« (Brief 44).

Sally Kaufmann entfaltete weiter eine rege Korrespondenz mit allen möglichen Stellen und versäumte es nie, seinen Sohn über den Stand der Bemühungen zu berichten, »daß an unserer Auswanderung nach wie vor eifrigst gearbeitet wird« (Brief 55). Er stünde, heißt es im gleichen Brief vom 25. Juni 1939, mit Hugo Daniels in Verbindung, der, »aber – streng vertraulich – sehr mit seinen Absichten und Versprechungen wechselt […].« Die Kaufmanns setzten nach der Nachricht von der Abweisung der MS *St. Louis* aus Havanna (dazu der folgende Exkurs »Kuba, enttäuschte Hoffnung auf Rettung«) nunmehr ganz auf Chile.

Doch machte sich bei Sally Kaufmann auch wieder einmal Skepsis breit: »Über Chile gingen auch Gerüchte, daß die Einwanderung fortan ganz unmöglich sei, aber sie scheinen sich nicht zu bewahrheiten. Gestern haben wir nochmals dorthin an einen Unbekannten in Santiago de Chile gekabelt.« Sally Kaufmann insistierte gegenüber seinem Sohn, den Französischunterricht aufzugeben, denn: »Viel besser wäre es, wenn Du statt dessen anfangen würdest, Spanisch zu lernen. Spanisch wird in beinahe ganz Südamerika gesprochen und wir fangen, sobald wir wissen, wohin unsere Reise endgültig geht, auch damit an. Spanisch ist aber auch für Nordamerika gut zu gebrauchen […].« Er möge bitte mit Mrs. Essinger darüber sprechen, ob es möglich sei, dass er statt Französisch nach den Ferien Spanisch lerne (Brief 55).

Chile, Chile, immer wieder Chile. Alle Gedanken im Frühjahr und Sommer 1939 schienen um dieses Land zu kreisen, sodass die Eltern Ende Juli 1939 mit dem ersten Spanischunterricht begannen. Auch einen geeigneten Beruf für ihren Sohn hatten die Eltern bereits ins Auge gefasst, wissend, dass Sally Kaufmann selbst bereit sein musste, jede Arbeit anzufassen, auch wenn sie weit unter seinem bisherigen Stand lag: »Für Chile sind manche Berufe, z. B. Elektrotechnik, Landwirtschaft, besonders geeignet (vielleicht geeigneter als Hotelfach)« (Brief 65). Was die gesuchten Berufe in Chile betraf, so hatte Sally Kaufmann im *Philo-Atlas* gelesen: »Gute Möglichkeiten f. Landwirte, Handwerker, Facharbeiter, Chemiker, Ingenieure, Architekten, Industrielle m. Kapital, Stenotypistinnen m. guten Sprachkenntnissen […].« Und was das »Jüdische Leben« dort anging, so lebten in Chile in 48 der 83 Departementos circa 10 000 (= 0,2 %) Juden. Eine größere Gemeinde gab es in Santiago mit etwa 7000 Mitgliedern, von denen 1400 aus Deutschland stammten.[104]

Johanna Kaufmann, sich wieder einmal auf höhere Mächte berufend, schrieb: »Wenn nichts dazwischen kommt, also keine unvorhergesehene Schwierigkeiten

---

104  Philo-Atlas 1938, S. 39.

entstehen, werden wir im Bremer Consulat unser Visum nach Chile sgw [so Gott will – L.J.H] erhalten. Allerdings rechnen wir damit, daß der Ruf nach dort sicher noch 6–8 Wochen dauert. Aber es ist doch etwas Positiveres« (Brief 59). Täglich auf Post wartend und befürchtend, sie könnten durch eigene Abwesenheit eine wichtige Briefsendung verpassen, verließen die Kaufmanns nicht mehr das Haus.

Hoffnung und Enttäuschung wechselten sich in der »Chile-Angelegenheit« ab. Am 12. August 1939 überwog wieder einmal die Zuversicht: »Wir lernen fleissig, denn unsere Chile Angelegenheit steht sehr günstig und wir hoffen zuversichtlich in 1–2 Monaten unser Visum zu erhalten. Nun musst Du, mein guter Junge, noch mal gar nicht an den Abschied, sondern erst an das schöne Wiedersehen denken. Vielleicht kommt alles noch anders wie wir es uns ausdenken« (Brief 72). Zwei Wochen später setzte Sally Kaufmann in einer Randbemerkung auf einen schon absendebereiten Brief: »Eben erhielten wir Telegramm, daß unsere Chile-Sache in Ordnung gehe und wir in einigen Monaten in Berlin das Visum erhalten werden. Wir lernen spanisch und Du?« (Brief 76).

Eine Bestätigung für Chile lag den Kaufmanns vor, indes das Visum vom chilenischen Konsulat in Berlin ließ auf sich warten. Für die Visumserteilung waren sie zwar vorgemerkt, aber die Vorladung, so hieß es aus der Hauptstadt, würde infolge der großen Belastung des Konsulats erst in einigen Monaten erfolgen (Brief 90).

Zu Beginn des neuen Jahres 1940 schien sich das Blatt zu Ungunsten der Kaufmanns zu wenden: »Aber durch eine – <u>hoffentlich bald vorübergehende</u> – Sperre der Einwanderung nach Chile ist eine Verzögerung eingetreten, sonst würden wir natürlich schon packbereit sein« (Brief 105). Jetzt hoffte man, dass die Einreisesperre bis Februar 1940 aufgehoben sei. Doch die Hoffnung zerstob, und eine Auswanderung nach Chile war nicht mehr möglich.

*15. März 1939: Ungesetzliche Auswanderung von Juden ist unverzüglich zu verhindern. Die Flüchtigen und ihre Helfer sind festzunehmen und in Konzentrationslager einzuliefern.*[105]

Die Kaufmanns hatten einen sicheren »Garanten« in petto in der Person des »Herrn D.«, den Mr. Hugo Daniels in London, der auch schon für Sohn Walter bürgte. Daniels tat, was er konnte, und kümmerte sich, so schien es. Sally Kaufmann korrespondierte mit Auswanderungsstellen, sondierte Auswanderungsziele, und Hugo Daniels war bereit gewesen, die Kosten einer Auswanderung nach

---

105 Holocaust-Chronologie, http://www.holocaust-chronologie.de/chronologie/1939/maerz.html, abgerufen 22.1.2020.

Kuba zu übernehmen. Aber in seinem Fall verlangten die englischen Behörden einen zusätzlichen Garanten, denn Hugo Daniels war nach den Bestimmungen zu alt, um alleine bürgen zu können. »Wir haben noch keine Antwort aus Cuba«, schrieb Johanna Kaufmann am 4. April 1939 (Brief 31). Auch Kuba rückte für die Kaufmanns in weite Ferne. Dies aber auch, weil Kuba im Mai 1939 seine Einwanderungspolitik plötzlich geändert hatte: Einreiseerlaubnisse und Visa, die vor dem 5. Mai 1939 ausgestellt worden waren, wurden rückwirkend für ungültig erklärt. Es ging den kubanischen Machthabern um Geld. Korruption. Und die Flüchtlinge gerieten zwischen alle Parteien, waren Geiseln im Poker um Geld und Einfluss, einige wurden hysterisch, andere versanken in eine abgrundtiefe Verzweiflung.

### Exkurs: Kuba, enttäuschte Hoffnung auf Rettung

Kuba! In der Schreibweise Johanna und Sally Kaufmanns auch: Cuba. Dieser karibische Inselstaat war als Aufnahmeland für deutsch-jüdische Flüchtlinge längst in den Fokus gerückt, nachdem sich die kubanische Regierung bereit erklärt hatte, Zuwanderer, zumindest vorübergehend, aufzunehmen: Bis zum Jahre 1938 konnten 3000 Juden aus (Groß-)Deutschland nach Kuba emigrieren.

In den Kaufmann'schen Briefen taucht der Name Kuba erstmals am 22. März 1939 auf (Brief 27). Sally Kaufmann: »Wir haben nach Cuba […] geschrieben […]«. Das klingt unbestimmt, eher beiläufig und wenig nachdrücklich. Und eine Antwort auf seine Anfrage ließ auch auf sich warten. Ob er überhaupt eine erhielt, ist nicht überliefert.

Im Frühjahr 1939 scheinen die Kaufmanns Briefe in Sachen Auswanderung in alle möglichen Richtungen versandt zu haben, Johanna Kaufmann spricht Ende April 1939 (Brief 38) davon, »in den letzten Tagen unendlich viel Post wegen unserer Auswanderung« erhalten zu haben, und stellt klar: »Also in Frage kommt zuerst Cuba (Havanna) wo man 3–4 Jahre bleiben kann, bis unsere Amerika Nr. daran ist.« Die Erlangung des Visums sei nicht schwierig, führt sie aus. Allerdings sei die Berufsfrage schwierig und auch die Frage, ob auf Kuba hinreichende Verdienstmöglichkeiten gegeben seien. Das wollten die Eltern prüfen und auch die Ansicht des Sohnes darüber hören. Wie für viele andere Auswanderungswilligen stellte Kuba eine Zwischenlösung dar, einen Zwischenaufenthalt auf dem endgültigen Weg in die Vereinigten Staaten von Amerika.

Das Auswanderungsziel Kuba ist durch ein besonderes Ereignis in Emigrantenkreisen bekannt und Anlass für Spekulationen geworden. Dies ist mit dem Namen der MS *St. Louis* verbunden. Diesem Passagierschiff war auf dem Weg nach Kuba im Mai 1939 mit 937 deutsch-jüdischen Flüchtlingen an Bord von den kubanischen Behörden das Anlegen im Hafen von Havanna verweigert worden. Es folgten tagelange Verhandlungen über das weitere Geschehen. Auf dem Schiff machte sich unter den Passagieren Verzweiflung breit, umso mehr, als sich herausstellte, dass die *St. Louis* die kubanischen Hoheitsgewässer verlassen musste. Von Kuba nahm das Schiff am 2. Juni 1939 Kurs auf Florida. Doch auch die US-amerikanischen Behörden verweigerten die Anlandung und ließen die Passagiere, obwohl sie gültige Einreisepapiere besaßen, amerikanischen Boden nicht betreten. Am 18. Juni musste die *St. Louis* wieder nach Europa zurückkehren. Und damit drohte den jüdischen Passagieren das Konzentrationslager. Mehr als 300 der Passagiere waren vor ihrer Abreise bereits dort interniert gewesen.

Es dauerte einige Zeit, bis die Nachricht in Deutschland bekannt wurde, dass der *St. Louis* das Anlegen in Havanna verweigert worden war. Am 5. Mai 1939 war Johanna Kaufmann noch ganz optimistisch gewesen, wieder einmal. Und so schrieb sie ihrem Sohn: »Wir hatten heute einen kurzen Brief von Herrn D., daß er grundsätzlich bereit ist, daß [sic] Geld für Kuba zu stellen. Er hat gleich per adr. mail hingeschrieben und mitgeteilt, daß er das Geld geben will« (Brief 41). Doch dann sprachen sich das *St.-Louis*-Drama und die Grenzschließungen unter den jüdischen Ausreisewilligen in Deutschland herum. »Daß Kuba gesperrt ist, ist sehr dumm. Aber vielleicht dauert die Sperre nicht zu lang«, teilte Sally Kaufmann am 1. Juni 1939 seinem Sohn mit (Brief 48). Er war also über die Vorgänge in der Karibik im Bilde. Auch darüber, dass die USA in einer rigiden Migrationspolitik ihre Grenzen für jüdische Flüchtlinge geschlossen hatten.

Belgien, Holland, Frankreich und England hatten sich allerdings bereit erklärt, einige Flüchtlinge aufzunehmen. Fast alle *St.-Louis*-Flüchtlinge, die in Großbritannien Asyl fanden, überlebten Krieg und Holocaust. Von den Passagieren, die nach Kontinentaleuropa zurückkehren mussten, wurden 254 in den Konzentrationslagern der Nazis ermordet.[106]

Wieder war ein Stück Hoffnung gestorben und wieder hieß es in Kaufmann'scher Diktion: »Aber vorläufig suchen und warten wir« (Brief 48), oder: »Aber man hat doch wenigstens einen kleinen Hoffnungsschimmer« (Brief 58). Während die *St. Louis* noch in kubanischen Gewässern kreuzte, hatte soeben ein weiteres Auswanderungsschiff, die *Orinoco*, den deutschen Heimathafen Hamburg mit Ziel Kuba verlassen.

»Wir reflektieren nach wie vor auf Chile, nachdem die Kuba-Angelegenheit wohl endgiltig [sic] als erledigt angesehen werden kann«, teilte Sally Kaufmann seinem Sohn Walter am 25. Juni 1939 eine neue Auswanderungslage mit und

---

106 Zur dramatischen Geschichte der *St. Louis* vgl. Mueller-Töwe 2009a und 2009b. Weitere Literatur: Mautner-Markhof 2001; Reinfelder 2002; Schöck-Quinteros et al. 2019; Lipsky 2020.

fragte dann: »Hast Du gehört, was 2 Schiffen mit Kuba-Auswanderern passiert ist?« Das Schicksal der *St. Louis* beschreibend, fuhr er fort: »Eins, das bis Kuba kam, musste nach Europa zurückfahren und die 900 Passagiere sind dann mit Hilfe amerikanischer Hilfskommitees [sic] in Holland, Belgien, Frankreich und England untergebracht worden. Die Aufregungen der Passagiere waren groß, da sie glaubten, sie würden nach Deutschland zurückbefördert. Das andere Schiff ist nur bis Antwerpen gekommen und dann nach Hamburg zurückbeordert worden. Die Passagiere, unter anderen auch die hiesigen Damen Auerbach,[107] konnten dann wieder in ihre früheren Wohnorte zurückkehren« (Brief 55). Emma Auerbach, die ehemalige Prokuristin der Herrenwäschefabrik Joseph Rothschild in der Falkstraße, war zusammen mit ihrer Schwester Melanie Auerbach, die bis zuletzt eine koschere Pension (für eine solche Einrichtung scheint es in den 1930er Jahren in Duisburg Bedarf gegeben zu haben) am Friedrich-Wilhelm-Platz geführt hatte, auf der *Orinoco*, und beide mussten, da auch der *Orinoco* die Landeerlaubnis verweigert wurde, notgedrungen nach Duisburg zurückkehren.

Die MS *Orinoco* war am 27. Mai 1939 mit 209 Juden an Bord von Hamburg Richtung Kuba ausgelaufen. Die kubanische Einwanderungsbehörde erklärte wie erwähnt die Einreiseerlaubnis für jüdische Flüchtlinge für ungültig. Da es keine weiteren Landungsmöglichkeiten gab, rief die Reederei (Hapag) das Schiff nach Antwerpen zurück. Die Rückkehrer wurden aufgefordert, an ihre früheren Wohnorte zurückzukehren; ihre Reisepässe wurden eingezogen.

Nach der missglückten Auswanderung nach Kuba und ihrer zwangsweisen Rückkehr nach Duisburg bereitete Melanie Auerbach mit ihrer Schwester ihre Flucht in die USA vor. Emma Auerbach gelang es, am 1. Februar 1940 über Holland in die USA zu entkommen. Am 27. September 1941 wurde Melanie als Teilnehmerin eines jüdischen Auswanderungstransportes festgenommen, weil sie Post von Juden, die der Zensur unterlag, zur Weiterleitung mit sich führte.[108]

Die Botschaft, die von der Weigerung ausging, die deutsch-jüdischen Passagiere von Bord zu lassen, war verhängnisvoll: Die Nationalsozialisten konnten mit Genugtuung darauf verweisen, dass sie mit ihrer rigiden Judenpolitik nicht alleine standen und auch andere Staaten demonstrierten, dass sie am Schicksal der verfolgten Juden kein Interesse hatten und zu keinerlei Hilfe bereit waren.

---

107 Das sind: Emma Auerbach, geb. 30.10.1885, Prokuristin der Herrenwäschefabrik Joseph Rothschild. Nach der Flucht Rothschilds verkaufte sie am 1. Juli 1938 den Betrieb. Sie war Mitglied im Jüdischen Kulturbund. Vgl. Roden 1986a, Teil 2, S. 860f.

108 Über das weitere Schicksal der Melanie Auerbach war nichts zu ermitteln.

\*

Nachrichten aus dem Ausland wurden angesichts von Angst und Terror – die sich merkwürdigerweise nicht in den Kaufmann'schen Briefen spiegeln – immer spärlicher und umkreisten die immer gleichen Themen. Verwandte und Bekannte hatten sich in alle Erdteile verstreut. Die Frage der eigenen Auswanderung wurde immer drängender, auch die damit verbundenen administrativen Schwierigkeiten, die es zu überwinden galt, z. B. Auswanderungskosten, notwendige Bürgschaften und nicht zuletzt die Frage das weitere Schicksal der Gemeinde betreffend. In den Briefen ist immer wieder zu lesen, dass es sehr vielen anderen Schicksalsgefährten noch sehr viel schlechter ergehe. Ein schwacher Trost.

Sally Kaufmann wollte weiterhin nichts unversucht lassen, sich selbst und seine Frau in Sicherheit zu bringen. Er stand diesbezüglich mit seinem Neffen Edgar, Sohn seines Bruders Eugen, in Verbindung. Der bereits in den USA lebende Edgar Kaufmann bemühte sich um eine Ausreise der Kaufmanns in die Vereinigten Staaten. Doch hatte Sally im März 1939 noch nicht alle seine Auswanderungspapiere zusammen: »Ein Affidavit haben wir noch nicht, aber Edgar kann uns das sicher verschaffen« (Brief 23). Und im Dezember 1939 hieß es dann: »Nichts destoweniger haben wir heute an Edgar nach New York geschrieben, uns auf jeden Fall ein Affidavit zu besorgen natürlich für Dich mit. Nun müssen wir abwarten« (Brief 103). Die Kaufmanns klammerten sich an jeden Strohhalm, bis am 4. März 1940 die scheinbar erlösende Nachricht aus den USA kam: »Heute morgen kam von Edgar aus New-York ein Telegramm, in dem es wörtlich heißt: Affidavit possibly next august. Wir entnehmen diesem Telegramm, daß Edgar uns bestimmt im August das Affidavit sendet, sodaß unsere Auswanderung nach USA gesichert ist« (Brief 112). Warten und weiter warten: »Wenn doch nur einmal wieder Amerika Post käme«, klagte Johanna Kaufmann schon am 10. März 1940 (Brief 113). So verrann wertvolle Zeit, ohne dass die Kaufmanns in der Auswanderungsfrage weiterkamen.

Die USA blieben auf der Wunschliste der Kaufmanns ganz oben. Noch ließen die NS-Behörden ausreisewillige Juden aus dem Land, wenn auch die Bedingungen für die Ausreise immer rigider wurden. Die Kaufmanns setzten voll und ganz auf die Bemühungen ihres Neffen Edgar Kaufmann, der, inzwischen in New York etabliert, die Hoffnung auf die Beschaffung eines Affidavits immer wieder auf Neue nährte.

Sally Kaufmann war recht zuversichtlich, umso mehr, als ihm Edgar Kaufmann ja am 6. März 1940 telegrafiert hatte, dass das ersehnte Affidavit im August 1940 möglich sei. Doch die Bürgschaft des Neffen für die Kaufmann'sche Einwanderung in die USA erwies sich als fruchtlos. »Edgar kabelte uns vor einigen

Tagen«, schrieb Sally Kaufmann am 2. Mai 1941, »dass er uns in wenigen Wochen das Affidavit schicken würde, sodass wir, wenn es ausreicht, in nicht allzu ferner Zeit Aussicht auf Erhalt des Visums haben. Wenn auch unsere Nummer 29367 (Stuttgarter Konsulat) recht hoch ist, so rechnet man doch damit, dass sie bald darankommt. Aufgerufen sind die Nummern bis 30000 alle, und sogar bei höheren Nummern ist eine gewisse Aussicht auf Visumerteilung da, wenn besonders gute Bürgschaften vorliegen« (Brief 117).

Die Hoffnung auf eine Ausreise in die USA blieb bestehen, so sehr, dass Sally Kaufmann jedes Wochenende an einem Buchführungskurs für die USA teilnahm. »Aber er hofft doch, dieses mal praktisch in Amerika verwenden zu können,« schrieb Johanna Kaufmann am 15. Mai 1941 (Brief 123). Sally Kaufmanns Euphorie schien dieses Mal berechtigt – wurde aber im August 1941 wieder enttäuscht: »Was nun unsere Auswanderungspläne anbelangt, so hatten wir gerade ein Affidavit bekommen, da kam die Schließung der amerikanischen Konsulate, sodass wir einstweilen keine Aussicht haben, von hier nach USA zu kommen« (Brief 126).

Der Sohn Walter Kaufmann, immer noch in Australien interniert und mit Aussicht auf Freilassung, war ein weiterer Hoffnungsschimmer, an den sich die Eltern klammerten: »Solltest Du aber auf Grund der Anträge von Onkel Hugo freigelassen [sic] und die Erlaubnis erhalten, nach dem Krieg in Australien zu bleiben, so ist uns Dein Verbleiben in Australien auch recht, weil wir dann sicherlich, wenn Du dort bist, auch dorthin zu kommen die Erlaubnis erhalten werden. Es sind das alles Dinge, die sich natürlich von hier aus schlecht beurteilen lassen« (Brief 126). Es war August 1941. In zwei Monaten würden die NS-Behörden einen Auswanderungsstopp verhängen.

> *Berlin, den 23. Oktober 1941: Reichssicherheitshauptamt, Reichsführer-SS und Chef der Deutschen Polizei hat angeordnet, daß die Auswanderung von Juden mit sofortiger Wirkung zu verhindern ist. (Die Evakuierungsaktionen bleiben hiervon unberührt.)*[109]

Irgendetwas kam immer wieder dazwischen. Es scheint so, dass die Nazi-Behörden die Kaufmann'schen Auswanderungspläne durchkreuzten – sie brauchten den unter den Duisburger Juden hoch angesehenen Gemeindevorsitzenden Sally Kaufmann für ihre eigenen perfiden Pläne, für den reibungslosen Ablauf der Deportationen. Es hat den Anschein, dass die Behörden Druck auf Sally Kaufmann

---

109 Auswanderungsverbot für Juden, Berlin, 23. Oktober 1941, NS-Archiv, https://www.ns-archiv.de/verfolgung/auswanderung/auswanderungsverbot.php, abgerufen 22.1.2020.

ausübten, denn er wurde gebraucht, um seine Gemeindetätigkeit im Sinne der Nazi-Absichten weiterhin auszuüben. Er sollte, bis der Auswanderungsstopp verfügt wurde, für die Ausreise *anderer* Juden sorgen, die ihm, dem Gemeindevorsitzenden, die Abwicklung ihrer »Sachen« anvertraut hatten. Bei anderen Juden »klappte« die Ausreise, die Kaufmanns hingegen verharrten weiterhin in einer Warteschleife. Auch Sally Kaufmanns »Frontkämpferprivileg«, das er sich im Ersten Weltkrieg erworben hatte, war verfallen. Für ihn gab es kein Vor und kein Zurück.

Er selbst hat keinen Hinweis hinterlassen, welchem Zwang und welchen Drohungen er ausgesetzt war, auf seinem Platz zu bleiben. Kurz: Sally Kaufmann war eine Geisel der Nazis. Er befand sich in ihrem strangulierenden Griff.

Alle Bemühungen der Kaufmanns, Deutschland zu verlassen, scheiterten. Nazi-Deutschland ließ seine Juden seit dem 23. Oktober 1941 nicht mehr außer Landes. Die Falle war zugeschnappt. Die Kaufmanns saßen fest.

Und was schrieben Johanna und Sally Kaufmann? Dreieinhalb Wochen *vor* dem Auswanderungsverbot für Juden sprach Sally Kaufmann Ende September 1941 letztmalig von der Möglichkeit, nach Kuba auszureisen, »aber es kostet soviel Geld, dass wir leider nicht daran denken können, dass uns diese Auswanderung gelingen könnte« (Brief 130). Und zweieinhalb Wochen *nach* dem Auswanderungsstopp, am 9. November 1941, es scheint unglaublich, schrieb Sally Kaufmann: »Inzwischen hat sich nichts Besonderes, soweit wir in Frage kommen, ereignet […]« (Brief 131). Eine Besonderheit wusste er doch noch zu vermelden, dass er und die Mutter am Abend zuvor bei »Onkel Albert und Tante Erna« gewesen seien, um sich von ihnen zu verabschieden, »weil sie mit vielen anderen fortziehen«[110] (Brief 131). (»Fortziehen« war hier bereits eine euphemistische Umschreibung für die jetzt einsetzenden Deportationen.) Währenddessen wollten die Eltern abwarten, wie sich alles für sie »entwickelt«.

Die Kaufmanns verkauften nach und nach Inventar, verkleinerten ihre Wohnung, rückten immer näher zusammen, schafften Platz für andere Bedrängte, gaben Zimmer für Zimmer für weitere Mitbewohner auf, was sie als »sehr angenehm« empfanden, vielleicht, weil sie noch selbst bestimmen konnten, wer bei ihnen einzog. Ab dem 15. März 1939 war das Gesetz über Mietverhältnisse mit Juden in Kraft. Das war die gesetzliche Vorbereitung zur Zusammenlegung jüdischer Familien in »Judenhäusern«, die Aufhebung des Räumungsschutzes. Bald mussten die Kaufmanns ihr eigenes Haus verlassen und waren damit in ein

---

110 Albert und Erna Katzenstein (Schwester von Johanna Kaufmann) wurden am 10. November 1941 nach Minsk deportiert, Fleermann/Genger 2008, S. 286.

ärmliches wirtschaftliches Ghetto verbannt, wo Sally Kaufmann einen kargen Lebensunterhalt verdiente, aber nur, indem er für sich selbst oder für die anderen Juden arbeitete.

## 9 Die Briefe – Traumatisierung durch Trennung

Wie alle nach Großbritannien gelangten jüdischen Kinder aus Deutschland hoffte auch Walter Kaufmann auf ein Wiedersehen mit seinen Eltern. So hatten es ihm die Eltern mit auf den Weg gegeben, so war der Plan. Und so konnte Walter Kaufmann es in den elterlichen Briefen immer wieder lesen. Von der Gefahr, in der die ausharrenden Eltern in Deutschland schwebten, hatte der Sohn allenfalls marginale Kenntnisse. In seiner englischen Umgebung wurde nach Möglichkeit vermieden, über die Judenverfolgungen in Deutschland zu sprechen. Noch hatten die Deportationen nicht begonnen. Viele der jüdischen inzwischen herangewachsenen Kinder erhielten erst nach Kriegsende detaillierte Kenntnis vom Schicksal ihrer Verwandten. Auch Walter Kaufmann erhielt erst Jahre nach dem Holocaust vom tatsächlichen Schicksal seiner Eltern Nachricht. Während seiner englischen und australischen Exiljahre war er allein über die verklausulierte, unregelmäßige und ihn schleppend erreichende Post seiner Eltern über das Geschehen informiert.

Trennung traumatisiert an sich. Die Ungewissheit über das Schicksal der Angehörigen kommt dazu, und das spätere Wissen um die Ermordung von Eltern und Verwandten macht das weitere Leben schwer.

Walter Kaufmann war ein evakuiertes Kind von Eltern, die zu den Verfolgten gehörten. Trennung bedeutet Verlust. Sein Verlust war vielschichtig. Verlust von Familienangehörigen, des Sprachraumes, der gewohnten Umgebung, der Freunde.

Natürlich vermisste Walter Kaufmann seine Eltern. Im Gegensatz zu den meisten anderen Kindern und Jugendlichen litt er jedoch, wie er später immer wieder betonte, nicht unter Depressionen und diffusen Ängsten als Folge eines »traumatischen Identitätsverlustes«.[111] Das mag daran gelegen haben, dass er sich gut in das neue Leben eingefunden hatte, nicht zuletzt in Bunce Court, wo ein ganz anderer schulischer Geist herrschte, als er ihn in seiner Duisburger Schulzeit erfahren hatte. Hier gab es wenig Zwang und keine strafenden Lehrer. Allerdings trug auch er ein Schuldgefühl mit sich herum, das Überlebende spürten, die Verwandte verloren haben. Bei Walter Kaufmann kam als Besonderheit hinzu, dass er einige Jahre bevor er nach England ausreiste, erfahren hatte, dass er das

---

111 Auch im Folgenden: Wikipedia, Artikel »Kindertransport«, abgerufen 22.1.2020, auch: Benz 2003.

»angenommene« Kind von Sally und Johanna Kaufmann war, und diesen Umstand seiner Mutter beim Abschied in Duisburg krass hatte wissen lassen.

Da war also die Sache mit dem »Adoptivkind«. In seiner Erzählung *Suche nach der Herkunft* beschreibt Walter Kaufmann, welcher »Verdacht« über seiner Vergangenheit lag:

> *Als ich acht Jahre alt war, geriet ich einmal mit unserer Hausgehilfin Hilde, die ich liebte, so sehr in Streit, dass sie schließlich rief: ›Nun aber genug! Du hast mir überhaupt nichts zu sagen – Adoptivkind, du!‹ Ich verstummte. Etwas Unheimliches lag in dem Wort, dessen Bedeutung ich nicht verstand. Ich bedrängte meine Eltern, die sich aber auf keine Erklärung einließen – ›später, Junge, wenn Du älter bist‹. Ihr Ausweichen stimmte mich nachdenklich …*
> 
> *Es dauerte eine Weile, bis ich mich beruhigt hatte und die Sache zu vergessen suchte. Fortan lag ein Schatten über meinem Verhältnis zu ihr [zur Mutter – L. J.H.] […], obwohl sie das Wort Adoptivkind in meinem Beisein nie wieder fallen ließ. Doch einmal vernommen, musste es jahrelang in mir nachgewirkt haben, denn als ich fünfzehnjährig mit einem Flüchtlingstransport jüdischer Kinder den Nazis entkommen konnte, sagte ich beim Abschied auf dem Bahnsteig zu meiner Mutter. ›Brauchst nicht traurig sein – ich bin doch gar nicht dein Kind!‹*[112]

Es hatte ihn »nachdenklich« gemacht, wie er als Erwachsener schrieb, er suchte die »Sache« zu vergessen, sich zu »beruhigen«. Ging das nach dieser Erfahrung? Was hat das mit Walter Kaufmann gemacht als Achtjähriger und später, als Heranwachsender in England, weit weg von den Eltern? Und danach? Es lag fortan ein »Schatten« über seinem Verhältnis zu den Eltern, eine Unergründlichkeit, die sich nie vollständig auflöste.

In seiner frühen Erzählung *Abreise* lässt Walter Kaufmann in einem fiktiven Dialog bei der Abreise auf dem Duisburger Hauptbahnhof noch einmal sein Unbehagen aufleben und seine Gefühle beim Abschied von der geliebten Mutter sprechen. Auf die Frage einer Mitreisenden namens »Sarah« bestätigt »Stefan«, dass es auf dem Bahnsteig seine Mutter gewesen sei:

> *Meine Mutter, ja, aber sie ist weit weg, und vielleicht sehe ich sie nie wieder, ich fahre nach England und kehre nie mehr zurück. […] Sie ist ganz weit weg, ganz weit … Lieber Gott, vergib mir, dass ich so empfinde, ich fange ein anderes Leben*

---

112   Walter Kaufmann: »Suche nach der Herkunft«, in: Kaufmann 1986, S. 5–12; auch in: Kaufmann 2004, S. 229–231.

*an, ich will nicht an meine Mutter denken, ich will nicht an meinen Vater denken, ich will an niemanden und an nichts denken, was hinter mir in Deutschland zurückgeblieben ist.*[113]

Weit weg war die Mutter mit dem Tag der Abreise. Dass er jedoch fortan nicht mehr an die geliebte Mutter – und den Vater – denken wollte, diese »Ablehnung«, wenn man das so bezeichnen möchte, war allein dem Abschiedsschmerz geschuldet, der unfreiwilligen Trennung. Seine Eltern tatsächlich zu vergessen, das kam ihm nicht in den Sinn. Es gibt Phasen, schreibt Ute Benz,[114] »in denen Kinder stark ambivalente Gefühle von Liebe und Hass haben, aufgrund verdrängter Aggressionen sehr unter unbewussten Schuldgefühlen leiden« und in Abwehr dieser Gefühle dazu tendieren, sich »persönlich für das Unglück von Bezugspersonen verantwortlich« zu fühlen.

Der junge Walter Kaufmann, nie zuvor getrennt von den Eltern, trug das Bild, die Vorstellung von seinen Eltern, die Imagination, stets mit sich herum, im Herzen wie im Kopf. Und das drückte er auch immer wieder in seinen Briefen aus, wenn er von den Sorgen und Ängsten sprach, die er sich ihretwegen machte. Natürlich konnte er seine Mutter nicht dafür verantwortlich machen, dass er außer Landes getrieben und von ihr – und dem Vater – getrennt wurde. Wohl aber war das Land, das ihn, seine Familie und die Juden insgesamt verfolgte, der eigentliche Aggressor. Diese Einsicht und ein Gefühl von Entfremdung kamen ihm schon während der Fahrt fort von Duisburg und wiederholten sich in Stunden, in denen er in Bunce Court an zuhause dachte und ein gewisses Heimweh verspürte. Dafür war allein das von den Nazis beherrschte Land verantwortlich, das ihm und seinen Eltern das antat. Nicht mehr an seine Eltern denken, wie er sein Alter Ego »Stefan« sagen lässt? Wie hätte Walter Kaufmann später sagen können, dass kein Tag vergangen sei, an dem er nicht an seine Eltern gedacht hätte, die im Gas von Auschwitz erstickt waren?

Am Abreisetage des Sohnes begannen die Eltern Johanna und Sally Kaufmann mit dem Schreiben von Briefen und Karten. Sie hielten damit den Kontakt zu dem Sohn und verbanden dies zugleich mit der unerschütterlichen Hoffnung auf ein Wiedersehen. Die Kaufmann'sche Welt öffnet sich beim Lesen des ersten Briefes am 19. Januar 1939. All ihre Gedanken sind bei dem Sohn in England.

Während die Mutter zumeist einen fürsorglichen Ton anschlägt, ist der väterliche (Unter-)Ton häufig eher geschäftsmäßig, nüchtern, nicht selten gestelzt,

---

113   Walter Kaufmann: »Abreise«, in: Kaufmann 1985, S. 108–113, hier S. 110f.
114   Benz 2003, S. 138f.

mahnend, drängend, bestimmend mit einem leicht drohenden Unterton, belehrend und darauf gerichtet, den Sohn für die Zukunft vorzubereiten. Die Eltern wollten in guter Absicht, wie die meisten Eltern es pflichtschuldig tun, nicht die erzieherische Kontrolle über den Sohn verlieren, praktische Lebenshilfe geben, auf Selbstständigkeit hinwirken.

In fast jedem Brief findet sich die Klage, nicht genug Post von dem Sohn zu bekommen. »Hast Du so viel zu tun, mein lieber Junge?« (Brief 47), heißt es schon einmal ironisch. Dann folgt die Klage, wieder keine Post erhalten zu haben. Das ist die Standardformel, mit denen die elterlichen Briefe zumeist beginnen. Indes empfindet Sohn Walter anders: »Mir ging's gut. Was sollte ich den Eltern groß schreiben?!«[115] Doch ein solcher Satz kann nicht darüber hinwegtäuschen, dass auch ein Jugendlicher, der in Großbritannien eine sichere Aufnahme und relativ gute Bedingungen für seine Entwicklung vorfand, unter Trennungsschmerz zu leiden hatte. Es war für den jungen Walter Kaufmann gewiss von Bedeutung und von Vorteil, dass er nicht als einzelnes Kind in einer englischen Pflegefamilie untergekommen war, sondern in einem freien Internat mit antiautoritärer Pädagogik und in einer ungezwungenen Atmosphäre mit anderen Gleichaltrigen wohlbehütet heranwachsen konnte. Gewiss spielte das Alter eine Rolle, in dem Walter Kaufmann die Trennung von den Eltern erlebte. Er befand sich mit gerade fünfzehn in der Adoleszenzphase, als er von den Eltern getrennt wurde, eine Entwicklungsstufe, in welcher Verselbstständigung gegenüber den Eltern zur normalen Entwicklung gehört.[116] Er war ein Jugendlicher, der gerne unter Kameraden war, und er vermochte sich trotz aller Schwierigkeiten erfolgreicher zurechtzufinden als ein kleineres, noch sehr an seine Eltern gebundenes Kind.

Regelmäßig pflegten die Eltern an die Geburtstage der Verwandten, denen gefälligst schriftlich gratuliert werden sollte, zu erinnern. In Zeiten der Bedrängnis und der Zerstreuung musste die Familie zusammenrücken, sich gegenseitig Halt bieten. Die diasporische Zeit hatte längst begonnen. Und wenn die Eltern einmal nicht dazu kommen, selbst Post zu senden, dann möge der Sohn sich nicht »aufregen«, dann sind halt die »Ereignisse […] stärker als wir« (Brief 76). Die Ereignisse. Der heutige Leser liest die Briefe mit Bedrückung und Beklemmung, weil er um das Ende weiß. Diese Sichtweise hatten die damaligen Schreiber nicht.

In den Briefen spiegelt sich ein Alltag, der bestimmt war durch Belanglosigkeiten, Tratsch und einen Informationsaustausch, wie er in Familien allgemein üblich ist. Hier war es jedoch auch der spezifische *jüdische* Alltag in Deutschland,

---

115   Walter Kaufmann im Gespräch mit dem Verfasser, Berlin, 5. September 2017.
116   Siehe dazu: Benz 2003.

in Duisburg, in Duissern – ein segmentierter Blick. Denn die Eltern verrieten ihrem Sohn nicht alles, was sie an tagtäglich neuen Beschränkungen erdulden mussten. Empfindungen und Sorgen über antijüdische Maßnahmen drückten sich allenfalls zwischen den Zeilen aus, hier und da eine vorsichtige Andeutung, was sicherlich auch der Zensur geschuldet war. Man wollte durch keine unbedachte Äußerung das Misstrauen der Nazi-Behörden herausfordern. Da ist schon mal die Rede davon, dass die Mutter den »Vati in dieser Zeit nicht gerne alleine lassen« wolle, und sie fügt vielsagend hinzu: »Du wirst das sicher verstehen« (Brief 34). Und der Junge verstand, was die Mutter damit meinte. Die elterlichen Briefe zeigen die furchtbare Realität, in der sich das alltägliche jüdische Leben in Duisburg abspielte, niemals direkt an.

Zu seiner Mutter Johanna hatte Walter Kaufmann eine starke Bindung. Er schildert sie immer als eine liebe- und verständnisvolle Frau. Die Nähe zu ihrem Sohn lässt sich aus allen Zeilen – und zwischen den Zeilen – ihrer Briefe und Karten herauslesen, nicht nur in den Anrede- und Grußformeln. Dafür mag beispielhaft ein Satz stehen, aus dem all ihre Empathie spricht, wenn sie ihn anrührend fragt: »Wie fühlst Du Dich, mein lieber Junge, schläfst Du gut und wer weckt Dich frühmorgens auf?« (Brief 3). In ihren Schreibanlässen mag der Mutter gewiss auch immer das Bild ihres Jungen vor Augen gewesen sein – ein »Kind«, ihr Junge, der Pubertät noch nicht entwachsen.

Diese Phase mag für den jungen Walter Kaufmann, der elternlos klarkommen musste, innerlich eine große Herausforderung, mit allen körperlichen und seelischen Veränderungen, gewesen sein. Die viel beschriebene »Trotzphase« gegenüber den Eltern musste sich ein anderes Äquivalent suchen, für ihn ein schwieriger Balanceakt zwischen Ablösung und dem Wunsch nach Geborgenheit, zwischen Selbstständigkeit und dem Bedürfnis nach Liebe und Anerkennung. Eine allgemeine Verwirrung und ein Gefühlschaos. Für Jungen ist die Pubertät zudem ein steter Kampf gegen sich selbst, manche werden dabei zu Einzelgängern, andere suchen den Kick in der Rebellion – die sich zumeist gegen die Eltern richtet. Doch die waren nicht da.

Ab Juli 1939, Walter ist fünfzehneinhalb Jahre alt, wird das Thema Berufswahl in den Briefen mit wachsendem Nachdruck erwähnt. Dabei dachten die Eltern praktisch: Mit Blick auf die Zeitumstände und die vermeintlich bevorstehende Auswanderung nach Chile – und nicht zuletzt mit Hinweis auf die erfolgreiche und befriedigende »Berufsumschichtung« des Onkels Eugen Kaufmann, der sich als ehemaliger Bankdirektor inzwischen in Palästina mit Kuh- und Hühnerzucht beschäftigte – fragte die Mutter Johanna Kaufmann, ob der Sohn nicht auch »Lust zur Landwirtschaft« habe, das sei schließlich in dem Andenstaat »sehr gut« (Brief 62). Der Vater brachte einen Beruf in Optik, Elektrotechnik oder Feinmechanik ins Gespräch, fragte nach dem Interesse. Sally Kaufmann war überzeugt, dass Elektrotechniker ein Beruf sei, der in Übersee, namentlich auch in Chile, gesucht sei und in erster Linie in Frage käme. Was einen Beruf in der Landwirtschaft betraf, so machte er angesichts früherer Erfahrungen im Hausgarten in der Prinz-Albrecht-Straße allerdings kein Hehl aus seiner Skepsis, ob der Sohn Lust dazu habe.

Ohne die nazistische Judenpolitik hätten die Eltern Kaufmann ihrem Sohn nie und nimmer einen landwirtschaftlichen oder handwerklichen Beruf angeraten. Im assimilierten deutschen Judentum, und zu diesem rechneten die Kaufmanns sich, wurden die Söhne aus bürgerlichen Häusern traditionell Arzt, Rechtsanwalt oder Journalist, nicht aber körperlich Arbeitende.

Walter Kaufmanns Briefe kennen wir nicht, sie sind verloren. Vielleicht haben die Eltern sie als die einzigen Erinnerungsstücke ihres Sohnes auf ihre »große Reise«, auf »Transport« mitgenommen als letzte materielle Erinnerungsstücke an den Sohn, um sie dann auf grausame Weise zu verlieren. Inhaltlich wissen wir von seinen Briefen so viel, wie die Eltern darauf Bezug nehmen, und daher wissen wir von einer allgemeinen Unbekümmertheit des Sohnes, aber auch von dessen Angst und Sorge um die Eltern, sodass die Eltern diese Ängste zu zerstreuen suchen: »Mache Dir nicht so viele Sorgen um uns, mein guter Junge« (Brief 6).

Auch Walter Kaufmann erlebte, wie Freunde und Verwandte aus Duisburg in die Emigration gingen, einige traf er gar in England wieder, während seine Eltern in Duisburg ausharren mussten, keinen Schritt vorwärts kamen, um sich wieder mit ihm zu vereinigen, ihn in die Arme schließen zu können.

Die Briefe handeln von Liebe, Sehnsucht und Zärtlichkeit, von Sorge um das Wohlbefinden des Kindes und verhaltener Angst, Verlustängsten, von nicht nachlassender Hoffnung ebenso wie von unterdrückter Verzweiflung, vom Versuch, den Sohn die offenbare Aussichtslosigkeit der Bemühungen, Deutschland doch irgendwann zu verlassen, nicht merken zu lassen.

Liebe, Sehnsucht Trennungsverlust, all das und noch viel mehr ist in den Worten des Vaters ausgedrückt, wenn er im Juni 1939 dem fernen Sohn schreibt: »Wir schreiben andauernd Briefe und einmal wird auch für uns der Brief kommen, der uns die Möglichkeit gibt, irgendwo andershin zu kommen« (Brief 53). Alles Schreiben habe das Ziel, dass die Familie wieder zusammenkommen möge.

## 10 Postverkehr in Zeiten des Krieges

In den frühen Morgenstunden des 1. September 1939 bricht die deutsche Wehrmacht mit brachialer Gewalt in das Nachbarland Polen ein. Nachdem Hitler das von Großbritannien und Frankreich gestellte Ultimatum für einen Rückzug aus Polen nicht befolgt hat, erklären die beiden Großmächte am 3. September 1939 dem Deutschen Reich den Krieg, der sich sehr bald zum Weltkrieg auswächst. In den Kaufmann'schen Briefen findet dieses auch für die Juden existenziell bedeutsame Ereignis keinen Niederschlag, fast keinen. Eine Andeutung lässt sich in einer Karte der Eltern eine Woche vor Beginn des Krieges herauslesen, wenn es heißt: »Da wir nicht wissen, wie in den nächsten Tagen die Postverbindungen sind, schreiben wir Dir noch schnell eine Karte« (Brief 77).

Mit Kriegsbeginn am 1. September 1939 geht die Post schleppend, unregelmäßig und mitunter wohl auch verloren, ein unerträglicher Zustand für die Eltern. Sie haben eine Idee: Sie versenden ihre Briefe über die inzwischen in Belgien lebende befreundete Familie ihres früheren Hausarztes Jülich, über die die Briefe verschickt und in beide Richtungen weitergeleitet werden. Ebenso vereinbaren sie sich mit der befreundeten Familie Müller, die im Sommer 1939 von Duisburg in die Niederlande ausgewandert war. Eine zuverlässige Methode.

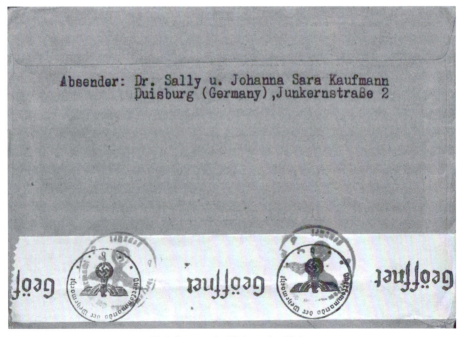

18. Briefzensur in Zeiten des Krieges.

Von Vorahnungen gepeinigt, denn der Krieg »bricht« nicht »aus«, und ein wenig verzweifelt, ergänzt die Mutter am 26. August 1939. »Ich schicke jetzt auch nur die Karte, ich denke die geht schneller, als der Brief. Halte Dich tapfer, mein guter Junge, wir werden und müssen uns wiedersehen« (Brief 78). Sie spricht sich selbst Mut zu, wenn sie beruhigend hinzusetzt: »Es ist gut, daß Du nun auch unter Tante Anna's Obhut bist, sie wird Euch allen helfen, die schweren Zeiten zu ertragen.« Tante Anna ist Walter Kaufmanns Schulleiterin Anna Essinger. Eine gute Seele.

Die Schreibfrequenz nimmt zu, jeden Tag geht ein Brief oder eine Karte von der Prinz-Albrecht-Straße in die Post, und Johanna Kaufmann spricht nicht umsonst davon, es gelte nunmehr, die »schweren Zeiten« zu ertragen. Doch die Antworten bleiben aus. Sie ahnt, dass ein Krieg für die Juden noch weitere Folgen haben wird und die Nazis den Ring um die noch im Lande lebenden Juden noch enger ziehen werden, und sie spürt nur allzu deutlich die tagtäglich zunehmenden schikanösen Einschränkungen. So ermahnt sie ihren Sohn, »fleissig und tüchtig« zu lernen, und verspricht auch im Namen des Vaters, alles zu tun, »um uns für Dich gesund und frisch zu erhalten« (Brief 78 und 79). Dazu gehört auch die Rechtfertigung des Vaters, der seinen Sohn bittet, nicht »beleidigt« zu sein, wenn er, gegenüber der sonstigen Gewohnheit, keine Post von den Eltern bekomme, denn: »Die Gründe dafür weißt Du nicht«, um hinzuzufügen, dass auch bei sich »verschlechternden politischen Verhältnissen« eine Postverbindung bestehen bleibe (Brief 80). Sally Kaufmann spricht von sich zuspitzenden politischen Verhältnissen, dabei steht der Krieg vor der Tür und er weiß, dass Hitlers in seiner Reichstagsrede vom 30. Januar 1939 ausgesprochene »Prophezeiung« der »Vernichtung der jüdischen Rasse in Europa« Wirklichkeit werden kann.

Versteht der Junge diese kryptischen Bemerkungen? Wie reagiert seine englische Umgebung auf das deutsche Säbelrasseln? Jeder Engländer weiß um die Bündnisverpflichtung Großbritanniens, im Falle eines Krieges Polen beizustehen. Halten sich die englischen Erzieher, in deren Obhut sich die jüdischen Kinder aus Deutschland befinden, mit politischen Bemerkungen zurück, um sie nicht über Gebühr zu ängstigen? Den Kaufmanns in Duisburg läuft die Zeit davon, es ist höchste Zeit, Deutschland in Richtung Chile zu verlassen.

Im Zweiten Weltkrieg erließen der Vorsitzende des Ministerrates für die Reichsverteidigung und Beauftragte für den Vierjahresplan Hermann Göring, der Chef des Oberkommandos der Wehrmacht (OKW) Wilhelm Keitel und der Reichsminister und Chef der Reichskanzlei Hans Heinrich Lammers am 2. April 1940 die Verordnung über den Nachrichtenverkehr. Diese Verordnung untersagte grundsätzlich den unmittelbaren und mittelbaren Nachrichtenverkehr mit dem feindlichen Ausland. Uneingeschränkt zugelassen war nur noch der Nachrichtenverkehr mit dem nichtfeindlichen Ausland. Der Postverkehr des Deutschen Roten

Kreuzes mit Kriegsgefangenen und Internierten war besonderen Regelungen unterworfen.

Als feindliches Ausland wurden in einer Bekanntmachung des OKW zur Verordnung über den Nachrichtenverkehr am 28. Mai 1940 das Vereinigte Königreich Großbritannien und Nordirland mit seinen überseeischen Besitzungen, Kolonien, Protektoraten und Mandatsgebieten sowie die Dominions Kanada, Australischer Bund, Neuseeland, die Südafrikanische Union mit ihren Mandatsgebieten, Frankreich einschließlich seiner Besitzungen, Kolonien, Protektorate und Mandatsgebiete, Ägypten, Sudan und Irak definiert.[117]

Das Strafmaß für Verstöße gegen diese Verordnung erstreckte sich von Geldstrafen bis zur Todesstrafe. Betroffen von dieser Verordnung waren alle in Deutschland lebenden Personen. Es handelt sich um keine originär antisemitische Maßnahme. Da aber ein erheblicher Teil der jüdischen Bevölkerung seit 1933 Deutschland verlassen hatte, trafen diese Maßnahmen ganz besonders hart die in Deutschland verbliebenen Juden, die den Kontakt zu emigrierten Familienangehörigen und Freunden aufrechterhalten wollten.

Als Walter Kaufmann im Mai 1940 von England aus nach Australien deportiert wurde, wurde der Postverkehr zwischen Eltern und Sohn stark eingeschränkt, kam zwischenzeitlich nachgerade zum Erliegen. Jeder Internierte erhielt über das YMCA zwei Karten zum Versand, die das Rote Kreuz nach Deutschland zu befördern versprach. Briefsendungen zwischen Duisburg und Australien, wenn sie denn den Empfänger erreichten, dauerten Wochen, Monate und schließlich bis zu einem Jahr. Diese Verzögerungen waren den Überwachungs- und Zensurmaßnahmen auf beiden Seiten geschuldet. Die Gestapo war über so gut wie alles informiert, da sie Post von Duisburger Juden, besonders wenn sie ins – feindliche – Ausland ging und man annehmen konnte, dass es sich um Interniertenpost handelte, überwachte. So hatte Rabbiner Neumark an seinen Schwiegersohn Emil Frank und dessen Familie, die in England interniert war, Post gesandt, die von der Außenstelle Duisburg der Gestapoleitstelle Düsseldorf abgefangen wurde. Der Absender wurde verhört, und die Duisburger Gestapoleitstelle teilte am 6. Januar 1942 nach Düsseldorf mit: »Alle Personen sind Juden und waren [sic] deutsche Reichsangehörige. Die Eheleute Frank wohnten zuletzt in Duisburg, Fuldastraße 1, und sind mit ihren Kindern […] im August 1939 nach England ausgewandert. Im Mai 1940 wurden alle Familienangehörigen interniert und der Ehemann einige Monate später nach Australien abgeschoben.«[118]

---

117  Vgl. Reichsgesetzblatt 1940, S. 823–826.
118  Siehe dazu: Roden 1986a, Teil 1, S. 217f.

Mit Beginn des Krieges werden die elterlichen Nachrichten immer drängender, die Sorgen, die familiäre Kommunikation könnte zusammenbrechen, größer. Das schlägt sich in Formulierungen nieder, die so lauten: »Lieber Walter! Wenn ich auch nicht weiß, ob alle Post befördert wird, so kannst Du ruhig mal einige Pence für Porto auf die Gefahr hin aufwenden, daß die Nachricht nicht ankommt. Aber wenn Du uns bittest, recht oft zu schreiben, so bitten wir Dich ebenso« (Brief 83). Oder es heißt am 9. August 1941: »Wir hoffen sehr, dass Du auch von uns inzwischen Briefe und Karten erhalten hast, die wir Dir als Interniertensendung per Luftpost zukommen ließen. Ich vermute, dass auch Du per Luftpost an uns schreiben kannst, kann mir aber denken, dass Du nicht genug Geld hast, um den Luftpostzuschlag zu bezahlen« (Brief 126).

Für die Kaufmanns in Duisburg war es jedes Mal ein »Freudentag«, wenn Post vom Sohn eintraf – mochte sie noch so lange unterwegs gewesen sein.

Da machte es dann auch nicht mehr viel aus, dass Geburtstagswünsche für den Vater mit fünfmonatiger Verspätung eintrafen. Des Vaters Freude war nicht minder groß.

Deutsche, britische, australische Zensurmerkmale transkontinentaler Poststücke zu decodieren und Postrouten zu entschlüsseln ist keine einfache Sache. Absender: »Dr. Sally u. Johanna *Sara* Kaufmann Duisburg (Germany), Fuldastraße 1 (später: Junkernstraße 2)«. Allein im Absender stecken Informationen, die erklärt sein wollen. Da finden sich allerlei Stempel (»Geöffnet«; [gebührenfreie] »Interniertensendung« oder »Kriegsgefangenensendung«) und handschriftliche Vermerke, Ziffern und Paraphen von subalternen Zensurbeamten, unterschiedliche Daten, verschlüsselte und ganz »offene« sich scheinbar widersprechende Hinweise, die mitunter Rätsel aufgeben. Ein Beispiel: »Absender: Johanna Sara Kaufmann, Duisburg, Germany, Fuldastr. 1; Adresse: Herrn Walter Kaufmann Nr. 52069 Hut [Baracke – L.J.H] 28; Nr. 2 Compound [Verbund – L.J.H.] Nr. 7 Camp Eastern Command Australien«. Links neben der Adresse, von Johanna Kaufmann mit der Schreibmaschine vermerkt: »MIT LUFTPOST PAR AVION [Großbuchstaben und unterstrichen – L.J.H.] nach New York und ab New York«. Taxe Perçu – RM 95 Pfg. Runder roter Zensurstempel der Auslandsprüfstelle Berlin »Oberkommando der Wehrmacht«, in der Mitte der Reichsadler mit ausgebreiteten Flügeln und Hakenkreuzdekor. »Interniertensendung«, das Wort ist unterstrichen, daneben, ebenfalls unterstrichen, das Wort: »Gebührenfrei«. Abgestempelt ist die Postkarte in Duisburg am »7.4.(19)41« und hat dann die deutsche, anschließend die englische Zensur »PASSED BY CENSOR« durchlaufen. Ein

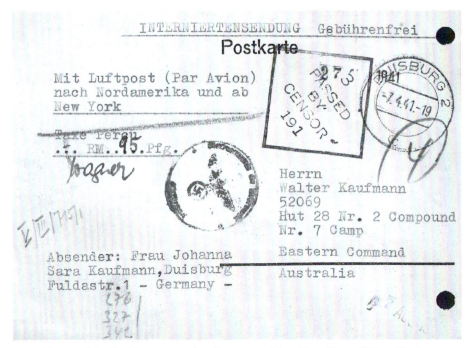

19. Abgesandt in Duisburg am 7. April 1941, erreichte diese Karte Walter Kaufmann
über New York nach über vier Monaten am 27. August 1941
in Hay (New South Wales/Australien) (Brief/Karte Nr. 120).

weiterer Datumsstempel: »27 Aug 1941« markiert, vermutlich, das Eintreffen in der australischen Poststelle von Tatura.[119]

Diese Postkarte war genau fünf Monate unterwegs und hat ihre postalische Odyssee über New York nach Australien genommen. Für die Deutsche Reichspost hätte der Versand eines Poststücks von Duisburg in das zum britischen Königreich gehörende Australien unter »normalen« Umständen die Route in östliche Richtung über Asien genommen, doch Kriegszeiten waren keine »normalen« Zeiten, und darum gingen Postsendungen durch zahlreiche neugierige Hände und Briefprüfstellen. Das erklärt die lange Laufzeit und den langen Transportweg

---

119 Während des Zweiten Weltkrieges wurden mehrere Internierungslager um Tatura, eine Stadt in der australischen Provinz Victoria, etwa 167 Kilometer nördlich der Landeshauptstadt Melbourne, errichtet. In den Lagern befanden sich zwischen 1940 und 1947 zu verschiedenen Zeitpunkten 10 000 bis 13 000 Menschen. Viele von ihnen waren, wie Walter Kaufmann, junge männliche Deutsche, die vor dem Ausbruch des Zweiten Weltkriegs in Großbritannien in Schulen waren. Es wurde angenommen, dass viele dieser Flüchtlinge Spione waren. Sie wurden aus dem Land vertrieben, hauptsächlich nach Australien auf der HMT *Dunera*.

von Post in diesen Jahren. Auch die deutschen Kriegsgegner interessierten sich für Nachrichten, die aus Deutschland kamen. All die charakteristischen postalischen Hinweise, die ja auch einen fundamentalen Eingriff in das Postgeheimnis darstellten – seien sie schreibmaschinen- oder handschriftlich, seien sie gestempelt, schwarz oder rot auf weiß –, lassen sich auch als Metapher für die Situation der Juden in Deutschland verstehen und markieren zugleich eine menschlich-familiäre Tragödie der Jahre ab 1940.

## 11  Der Schein der Normalität

Die Eheleute Kaufmann, seit 1928 in der Duisserner Prinz-Albrecht-Straße in einem großzügigen Haus mit villenartigem Zuschnitt in guter Wohnlage lebend, waren als Juden durchaus nicht vollständig in die umgebende Gesellschaft integriert. Es gab auch in den späten Weimarer Jahren keinerlei persönliche Kontakte rechts und links auf der Straße, im Stadtviertel. Anders Sohn Walter Kaufmann, der unbefangen mit den anderen Jungen der Umgebung spielte, sich in deren Kreis als Freund aufgehoben fühlte. Wenn sie in ihrem Revier in den nahe liegenden Straßen rund um den Kaiserberg und im Club Raffelberg spielten, gab es keinerlei Vorbehalte. Bis auf ein Ereignis, das sich ihm eingeprägt hat: Als sich bei dem November-Exzess 1938 Mutter und Sohn in den Keller des Hauses Prinz-Albrecht-Straße geflüchtet hatten, erschien plötzlich ein »Freund« von nebenan und trat das Kellerfenster ein.

20. Walter Kaufmann, 1926, zwei Jahre alt.

Dass etwas Unheilvolles auf die deutschen Juden zukommen würde, das hat Walter Kaufmann schon als Kind gespürt. In ihm schallt bis ins hohe Alter das Lied nach, das die SA, durch die Moltke-Straße marschierend, grölend sang: »Und wenn das Judenblut vom Messer spritzt, dann geht's noch mal so gut.« Und im Refrain brüllte die Horde: »Kommt einst die Stunde der Vergeltung, sind wir zu jedem Massenmord bereit.« Das hat sich dem jungen Walter Kaufmann eingeprägt, und er hat auch begriffen, dass dies blutiger Ernst war. Er hat auch mit eigenen

21. Walter Kaufmann (li.) und Kurt Katzenstein mit der Eisenbahn spielend, ca. 1926/27.

22. Walter Kaufmann (re.) und Edgar Katzenstein (2. v. li.) vor dem Haus Prinz-Albrecht-Straße 17, ca. 1929.

Augen gesehen, wie sein Onkel Eugen Kaufmann vor dessen eigenem Haus am Kaiserberg von antisemitischem Mob überfallen wurde.

Dennoch blieb das Thema Antisemitismus im Hause Kaufmann weiterhin tabu. Nie hat Sally Kaufmann mit seinem Sohn über die virulente Judenfeindschaft gesprochen, geschweige ihm etwas zu erklären versucht. Was den Antisemitismus betraf, urteilt Walter Kaufmann: »Mein Vater hat es nicht wahrhaben wollen, hat sich diesbezüglich versteckt.«[120] Selbst als erwachsenem Mann will es Walter Kaufmann nicht einleuchten, warum die Familie angesichts der antisemitischen Ausschreitungen Deutschland nicht rechtzeitig verlassen hat.

In seinem Erzählband *Im Fluss der Zeit* beschreibt Walter Kaufmann den real existierenden Antisemitismus, dem er allenthalben begegnete:

*Juden unerwünscht! Solche Schilder prangten überall – vor Kaufhäusern, Kinos, am Stadttheater, an den Eingängen zum Fußballstadion und zur Rennbahn in Raffelberg – selbst Parkbänke waren gesperrt. Was alles ich oft genug ignoriert hatte – ich war weiter zu Naturfilmen im Mercator-Palast gegangen, hatte hoch oben im Rang des Stadttheaters die Opern Lohengrin und Meistersinger erlebt, […] und was die Parkbänke anging – ich setzte mich, wenn mir danach war. Und doch, wirkungslos blieb das alles nicht, besonders auch die Zeitungskästen des Stürmer mit all den Fratzen und der ewigen Behauptung Die Juden sind unser Unglück, machten mir zu schaffen.[121]*

---

120 Interview Walter Kaufmann, 25. Juni 2015.
121 Kaufmann 2010, S. 27f.

23. Gruppenfoto, Kinder am Wasser: Walter Kaufmann (re. mit Krawatte), daneben die Freunde Edgar Katzenstein, Kurt Katzenstein (li. vorn) und Walter Kaufmanns Cousinen Gerda und Lotte Katzenstein (hinten).

Im Jahre 1938 setzten verstärkt weitere gesetzliche und außergesetzliche Maßnahmen ein, nachdem in der vorhergehenden Zeit bereits durch kleinliche Schikanen und Verfolgungen ein günstiger Boden hierfür geschaffen worden war. An den Geschäften nahmen die Plakate »Juden unerwünscht« oder »Juden ist der Zutritt verboten« zu. In Parks und Anlagen wurde den Juden die Benutzung der Bänke in der Regel untersagt; später wurde ihnen das Betreten von Grünflächen und Wäldern gänzlich verboten, eine Forderung, die erstmals am 12. November 1938, zwei Tage nach dem Pogrom, in der berüchtigten Sitzung im Reichsluftfahrtministerium unter Hermann Görings Leitung erhoben worden war.

Manchmal hat die Mutter das Bedürfnis, ihren Sohn virtuell in den Arm zu nehmen, zu streicheln und ihm »gut zuzureden«. In ihren Briefen beschreibt Johanna Kaufmann das Leben in Duisburg als nachgerade normal, harmonisch, und fast immer ist es »gemütlich«, sie spricht ständig vom Kaffeetrinken mit Verwandten und Bekannten, Mittag- und Abendbrot mit Kartoffelsalat und Würstchen, was immer »sehr, sehr nett« ist, schildert das Leben als eine Art Familienidylle. »Gemütlich«: Das ist ein Adjektiv, das angeblich eine typisch deutsche Wesensart bezeichnet und sich etymologisch von »das Gemüt betreffend« ableitet in der Bedeutung von »gleichen Sinnes, angenehm, lieb«.

Sage und schreibe zweiunddreißig Mal benutzte Johanna Kaufmann in ihren Briefen und Karten das Wort »gemütlich« – in einem Brief am 28. November 1939 (Brief 100) gleich dreimal. Das Wort »ungemütlich« taucht hingegen nur ein einziges Mal am 19. Oktober 1939 auf (Brief 93).

Während ununterbrochen voll besetzte Deportationszüge mit menschlicher Fracht quer durch Europa Richtung die Vernichtungslager des Ostens rollten, Sally Kaufmann im laufenden Jahr 1942 bereits dreimal Mitglieder seiner Gemeinde zu einem »Transport« verabschieden musste, »feierten« die Kaufmanns im dicht bewohnten »Judenhaus« in der Fuldastraße das jüdische Lichterfest des Jahres 5702. Ihrem Sohn Walter schreibt die Mutter am 17. Dezember 1942, dass sie und der Vater »Chanuka mit unseren Hausleuten gemütlich« in ihrer Wohnung zusammen waren (Brief 147).

»Von uns ist nicht sehr viel zu berichten,« schreibt Sally Kaufmann im August 1941 seinem Sohn Walter nach Australien (ein Brief, der erst mehr als ein halbes Jahr später dort eintrifft!) – eine Woche nachdem Hermann Göring am 31. Juli 1941 Reinhard Heydrich mit der »Evakuierung« aller europäischen
Juden« beauftragt und damit quasi die »Endlösung« begonnen hat, drei Wochen bevor Juden in Deutschland gezwungen werden, sich einen gelben Stern an die Brust zu heften. Das können die Kaufmanns natürlich nicht wissen, und wenn sie es denn ahnen, wollen sie es verdrängen. Zu diesem Zeitpunkt ist das Ehepaar Kaufmann »glücklich« zwei Wochen an der Ahr bei einer »bekannten Familie«, bei der sie auch im Vorjahr untergebracht waren, und haben sich »bei gutem Wetter, guter Verpflegung und gutem Wein gut erholt« (Brief 126). Im judenfeindlichen Klima, das bleiern über der NS-Zeit lag, gab es für den gewöhnlichen Deutschen auch einen »normalen« Alltag. Und das galt auch für Juden.

Nach der Rückkehr nach Duisburg sind die Kaufmanns bald wieder »mitten im Alltag«, ist Sally Kaufmann bei seiner Arbeit, »die nicht immer erfreulich ist, die aber getan werden muss«. Währenddessen habe »Mutti wirklich im Haushalt viel Arbeit« und sei »viel schlanker geworden«. Stolz schreibt Sally Kaufmann: »Du würdest daran Deine Freude haben, denn eine schlanke Mutti hast Du Dir doch immer gewünscht.« Welche Kontraste! Welche unterschiedlichen Wahrnehmungen!

Obwohl im Haus Prinz-Albrecht-Straße 17 der Platz immer enger wurde, weil immer mehr Personen in das Haus zogen (ein Vorgeschmack auf das baldige Wohnen im »Judenhaus«), wurde das alltägliche Leben als Normalität geschildert und keineswegs als signifikante Einschränkung. Nie verliert Johanna Kaufmann auch nur ein Wort darüber, wie das Leben in Duisburg in diesen Monaten *tatsächlich* ist, von der Gefahr, in der sie als Juden in Deutschland schweben. Von der zunehmenden, immer bedrückenderen Isolation findet sich in den Briefen an den Sohn nichts. Im Gegenteil: Mit ihren Briefen machen die Eltern ihm Mut, so gut es geht. Über das, was um sie herum passiert, wollen sie nichts berichten, so bleiben sie in ihren Briefen und Karten immer im Vagen.

Es ist typisch, dass Johanna Kaufmann in so vielen ihrer Briefe die Worte »gemütlich« und »nett« benutzt. So soll dem Sohn im entfernten England eine scheinbare Harmonie glaubhaft gemacht werden. Kleine Krankheiten wie Grippe oder Zahnschmerzen werden ab und an erwähnt, seelische Schmerzen, außer dem Trennungsschmerz, finden nie Erwähnung. Die Tag um Tag sich verschlechternde Situation für Juden wird in den Briefen beschwiegen, allenfalls zwischen den Zeilen angedeutet. Als das Ehepaar Kaufmann im August

1939 für ein paar Tage zu Freunden nach Goslar verreist, heißt es vielsagend, es sei wirklich ein besonderes Glück, dass sie das »noch« genießen könnten, und weiter: »Wir haben versucht mal alles unangenehme zu vergessen«, um einen schönen Tag zu verbringen (Brief 72). Das »Unangenehme« wird dann nicht weiter ausgeführt.

Indes, was hätten die Eltern dem Sohn schreiben, welche unrealistischen Hoffnungen machen sollen? Nichts hätten sie ihm schreiben können außer Lügen oder billigem Trost. All das war vollkommen ungeeignet, hatte mit der Lebenswirklichkeit der Eltern ganz und gar nichts zu tun. Insofern war das auferlegte Schweigen, das Nichteingehen auf die alltäglichen Bedrückungen wohl der richtige Weg.

Inhaltlich folgen die Briefe der Kaufmann-Eltern einem immer wiederkehrenden Schema: Der Sohn wird angesichts seiner Schreibfaulheit – durchaus auch in scharf rügendem Ton – ermahnt, die elterlichen Briefe regelmäßig zu beantworten, dann folgt der Bericht über die wieder »abgefahrenen« Verwandten und Bekannten und wie es ihnen in der neuen Umgebung ergeht, es werden die schulischen Fortschritte, dann die Berufsvorstellungen – verbunden mit Ratschlägen und Ermahnungen – abgefragt, zu bestimmten Zeiten ergehen Mahnungen, den Gottesdienst zu besuchen, die Feiertage zu beachten, dann werden Fragen nach dem Wohlergehen angesprochen, und schließlich wird, immer wiederkehrend, der Bericht zum Stand der »Auswanderungsangelegenheit« gegeben, kurz: den »übrigen Sachen sehen wir mit Spannung entgegen« (Brief 110).

In Zeiten der Bedrängnis muss der Familienverbund hochgehalten werden, auch wenn die einzelnen Mitglieder sich nach und nach in alle Winde zerstreuen. Über die eigenen Bedrückungen soll dem Sohn nichts mitgeteilt werden. Normalität und die Hoffnung auf ein baldiges Wiedersehen sollen die Ängste des Sohnes mindern.

Sohn Walter nimmt es nicht so genau mit der Beantwortung der Briefe der Eltern, die sich dessen Schreibfaulheit gar nicht erklären können. Ein ganzes Jahr müssen sie darauf warten, dass Walter endlich ein Foto von sich schickt, obwohl er es lange avisiert hat. Und dann stellen die Eltern mit einem Mal fest, dass aus ihrem als Junge abgereisten Sohn ein junger Mann mit üppiger Haarpracht geworden ist, der im Begriff ist, erstmals einen Rasierapparat benutzen zu müssen.

Keine Korrespondenz der Eltern ohne den Hinweis bzw. die Ermahnung an den Sohn, doch regelmäßiger zu antworten, die elterlichen Fragen zu beantworten. Da der Sohn notorisch schweigt, fragen sich die Eltern, ob die Briefe in der beginnenden Kriegszeit nicht verloren gegangen sind. Warum »in dieser ernsten Zeit solche Sachen, mein lieber Junge«, fragt die Mutter verzweifelt ihren Sohn (Brief 76). Doch auch hier spricht sie nicht weiter aus, *wie* »ernst« die Zeiten sind und wie sich dies in ihrer Wirklichkeit auswirkt.

Auch wenn die Kaufmanns in ihren Briefen jede politische Aktualität verschweigen, von der sie selbst betroffen sind, scheinen sie bestens über die politische Lage in der Welt informiert zu sein. Am 15. März 1939 schreibt Sally Kaufmann: »Das Radio ist mit 2 neuen Röhren versehen worden, sodaß wir in diesen politisch bewegten Tagen alles gut hören können, was in der Welt vorgeht« (Brief 23).

Am 10. April 1939 schreibt die Mutter, dass sie nach langer Zeit mit dem Vater im Wald spazieren war und wie gut ihnen das getan habe. Und auch am 26. Mai 1939 heißt es: »Bei dem herrlichen Kaiserwetter war ich gestern mit Vati nach Monaten im Wald, es war so schön und am Forellenteich (wo Du einst Feuersalamander gefangen hast) haben wir Deiner in Liebe gedacht« (Brief 45).

Der Wald ist den Deutschen heilig. Darum spricht man auch vom *deutschen* Wald. Und da den Juden in Deutschland die Zugehörigkeit zum Staat per Dekret abgesprochen ist, sollen sie eigentlich auch den Wald nicht mehr betreten.

*Joseph Goebbels, 12. November 1938:* »Es wäre zu überlegen, ob es nicht notwendig ist, den Juden das Betreten des deutschen Waldes zu verbieten. […]«

*Hermann Göring:* »Also wir werden den Juden einen gewissen Waldteil zur Verfügung stellen und […] dafür sorgen, daß die verschiedenen Tiere, die den Juden verdammt ähnlich sehen – der Elch hat ja so eine gebogene Nase –, dahin kommen und sich da einbürgern.«[122]

Ende August 1939 werden die politischen Probleme drängender, der Ton zwischen den Regierungen schärfer, die sich zuspitzenden, von Deutschland provozierten außenpolitischen Spannungen nehmen täglich zu. Auch in den Briefen ist die Spannung zu spüren. Mit Kriegsbeginn, dem Überfall auf Polen, in eine Panikstimmung geraten, setzen die Eltern Himmel und Hölle in Bewegung, schalten andere Bekannte und Verwandte ein, auf den Sohn einzuwirken, doch den brieflichen Kontakt mit ihnen zu suchen. Sie selbst nehmen jede Gelegenheit wahr, eine Nachricht zu senden, schreiben beinahe täglich. Fühlt sich der Sohn angesichts der ständigen Aufforderungen, zu schreiben, überfordert? Er befindet sich weit weg vom Kriegsgeschehen und ahnt noch nicht, dass auch er sehr bald persönlich darin einbezogen sein wird.

---

122 Das Protokoll der Sitzung am 12. November 1938 im Reichsluftfahrtministerium unter Leitung von Reichsmarschall Hermann Göring, abgedruckt bei: Thalmann/Feinermann 1987, S. 135.

*30. April 1939: Juden müssen »arische« Wohnhäuser räumen und »Judenhäuser« beziehen.*[123]

Mit einem Schlag waren jüdische Mieter rechtlos: Um Juden zu schikanieren und auszugrenzen, wurde unter anderem am 30. April 1939 das »Gesetz über Mietverhältnisse mit Juden« erlassen. Damit wurde Juden jedes Recht als Mieter abgesprochen. Neben weiteren Einschränkungen erlaubte dieses Gesetz, bestehende Mietverhältnisse vorzeitig zu kündigen. Das »Gesetz über Mietverhältnisse mit Juden« bedeutete, dass Juden gegenüber einem nichtjüdischen Vermieter keinen gesetzlichen Mieterschutz mehr genossen. Dies war die Vorbereitung zur Zusammenlegung jüdischer Familien in »Judenhäusern«.

Sally Kaufmann denkt angesichts der sich zuspitzenden Lage schon Anfang 1939 an einen Verkauf seines Hauses. Wie gestalteten sich unter solchen Umständen die Gespräche mit »arischen« Kaufinteressenten? Sein ehemaliger Sozietär, Dr. Franz Offszanka, der ein paar Häuser weiter auf der Prinz-Albrecht-Straße 29 wohnt, scheint sich für das Kaufmann-Haus zu interessieren: »Wegen unseres Hauses stehen wir z. Zt. in Unterhandlungen mit einem früheren Kollegen Offszanka […]. Hoffentlich wird es etwas, denn bis zur Genehmigung des Verkaufs vergeht noch eine geraume Zeit« (Brief 12). Das ist der Stand im Februar 1939.

Das Haus Prinz-Albrecht-Straße 17 hatte Sally Kaufmann im Jahre 1927 bauen lassen und bewohnte es seit 1928. Es war ein »herrschaftliches« Haus und wurde als bestehend aus Herrenzimmer, Esszimmer, Wohnzimmer (Biedermeier-Zimmer), mehreren Schlafzimmern, Küche, Bad, Dienstbotenzimmer und zwei »Fremdenzimmern« beschrieben. Im Keller befand sich eine Nähstube.[124] Die Einrichtung war stattlich: Schreibtisch und Bücherschrank waren aus Mahagoniholz, vor dem Pogrom hingen in mehreren Zimmern Original-Gemälde an den Wänden, die Bibliothek umfasste etwa 1000 Bücher, darunter das Gesamtwerk von Goethe, Schiller, Lessing und Gottfried Keller sowie Werke von Stefan und Arnold Zweig und Lion Feuchtwanger. Im Biedermeier-Zimmer stand ein schwarzes Steinway-Klavier. Der Hausrat bestand unter anderem aus wertvollen Porzellanservice und silbernen Bestecken.

Nachdem die Verkaufsverhandlungen mit dem früheren Kollegen Offszanka gescheitert waren, kam ein neuer Kaufinteressent zum Zuge:

---

123  Kulka/Jäckel 2004, S. 630.
124  StADU 506/4039 Wiedergutmachungsakte Dr. Sally Kaufmann, Aussage Maria Minuth.

»Morgen oder übermorgen kommt ein Direktor zu uns, der unser Haus kaufen will, und uns das Wohnrecht bis 1940 April gibt [sic]. Er macht einen guten Eindruck und will auch gerne den Kaufpreis (38.000) bezahlen« (Brief 39). Mehr wissen wir nicht über die konkreten Verhandlungen, die zum Hausverkauf führten. Das Haus ging schließlich zum Preis von 26 000 Reichsmark an den neuen Eigentümer Heinrich Moll. Wir wissen nicht, ob und wie lange Sally Kaufmann, wenn er denn die Summe aus dem Hausverkauf erhalten haben sollte, *über das Geld verfügen konnte, bevor er es als Judenvermögensabgabe* an die NS-Behörden abführen musste.[125]

Im Frühjahr 1939 hatte Walter Kaufmann einmal bei seinen Eltern wegen der Beschaffung einer Schullektüre nachgesucht – William Shakespeares *King Lear*. Im Kaufmann'schen Bücherschrank steht dieses Drama nicht (mehr), sie wollen es zunächst über die Lehrerin der Jüdischen Schule, Elfriede Löwenthal, beschaffen, doch die ist krank. So müssen sie es in einer Buchhandlung erwerben. Sally Kaufmann, mit Verweis auf seine eigene Schulzeit und wie so häufig belehrend: »Den König Lear habe ich bereits gekauft; er geht heute ab. Lieber wäre es mir gewesen, wenn Du ihn in Englisch verlangt hättest. Mein Abiturientenaufsatz behandelt übrigens König Lear« (Brief 41). Noch dürfen die Kaufmanns ein Buchgeschäft betreten. Aber:

*9. Oktober 1942: Juden dürfen nicht mehr in »arischen« Buchhandlungen kaufen.*[126]

Am 29. August 1939 gelingt es den Kaufmanns, eine Telefonverbindung zu ihrem Sohn Walter herzustellen. Ein Auslandsgespräch zu führen ist Ende der 1930er Jahre eine komplizierte technische Angelegenheit, es muss Tage vorher angemeldet werden und braucht Zeit und kostspielig ist es auch. Die Eltern sind, als das Gespräch nach Stunden endlich zustande kommt, so aufgeregt, dass sie vor lauter Erregung vieles unausgesprochen lassen, was sie mit dem Sohn besprechen wollten. Diese Art der Aufregung hält sie davon ab, zukünftig nach England zu telefonieren. Nach dem Anruf versucht Sally Kaufmann, all das Versäumte in einem

---

125 Heinrich Moll an Wiedergutmachungsamt Duisburg, 13. Februar 1950, LAV NRW R, Ger. Rep. 196 Nr. 162. Heinrich Moll hatte das Haus, ein villenartiges Backsteingebäude, für 26 000 RM erworben – ein »Schleuderpreis«. Vgl. Jeanette Kaufmann an Walter Kaufmann, Duisburg, 16. September 1950, Privatarchiv Walter Kaufmann. Zum Wiedergutmachungsfall des Hauses Prinz-Albrecht-Straße 17 siehe: Tietz 1993, S. 154–158.
126 Kulka/Jäckel 2004, S. 645.

Brief zusammenzufassen: »Ich habe heute bei dem Telefongespräch so vielerlei vergessen, was ich fragen wollte, daß ich jetzt schon wieder einen richtigen Brief schreibe« (Brief 80).

Diesmal scheint Walter einmal auf Post von den Eltern gewartet und sich deswegen beschwert zu haben. Der Vater erklärt ihm die Gründe: »Es hat keinen Sinn beleidigt zu sein, wenn Du mal von uns keine Post bekommst, denn die Gründe dafür weißt Du nicht. Auch wenn die politischen Verhältnisse sich verschlechtern, wird eine Postverbindung bestehen bleiben« (Brief 80). Die politischen Verhältnisse, auf die Sally Kaufmann anspielt, beziehen sich auf die andauernden Provokationen, die Deutschland gegenüber Polen übt, um das Nachbarland zu einer unkalkulierbaren Reaktion zu veranlassen. Es ist der 29. August 1939 – in drei Tagen wird die deutsche Wehrmacht in Polen einmarschieren.

*1. September 1939: Beginn des Zweiten Weltkrieges. Ausgangsbeschränkung für Juden ab 20 Uhr, im Sommer ab 21 Uhr.*[127]

Am 1. September 1939, dem Tag des Kriegsbeginns, schreiben die Kaufmanns ihrem Sohn nicht. Am nächsten Tag dann folgen Zeilen des Vaters, die allenfalls indirekt andeuten, dass etwas Besonderes geschehen war: »Lieber Walter! Wenn ich auch nicht weiß, ob alle Post befördert wird, so kannst Du ruhig mal einige Pence für Porto auf die Gefahr hin aufwenden, daß die Nachricht nicht ankommt.« Diesmal fallen die Abschiedsworte besonders innig aus: »Herzl. Grüße und Küsse, es wird alles gut werden, wir denken an Dich, Vati« (Brief 83).

*20. September 1939: Juden müssen Radioapparate abliefern. Örtliche Polizeistellen ordnen am 23. September 1939 an, dass die Juden ihre Rundfunkgeräte noch am selben Tag – an Jom Kippur – persönlich zu den Polizeistellen bringen müssen.*[128]

In Deutschland bestehen seit dem 1. September 1939 Ausgangsbeschränkungen für Juden. Die Kaufmanns treffen sich mit Verwandten und Bekannten weiterhin zu Kaffee und Kuchen.

Zu seinem 53. Geburtstag am 5. März 1941 schenkt Johanna Kaufmann ihrem Mann Zubehör für seinen Fotoapparat. Acht Monate später muss Sally Kaufmann seine Kamera abliefern, denn: Am 13. November 1941 tritt eine Verordnung in Kraft, nach der »sämtliche in jüdischem Privatbesitz befindliche

---

127  Ebda., S. 632.
128  Ebda., S. 633.

Schreibmaschinen, Rechenmaschinen, Vervielfältigungsapparate, Fahrräder, Photoapparate und Ferngläser zu erfassen und abzuliefern« sind. Ab dem 12. Mai 1942 dürfen Juden keine »arischen« Friseure mehr aufsuchen, und einen Monat später, ab dem 11. Juni 1942, erhalten Juden keine Eierkarten mehr.

## 12  Die Kaufmanns – eine jüdische Familie

Aufs Engste mit seiner Geburtsstadt Duisburg verbunden, hing Sally Kaufmann im selben Maße auch der Jüdischen Gemeinde seiner Stadt an, in der bereits sein Vater seit 1902 als Vorstandsmitglied und seit dem 1. November 1919 als Ehrenvorsitzender gewirkt hatte: In die Fußstapfen seines Vaters tretend war Sally Kaufmann ab 1915 im Vorstand des jüdischen Jugendbundes, im April 1928 Gründer und Vorsitzender des »Jüdisch-liberalen Gemeindevereins«, einer Ortsgruppe der Vereinigung für das liberale Judentum, ab 1930 Vorstandsstellvertreter, ab 1931 stellvertretender und schließlich seit dem 23. Januar 1936 letzter Vorsitzender der Jüdischen Gemeinde Duisburgs, dem es vorbehalten war, die Gemeinde 1943 unter den obwaltenden Umständen nationalsozialistischer Gewaltpolitik aufzulösen. Gemeindepolitisch war Kaufmann liberal mit antizionistischer Richtung, was dem assimilierten deutschen Judentum entsprach. Er selbst sah sich als »Mann des Ausgleichs«.[129] Das *Gemeindeblatt für die jüdischen Gemeinden in Rheinland und Westfalen* kommentierte 1936 die Wahl Kaufmanns mit den Worten, der Vorsitzende genieße das Vertrauen sämtlicher Richtungen und seine Wahl sei Ausdruck dieses Vertrauens.[130]

Sally Kaufmann stand in der gemäßigten religiösen Tradition des Judentums und beachtete die jüdischen Gebote mehr als seine Frau Johanna. Für Walter Kaufmann spielte Religion weniger eine Rolle als für seine Eltern. Schon als Jugendlicher distanzierte er sich von der Religion. Er suchte sich sehr früh eine Welt jenseits von Religiosität, die er als »Zwang« empfand. Er sah sich als »Außenseiter«.[131]

Weihnachten wurde als christliches Fest im Hause Kaufmann nicht gefeiert, sondern das Lichterfest Chanukka, wie denn auch die übrigen jüdischen Feiertage begangen wurden. Ein intensives religiöses Leben fand bei den Kaufmanns jedoch nicht statt, und ein koscherer Haushalt, Kaschruth, im strengen Sinne wurde in der Prinz-Albrecht-Straße nicht geführt, auch wenn Johanna Kaufmann es

---

129  Roden 1986a, Teil 2, S. 963.
130  *Gemeindeblatt für die jüdischen Gemeinden in Rheinland und Westfalen*, Nr. 7, 14. Februar 1936, S. 58.
131  Interview Walter Kaufmann, 25. Juni 2015.

24. Walter Kaufmann (re.) und Freund Kurt Katzenstein, Purim/Karneval, 1928.

25. Walter Kaufmann mit seinen Cousinen Lotte (li.) und Gerda Katzenstein, Purim/Karneval, 1928.

vermied, »treifene« (nichtkoschere) Speisen aufzutischen. Allerdings gab es jeden Freitag ein rituelles Sabbatessen mit Gebet und Brotbrechen. Und mit Rabbiner Manass Neumark pflegte Sally Kaufmann eine freundschaftliche Beziehung, die über das gewöhnliche Verhältnis zwischen Gemeindevorsitzendem und Gemeinderabbiner hinausging.

Walter Kaufmann hatte wie jeder erwachsene Jude einen religiösen Namen, unter dem er in der Synagoge zur Thoralesung aufgerufen wurde, und dieser lautete: Jitzack ben Schlomo. Der Name Schlomo war abgeleitet vom Vornamen des Vaters – Sally, das Diminutivum von Salomon. Sein religiöser Name war nicht allzu weit entfernt von seinem Geburtsnamen – Sally Jitzchak Schmeidler. Schmeidler war der Nachname seiner Mutter Rachela, die aus dem ostjüdisch geprägten Berliner Scheunenviertel stammte und ihren Sohn zur Adoption an Sally Kaufmann freigegeben hatte, der vielleicht auch der Kindsvater war.

Im Jahre 2018 zeichnete Walter Kaufmann ein anrührendes Portrait über Rabbiner Neumark, das er mit seinen eigenen Erinnerungen verknüpft und das zugleich Auskunft über seine religiöse Haltung gibt:

*(1937 – Duisburg) Rabbi Neumark*
*Im zweiundvierziger Jahr wurde der Duisburger Rabbiner Menasse Neumark nach Theresienstadt verschleppt, dort verläuft sich seine Spur – man trieb ihn in den Tod … Väterlich war er zu mir, sanft: nachsichtig wäre das bessere Wort. Denn zumeist mied ich die Synagoge, nahm keine der religiösen Rituale an. Zwar*

26. Walter Kaufmann (re.) und Kurt Katzenstein auf einer Mauer sitzend, ca. 1928.

lernte ich die hebräischen Buchstaben, doch die Worte, die sich daraus bilden ließen, vergaß ich schnell: die Sprache blieb mir fremd. Die Belehrungen des Rabbiners nahm ich nur so weit an, dass es für meine Bar-Mizwa reichen würde. Im Grunde hätte er mich aufgeben müssen – er tat es nicht. Meines Vaters wegen, der Vorstand der jüdischen Gemeinde war? Jedenfalls entzog er sich mir nicht, er blieb wohlwollend – rückblickend ist mir, dass er sich wie ein Vater zum missratenen Sohn verhielt. »Junge«, fragte er leise, »was macht dich so störrisch?« Ich wusste keine Antwort. War ich störrisch? Nicht zu ihm, bildete ich mir ein, ich mochte ihn doch, kam zu seinem Unterricht nur, um ihn nicht zu kränken. Die Stunden aber dehnten sich, sie schienen mir unermesslich lang, stets sehnte ich mich ins Freie und – ich überwand mich!

*Am Tag meiner Bar-Mizwa, aufgerufen den Abschnitt aus der Thora vorzutragen, den Rabbiner Neumark mir mühevoll nahe gebracht hatte, stand ich an der Stirnseite der Synagoge vor der aufgerollten Pergamentrolle und sang mit klarer Stimme Worte, die ich nie begriffen hatte, nie hatte begreifen wollen – sang sie fehlerfrei für Rabbiner Neumark, und war froh, dass mir das gelang, froh auch, dass ich den Vater nicht beschämte, der gleich hinter mir in der ersten Reihe stand. Mein Vorsingen klang über die Köpfe der Gemeinde hinweg hoch zu den Frauen auf der Balustrade, hoch zur Mutter. Ich sang, um zu bestehen, ja, auch das, aber im Grunde sang ich nur für den Rabbiner von Duisburg, den sanften, den gütigen, den bärtigen Menasse Neumark ...*[132]

An seine Bar-Mizwa im Jahre 1937 hat Walter Kaufmann nur eine weitere traurige Erinnerung: In seinem Erzählband *Im Fluss der Zeit* beschreibt er die Zeremonie der Feier zum jüdisch-religiösen Erwachsensein in der Duisburger Synagoge:

*[...] Mutter und ich hatten uns in den Armen gelegen – wie am Tag meiner Bar-Mizwa ein Jahr später. Da war ich dreizehn und hatte den Wind der Zeit*

---

[132] Kaufmann 2018, S. 32.

27. Januar 1937: Bar-Mizwa von Walter Kaufmann, v. li. n. re.: Nora Kaufmann, dahinter ihr Vater Eugen Kaufmann; der dreizehnjährige Bar-Mizwa Walter Kaufmann, dahinter verdeckt die Mutter Johanna Kaufmann, Sally Kaufmann, Sohn Walter umarmend, hinter ihm Lotte Katzenstein, daneben Jeanette Kaufmann, Ehefrau von Eugen Kaufmann, ganz rechts mit Hund: Gerda Katzenstein.

*rau zu spüren bekommen. […] Und zunehmend aufsässiger, auch – warum bloß? – gegen die Mutter. Und als ich dann in der Synagoge bei der Bar-Mizwa aufgerufen wurde, einen Abschnitt aus der Thora vorzutragen hatte, den ich mir mühsam Wort für Wort auf Hebräisch hatte einprägen müssen, ich anschließend in der feierlichen Stille hoch zur Kanzel gerufen wurde, um den Segen zu empfangen, und mir der Rabbiner die Hand auf den Kopf legte und leise raunte: »Sei gut zu deiner Mutter«, beschämte mich das derart, dass ich mich von ihm abwandte, quer durch die Synagoge zur Treppe lief, die nach oben zu den Frauen führte, wo ich die Mutter fand. Die Orgel hatte zu spielen begonnen, und womöglich hörte sie gar nicht, während ich beteuerte, dass ich nie, nie … Sie wischte mir die Tränen vom Gesicht und erstickte meine Beteuerungen in Küssen.*[133]

So hat Walter Kaufmann es erlebt und empfunden, und all das war auch einem gewissen Lampenfieber geschuldet, wie er sich später erinnerte, bei seiner Bar-Mizwa bloß alles bei der Thoralesung »richtig« zu machen. Natürlich brachte er wie geschildert das mühsam Gelernte »über die Runden« zur »Befriedigung« der Eltern und der Gemeindemitglieder, die der Bar-Mizwa-Feier während des

---

133  Kaufmann 2010, S. 27f.

28. Bar-Mizwa-Feier von Walter Kaufmann, v. li. n. re.: Helga Katzenstein, Sally Kaufmann, Erna Katzenstein, 4. v. li. unbekannt, Walter Kaufmann, Albert Katzenstein, Johanna Kaufmann, Alfred Münchhausen (re. stehend).

Gottesdienstes beiwohnten und vernahmen, dass Walter von nun an den religiösen Namen Jitzack ben Schlomo trug, mit dem er fortan, wenn auch nicht allzu häufig, zur Thora gerufen werden sollte. Dennoch hatte der religiöse Prüfungsakt an diesem Tag für den »Sohn des Gebotes«, zu dem Walter aufgestiegen war, nichts Bedrohliches – es war, wie sich dann herausstellen sollte, eine religiöse Pflichtübung, die ohne innere Verbindlichkeit für den dreizehnjährigen Kandidaten blieb.

Nach dem Verkauf 1939 hatte der neue Eigentümer des Hauses Prinz-Albrecht-Straße 17, Heinrich Moll, den Kaufmanns gestattet, zunächst bis auf Weiteres im Haus zu bleiben. Nach dem Krieg erklärte Moll dem Amt für Wiedergutmachung: »Dr. Kaufmann vertrat als Einziger die jüdischen Interessen in Duisburg und hatte als solcher noch als letzter Kontakt mit den Behörden. Er hat sich auch darum bemüht, die obdachlos gewordenen Personen anderweitig unterzubringen. An einem der Tage, als er die Dinge mit mir besprach und die große Not seiner Leidensgefährten beklagte, habe ich ihm die Erlaubnis erteilt, in das Haus so viel Personen aufzunehmen, wie er nur wolle. Ich stellte ihm das ganz anheim. Daraufhin hat er in das Haus 4 ganze Familien aufgenommen und noch eine Anzahl Einzelpersonen.«[134]

---

134 Heinrich Moll an Wiedergutmachungsamt Duisburg, 13. Februar 1950, LAV NRW R, Ger. Rep. 196 Nr. 162.

29. Walter Kaufmann (o. li.) und Kurt Katzenstein (vorn re. mit gebrochenem Arm), ca. 1936.

Die religiöse Erziehung seines Sohnes übte Sally Kaufmann nicht sonderlich streng aus, wenngleich er, wie Ehefrau Johanna, seinen Sohn, der ab und zu ein jüdisches Thema anschnitt, immer wieder daran erinnerte, die jüdischen Feiertage einzuhalten, verbunden mit dem Hinweis: »Ich teile ganz Deine Ansicht, daß nichts falscher wäre, als seine Herkunft zu verbergen und etwas scheinen zu wollen, was man nicht ist. Wir Juden haben Grund genug, auf unser Judentum stolz zu sein und ich hoffe, daß Du immer daran denkst, in welchem Lande Du auch später mal sein wirst« (Brief 41). Aus diesen Worten, die dem Sohn ins Bewusstsein gerufen wurden, spricht ein gewisses »Trotzjudentum«.

Walter Kaufmann hatte seinen Eltern Anfang März 1939 darüber berichtet, dass in der Schule Purim, der jüdische Karneval, gefeiert würde, und die Mutter griff dies im nächsten Brief sofort auf: »Zum Purimball recht viel Vergnügen, Du musst uns ganz ausführlich darüber berichten, auch welches Costüm Du hattest« (Brief 18).

So sehr die Kaufmanns Wert darauf gelegt hatten, dass ihr Sohn eine solide jüdische Erziehung erhielt, achteten sie auch darauf, dass er sich in jüdischen Bahnen bewegte, jüdischen Umgang pflegte. Nachdem Walter seinen Eltern im Frühjahr 1939 davon berichtet hatte, in den Ferien neue Freunde kennengelernt zu haben, kam prompt die Frage seiner Mutter: »Wie alt sind denn die englischen Mädels, sind sie auch jüd[isch] und wo wohnen sie?« (Brief 38).

Eine solche Frage nach seinem Umgang hatte Walter Kaufmann nicht zum ersten Mal gehört und er wusste nur allzu genau, dass die Eltern, wenn es um Religion ging, sehr empfindlich waren. So wollte er sie nicht enttäuschen und beruhigte sie. Das befriedigte die Eltern und das klang so: »Deine Karte vom Purimfest hat uns sehr gefreut« (Brief 21).

Regelmäßig erinnerten die Eltern ihren Sohn an die hohen Feiertage. Das jüdische Neujahrsfest, Rosch ha-Schana sowie der sich daran anschließende Versöhnungstag, Jom Kippur, fielen im Jahre 1939 (nach dem mosaischen Kalender das Jahr 5700), auf einen Schabbat. Johanna Kaufmann schrieb nach Faversham: »Hoffentlich hast Du zu den Feiertagen also Roschhaschoun und Jom Kippur Gelegenheit zur Synagoge zu gehen. Jedenfalls möchten wir das sehr gerne und ich bin sicher, wenn Du diesen Wunsch Miss Essinger aussprichst, wird sie denselben auch erfüllen.« Und eine Ermahnung folgte auf dem Fuße, denn Sohn Walter hatte wohl einige Male über den anglikanischen Geistlichen Butterworth geschrieben, der ihm im Ferienlager auf Guernsey, das dieser leitete, zum väterlichen Freund geworden war. »Es ist wohl nicht richtig, daß Du jetzt schon mal mit zum Gottesdienst gehst, aber Reverend Butterworth wird sicher auch nicht schelten, wenn Du nicht mit gehst« (Brief 75).

Die Kaufmanns beachteten nicht nur die Feiertage, sondern besuchten mehr oder weniger regelmäßig die Schabbat-Gottesdienste, und das war angesichts der Zerstörungen nach dem Novemberpogrom kein leichtes Unterfangen. Die freitäglichen bzw. samstäglichen Gottesdienste hatten einen provisorischen Charakter. Die Teilnehmer mussten in der Junkernstraße zusammenrücken: »Die Feiertage haben wir gut verbracht. Die Gottesdienste waren wohl etwas kürzer, aber doch trotz des engen Raumes[135] recht feierlich.« So Sally Kaufmann ein knappes Jahr nach dem Pogrom am 28. September 1939 (Brief 90). Und über den Versöhnungstag 1939 [5700] schrieb er: »Schrieben wir Dir, daß einer Deiner Briefe gerade ankam, als wir vor Jom Kippur uns zu Tisch setzten. Das Essen schmeckte danach doppelt gut. Auch gefastet haben wir sehr gut« (Brief 90).

Feiertage ohne Sohn Walter waren keine »richtigen« Feiertage. Und boten viel Raum für Sentimentalitäten und Trauer. Chanukka 1941 war ein solcher Feiertag, an dem die Erinnerung an ein gemeinsames Feiern im Familienkreis hochkam: »Nun sind die Weihnachtstage auch vorbei, die wir sehr zum ausruhen benutzt haben. An unseren Feiertagen[136] haben wir deiner so oft gedacht, besonders beim Entzünden der Lichter. […] Geschenke hat es in diesem Jahr nicht gegeben. Das wollen wir lassen, bis wir wieder mit Dir zusammen sind«, schrieb Johanna Kaufmann nach Australien (Brief 133).

Mag sein, dass die Eltern Kaufmann glaubten oder zumindest hofften, dass ihr Sohn auch in der Fremde zumindest ein Mindestmaß an religiöser Haltung bewahrte. Doch dem war nicht so. Spätestens im Exil hatte Walter Kaufmann alle religiösen Bindungen abgelegt, sogar die Bedeutungen jüdischer Liturgie

---

135 Der Gottesdienst konnte nach der Zerstörung der Synagoge durch den Pogrom am 9./10. November 1938 nur in einem Nebenraum des Gemeindezentrums notdürftig stattfinden.

136 Gemeint ist das jüdische Fest Chanukka, das Lichterfest, an dem an acht aufeinanderfolgenden Tagen je ein weiteres Licht (Kerze) angezündet wird.

30. Mit Freunden in Duissern spielend, Walter Kaufmann (4. v. li.).

vergessen, wusste nicht mehr, warum Juden Jom Kippur, den Versöhnungstag, begingen. Da Walter um die Jüdischkeit seiner Eltern wusste, nahm er darauf Rücksicht. Und so ließ er seine Eltern im Glauben an eine Religiosität, die er längst abgelegt hatte. In Australien hatte er andere Sorgen: »Warum auch musste ich das alles begreifen, hier in Australien, in einer Welt weit weg von den Bräuchen und Ritualen meiner Eltern in Duisburg.«[137]

Dennoch: Es wäre Walter Kaufmann nie in den Sinn gekommen, sein Judentum zu verleugnen oder gar zu bekämpfen. In seinem persönlichen Leben spielte es keine Rolle, dabei nahm er als Schriftsteller Jüdisches mit Empathie wahr. Jüdische Figuren tauchen in vielen seiner Geschichten auf, und er beschreibt sie mit Achtung und tiefem Respekt.

Je mehr die Verfolgungen zunahmen, je näher rückten die jüdischen Familien zusammen, desto mehr Bedeutung gewann die Religion. Die ersten Deportationszüge hatten zu rollen begonnen, als Johanna Kaufmann, unter Benutzung ihres

---

137 Walter Kaufmann: »Günter Hirschfeld – Tatura, 1941«, in: Kaufmann 2018, S. 59f.

Zwangsnamens »Sara«,[138] Ende März 1942 schrieb: »Zu dem bevorstehenden Osterfest haben wir Mazze[139] gebacken, die sehr gut geraten ist. Wir werden den ersten Osterabend gemütlich mit unseren Etagen Bewohnern verbringen, und den 2ten Abend bei Herrn Dr. Neumark verbringen« (Brief 135). Gerade die an den Auszug aus ägyptischer Gefangenschaft erinnernde religiöse Feier des traditionellen Seder-Abends am Vorabend von Pessach, die in den jüdischen Familien in aller Welt begangen wird – und bei der den Kindern eine besondere Rolle zukommt –, führte den Eltern vor Augen, »wie oft wir an Dich denken und immer wieder von Dir sprechen mein lieber Junge«. Der Wunsch und die Sehnsucht, »einst wieder mit Dir zusammen zu sein«, seien sehr groß.

## 13 »Wir haben aber die feste Zuversicht, dass der Allgütige unseren Weg richtig lenkt«

### Das Schicksal von Sally und Johanna Kaufmann

Bis Mitte der 1920er Jahre hatte das jüdische Gemeindeleben Duisburgs in vollster Blüte gestanden. Im Jahre 1925 beherbergte die Stadt mit dem Stadtkreis Hamborn 2913 Juden in ihren Mauern und rangierte damit an siebzehnter Stelle der größten jüdischen Gemeinden Deutschlands. Im gleichen Jahr feierte die Gemeinde das fünfzigjährige Bestehen ihrer Synagoge in der Junkernstraße. Jüdisches Leben war in Duisburg in den Weimarer Jahren weitgehend akzeptiert. Daran änderte

---

138  Bis dahin hatte Johanna Kaufmann es zu vermeiden verstanden, den ihr von den Nazis aufoktroyierten Zwangsnamen »Sara« zu benutzen. Die Zweite Verordnung zur Durchführung des Gesetzes über die Änderung von Familiennamen und Vornamen vom 17. August 1938 (Reichsgesetzblatt 1938, S. 1044), fünf Monate vor Abreise Walter Kaufmanns nach England erlassen, zielte darauf ab, Juden in Deutschland anhand ihrer Vornamen kenntlich zu machen. Sofern sie nicht ohnehin bereits einen jüdischen Vornamen trugen, wie im Falle »Sally« (= Salomon) Kaufmanns, der »im deutschen Volk als typisch angesehen« wurde, mussten sie vom Januar 1939 an zusätzlich den Vornamen »Israel« oder »Sara« annehmen. Während der Vorname »Sally« als hinreichend »jüdisch« angesehen wurde und daher nicht mit dem Zusatz »Israel« kenntlich gemacht werden musste, galt der Vorname »Johanna«, obwohl hebräischen Ursprungs – zusammengesetzt aus Jahwe = Name Gottes und Chanan = gnädig sein, also »die Gottbegnadete« –, als nicht hinreichend jüdisch konnotiert. Die Briefe oder Karten, die die Kaufmanns versandten, trugen in der Regel als Absender stets allein den Namen »Sally Kaufmann«, sodass Johanna Kaufmann das stigmatisierende »Sara« erspart blieb.

139  Das ungesäuerte Brot, das in Erinnerung an die überstürzte Flucht aus ägyptischer Gefangenschaft an Pessach gegessen wird.

31. Rabbiner Manass Neumark, ca. 1935.

auch nichts ein Antisemitismus, der von völkischer Seite immer wieder spürbar artikuliert wurde und eine allgemeine gesellschaftliche Erscheinung war. Zahlreiche kulturelle, politische oder soziale Organisationen der Jüdischen Gemeinde zählten zum festen Bestandteil des kommunalen Lebens. In Duisburg gab es Anfang der 1930er Jahre eine Reihe von Organisationen und Verbände, vom *Central-Verein deutscher Staatsbürger jüdischen Glaubens* über den *Reichsbund jüdischer Frontsoldaten* bis zur jüdisch-sozialdemokratischen Arbeiterorganisation *Poale Zion*.[140] Der vierzig Mitglieder zählende Turn- und Sportverein *Bar Kochba*, der sich programmatisch zum Ziel setzte, die geistige und körperliche Erneuerung des Judentums«[141] zu fördern, gehörte dem »Arbeitersportkartell« an.

Seit Beginn seines Rabbinats im Jahre 1905 war Manass Neumark mit Sally Kaufmann, der wie er zu den Liberalen der Gemeinde zählte, befreundet. In den Jahren der Verfolgungen, in denen Sally Kaufmann Vorsitzender der Jüdischen Gemeinde war, wurde der Kontakt noch enger. Bei Feiern, Beerdigungen, Gottesdiensten, aber auf Druck der nationalsozialistischen Behörden auch bei der Fürsorge für die zu deportierenden Juden arbeiteten Rabbiner Neumark und Gemeindevorsteher Kaufmann zusammen. Beide Familien wurden im Frühjahr 1940 gezwungen, eine Wohnung in dem »Judenhaus« Fuldastraße 1 zu nehmen.

Die Nazis hatten dem Vorsitzenden der Jüdischen Gemeinde Duisburgs, Sally Kaufmann, eine besondere Rolle zugedacht. Er sollte die Gemeinde »abwickeln«, die bereits seit 1937 als Zusammenschluss der bis dahin eigenständigen Gemeinden Duisburg, Ruhrort und Hamborn bestand. Kaufmann musste als Ansprechpartner für die Gestapo-Außenstelle Duisburg fungieren bzw. funktionieren, er musste gezwungenermaßen der Gestapo zuarbeiten. Er hatte beim Landgericht die Zulassung erhalten, als »Konsulent zur rechtlichen Beratung und Vertretung von Juden« zu wirken, eine Funktion, die er bis zu seiner Deportation im Jahre 1943 ausübte. Im Beamtendeutsch der Gestapo-Behörde an den Oberlandesge-

---

140 Roden 1986a, S. 598.
141 Ebda., S. 753.

richtspräsidenten in Düsseldorf liest sich im April 1940 die neue Funktion des »früheren [sic] jüdischen Rechtsanwalts Dr. Sally Kaufmann« so: »Kaufmann ist langjähriger Vorsitzender der Jüdischen Gemeinde Duisburg. Für alle diese Verwaltungsangelegenheiten besitzt er Generalvollmacht der Repräsentantenversammlung und ist somit der führende Jude im Orte. Gegen die Übertragung einer Konsulentenstelle an Kaufmann bestehen keine Bedenken.«[142]

Auch wenn wir nicht wissen, welchen Druck die NS-Behörden auf Sally Kaufmann im Speziellen ausübten, wie sie ihn mit einer Mischung aus Zwang und Versprechen hinhielten, um in ihrem Sinne tätig zu sein, ist festzustellen, dass er von ihrer Willkür abhängig war. Er unterstand ihrer unmittelbaren Aufsicht und war gezwungen, ihnen Folge zu leisten. Kaufmanns »Gefügigkeit« ergab sich aus dem Wunsch sowohl nach Selbstschutz als auch nach Verbesserung der Lage der noch verbliebenen Gemeindemitglieder. Die ungewollte Kooperation mit den NS-Behörden erschien ihm als die einzige Möglichkeit, selbst am Leben zu bleiben und die Not der zur Deportation Bestimmten zu lindern. Und er wusste allerspätestens seit Dachau, mit welchem Kaliber er es zu tun hatte – Gestapo, SS und all die willfährigen NS-Beamten in den unterschiedlichsten Behörden, die einzig und allein mit »Judensachen« zu tun hatten.

Jedenfalls wusste Sally Kaufmann viel, sehr viel, was er seinem Sohn und vielleicht sogar seiner Frau vorenthalten musste. Er wusste aus eigener schmerzlicher Erfahrung in Dachau um die Realität der real existierenden Brutalität der Nazis, hatte am eigenen Leib erfahren und gespürt, wozu Nazi-Schergen fähig waren. Er erlebte tagtäglich die zunehmende Gewalt, die Beschränkungen, die Juden in Deutschland erlitten, deren Leben Tag für Tag immer weiter eingeengt wurde, Dinge, die in ihren Einzelheiten gewiss nicht an die Öffentlichkeit im Ausland gelangten.

Und auch Sohn Walter weiß um die Brutalität uniformierter und ziviler Nazis. Es hat mit eigenen Augen die Zerstörungen der Inneneinrichtung des Hauses in der Prinz-Albrecht-Straße in der Nacht des 10. November 1938 erlebt, über die er später so detailreich in seinen Geschichten erzählt hat – zum Beispiel, wie der Steinway-Flügel wie eine Schildkröte im Garten lag. Er hat den gezeichneten, kahl geschorenen Vater erlebt, der aus Dachau zurückkehrte und bei Strafe einer weiteren Verschleppung ins Lager nicht über das sprechen durfte, was ihm in Dachau widerfahren war.

---

142 Geheime Staatspolizei Duisburg an Oberlandesgerichtspräsident Düsseldorf, Duisburg, 6. April 1940, LAV NRW R, RW 58 Nr. 6926.

Im Frühjahr 1940 zog das Ehepaar Kaufmann ins Duisburger Wasserviertel und nahm Wohnung in der Fuldastraße 1. Das war gewiss kein Zufall und freiwillig war es auch nicht. Damit war eine weitere antijüdische Eskalationsstufe erreicht. In diesem Haus wohnte bereits seit Juli 1937 Rabbiner Manass Neumark, der seine bisherige Wohnung in der Fuldastraße 14 antisemitischer Motive wegen – der Hauseigentümer wollte nicht länger Juden in seinem Haus – aufgeben musste. Von der Wohnungseinrichtung in der Prinz-Albrecht-Straße konnten die Kaufmanns praktisch nichts mitnehmen. Im Haus Fuldastraße 1 wohnten weitere »jüdische« Mietparteien,[143] so war es nicht weiter verwunderlich, dass dieses Haus im September 1941 als »Judenhaus« deklariert wurde.[144]

Das Leben im »Judenhaus« war bestimmt durch Enge. Ein Wohnen mindestens zu zweit in einem Zimmer mit Gemeinschaftsküchen und Gemeinschaftsbädern, ohne Radiogerät, mit weniger Marken für Lebensmittel, die Juden ab dem 10. Juni 1941 zudem von der übrigen Bevölkerung getrennt ausgehändigt wurden.[145] Sie erhielten andere Waren als die nichtjüdischen Deutschen und durften nur in den Abendstunden bestimmter Tage einkaufen, wenn die Läden oft schon ausverkauft waren.

Die Gestapo-Leitstelle Düsseldorf stellte am 12. September 1941 fest: »Das Büro der Bezirksstelle Rheinland der Reichsvertretung der Juden in Deutschland« – es war inzwischen identisch mit dem Büro der Jüdischen Gemeinde Duisburgs – »bittet […] um Räumung eines Mansardenzimmers des Judenhauses Duisburg, Fuldastraße 1, das dringend für Wohnzwecke benötigt wird; in dem Zimmer befinde sich das sichergestellte Umzugsgut des Juden Alfred Berger.«[146] Günter von Roden kommentierte diesen Sachverhalt so: »Unter diesen Verhältnissen war also

---

143 Das Hausstandsregister Fuldastraße 1 listet folgende jüdische Familien auf (genannt wird der jeweilige »Familienvorstand«): Dr. Oskar Conitzer; Klaus Galinski; Ludwig Cohen; Siegmund Frank; Hermann Hirschfeld; Albert Herz; Hugo Ruben; Isidor Kaufmann; Sally Kaufmann; Ida Diesenberg; Benjamin Lazar; Theodor Lauter; Walter Simon; Dr. Alfred Wolf; Manass Neumark; Jakob Rubinski; Otto Lilienthal; Manden (Mendel) Rechtschaffen; Alfred Berger; Alfred Hirsch; Erich Lauter; Fritz Seelmann; Elli Weinberg. Freundliche Auskunft von Monika Nickel, Stadtarchiv Duisburg.

144 Dazu: Roden 1986a, Teil 2, S. 856f.

145 Kulka/Jäckel 2004, S. 638.

146 Alfred Berger (18. Februar 1873–1. Februar 1943), Textilkaufmann, besaß seit 1904 (bis 26. November 1938) ein Konfektionshaus in Hamborn. Sein Kaufhaus und die Wohnung wurden während des Novemberpogroms 1938 beschädigt und geplündert, Berger verhaftet und im Hamborner Polizeigefängnis inhaftiert. 1939 bezog Berger mit seiner Familie zunächst eine Wohnung in der Fuldastraße 3, um dann ab dem 11. Mai 1940 in das Haus Fuldastraße 1 zu ziehen.

die Jüdische Gemeinde gezwungen, eine nationalsozialistische Dienststelle für die Zwangseinweisung eines Gemeindeangehörigen zu bitten, wobei sie gleichzeitig den Interessen eines anderen bewusst zuwiderhandeln musste!«[147]

Mit dem 1. September 1941 waren die Kaufmanns, wie alle Juden, verpflichtet worden, den gelben »Judenstern« zu tragen.

Im Juni 1942 teilte Sally Kaufmann seinem Sohn Walter, der von den britischen Behörden zwei Jahre zuvor als »feindlicher Ausländer« nach Australien deportiert worden war, mit, dass er die Wohnung in der Fuldastraße räumen und wieder einen Wohnungswechsel vornehmen müsse: »Dieses mal geht die Reise nicht weit: Wir ziehen in das Gemeindehaus […], wo ich ja schon mein Büro habe« und wo man sich eine Küche mit einem Mitbewohner teilen werde. Und er fügte hinzu: »Gleich wollen wir mit dem Packen beginnen, und wenn wir auch längst nicht mehr soviel Sachen haben, als auf der Prinz-Albrechtstraße, so ist das Einpacken doch eine lange und langwierige Arbeit« (Brief 138).

Im Sommer 1942 zog das Ehepaar Kaufmann schließlich in ihre zwei notdürftig eingerichteten Zimmer des Gemeindehauses in der Junkernstraße 2 – das noch deutliche Spuren des Pogroms zeigte. Sally Kaufmann wusste bald nicht mehr, wo er mit der Arbeit anfangen sollte: »So vielerlei gibt es für mich zu tun«, schrieb er am 27. Juni 1942 (Brief 138) und beklagte sich zugleich, dass die letzte Nachricht von Walter aus Australien von August 1941 datierte. Die Eltern waren also zu diesem Zeitpunkt zehn Monate ohne Post vom Sohn! Und was die »Arbeit« betraf, von der Sally Kaufmann sprach, so war dies der Tatsache geschuldet, dass die Deportationsmaßnahmen der Nazi-Behörden auf Hochtouren liefen. Sally Kaufmann, ganz kryptisch, klagte: »Ich habe viel und nicht immer erfreuliche Arbeit. Dass meine Arbeit viel Ärger und viele Sorgen mit sich bringt, weißt Du ja noch von früher […].« Indes wusste Walter Kaufmann nichts über die »unerfreuliche« Arbeit seines Vaters. Auch als die drei noch zusammen waren, hat Sally Kaufmann nie über seine »Arbeit« als Gemeindevorsitzender gesprochen. Und jetzt schon gar nicht über die schmerzlichen Tätigkeiten, die mit den Deportationen verbunden waren.

*29. Juli 1941: Juden werden Telefonanschlüsse gekündigt.*

*12. Dezember 1941: Verbot der Benutzung öffentlicher Telefone für Juden.*[148]

---

147  Roden 1986a, Teil 2, S. 857.
148  Kulka/Jäckel 2004, S. 642.

```
JÜDISCHE KULTUSVEREINIGUNG                    DUISBURG, DEN 13. Juli 1942
    JÜDISCHE GEMEINDE                         JUNKERNSTR. 8
       ZU DUISBURG                            FERNSPRECHER 2 24 17
           E. V.
        POSTSCHECKKONTO
DER JÜDISCHEN GEMEINDE: ESSEN 8232
DER WOHLFAHRTSSTELLE: ESSEN 21163
```

    Auf Anordnung der Geheimen Staatspolizei, Außendienststelle
Duisburg, benachrichtigen wir Sie, daß Sie zu einem Evakuierungs
transport eingeteilt sind, der am 24. d. Mts. von hier abgeht.
    Sie werden ersucht, das anliegende Vermögensverzeichnis
auszufüllen und es mit der ebenfalls anliegenden Erklärung
unterzeichnet bis morgen (Dienstag) abend 18 Uhr bei uns abzu=
geben. Gleichzeitig wollen Sie 50.-- RM Reisegeld bei uns ein=
zahlen, und zwar pro Person.
    Nähere Nachrichten.

                    Bezirksstelle Rheinland
                der Reichsvereinigung der Juden
                        in Deutschland
                        Büro Duisburg

32. Deportationsbenachrichtigung mit der Unterschrift des Leiters der Bezirksstelle der Reichsvereinigung der Juden in Deutschland, Büro Duisburg, Dr. Sally Kaufmann, 13. Juli 1942. Ida Garenfeld wurde am 24. Juli 1942 nach Theresienstadt deportiert, wo sie am 9. Juni 1943 an den Folgen der Haftbedingungen starb.

Als einzigem Duisburger Juden ließ man dem Gemeindevorsitzenden einen Telefonanschluss, um ihm die »Abwicklung« des jüdischen Eigentums und Vermögens zu erleichtern.[149] Weitere Aufgaben Kaufmanns waren: Auswandererhilfe, Wohlfahrtsförderung und seit 1941/42 die erzwungene Mitwirkung bei der Listenführung für die Großtransporte in die Vernichtungslager.

»Ich schreibe so gerne Schreibmaschine, es geht so schnell und ist eine gute Übung für mich, findest du das nicht auch?«, schrieb Johanna Kaufmann am 30. April 1941 (Brief 122). Auch nach dem 12. Juni 1942, an diesem Tag trat die Verordnung in Kraft, dass Juden ihre Schreibmaschinen abliefern mussten, schrieben die Kaufmanns weiter mit Schreibmaschine. Offensichtlich fiel Sally Kaufmann als Gemeindevorsteher unter eine Ausnahmeregel, um im Auftrag der Gestapo seine Tätigkeit zur Abwicklung der Gemeindearbeit fortsetzen zu können.

Selbst in dem inzwischen zum »Ghettohaus« herabgesunkenen Gemeindehaus in der Junkernstraße hatten die Kaufmanns keine Ruhe: Die »arischen«

---

149 Mitteilung von Emil Frank vom 19. Juli 1970, StADU Dienstreg. 52/21.

Nachbarn wollten keine Juden in ihrer Nähe, vor allem wollten sie nicht mit Juden den Luftschutzkeller teilen. Im August 1940 beschwerte sich Alwine Thomas beim Duisburger Oberbürgermeister: »Die von uns verlangte Kellergemeinschaft mit den *rassefremden Insassen des jüdischen Gemeindehauses* läuft den nationalsozialistischen *Rassegrundsätzen* zuwider. Nach diesen Grundsätzen ist uns eine solche Verbindung nicht zuzumuten. Welche *rassefremden Elemente* sich jeweilig im jüdischen Gemeindehaus aufhalten, entzieht sich unserer Kenntnis. Ein schwacher Druck auf die [...] Wand genügt, und wir haben sie im Keller! Wegen dieser *für uns untragbaren Folge* wende ich mich gleichzeitig an die rassepolitischen Stellen der Partei und des Staates. Heil Hitler!«[150] Eine solche Einlassung war nachgerade obszön und belegt, wie die rassistische Volkstumsideologie der Nationalsozialisten bei der Bevölkerung verfangen hatte. Die Beschwerdeführer, denen die antijüdischen Maßnahmen des Regimes offensichtlich nicht weit genug gingen, waren Teil des Bevölkerungsdurchschnitts. Jeglicher moralischer Kompass war ihnen abhandengekommen (vermutlich hatten sie nie einen besessen). In diesem Brief spiegelt sich zugleich die Zustimmung zu dem Regime, die im Bewusstsein der deutschen Bevölkerung tief verankert war. Schlimmer indes als dieser Beschwerdebrief selbst war die Tatsache, dass fortan bei Luftangriffen streng auf die Abtrennung der Juden von den übrigen Bewohnern geachtet wurde, als machten die Bomben einen Unterschied zwischen jüdischen und »arischen« Opfern.

Am 14. Oktober 1941 begannen die systematischen Deportationen von Juden aus dem Reichsgebiet. Wie müssen wir uns den administrativen Vorgang und die anschließende Abwicklung vor der Deportation vorstellen?[151] Die Gestapo stellte der Jüdischen Kultusgemeinde bzw. der »Bezirksstelle der Reichsvereinigung der Juden in Deutschland«, wie die lokale jüdische Körperschaft nun heißen musste, eine Liste der »Transportteilnehmer« zu. Die Jüdische Gemeinde nahm dann einige von der Liste – Kranke, Verstorbene, Unentbehrliche – und stellte die diesbezüglichen Anträge.

Die Gestapo hatte längst vor Beginn der allgemeinen Deportationen Kenntnis von nahezu allen Juden im Lande. Es stimmt zwar, dass die jüdischen Gemeinden die Mitgliederlisten, die sie besaßen und ergänzten, der Gestapo zugänglich machen mussten, andererseits standen auch die Aufzeichnungen der Einwohnermeldeämter zur Verfügung, auf welche die Gestapo jederzeit zurückgreifen konnte.

150   StADU 610/819, zit. nach: Roden 1986a, Teil 1, S. 356. Hervorhebungen im Original.
151   Im Folgenden: Adler 1974, S. 355f.

*24. Oktober 1941: »Deutschblütige« Personen, die in der Öffentlichkeit freundschaftliche Beziehungen zu Juden zeigen, sind aus erzieherischen Gründen vorübergehend in »Schutzhaft« zu nehmen.*[152]

Nachdem die Deportationsbefehle zugesandt waren, wurden die »Transportteilnehmer« in das Gemeindebüro einbestellt. Aufgrund dieser Vorladung fanden sich die Betroffenen bei der Jüdischen Gemeinde ein, wo ihnen ein Exemplar der Vermögenserklärung mit den üblichen Beilagen ausgefolgt wurde. Sie erhielten außerdem eine Belehrung und vorgedruckte Zettel sowie Kärtchen, die ihre Transportnummer enthielten. Eine Vorladungskarte mit der Angabe des Tages und der genauen Stunde des Abtransports befand sich gleichfalls unter den Vordrucken.

Die Liste der zu Deportierenden, das sei ausdrücklich festgehalten, hat Sally Kaufmann als Leiter des »Büros Duisburg« der Bezirksstelle Rheinland der Reichsvereinigung nicht selbst zusammengestellt, so viel Schreibarbeit, da war die Gestapo ganz verständnisvoll, hat man ihm doch nicht aufgebürdet. Die verhängnisvollen Botschaften, die Dr. Kaufmann Hunderte Mal verschicken musste und mit denen er Schicksale besiegelte, hatten stets den gleichen Inhalt: »Auf Anordnung der Geheimen Staatspolizei, Außendienststelle Duisburg, benachrichtigen wir Sie, dass Sie zu einem Evakuierungstransport eingeteilt sind, der am [soundsovielten] von hier abgeht. Sie werden ersucht, das anliegende Vermögensverzeichnis auszufüllen und es mit der ebenfalls anliegenden Erklärung unterzeichnet bis morgen [Wochentag] abend 18 Uhr bei uns abzugeben. Gleichzeitig wollen Sie 50,– RM Reisegeld bei uns einzahlen, und zwar pro Person.« Parallel zu diesem Schreiben wurde noch ein Telegramm aufgegeben mit dem Wortlaut: »Sie sind zum Evakuierungstransport am [Tag] eingeteilt; sofort nach Junkernstr. 2 kommen. Jüdische Gemeinde.«[153] Evakuierungstransport. Reisegeld!

Am 10. August 1942 schrieb Johanna Kaufmann: »Dr. Neumark u. Emil Franks Eltern sind nicht mehr hier. Sie sind mit Mut und Gottvertrauen auf die grosse Reise gegangen.« Und dann der Nachsatz: »Wir selbst sind über unser Schicksal noch im unklaren …« (Brief 139). Drei Monate später, Ende November 1942, eine Woche vor Chanukka, teilt Johanna Kaufmann dann ihrem Sohn die »sehr, sehr traurige Nachricht« mit, dass Rabbiner Neumark »nicht mehr unter den Lebenden weilt«. Er sei ein »gütiger Menschenfreund, hochbegabter und kluger Mann« gewesen (Brief 145).

---

152   Kulka/Jäckel 2004, S. 641.
153   Zit. nach: Roden 1986a, Teil 2, S. 868.

Neumark war am 25. Juli 1942 aus der Wohnung Fuldastraße weg deportiert worden. Er musste nicht mit eigenen Augen zusehen und miterleben, wie fünf Tage später, am 30. Juli 1942 seine jüdische Heimatgemeinde gezwungen wurde, die heiligen Kultgegenstände aus Edelmetall abzuliefern.

Wir glauben zu wissen, wie einem Sally Kaufmann zumute war, als man ihn gegen seinen Willen zum Werkzeug der Gestapo machte – immer in der Hoffnung, durch seine Zugeständnisse doch noch Opfer retten zu können.

Wussten die Benachrichtigten, was sie erwartete, was eine solche Nachricht in letzter Konsequenz bedeutete? Wohl kaum. Eine gewisse schlimme Ahnung hatten wohl alle. Vermutlich war aber auch Sally Kaufmann letztlich ahnungslos. Wie anders wäre es sonst zu verstehen, dass er am 14. Dezember 1941 über das Ehepaar Erich und Else Brandt schreibt – die in das Lodzer Ghetto deportiert worden waren, wo 1942 etwa 43 500 Juden an Hunger, Kälte, Krankheiten und Gewalt starben –, sie seien »jetzt in Litzmannstadt (Lodz) und schreiben einigermassen zufriedenstellend« (Brief 132).

War es das sprichwörtliche Mut machende »Pfeifen im Walde«, das aus Kaufmanns Worten sprach? Und was bedeutete in diesem Zusammenhang das Wort *einigermaßen*? Die deutschen Juden – und mit ihnen die Kaufmanns – waren bis zum Beginn der Deportationen im Herbst 1941 durch alle Phasen und Formen der Diffamierung und Diskriminierung gegangen. Sally Kaufmann hatte im Zusammenhang mit seiner Tätigkeit als Gemeindevorsitzender Dinge gesehen und am eigenen Leibe gespürt, die andere Juden nicht durchlitten hatten, gleichwohl sperrten sich noch immer historische Erfahrung und menschliche Vorstellungskraft dagegen, den Gedanken an die drohende systematische Vernichtung der physischen Existenz in den Bereich des Möglichen zu rücken. Ebenso schwer fiel es ihm gewiss, den ersten »Gerüchten« über »Massenerschießungen« und »Massenvergasungen« Glauben zu schenken. Selbst wenn er über handfeste oder glaubhafte Informationen verfügt hätte, hätte er sich gehütet, diese preiszugeben. Als im Oktober 1941 die letzten Auswanderungswege versperrt wurden und die ersten Deportationszüge in den Osten abgingen, klammerte sich Sally Kaufmann, wie die meisten anderen Juden auch, an die »offiziellen« Verlautbarungen, die von einer »Umsiedlung« oder »Evakuierung« zum »Arbeitseinsatz« sprachen. Er selbst unterzeichnete solche Schreiben. Musste sie unterzeichnen.

Sally Kaufmann hatte aus eigener Erfahrung das Innenleben des Konzentrationslagers Dachau erlebt, wo gebrüllt, gedemütigt, exerziert, geschlagen wurde – doch das war nichts im Vergleich zu den Zuständen im Osten, in den Ghettos, den Lagern des Todes, den Stätten der systematischen Vernichtung, den Mordstätten, die ab Oktober 1941 auf die Deportierten warteten. Die *tatsächlichen* Zustände waren vom menschlichen Verstand nicht zu erfassen. So notierte Joseph Goebbels am 27. März 1942 zynisch und unbarmherzig in sein Tagebuch: »Aus dem Generalgouvernement werden jetzt […] die Juden nach dem Osten abgeschoben. Es wird hier ein ziemlich barbarisches und nicht näher zu beschreibendes Verfahren angewandt, und von den Juden selbst bleibt nicht mehr viel übrig. Im Großen kann man wohl feststellen, dass 60 % davon liquidiert werden müssen, während nur noch 40 % in die Arbeit eingesetzt werden können. […] An den Juden wird ein Strafgericht vollzogen, das zwar barbarisch ist, das sie aber vollauf verdient haben. Die Prophezeiung, die der Führer ihnen für die Herbeiführung eines neuen Weltkrieges mit auf den Weg gegeben hat, beginnt sich in furchtbarster Weise zu verwirklichen. Man darf in diesen Dingen keine Sentimentalitäten obwalten lassen. Die Juden würden, wenn wir uns ihrer nicht erwehren würden, uns vernichten. Es ist ein Kampf auf Leben und Tod zwischen der arischen Rasse und dem jüdischen Bazillus. […] Der Führer ist der unentwegte Vorkämpfer und Wortführer einer radikalen Lösung, die […] geboten ist und deshalb unausweichlich erscheint. Gott sei Dank haben wir jetzt während des Krieges eine ganze Reihe von Möglichkeiten, die uns im Frieden verwehrt wären. Die müssen wir ausnutzen. […] Das Judentum hat nichts zu lachen […]«[154]

Angst, Furcht, Sorge, sich in das Unvermeidliche, Unabänderliche fügen zu müssen, waren gewiss die vorherrschenden Gedanken. »Fügsamkeit der jüdischen Behörden, die Fügsamkeit der Opfer« wie es Hannah Arendt genannt hat,[155] demgegenüber die gewissenlose Fügsamkeit der Täter, der Deporteure. Für eine Auswanderung war es längst zu spät – Juden war die Ausreise seit Herbst 1941 verboten. Der Zeitpunkt eines etwaigen Untertauchens war verpasst, Einspruch sinnlos, Widerstand zwecklos, Flucht aussichtslos.

Das gleichzeitig abgesandte Telegramm unterstrich auf beklemmende Weise die hartnäckigen Absichten der Nazis, die sich sämtlicher Instrumentarien bedienten, ihr Mordprojekt auch todsicher ans Ziel zu bringen und auf erniedrigende Weise Juden selbst als Helfershelfer in ihr Programm einzubeziehen. Und was war mit dem »Reisegeld«? Wir können es nur in dem Sinne verstehen, dass die Opfer ihre Deportation in den Tod selbst finanzierten, wobei sie sogar in der scheinbaren Sicherheit gewiegt wurden, dass es so schlimm nicht kommen könne, wenn man selbst bezahlt. Wer denkt sich nur so etwas aus?

Das Täuschungsmanöver der Nazi-Technokraten zielte ja gerade darauf ab, dass nicht die SS oder Gestapo, sondern die jüdischen Funktionäre die diskriminierenden Verordnungen verkünden und vollziehen sollten, um letztlich die

---

154  Goebbels 1992b, S. 176 (Eintrag 27. März 1942).
155  Arendt 1987, S. 151.

Vernichtung reibungsloser zu ermöglichen.[156] Damit wurde die Jüdische Gemeinde in Person des Gemeindevorstehers nolens volens zum »Agenten der eigenen Vernichtung«, wie es Dan Diner einmal ausgedrückt hat. Indes, anders formuliert, die Gemeindevertreter waren nichts anderes als Geiseln der Nazis.

Die groben Begleitumstände vor dem Erreichen des Deportationsziels, die empfindlichste Entwürdigung gingen stets von der Gestapo aus. Dazu gehörten vor allem die letzten Prozeduren, bevor die Ausgelieferten »abgefertigt«, aus dem bürgerlichen Dasein ausgestoßen und in die Eisenbahnwagen verladen wurden. In Duisburg, wie in anderen Großstädten, traten die übrigen Behörden für die zu Deportierenden weniger oder kaum in Erscheinung.

Die Mitarbeit der Jüdischen Gemeinde wurde in jedem Fall verlangt, auch wenn die Gemeinde selbst mit dem letzten Transport zu existieren aufgehört hatte. Diese unmenschliche Aufgabe fiel in Duisburg dem Gemeindevorsteher Sally Kaufmann zu, der, zusammen mit seiner Frau, dann auch selbst – ein Jahr nach dem Haupttransport mit 147 Juden aus Duisburg – am 25. Juni 1943 aus der Wohnung abgeholt, zu einer Sammelstelle transportiert und einen Tag später mit seiner Frau nach Theresienstadt deportiert wurde, als seine »Arbeit«, zu der er gezwungen, erledigt war.

Aus der sicheren retrospektiven Position wird oft die Ungewissheit ignoriert, die mit dem Begriff der »Evakuierung« in den Jahren 1941 bis 1943 verbunden war. Um die Juden über ihr Schicksal zu täuschen, wurde bald amtssprachlich der Begriff »Wohnsitzverlegung« statt »Evakuierung« verwendet. Der Täuschung dienten auch die Vermerke »unbekannt verzogen« oder »ausgewandert«, dann aber auch »Register bereinigt« für die Melderegister. Den Opfern der ersten Deportationsschübe wurden noch als Ziel Litzmannstadt/Łódz, Riga oder Izbica bei Lublin genannt,[157] später ist das mit Ausnahme von Transporten nach Theresienstadt, das als »Vorzeige-« oder »Musterlager« galt, unterblieben, und die Opfer erfuhren nur »Osten« oder »Polen«.

---

156  Was die erzwungene Mitwirkung jüdischer Stellen an dem Deportationsprozess betrifft, siehe: Adler 1974, insbes. S. 354–357.

157  Der erste Haupttransport mit 55 Personen aus Duisburg ging am 17. Oktober 1941 ab; es folgten »Großtransporte« am 10. November nach Minsk, am 11. Dezember 1941 nach Riga und am 22. April 1942 nach Izbica mit 137 Personen. Am 25. Juli 1942 fuhr ein Zug mit 147 Personen nach Theresienstadt (mit Rabbiner Manass Neumark). Deportationen mit dem Ziel Auschwitz gingen am 15. April, 3. Mai und 3. Juni 1943 ab. Im Deportationszug, der am 25. Juni 1943 nach Theresienstadt fuhr, befanden sich neben dem Ehepaar Kaufmann noch drei weitere Personen aus Duisburg. Danach fuhren noch weitere sieben Züge nach Theresienstadt mit wenigen Personen. Vgl. Roden 1986a, Teil 2, S. 869.

All diese erfundenen Sprachregelungen erwiesen sich als sehr nützlich zur Aufrechterhaltung von Ruhe und Ordnung unter den zahlreichen Mitgliedern der verschiedenen Organisationen und Ämter, deren Mitarbeit bei dieser Aktion unentbehrlich war. Im Übrigen ist natürlich der Begriff »Sprachregelung« selbst bereits ein Euphemismus, er bezeichnet einfach das, was man gewöhnlich Lüge nennt.

In Duisburg wie andernorts konnten sich die Nazi-Behörden darauf verlassen, dass jüdische Funktionäre Personal- und Vermögenslisten ausfertigen, die Kosten für Deportation und Vernichtung der »Transportjuden« aufbringen, frei gewordene Wohnungen im Auge behalten und Polizeikräften zur Verfügung stellen würden, um die Juden zu ergreifen und auf die Züge zu bringen – bis zum bitteren Ende, der Übergabe des jüdischen Gemeindebesitzes zwecks ordnungsgemäßer Konfiskation.

Die aufgezwungene Kollaboration hat Sally Kaufmann keine persönlichen Vorteile gebracht – die er sich selbst wohl auch nicht erhofft hatte –, und von einer Partnerschaft mit den Nazi-Behörden kann auch nicht die Rede sein: Auch wenn er zunächst von der Auswahl der zu Deportierenden befreit war, hat das seine eigene Deportation allenfalls hinausgezögert. Da er als Werkzeug der Gestapo herhalten musste, war ihm eine Gnadenfrist eingeräumt. Er wurde erst zum Transport eingeteilt, nachdem der »Großtransport« mit der gesamten Gemeinde bereits ein Jahr zuvor in den Tod geschickt worden war.[158]

Während zwischen Mai 1938 und 25. Juli 1942 insgesamt dreizehn Deportationstransporte mit je bis zu 150 Personen von Duisburg über Düsseldorf mit unterschiedlichen Zielen – z. B. Dachau, Bentschen, Sachsenhausen, Buchenwald, Lodz, Riga, Izbica und Theresienstadt – abgegangen waren, führten drei Deportationszüge zwischen dem 15. April und 3. Juni 1943 in das Vernichtungslager Auschwitz und ab Juni 1943 über Theresienstadt nach Auschwitz. Die 1943 und 1944 deportierten Duisburger Einzelpersonen wurden Sammeltransporten zugeführt.[159] Die letzten beiden Personen, Hermann (Hersch) Reichbart und Sohn Willy, wurden mit einem Einzeltransport am 25. Januar 1945 nach Theresienstadt verschleppt. Da standen die Amerikaner auf der linken Rheinseite fast schon vor den Toren der Stadt Duisburg.

Über das Rote Kreuz konnten die Kaufmanns ihren Sohn Walter über die eigene bevorstehende Deportation informieren, ihm »innige Abschiedsgrüße«

---

158 Die Kaufmanns mussten sämtliche persönliche Gegenstände sowie die gesamte Wohnungseinrichtung zurücklassen. Kein Stück der Wohnungseinrichtung ist erhalten geblieben. Vgl. StADU 506/4039.

159 Vgl. Roden 1986a, Teil 2, S. 868f.

senden und die Hoffnung auf ein Wiedersehen aussprechen. Sie schrieben davon, nach Theresienstadt »abzureisen«. Welch ein fataler Euphemismus – und man fragt sich: War dieses unverdächtige Wort dem Versuch geschuldet, den am anderen Ende der Welt, in Australien internierten und von der deutschen Wirklichkeit abgeschnittenen Sohn nicht zu beunruhigen, oder wussten sie tatsächlich selbst nichts von der furchtbaren Realität, die in Theresienstadt auf sie wartete? Sally Kaufmanns Wissen beschränkte sich vermutlich allein auf die Umstände der Deportation und reichte allenfalls bis an die Lagertore. Andererseits verfügte er im Gegensatz zu den meisten angstvoll in seinem Büro Vorsprechenden aufgrund seiner Dachauer Erfahrungen im November 1938 über Kenntnisse von der Realität in den Konzentrationslagern. Dass sich die Verhältnisse in den Lagern des Ostens vier Jahre später nicht gebessert hatten, dürfte ihm bewusst gewesen sein. Wie ging er ansonsten um mit diesem Wissen, das seinen Gehalt allein aus dem bezog, was gerüchteweise umlief? Selbst wenn er mehr gewusst haben sollte und von dem Ziel der physischen Vernichtung Kenntnisse besaß, was äußerst unwahrscheinlich ist, wird er mit seinem Wissen gewissenhaft umgegangen sein, wenn Gemeindemitglieder bei ihm vorstellig wurden, um von ihm, dem Gemeindevorsitzenden und dem Listenführer, zu erfahren, was die zur Deportation Vorgesehenen zu erwarten hatten. Selbst wenn Kaufmann über mehr als das Maß der allgemein üblichen Informationen verfügt hätte, wird er sein Wissen wohl kaum preisgegeben haben.

Man weiß nichts von dem Verhältnis zwischen den Gestapobeamten und dem »Konsulenten« Kaufmann, ob die Korrespondenzen oder die mündlichen Anweisungen »geschäftsmäßig« oder im Kasernenhofton abliefen. Dass die Gestapo gegenüber vermeintlichen Regimefeinden, und als solche galten die Juden schlechterdings, nicht gerade zimperlich war, ist allgemein bekannt. Auch verfügte die Geheime Staatspolizei über Machtmittel, physischen und psychischen Druck ohne jede Rücksicht und mit größter Brutalität auszuüben, um einen Sally Kaufmann gefügig zu machen. Diese Organisation war nichts anderes als eine politisch-terroristische Vereinigung.

Am 24. Juni 1943, dem Tag der Deportation der Kaufmanns, notiert der Romanist und unbestechliche Zeitzeuge Victor Klemperer in sein Tagebuch: »Donnerstag mittag. Vox populi: Eine Gruppe radelnder Jungen, vierzehn bis fünfzehn Jahre, um zehn abends […] Sie überholen mich, rufen zurück, warten, lassen mich passieren. ›Der kriegt einen Genickschuß … ich drück' ab … Er wird an den Galgen gehängt – Börsenschieber […]. Es hat mich tiefer und nachhaltiger verbittert und schwankend gemacht, als mich den Abend vorher die Worte des alten Arbeiters erfreuten.«[160]

Im Mai 1943 sind, bis auf die schrumpfende Gruppe der »privilegierten Mischehen« und »Mischlinge« – und die letzten jüdischen Funktionsträger wie Sally Kaufmann – bereits fast alle Juden verschleppt und in den Vernichtungsprozess einbezogen worden. Die Kaufmanns gehören zu der verschwindend kleinen Restgruppe von Juden im Reich, die erst ab jetzt täglich mit ihrer Deportation rechnen muss. Der unvermeidliche Schicksalstag war jener Junitag, an dem sie aus ihrer letzten Wohnung in der Junkernstraße zur Deportation abgeholt wurden, um dann von der Sammelstelle in Düsseldorf (vermutlich Güterbahnhof Derendorf) abtransportiert wurden. Bevor sie die Wohnung besenrein verließen und die Vermögensverzeichnisse den Gestapo-Beamten ordnungsgemäß übergaben, schrieben sie einen letzten Gruß an ihren Sohn Walter in Melbourne. Das Deutsche Rote Kreuz hatte eine Nachrichtenvermittlung in Form eines Antrags bereitgestellt, den die Eltern ausfüllen durften. Es war dies die letzte Nachricht von Johanna und Sally Kaufmann an ihren Sohn Walter am Tage ihrer Deportation aus Duisburg, datiert 24. Juni 1943: »Liebster Walter! Wir reisen heute nach Theresienstadt ab und senden Dir innige Abschiedsgrüße und Küsse. Hoffen auf ein Wiedersehen. Vati Mutti« (Brief 151).[161]

Wie oft hatte Johanna Kaufmann zuvor die »Abreise« von Freunden und Verwandten mit Worten wie: »Der Abschied fiel ihnen schwer, uns noch schwerer, da wir hier bleiben« (Brief 113) oder: »Sie sind aber mit Mut und Gottvertrauen auf die grosse Reise gegangen« (Brief 139) beschrieben. Johanna Kaufmann blieb in ihren Briefen stets die starke Frau, die nicht zu verzagen vorgab: »Wir haben aber auch die feste Zuversicht, [...] dass der Allgütige unseren Weg richtig lenkt« (Brief 139). Ihre Zuversicht speiste sich aus dem »einen« Wunsch, dass es ihr »vergönnt sein möge«, Sohn Walter wiederzusehen (Brief 140). Johanna und Sally Kaufmann machten sich keine Illusionen, dass auch sie auf »Transport« gehen würden, auch wenn sie sich der Hoffnung hingaben: »Der liebe Gott hat bisher uns geholfen und in seiner Hand stehen wir« (Brief 75).

---

160 Klemperer 1996, S. 398.
161 Abs. Deutsches Rotes Kreuz. Präsidium/Auslandsdienst, Berlin SW 61, Blücherplatz 2: Antrag an die *Agence Centrale des Prisonniers de Guerre, Genf* – Internationales Komitee vom Roten Kreuz – auf Nachrichtenvermittlung [Stempel: 28 DEC 1943; 5 Jul 1943 – 548735]. Anschrift: Walter Kaufmann, Melbourne (Australia) c/o Aust. Red Cross Society; Vic. Div. 289 Swanston Str.

Mit dem Tage an dem Johanna und Dr. Sally Martin Kaufmann, dem letzten Repräsentanten der Jüdischen Gemeinde Duisburgs, zur Deportation aus ihrer Wohnung abgeholt wurden, hatte die einstmals blühende jüdische Gemeinschaft in Duisburg endgültig zu existieren aufgehört. Am Tage ihrer Ankunft in Theresienstadt am 27. Juni 1943 (oder kurz danach) traf auch eine Delegation des Internationalen Roten Kreuzes – die Kommission bestand aus zwei Dänen und einem Schweizer – für zwei Tage zu einer »Inspektion« im dortigen Lager ein. Die durch das Lager führenden SS-Leute trugen Zivil. Als einziger Jude ging der »Judenälteste« Paul Eppstein mit den Besuchern durchs Lager, der zwar sprechen durfte, aber stets nur im Beisein der deutschen Begleiter. Verschüchtert und gehemmt konnte er die Wahrheit über Theresienstadt nicht enthüllen. Die Lektion, die Eppstein aufzusagen hatte, und der Besichtigungsplan waren so geschickt und wirkungsvoll zusammengestellt, dass selbst »gewiegte Beobachter überrascht und verwirrt« werden mussten.[162] Den Lagerinsassen war das Sprechen mit den Gästen verboten. Zu beanstanden an den Verhältnissen im Lager und den »Bewohnern«, die die SS-Leitung ihnen vorzuführen bereit war, hatten die Rote-Kreuz-Vertreter nichts.

Sally und Johanna Kaufmann wurden, wenn man darin zynischerweise eine »Vergünstigung« sehen will, nach Theresienstadt, von dem es hieß, es sei ein Lager für »privilegierte« Juden, verschleppt. Doch blieb ihnen das grausige Schicksal insofern nicht erspart, als sie mit einem der letzten Transporte von dort aus in das Vernichtungslager Auschwitz weiter deportiert und ermordet wurden.

Theresienstadt! Hans Günther Adler, der Zeuge der Schoah und selbst Häftling und Chronist des Lagers Theresienstadt, hat wie niemand anderer vor und nach ihm die grauenhafte Realität Theresienstadts beschrieben. Was die Kaufmanns dort im Sommer 1943 erwartete, mag in einem einzigen Zitat angedeutet sein, das lautet: »Alle Worte müssen ein unzureichender Versuch einer Darstellung dieses unwahrscheinlich und traumhaft anmutenden Chaos sein, in dem sich alle Maße verwirrten und verzerrten. Wille zur Selbstbehauptung, Aufbauversuche und Katastrophen ballten sich tragisch zusammen, lösten einander jäh ab, verhaspelten sich zu einen unauflösbaren Knäuel, strudelten unaufhaltsam fort in betäubenden Ereignissen, die es der Gesamtheit nie, den Einzelnen nur kurz und selten erlaubten, sich zu besinnen.«[163]

In Theresienstadt trafen die Kaufmanns auf einige Duisburger, die mit dem großen Transport aus Duisburg im Juli 1942 deportiert worden waren. Eine der ersten »Amtshandlungen« Sally Kaufmanns im Lager war es, einen »seltenen,

---

162 Adler 2018, S. 173f.
163 Ebd., S. 148f.

gütigen Menschen und wahren Seelsorger« mit einem Kaddisch, dem jüdischen Totengebet, zu ehren. Das war am 25. Juli 1943, dem ersten Jahrestag des Todes von Dr. Manass Neumark, die »Johrzeit« (»Jahrzeit«). Zusammen mit Leo Baeck leitete Sally Kaufmann eine Gedenkfeier für den im KZ umgekommenen Duisburger Rabbiner. »Dr. Baeck und Dr. Sally Kaufmann sprachen zum Gedenken an den Rabbiner«, schreibt Meta Klein,[164] »der in Theresienstadt dieselbe Liebe und Verehrung genoss wie in Duisburg.«[165]

In einem Brief, den Meta Klein nach ihrer Befreiung aus dem KZ Theresienstadt an Eva Frank, Rabbiner Neumarks Tochter, schrieb, erinnerte sie sich auch an Sally und Johanna Kaufmann: »Dr. Sally Kaufmann's [sic] kamen erst 11 Monate nach uns nach Theresienstadt, wie die meisten Gemeindeleiter aus Rheinland u. Westfalen. Sie mussten erst alles auflösen. […] Ich war viel mit ihnen zusammen. Ich kannte ihn [Sally Kaufmann – L.J.H.] ja schon als Studenten und sie von Düsseldorf aus, und sie wohnten zuletzt mit mir im gleichen Hause, bis sie auch im Oktober 1944 in Transport [nach Auschwitz – L.J.H.] kamen. Er besitzt ein Buch Deines Vaters, eine Geschichte der Duisburger Gemeinde vom Tage seines Amtsantrittes bis zu seinem Ende, aber wer weiß, ob Dr. Kaufmann noch lebt […]«[166]

In der von Hans Günther Adler zusammengestellten »Tabellarischen Übersicht« heißt es unter dem 28. Oktober 1944: »Tr [= Transport – L.J.H.] 2038 Mann [sic], 37 Überlebende Abschluß der Liquidationstransporte nach Auschwitz 11 077 G [Gefangene] in T [Theresienstadt].«[167] Am 30. Oktober 1944 traf der zwei Tage zuvor abgefahrene wohl letzte »Evakuierungstransport« aus Theresienstadt, wie es auf der Transportliste euphemistisch unter dem Kürzel »Ev« heißt, im Vernichtungslager Auschwitz ein.[168] Unter den Juden, die dort unter dem Gebrüll der SS und dem Gebelle von Schäferhunden mit Peitschenschlägen aus den blutroten Viehwaggons getrieben wurden, befanden sich auch Dr. Sally Kaufmann, der unter der Kennnummer 14-VII/3, und Johanna Kaufmann, die unter der Nummer 15-

---

164  Die 1885 in Rheydt geborene Meta Klein (gest. 1968) leitete seit Anfang der 1920er Jahre ein Mädchenheim, später ein Altenheim der Jüdischen Gemeinde Rheydt. Sie wurde am 25. Juli 1942 nach Theresienstadt deportiert. Im Januar 1945 wurde sie mit einem Rot-Kreuz-Transport in die Schweiz gebracht. Aus ihrer Familie überlebten nur die Kinder ihres Bruders Rabbiner Dr. Siegfried Klein.
165  Siehe: Heid 2011, S. 314.
166  Meta Klein an Eva Frank, o. D., Privatarchiv Dr. Ludger J. Heid.
167  Adler 2018, S. 700.
168  Gedenkbuch, https://www.bundesarchiv.de/gedenkbuch, abgerufen 17.1.2020.

VII/3 geführt waren.[169] An der Rampe von Auschwitz wurden die Kaufmanns, er 58, sie 54 Jahre alt, auseinandergerissen und unmittelbar danach ins Gas gestoßen.

## 14  Das zweite Leben des Walter Kaufmann

Als in der Deutschen Demokratischen Republik bekannter und renommierter Schriftsteller hat Walter Kaufmann die antijüdischen Maßnahmen, die er in Duisburg erleben musste, immer wieder kaleidoskopartig literarisch verarbeitet. Das gilt insbesondere für die autobiografische Erzählung *Stefan – Mosaik einer Kindheit* (1966) und den Roman *Voices in the Storm* (1953), deutsch: *Stimmen im Sturm* (1977/2002), in denen er die dramatischen Szenen von der Abschiebung der Duisburger Ostjuden im Herbst 1938 beschrieb. Eine Reihe anderer Titel wären zu nennen wie: *Im Fluss der Zeit* (2010), *Schade, dass du Jude bist* (2013) oder zuletzt *Die meine Wege kreuzten* (2018). *Voices in the Storm*, sein Debütroman, in viele Sprachen übersetzt, erzählt die Geschichte der Duisburger Juden, seine Kindheit in der Prinz-Albrecht-Straße, die Zerstörung der elterlichen Wohnung, die Verhaftung des Vaters, die Inschutzhaftnahme, die Internierung in Dachau. Die dort geschilderten Vorgänge entsprechen den Tatsachen und folgen dem Bericht seines Vaters, Rechtsanwalt Dr. Sally Kaufmann, der den zur Abschiebung im Rahmen der »Polenaktion« bestimmten Ostjuden, soweit möglich, Rechtsbeistand leistete.

Walter Kaufmann besuchte bis 1938 das Städtische Realgymnasium (Steinbart-Gymnasium) in Duisburg, wurde von seinen Eltern mit einem jüdischen Kindertransport im Januar 1939 nach England geschickt, dort im Mai 1940, sechzehnjährig, interniert und nach Australien deportiert. Er war Soldat, Hafenarbeiter, Seemann im australischen Exil und kehrte Mitte der 1950er Jahre nach Deutschland (DDR) zurück, wo er als freischaffender Schriftsteller in Berlin lebt. In der DDR war er Präsidiumsmitglied des P.E.N.-Zentrums und von 1985 bis 1993 Generalsekretär des Deutschen P.E.N.-Zentrums (Ost). Als Schriftsteller erhielt er zahlreiche Literaturpreise, unter anderem den Fontane-Preis 1961 und 1964, den Heinrich-Mann-Preis 1967, den Ruhrgebiets-Literaturpreis im Jahre 1993.

*Stimmen im Sturm*, das ist sein Duisburg-Roman. Es hat beinahe ein halbes Jahrhundert gedauert, ehe man sich in seiner Heimatstadt an den Sohn der

---

169  Ev 28.10.1944 (31), Archiv des Staatlichen Museums Oświęcim – Brzezinka (Auschwitz-Birkenau), Faksimile der Transportliste, in: Nießalla/Keldungs 1993, S. 89.

33. Walter Kaufmann (li.) und Kurt Katzenstein in Mänteln und kurzen Hosen, ca. 1928.

Stadt erinnerte, ihm eine späte Ehrung zuteilwerden ließ und ihm einen Literaturpreis zusprach.[170]

Im Mai 1940 wurde Walter Kaufmann von der britischen Polizei festgenommen, in »jenem englischen Sommer 1940, also auf Churchills Geheiß«, und zusammen mit allen »an der Küste lebenden männlichen deutschen Emigranten als feindliche Ausländer interniert […] über die Meere nach Australien *abgeschoben*«. So erinnert sich Walter Kaufmann.[171]

Zwei Männer waren in der Schule erschienen, wir hörten bereits davon, und hatten im Zimmer der Schulleiterin Anna Essinger Platz genommen und nach Walter Kaufmann rufen lassen. Und was ihm dann »Tante Anna« zu erklären suchte, verschlug ihm so die Sprache, dass er den Männern wortlos aus dem Zimmer folgte – »Internment« – Internierung!

Es folgte eine denkwürdige zwei Monate dauernde Schiffsfahrt auf der *Dunera* von Liverpool bis Australien mit mehr als 2500 unfreiwilligen Passagieren, die zur Deportation in das ferne Australien, die einstige britische Strafkolonie, vorgesehen waren. Doch die meisten von ihnen waren alles andere als dem Vereinigten Königreich feindlich gesonnen, hatten sie doch in ihrer übergroßen Mehrheit gerade erst in den zurückliegenden zwei Jahren – als Flüchtlinge aus Deutschland oder Österreich – Asyl in Großbritannien erhalten. Nun aber waren sie, als Hitlers vermeintliche Spione, den englischen Behörden ein Dorn im Auge, obwohl sie doch meist vor den antisemitischen Ausschreitungen in ihrer Heimat geflohen waren.

Am 7. September 1940 in Sydney Harbour Bay, genauer gesagt am Passagierkai der Werft 13 im Darling-Hafen der Millionenmetropole, angekommen, war aber für Walter Kaufmann noch längst nicht Schluss mit der grotesk-abenteuerlichen Reise. Nachdem bereits in Melbourne rund 350 Internierte aussortiert worden

---

170 Zu Walter Kaufmann ausführlich siehe außer den Angaben in FN 67: Heid 2011, S. 393–411; Heid 2015a, S. 47–58.
171 Kaufmann 2010, S. 148.

waren – es handelte sich um kriegsgefangene Italiener und Deutsche –, wurden nun die verbliebenen Internierten von Bord geprügelt. Eskortiert wurden sie von australischen Soldaten, die mit zunehmendem Unverständnis die »Ausschiffung« verfolgt hatten. Erst kopfschüttelnd und schließlich empört reagierten sie auf den Umgang der Engländer mit den Internierten. Denen fielen als Erstes der freundliche Ton und die korrekte Sachlichkeit der Australier auf. In bereitstehenden Eisenbahnwaggons wurden die Deportierten ins Landesinnere weiterbefördert. Ihre australischen Begleiter mochten kaum glauben, als ihnen die Gefangenen eröffneten, dass es sich mitnichten um einen Transport von Kriegsgefangenen handelte, den ihnen ihre Vorgesetzten angekündigt hatten.

750 Kilometer westwärts von Sydney endet die Bahnfahrt am nächsten Morgen in Hay, einer Kleinstadt mitten in der Steppe, dem australischen Outback von New South Wales. Nach einem anschließenden kilometerlangen Fußmarsch erreicht die Kolonne ihr Ziel. »Grelle Scheinwerfer an hohen Masten erleuchten ein von mehrfachem Stacheldraht eingezäuntes Lager taghell. Zaunpfosten werfen ihre langen Schatten auf in Reih und Glied ausgerichtete flache Baracken, über denen an allen Seiten der Einzäunung hölzerne Wachtürme thronen. Ringsum liegt, so weit das Auge reicht, nur Einöde, nichts als Einöde. Ein Lager am Ende der Welt. Endstation einer langen, abenteuerlichen Reise«, heißt es bei Klaus Wilczynski.[172]

Die in den Baracken gewählten Hüttenältesten bildeten das sogenannte Lagerparlament. Dessen Hauptsorge galt neben einem geordneten Zusammenleben im Camp insbesondere der Entlassung aus der Internierung. Man verfasste Petitionen, in denen die Ungerechtigkeit der Internierung von rassisch Verfolgten und politischen Flüchtlingen dargelegt wurde, und appellierte an Rechtsbewusstsein, Humanität und gesunden Menschenverstand. Freunde oder Verwandte in England wurden mit Bitten überhäuft, bei der Regierung, in ehemaligen Betrieben, bei der jüdischen Gemeinde oder den Parteien vorstellig zu werden und sich für die Freilassung und Rückführung der nach Australien Verschleppten einzusetzen.

Noch während des Krieges wollten sich die Australier nicht länger mit den europäischen Flüchtlingen belasten. Seiner Majestät Regierung des Commonwealth, wie es sprachlich ein wenig verschwurbelt hieß, gebe allen internierten Flüchtlingen, die den notwendigen Kriterien und physischen Voraussetzungen genügten, die Möglichkeit, den australischen Militärstreitkräften beizutreten.

Hinter Walter Kaufmann lag bereits ein bewegtes Leben, das ihn über die halbe Erdkugel geführt hatte. Irgendwann hatte man in London ein Einsehen über das Unsinnige dieser Internierungsmaßnahmen – wer zurückwollte, konnte es.

---

172  Wilczynski 2001, S. 200f.

34. Walter Kaufmann als Soldat in der Australian Employment Company, 1943.

Wer in Australien bleiben wollte, konnte es – sollte oder konnte dort auf Plantagen arbeiten oder in die Armee eintreten. Beides tat Walter Kaufmann. Er lebte vom Verdienst auf der Plantage, dann, nachdem er sich in der australischen Armee verpflichtet hatte, vom Armee-Sold. Viereinhalb Jahre in der australischen Armee, eingereiht in ein Arbeitsbataillon, wo es hart zuging – Lastwagen fahren, Züge ausladen, Wassergräben ziehen. Indes, einen Grund, außer dem Gedanken an die Eltern, nach Europa, England oder gar Deutschland, zurückzukehren, hatte Walter Kaufmann nicht. Wohin hätte er gehen sollen?

Er war siebzehn Jahre alt, als er im Jahre 1941 das Internierungslager verlassen konnte, und wartete auf eine Nachricht von den Eltern, von deren Schicksal er allenfalls eine sorgenvolle Ahnung besaß. Der Briefverkehr mit den Eltern war praktisch abgebrochen. Wenn ein Brief ihn überhaupt erreichte, war er bereits ein halbes oder gar ein ganzes Jahr unterwegs gewesen, sein Inhalt oft überholt.

Was sich in der Zeit seit seiner unfreiwilligen Überfahrt von England nach Australien in der übrigen Welt ereignet hatte, war an ihm vorübergegangen. Von der Auferlegung einer Sühneleistung von 1 Milliarde Reichsmark auf die Gesamtheit der Juden, der Auflösung aller jüdischen Betriebe und der Ablieferung aller Wertpapiere und Schmucksachen, Deportationen deutscher Juden, namentlich der aus Duisburg, hatte er gehört, die Eltern hatten manche mehr oder weniger deutliche Andeutung gemacht. Aber all das andere, was folgte? Vom Tragen des Judensterns? Dass Juden keine öffentlichen Verkehrsmittel mehr benutzen durften? Kein Fleisch, keine Eier und keine Milch mehr erhielten? Von alledem erfuhr er erst Monate, Jahre später – im australischen Hinterhof des Weltgeschehens. Über das Schicksal der europäischen Juden war weder in der australischen Presse noch im australischen Rundfunk, noch in den BBC-News »auch nur ein Tönchen« zu vernehmen.[173]

---

173 Silbermann 1990, S. 177.

Briefe verschwanden einfach oder waren von der Gestapo konfisziert worden. Unter der Notiz »Betrifft Interniertenpost« vermerkte die Gestapo am 6. Februar 1942: »Der Empfänger der Briefe ist Walter Israel Kaufmann […], Jude, Reichsangehöriger [im Original durchgestrichen] […]. Er wanderte im Januar 1939 nach England aus, wurde dort im Mai 1940 interniert und nach einigen Monaten nach Australien verschickt. Dem Briefschreiber ist bekannt, dass sich im gleichen Lager der frühere Hauptlehrer Emil Israel Frank, […] Jude […] befindet. […] Die Vorgenannten haben auf Grund der 11. Verordnung zum Reichsbürgergesetz die deutsche Staatsangehörigkeit verloren.«[174] Mit dem 25. November 1941 war Walter Kaufmann staatenlos geworden.

Die Zeitläufte wollten es, dass er ohne ein »richtiges« Schulexamen war und keinen Beruf hatte erlernen können. Bis zu diesem Zeitpunkt hatte ihm das Schicksal bereits einiges abverlangt. Bildung musste er sich selbstständig erwerben. Die Umstände, die sein Leben fortan bestimmten, prägten seine Bildung. Noch nicht erwachsen stand er vor ganz neuen existenziellen Herausforderungen. Jemand, der ihn unter seine Fittiche hätte nehmen können, hatte sich nicht eingestellt.

Es ist richtig, dass er sich schon mit sechzehn Jahren im australischen Lager mit dem Gedanken trug, Schriftsteller zu werden. Auf das ständige Drängen des Vaters, für welchen Beruf er sich entscheiden wolle, hatte er zögernd angedeutet, sich der Schriftstellerei zuwenden zu wollen. Offensichtlich hat er dem Vater eine »Kostprobe« erster literarischer Versuche eingesandt. Sally Kaufmann reagierte zunächst nicht ablehnend schroff auf des Sohnes Überlegungen, sondern mit verhaltener Sympathie, wenn er in gestelzten Wendungen antwortete: »Auch Deine Zukunftsgedanken, die sich auf Deine Sehnsucht, Dich ›Dichter‹ nennen zu können beziehen, haben wir mit Verständnis aufgenommen« (Brief 141).

Doch schon im nächsten Brief relativierte Sally Kaufmann sein »Verständnis« für den Berufswunsch seines Sohnes, dessen Idee er nur noch »mit einiger Einschränkung« begrüßen wollte, indem er argumentierte, Dichten an sich sei zwar

---

[174] Zit. n. Tappe/Tietz 1993, S. 128. – Emil Frank (1902–1991) Lehrer und Leiter der jüdischen Volksschule in Duisburg und Kantor der Jüdischen Gemeinde. Frank war verheiratet mit Eva Neumark, der ältesten Tochter Rabbiner Neumarks. Frank wurde während des Novemberpogroms am 10. November 1938 in »Schutzhaft« genommen und anschließend in das KZ Dachau deportiert. Er emigrierte nach seiner Zwangspensionierung im August 1939 mit seiner Familie nach England. Bei Kriegsbeginn wurden seine Frau und seine Kinder auf der Isle of Man interniert, er selbst – zusammen mit Walter Kaufmann – nach Australien deportiert. Nach seiner Entlassung in Australien emigrierte Frank mit seiner Familie nach Palästina, wo sie im Kibbuz Kfar Hanassi lebten. Biografisch zu Emil Frank siehe: Roden 1986a, Teil 2, S. 209 ff; 216ff.; 295ff.; 1083; StADU 506/3130, 3131, 3134.

35. *Voices in the Storm*, Walter Kaufmanns Debütroman aus dem Jahre 1953.

etwas sehr Schönes, er selbst hatte sich öfters gewünscht, etwas weniger prosaisch veranlagt zu sein, aber das Dichten könne die Tätigkeit eines Menschen nie voll ausfüllen und müsse »immer nur gewissermaßen eine Ausspannung nach anderer, praktischer Arbeit sein«. Der Vater dachte ganz pragmatisch und appellierte: »So hoffe ich auch, dass Du das Ziel, dich theoretisch und praktisch für einen Beruf, zu dessen Erlernung Du dort Gelegenheit hast, auszubilden, nie aus den Augen verlierst, mag auch das Dichten Dich noch so sehr locken« (Brief 142). Doch ein Traum hatte sich für Walter Kaufmann erfüllt: Er war noch in der Armee, zwanzigjährig, als er 1944 mit der Geschichte *The Simple Things* den Literaturpreis des Melbourne New Theatre gewann.[175]

In der Erzählung *Postausgabe* beschreibt Walter Kaufmann den Augenblick, als er Kenntnis von der Erstveröffentlichung seiner Geschichte *The Simple Things* erlangte. Demnach war seine Einheit im Melbourner Camp an einem regnerischen Junimorgen im Jahre 1942 zur Postausgabe im Karree angetreten. Diesmal hatte er nicht vergeblich auf Post gehofft. Stumm, dabei innerlich aufgewühlt, nahm er die ihm zugedachte Sendung in dem großen Umschlag in Empfang und trug sie über den Appellplatz mit in sein Zelt, riss den Umschlag auf und überflog zunächst ein Schreiben mit der Erklärung, warum die Auslieferung sich verzögert hatte. Und dann, endlich, hielt er das dicke Heft mit dem Titel *Angry Penguins* in den Händen, überflog das Verzeichnis mit klangvollen Namen und entdeckte dazwischen auch seinen gedruckten Namen. Welch eine Freude, die ihn bewegte: »Bei dem Anblick seiner Erzählung im Druck DIE EINFACHEN DINGE, fühlte er alles andere als Zorn. Er war stolz, glücklich, dankbar.«[176] Seine erste Literaturveröffentlichung! War das der erste Schritt zu einer hoffnungsvollen literarischen Karriere?

Das Exil war zwar schwer, aber als »bitter« hat er es nicht empfunden. Der junge Emigrant aus Duisburg schlug sich in Australien mit allen möglichen Gelegenheitsarbeiten durchs Leben. Meistens im Bereich des Hafens, auf Schleppern und Frachtern. Dieses Milieu hatte ihn schon als Jugendlicher in Duisburg angezogen. Dann verdingte er sich als Straßenfotograf, Schlachthausarbeiter, Obstpflücker, Docker und lange Jahre als Seemann.

Manfred Tietz charakterisiert Walter Kaufmann treffend, wenn er sagt: »Für ihn, den rassisch Verfolgten, den mittellosen Asylanten war das Exil eine harte Lehrzeit: voller Entbehrungen, Bitterkeiten und schwerer Arbeit. Doch fand er bei den ›einfachen Arbeitern‹ das, was er in Duisburg – auf der Prinz-Albrecht-Straße und im vornehmen Kaiserberg-Viertel – vergeblich gesucht hatte: menschliche Wärme, Freundschaft und Aufbegehren gegen Unrecht und Ausplünderung.«[177]

---

175  Die deutsche Übersetzung unter dem Titel »Die einfachen Dinge« ist u. a. publiziert in: Kaufmann 2013, S. 247–250, und in: Kaufmann 2004, S. 10–15.
176  Walter Kaufmann: »Postausgabe«, in: Ders., *Die Welt des Markus Epstein,* S. 172.
177  Tappe/Tietz 1993, S. 138.

36. Walter Kaufmann unterwegs als Hochzeitsfotograf, Australien 1947.

37. Hochzeitsfotografen, Walter Kaufmann (3. v. li.), Melbourne 1948.

Als Delegierter der australischen Seemannsgewerkschaft kam Kaufmann im Jahre 1955 zum ersten Mal nach seiner Flucht im Januar 1939 wieder nach Duisburg. Überall schlossen sich die Türen. Er erlebte eine bittere Enttäuschung. Es war die Zeit der großen Verdrängung. Er konnte nicht umhin, das Haus der Familie aufzusuchen, in dem er groß geworden war. An der Haustür der Name Moll, Heinrich Moll. In seinem Roman *Flucht* hat Kaufmann diese gespenstische Begegnung eindrucksvoll beschrieben.

Im Frühjahr 1955 begann Walter Kaufmann, seit 1948 australischer Staatsbürger und in Sydney wohnhaft, sich um Wiedergutmachung zu bemühen und an Rückkehr nach Deutschland zu denken.[178] Ausschlussgründe gab es nicht, der Verfolgungstatbestand stand außer Zweifel, die Anspruchsvoraussetzungen waren erfüllt: Das Steinbart-Gymnasium, dessen Schüler Kaufmann von Ostern 1934 bis Ostern 1938 gewesen war, bestätigte sein »Vorbringen«. In der Behördensprache heißt es dazu: »Die für das Ausscheiden des Antragstellers vom Besuch des Steinbart-Gymnasiums angeführten Gründe sind absolut einleuchtend, zumal ähnliche Fälle jüdischer Schüler […] amtsbekannt sind. Der Ministerialerlass vom 15.11.1938 […] hat bekanntermaßen den völligen Ausschluss der Juden vom Besuch deutscher Schulen gebracht. Die Schilderung des Verfolgungsvorgangs kann als zutreffend unterstellt werden.« Nicht immer lagen die Dinge beim Wiedergutmachungsamt so einfach. Aufgrund der antisemitischen Schikanen, die er hatte erleiden müssen, und des gesetzlichen Ausschlusses vom Besuch einer allgemeinen Schule hatte er die private Jüdische Schule in Düsseldorf besuchen müssen, bis auch diese durch NS-Gewaltmaßnahmen zerstört worden war. So hatte es die Wiedergutmachungsbehörde korrekt vermerkt.

Im Mai 1956 erging ein erster Teilbescheid. Kaufmann wurde für erlittenen Schaden in der Ausbildung eine Entschädigung zugesprochen. Neun Jahre später ein weiterer Bescheid, der ihm eine Kapitalentschädigung zuerkannte, die in der Höhe dem Teilbescheid aus dem Jahre 1956 entsprach.[179]

Nachdem Walter Kaufmann etwa fünfzehn Jahre in Australien gelebt hatte, siedelte er 1956 mit seiner Frau, einer Australierin, nach Berlin (DDR) über. Vorausgegangen war eine Einladung zu einem Schriftstellerkongress in der DDR. In Ostberlin wurde er mit offenen Armen aufgenommen und erhielt die Einladung, in der DDR zu bleiben. Er blieb, behielt gleichwohl seinen australischen Pass, was ihm ermöglichte, zu reisen. »Ich entschied mich für die DDR, weil ich am Aufbau eines sozialistischen Deutschlands teilhaben wollte. Eine andere Alternative gab es damals für mich nicht.« Die DDR sah er als Verkörperung eines anderen Deutsch-

---

178 Auch im Folgenden: StADU 506/4048.
179 Die Familie Moll verweigerte weitere Wiedergutmachungsleistungen, auch nachdem Rechtsanwalt Otto Schily sie angeschrieben hatte, und zeigten sich hinsichtlich der Kaufmann'schen Ansprüche in keiner Weise kompromissbereit. Das Haus haben sie schadlos behalten.

38. Walter Kaufmann mit Ehefrau Barbara, Berlin 1955.

lands als jenes, das er als Jugendlicher verlassen musste. In der DDR war er wie erwähnt Präsidiumsmitglied des P.E.N.-Zentrums und von 1985 bis 1993 Generalsekretär des Deutschen P.E.N.-Zentrums (Ost).

Doch seine Heimatstadt Duisburg ging ihm nicht aus dem Sinn. Es war ihm eine innere Notwendigkeit, es noch einmal in Duisburg zu versuchen und dort Fuß zu fassen. Das gelang nicht: »Ich bin überall an Grenzen gestoßen, innere und äußere Grenzen«, erinnerte er sich 54 Jahre später. »Meine innere Befangenheit war stark, weil ich so viel Schlimmes in Duisburg erfahren hatte. Nicht zuletzt weil ich hier erfahren habe, dass meine Eltern von Duisburg aus nach Auschwitz deportiert und dort ermordet worden waren.«[180]

Vornehmlich seine Reisereportagen erzielten in der DDR hohe Auflagen, wurden zum Teil in viele Sprachen übersetzt, zum Beispiel *Far Eastern Kaleidoscope* (1957), *Drei Reisen ins Gelobte Land* (1980). Insgesamt vier Amerika- und zwei Irland-Bücher brachte Kaufmann heraus. Sein Roman *Kreuzwege* (1979) hatte großen Erfolg.

»Staatsnah« ist Walter Kaufmann in der DDR nie gewesen. Im Gegenteil: Die DDR-Staatssicherheit hatte ihn im Visier. Beim Einblick in seine Stasi-Akte stieß er auf mindestens zwanzig Decknamen. Er wurde von einer prominenten Schriftstellerkollegin bespitzelt – Christa Wolf. Auch in der DDR vermochte er seine Internationalität gegen die Abschottungspolitik des Staates zu bewahren, in dem er seinen festen Wohnsitz genommen hatte.

---

180 Walter Kaufmann, in: Erlebte Geschichten: Walter Kaufmann, 7. November 2010 (07.05–07.30 Uhr), WDR 5.

In der renommierten Schriftstellervereinigung P.E.N., in der er viele Jahre im Präsidium tätig gewesen war, setzte er sich vor allem für inhaftierte Autoren weltweit (»Writers in prison«) ein – bis in die Gegenwart.

In fast allen seinen Büchern reiht Kaufmann autobiografische Geschichten auf, wie Perlen an einer Kette. Sie führen von seiner Heimatstadt Duisburg weit in die Welt des vergangenen Jahrhunderts und immer wieder zurück in die Gegenwart, den Leser immer mitnehmend. Menschen dreier Kontinente treten dabei ins Licht – unverwechselbar alle und so unterschiedlich wie die Länder ihrer Herkunft. Weltoffenheit und Heimatliebe sind für ihn eine dialektische Einheit.

»Längst als Autor erfolgreich, fährt er noch einmal auf verschiedenen Frachtern zur See, erkundet mit Entdeckerlust eines Jack London oder Somerset Maugham fremde Ufer, schreibt darüber voller Leuchtkraft und Lebendigkeit. Mit demselben neugierig-kritischen Blick durchmisst Walter Kaufmann die Spanne von über neun Jahrzehnten in seinem packenden Lebensreise-Bericht.« So heißt es auf dem Klappentext seines im Jahre 2010 erschienenen Buches *Im Fluss der Zeit*.[181] Das ist griffig formuliert und charakterisiert den Autor Kaufmann treffend. Das gilt nicht zuletzt auch für sein Buch aus dem Jahre 2013 *Schade, dass du Jude bist. Kaleidoskop eines Lebens*,[182] in dem er sich, wie stets, an seine Heimatstadt Duisburg erinnert.

Im Jahre 2003 verlegte der Kölner Künstler Gunter Demnig in Erinnerung an die in Auschwitz ermordeten Dr. Sally und Johanna Kaufmann einen »Stolperstein« vor dem Haus Prinz-Albrecht-Straße 17.[183] Es war ein zahlreiches Publikum erschienen, Nachbarn und Schüler des Steinbart-Gymnasiums, Walter Kaufmanns ehemalige Schule bis 1938.

In Duisburg war für ihn nach dem traumatischen Jahr 1938, aber auch nach dem Holocaust »kein Bleiben« gewesen, das betont Walter Kaufmann in seinen Büchern ebenso wie in seinen persönlichen Erzählungen, die er mit seiner klaren, sonoren Stimme wiederholt.[184] Von den Menschen »von damals« war niemand »aus dem Schatten der Vergangenheit« herausgetreten – der Anwalt nicht, der die Praxis seines Vaters übernommen hatte und seinem »Vorgänger« abgesprochen hatte, ein Deutscher zu sein, der Studienrat nicht, der seine jüdischen Schüler

---

181  Kaufmann 2010.
182  Kaufmann 2013.
183  Siehe dazu: Evangelischer Kirchenkreis Duisburg [o. J.], S. 52f.
184  Z. B. in: Kaufmann 2010, S. 275ff.; auch: Ders.: »Heimkehr in die Fremde«, in: Kaufmann 2013, S. 148.

39. Walter Kaufmann in New York, 1963.

40. Buchbasar, Manhattan/New York, 1980er Jahre.

hatte spüren lassen, dass diese minderwertig seien, und auf die Einhaltung der Nürnberger Gesetze gepocht hatte, indem er den Schüler Walter Kaufmann »wegen Rassenkunde« aus der Quinta verbannte. Und all die anderen, die allesamt nichts gewusst hatten und doch höchst erstaunt waren, wenn sie des jüdischen Jungen von damals ansichtig wurden: »Dass du noch lebst …« Von Angesicht zu Angesicht, so schreibt Kaufmann,[185] hatte er sich täuschen lassen und ihre Beteuerungen hingenommen, obwohl ihn die Frage nicht losließ, ob denn der Schrecken von Auschwitz nicht schon in den Anfängen zu erkennen gewesen war, im Gegröle der Nazis in den Straßen, den Verhaftungen im Morgengrauen, den Hasstiraden im Volksempfänger, den zertrümmerten Läden und Häusern und den brennenden Synagogen. Und wenn damalige Nachbarn der Kaufmanns von der »Abreise« der Eltern sprachen, wobei der »Ausflug« nach Theresienstadt bzw. Auschwitz gemeint war, dann hatte Kaufmann nichts dringender gewollt, als den nächsten Zug zu erreichen, der ihn würde aus der Stadt seiner Kindheit und Jugend bringen, zurück in den Teil Berlins, von wo er gekommen war.

Im November 1989, als die Mauer in Berlin fiel, führte Walter Kaufmanns Weg wieder einmal nach Duisburg – und zu seinem Elternhaus. Über den Besuch hat er eine kleine Erzählung geschrieben, deren Schluss sich so liest:

*Um diese Zeit, noch ist es Tag, doch trüb schon und diesig jetzt im November, stehe ich wieder vor dem Elternhaus – was treibt mich noch einmal hierher, warum widerstehe ich dem nicht? Es wird, das schwöre ich mir, das letzte Mal sein, und gegen die Mauer des Vorgartens gelehnt, bin ich von der Vorstellung besessen, dass meine Gegenwart durch das Gestein ins Haus dringt. Gleich werden sich die Gardinen rühren, wird er sich hinter dem Fenster zeigen, mich hier stehen sehen, und es wird ihn treffen. Nichts aber regt sich im Haus. Sonntäglich still liegt die Straße da, bis nach einer Weile aus dem stetig sinkenden Nebel ein Auto sich nähert. Es parkt gegenüber dem Haus, die Scheinwerfer gehen aus, und zwei Männer und eine Frau überqueren die Straße. Sie plaudern lachend, verstummen, als sie mich sehen, und mustern mich befremdet – was will der dort? Das frage ich mich nun selbst, und ich wende mich ab, tauche unter im Nebel – wie ein Täter, der den Tatort flieht.*[186]

Bei jeder sich bietenden Gelegenheit besucht Walter Kaufmann die Stadt, in der er seine ersten fünfzehn Lebensjahre verbracht hat. Meistens kommt er zu Lesungen aus einem seiner Bücher, in denen die Stadt Duisburg breiten Raum einnimmt.

---

185   Vgl. Walter Kaufmann: »Heimkehr in die Fremde«, in: Kaufmann 2013, S. 149.
186   Walter Kaufmann: »Prinz-Albrecht-Straße 1989«, in: Kaufmann 1992, S. 59f.

Und als er bei einem seiner Duisburg-Besuche das Stadttheater besucht, wundert er sich: Als Vierzehnjähriger hatte er es gewagt, gegen das Verbot »Juden unerwünscht« eine Eintrittskarte zu lösen, die Seitenstufen des Theaters und von dort zum obersten Rang hochzusteigen, um Wagners *Meistersinger* zu erleben. Siebzig Jahre später gab sich der Direktor der Duisburger Oper die Ehre, ihn zur Aufführung von *Rusalka* einzuladen.

Im Februar 2008 kam er nach Duisburg, um im Rahmen der rollenden Ausstellung »Zug der Erinnerung« aus seinen autobiografischen Büchern zu lesen. Er habe in seinem Leben die Welt erleben können. Aber es vergehe kein Tag, an dem er nicht an seine Eltern denke, die in Auschwitz ermordet wurden. Über die deportierten jüdischen Kinder, die in der Ausstellung im »Zug der Erinnerung« zu sehen waren, bemerkte er, er hätte sehr wohl eines der dort abgebildeten Kinder sein können.

Walter Kaufmann, das hat er immer wieder betont, hat sich, im Gegensatz zu seinen Eltern, nie als Opfer empfunden. Gleichwohl hat er immer in sich das Bedürfnis gespürt, Zeugnis abzulegen. Ob er damit seine Traumata hat verarbeiten wollen, sei dahingestellt. Jedenfalls hat er in vielen seiner Erzählungen als Schriftsteller seine Erfahrungen zu Papier gebracht und der Nachwelt hinterlassen. Der Jude in Deutschland, das Schicksal seiner Eltern, der Kindertransport, seine Exiljahre in Australien, sein Schriftstellerleben in Deutschland nach dem Holocaust, all das hat ihn als Autor nachhaltig beschäftigt. Er hat das Genre der literarisierten Verarbeitung von Emigration und Exil, das mit fiktiven Personen und Orten operiert, als Schriftsteller für sich adaptiert und das Geschehen aus der Perspektive von Kinderfiguren dargestellt. In seiner Literatur hat er allerlei verdeckte und offene Hinweise auf die Auswirkungen von Verfolgung, Flucht und Exil auf Minderjährige gegeben.

Allen Widrigkeiten zum Trotz: Duisburg, seine Eltern und das Haus, in dem er aufwuchs, haben Walter Kaufmann zeitlebens nie losgelassen. In seinen Werken spiegelt sich die Erinnerung an die Stadt auf extreme Weise – im Guten wie im Bösen. Immer wieder. Und so versteht sich sein Bekenntnis, wenn er erklärt: »Ich bin immer ein Sohn der Stadt Duisburg geblieben.«[187] Die tiefe Bindung an seinen Vater, durch die Zeitläufte bestimmt, hat sich nie gelöst: »Denk ich an meinem Vater, Dr. Sally Martin Kaufmann, der im Gas von Auschwitz erstickte, trägt es mich vom Herbst des Lebens in die Jahre meiner Duisburger Kindheit […].«[188]

---

187 Walter Kaufmann an den Verf. (E-Mail), 18. November 2013.
188 Walter Kaufmann anlässlich der Einweihung des Mahnmals zum Gedenken an die verfolgten Duisburger jüdischen Juristen im Land- und Amtsgericht, Duisburg (siehe FN 31).

Am 23. November 2017 wurde Walter Kaufmann zu einer Gedenkveranstaltung ins Berliner Auswärtige Amt einladen, eine Veranstaltung, an der Botschafter verschiedener Staaten teilnahmen. Thema der Gedenkveranstaltung waren Rettungsaktionen in der NS-Zeit, die von verschiedenen Organisationen und Privatpersonen durchgeführt worden waren. Kaufmann wurde gebeten, ein Grußwort über seine Zeit in Australien und die Folgejahre zu sprechen und dabei die Bandbreite der Rettungsaktion zu unterstreichen.[189]

Walter Kaufmann beschrieb am Beispiel des Bildes *Die Verdammten* von Felix Nussbaum sein eigenes Lebensschicksal. Er führte aus:

*Zu den Verdammten gehörte ich einst, zu den Opfern nie – ich war und bin kein Opfer. Das Leben war gut zu mir. Die Welt nahm mich auf. Drei Kontinente durfte ich in meinen einundneunzig Jahren erleben.*

*Freundschaften auch – Männerfreundschaften und die Liebe der Frauen.*

*Und dennoch: Ich war neun, als SA-Horden durch unsere Straße zogen und das Lied vom Judenblut grölten, das vom Messer spritzt, und war neun, als ich sah, wie die SA meinen Onkel jagten und ihn mit Stiefeln traten, nachdem er nur Meter vor seinem Haus zusammengebrochen war.*

*Und ich ging noch zur Volksschule, als ich Helmut, den Bruder unseres Hausmädchens, vor der SA fliehen sah: er floh über eine Fabrikmauer aus Ziegelsteinen und schnitt sich oben an den Scherben die Hände blutig. Er entkam, sie fingen ihn nicht, und ich rettete seine Mütze, die er auf der Flucht verloren hatte, und verbarg sie unterm Hemd. »Was hatten die gegen ihn?«, fragte ich Hilde, Helmuts Schwester, und sie sagte: »Das verstehst du nicht.« Sie irrte. Ich verstand viel – verstand, warum ich längst nicht mehr dazugehörte, weder in der Schule noch auf dem Sportplatz, und auch den Schrecken meiner Mutter, als mich nach einem Unfall zwei SS-Ärzte in schwarzer Uniform mit verbundenem Knie nach Hause brachten: »Hier haben Sie Ihren Balg – wir Deutsche können hart sein, aber immer gerecht!« Und die Jagd auf Helmut hatte ich im Grunde auch verstanden. Mehr und mehr lernte ich mit den Jahren zu verstehen. Nur dass Miriam gehen musste, die Tochter von Onkel Chaim, wie ich ihn nennen durfte, des Schusters Tochter aus Polen, dass sie alle, die von dort stammten, gehen mussten und wir bleiben durften – noch bleiben durften in jenem Jahr, das verstand ich nicht: »Warum ihr und nicht wir?« Wenige Wochen später brannte*

---

189  Walter Kaufmann war aus Anlass der Erinnerung an den letzten Kindertransport aus Deutschland im Jahr 1939 am 8. September 2017 auch in der Tschechischen Botschaft als Redner eingeladen worden, wo er seine unten zitierte Nussbaum-Rede hielt.

die Synagoge, verhafteten Gestapo-Männer in Ledermänteln meinen Vater, zertrümmerten die SA die Möbel in unserem Haus, verließ ich Deutschland in einem Eisenbahnzug voller Flüchtlingskinder, um nie wiederzukehren – und kam doch zurück: nicht als Opfer! Opfer – das waren meine Eltern, die in Auschwitz …

Was von all dem findet sich in Felix Nussbaums Bild Die Verdammten – nichts? Oh, nein! So gut wie alles findet sich darin. Rechts unten ist meine Mutter zu sehen in all ihrer Erschütterung beim Anblick des Vaters nach dessen Entlassung aus dem KZ Dachau; Miriams Eltern beherrschen die Mitte des Bildes: Chaim und Chanele Feinstein vor ihrer Verschleppung nach Polen; Miriam fehlt – und wo bin ich? Im Selbstportrait Felix Nussbaums will ich erkennbar sein: in seinem fragenden Blick, seinem Stolz, seinem Selbstbewusstsein, seinem Künstlertum … »wenn ich untergehe, lasst meine Bilder nicht sterben.« Und die Synagoge, die ich an jenem 9. November brennen sah, sie ist gegenwärtig im Widerschein, der den Nachthimmel erhellt, gegen den sich das düstere Gemäuer der Stadt abzeichnet – das Gemäuer der Stadt meiner Kindheit im Ruhrgebiet.[190]

*

## Walter Kaufmann

### Sally Martin Kaufmann – Duisburg, 1929

»Vater«, sage ich, »erzähl noch mal was von Hutzliputzli.« Zu meiner Enttäuschung beginnt er bedächtig und weit ausholend zu erklären, was ich längst weiß: wie klein und putzig Hutzliputzli ist und dass er irgendwo hier im Wald in einem Knusperhäuschen wohnt. Weil mich das langweilt, finde ich es doppelt mühsam, neben Vater herzulaufen, der macht zu lange Schritte und geht zu schnell! Eine halbe Stunde schon sind wir zwischen Bäumen gewandert, und jetzt habe ich genug. »Wie weit noch?«, frage ich. »Zehn Bäume«, sagt er mir. Ich beginne zu zählen, das kann ich, obwohl ich noch nicht zur Schule gehe. Beim zehnten Baum aber sind wir noch längst nicht am Ziel. Das gefällt mir gar nicht. »Noch zehn Bäume«, höre ich ihn sagen. Ich glaube ihm nicht und lasse das Zählen sein – und bin sehr müde, als wir endlich aus dem Wald kommen und die Eisdiele erreichen. Nicht dass ich das Eis nicht will, das Vater mir kauft, aber schmecken tut es mir nicht.

---

190 Walter Kaufmann an den Verf., E-Mail, 23. November 2017. Walter Kaufmanns Text ist erschienen in: Sauer 2016.

*Immer noch bin ich ihm ein bisschen böse. Aber längst nicht so böse wie an dem Tag, als er mich unsanft von der Mauer holte, die unser Haus vom Haus des Nachbarn trennt. Ich war zehn damals und neugierig, und von der Mauer sah ich den Nierendorffs beim Frühstück im Garten zu. Herr Nierendorff, der das nicht mochte, stand auf, ging ins Haus und sagte Vater am Telefon, er solle mich gefälligst von der Mauer holen. Und Vater tat mehr. Er holte aus, um mich zu ohrfeigen, was noch nie geschehen war. Ich duckte mich und er traf die Mauer! Es musste ihm sehr weh getan haben. Lange Wochen blieb der Mittelfinger seiner rechten Hand geschient – gebrochen oder verstaucht, er sagte es mir nicht. Vater litt, ich litt und war sicher, er würde mich nicht mehr haben wollen. Ich wagte nicht zu fragen, ob der Finger noch schmerzte und was eigentlich damit passiert war. Er schwieg und schwieg und schwieg, und das war schlimmer, als eine Ohrfeige gewesen wäre – viel schlimmer! Am schlimmsten aber war dann die Trennung von ihm an jenem Novembertag in Duisburg. Das geschah vier Jahre nach dem Ärger mit den Nierendorffs. Ich war aus Düsseldorf, aus der jüdischen Schule heimgekehrt, wo nebenan die Synagoge brannte und die Massen »Juda verrecke!« johlten. Die Feuerwehr hatte nur zugesehen, dass die Nachbarhäuser von den Flammen verschont blieben – ich sah die Synagoge lodern und ich floh. Als ich, in Duisburg angekommen, die Prinz-Albrecht-Straße entlang zu unserem Haus rannte, sah ich, wie zwei Männer in Ledermänteln den Vater die steinerne Treppe hinunter zu einem Mercedes führten. Sie stießen ihn in das Auto und warfen die Tür zu. Ich lief hin, so schnell ich konnte. Der Vater sah mich. Wir blickten uns an. Vater hob die Hand, ich hob die Hand. Der Motor sprang an, zwei Räder streiften kurz den Bordstein, der Mercedes fuhr davon und trug meinen Vater weg … und er war ein sehr anderer, als er Wochen später wiederkam. Mir schien, er blicke durch mich hindurch.*[191]

---

191   Walter Kaufmann: »Sally Martin Kaufmann – Duisburg, 1929«, in: Kaufmann 2018, S. 17–18.

*L. Joseph Heid*

# Editorische Notiz

Das hier unter dem Titel »*Alles Schreiben hat ja das Ziel, daß wir drei wieder zusammenkommen*«. *Nachrichten an den Sohn Walter Kaufmann 1939–1943* veröffentlichte Briefkonvolut umfasst insgesamt 154 Schriftstücke, 144 davon stammen aus der Feder von Johanna und Sally Kaufmann und teilen sich in insgesamt 95 Briefe und 49 Karten auf. Mit einer über das Britische Rote Kreuz vermittelten Kurzmitteilung – geschrieben am 24. Juni 1943 –, dass sie nach Theresienstadt »abreisen« würden, endet der Postkontakt von Johanna und Sally Kaufmann mit Sohn Walter, der zu diesem Zeitpunkt in einem britischen Internierungslager in Australien lebte. Acht Briefe bis zur Deportation von Johanna und Sally Kaufmann stammen von Dritten – Verwandten oder Freunden. Nach der Deportation des Ehepaars Kaufmann im Sommer 1943 finden sich in dem Konvolut noch zwei Briefe von Jeanette und Eugen Kaufmann an Walter Kaufmann, einer aus dem Jahre 1945, der andere aus dem Jahre 1950. Dazu eine Mitteilung vom Britischen Roten Kreuz an Walter Kaufmann über das Rote Kreuz Melbourne aus London vom 15. April 1944.

Die meisten Briefe schrieb Sally Kaufmann mit der Schreibmaschine, über die er als Gemeindevorsitzender – im Gegensatz zur übrigen jüdischen Bevölkerung – bis zuletzt verfügen durfte. Seine handschriftlichen Briefe sind in aller Regel in Sütterlinschrift (»deutsche Schrift«) verfasst. Einen einzigen handschriftlichen Brief schrieb er in Lateinschrift am 14. Dezember 1941 und begründete dies folgendermaßen: »Ich schreibe heute mit der Hand, weil ich glaube, dass Dir ein handschriftlicher Brief mehr Freude macht, als ein Brief in der unpersönlichen Maschinenschrift. Allerdings ist mir das Schreiben in Latein-Schrift nicht so geläufig, wie das in deutscher Schrift, aber es wird vielleicht die Beförderung des Briefes beschleunigen« (Brief 131). Johanna Kaufmann schrieb zumeist handschriftlich, gelegentlich maschinenschriftlich, dann allerdings als ungeübte Schreibmaschinenschreiberin auch fehlerhaft. Ihre handgeschriebenen Briefe und Karten sind in Lateinschrift mit gelegentlichen Sütterlin-Einsprengseln verfasst.

Die Rechtschreibung wurde vorsichtig modernisiert, wobei Sprachduktus und -kolorit von Johanna und Sally Kaufmann weitgehend belassen wurden. Offensichtliche Schreibfehler wurden stillschweigend korrigiert; fehlende oder falsche Zeichensetzung wurde nur verbessert, wenn sie sinnentstellend war.

Gerade Johanna Kaufmanns Sprachstil zeichnet sich durch markante Eigentümlichkeiten aus, die belassen wurden. Spezifische Verkürzungen von Orts- und Familiennamen stechen bei ihr besonders hervor: »D'dorf« für Düsseldorf; »K'stein« für Katzenstein; »Eugen's«, wenn die Familie Eugen Kaufmann gemeint ist. Diese Eigentümlichkeiten sind zugleich Ausdruck eines vertrauten, wohlverstandenen innerfamiliären Sprachcodes.

Ergänzungen des Herausgebers wurden in eckige Klammern gesetzt und in der Regel mit Initialenkürzel versehen. Einige wenige Auslassungen sind vom Herausgeber durch drei Punkte in eckigen Klammern gekennzeichnet.

Literarische Texte des Schriftstellers Walter Kaufmann in der Einleitung sind kursiv hervorgehoben. Ebenso kursiv gesetzt sind im entsprechenden zeitlichen Kontext zitierte antijüdische Verordnungen oder Gesetze des NS-Regimes, die unmittelbar auf das alltägliche Leben von Johanna und Sally Kaufmann einwirkten. Die einzelnen antijüdischen Maßnahmen und Erlasse sind ohne weitere Quellenangaben der Internetquelle »Chronologie des Holocaust« entnommen.

Bei einigen Briefen fehlen Zeilen und Datumsangabe. Einige Briefe sind durch das Entfernen von Briefmarken unvollständig. Sally Kaufmann hatte seinen Sohn aufgefordert, seltene Marken aufzubewahren, und Walter Kaufmann kam der Aufforderung nach und trennte Sondermarken vom Umschlag, so dass auf der Rückseite Text verloren ging (Brief 23, 15. März 1939). Einige Briefe sind durch Wasser- oder Tintenflecken unleserlich.

Zusätzlich zur durchlaufenden Nummerierung der Schriftstücke wurde die Zählung der 49 Karten in runde Klammern danebengesetzt. Ab dem 9. Oktober 1939 (Brief 91) versieht Sally Kaufmann seine Briefe mit einer fortlaufenden roten Ziffer. Mit Brief 110 (6. Februar 1940) und der rot markierten Nummer 19 enden seine »roten« Nummerierungen, die im Text kursiv und in runden Klammern hervorgehoben sind. Da die »roten« Briefnummern 10 bis 12 fehlen, müssen diese Briefe als verschollen betrachtet werden. Möglicherweise sind innerhalb von mehr als 70 Jahren auch nachträglich einige Briefe verloren gegangen.

Kurzbiografische Angaben in den Anmerkungen stammen, wenn nicht anders angegeben, aus: Günter von Roden, *Geschichte der Duisburger Juden,* 2 Teile, Duisburg 1986 (= Duisburger Forschungen, Bd. 34), hier Teil 2, S. 1013–1367: Namenliste Duisburger Juden (ca. 1900–1945), zusammengestellt von Rita Vogedes.

# Editorische Notiz

Im Jahre 2015 erschienen in den *Duisburger Forschungen*, Bd. 60, zwei biografische Aufsätze des Herausgebers über Sally und Walter Kaufmann: »Sally Kaufmann, Rechtsanwalt und Vorsitzender der Jüdischen Gemeinde Duisburgs 1936–1943. Ein Portrait« (Essen 2015, S. 9–46) sowie »Duisburg ist der Ausgangspunkt meiner großen Reise in die Welt. Der Schriftsteller Walter Kaufmann« (S. 47–58). Einzelne Textpassagen wurden für den Einleitungstext dieser Edition herangezogen.

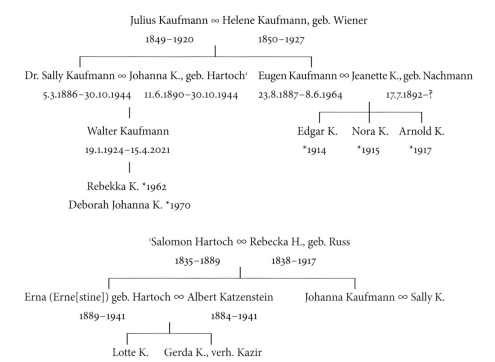

Stammbäumchen Familie Kaufmann

# Briefe England

*Januar 1939 – Dezember 1939*

**1. (1)**
*Johanna Kaufmann an Walter Kaufmann*
[Handschrift]
Karte

[Abs. Dr. Kaufmann, Duisburg, Prinz Albrechtstr. 17]
Mr. Walter K a u f m a n n
New Her[r]lingen School[1]
Otterden near Faversham
Kent

[Duisburg,] 19. Jan. 39

---

1   Die New Herrlingen School ist benannt nach der in einem Stadtteil der Stadt Blaustein in Baden-Württemberg an der Mündung der Lauter in die Blau nahe Ulm gelegenen Reformschule. Seit 1. Mai 1926 bestand das von der Reformpädagogin Anna Essinger gegründete Landschulheim. Nach seiner Schließung 1933 war in den Gebäuden ein jüdisches Landerziehungsheim unter Leitung von Hugo Rosenthal untergebracht. Es war in diesen Jahren ein Zentrum jüdischen Lebens in Süddeutschland, zeitweise von über 100 Schülern besucht. Das von Hugo Rosenthal bis Frühjahr 1939 fortgeführte Heim wurde von einem Zeitzeugen als Paradies in der Hölle beschrieben. Die reformpädagogische Einrichtung war 1933 von Anna Essinger nach Otterden in Großbritannien (Kent) verlegt worden und bestand dort mit vielen aus Deutschland mitgekommenen Schülern als New Herrlingen/Bunce Court School fort. Für Hildegard Feidel-Mertz zählen das Landschulheim Herrlingen und die daraus hervorgegangene Bunce Court School zu den signifikantesten Beispielen für die Verdrängung des pädagogischen Fortschritts durch die Nationalsozialisten und zu einer der wichtigsten der aus Deutschland vertriebenen Schulen im Exil. Literatur: Giebeler 1997; Schachne 1986; Essinger 1983; Feidel-Mertz 1990; Feidel-Merz 2003; Feidel-Mertz 2004; Wikipedia, Artikel »Bunce-Court-School«; Wikipedia, Artikel »Anna Essinger«, jeweils abgerufen 17.11.2019.

Mein lieber, lieber Walter,

Unsere Gedanken haben Dich auf der ganzen Reise begleitet. Hoffentlich hast Du bald einen guten Platz in einem netten Hause gefunden und kannst Dich ausruhen. Nochmals innigste Wünsche zu Deinem 15. Geburtstag,[2] alles Gute. Wir hatten gerade Nachricht, daß Onkel Hugo[3] Dich in London begrüssen wollte,[4] wir sind sehr froh darüber. Ob Nora[5] an der Bahn war? Nun erwarten wir mit Sehnsucht eine Nachricht von Dir. Gleich gehen wir zum »tuscheln« [sic] zu Löwe's.[6] Tante Helga[7] mit Bernt[8] lassen Dich grüssen. Tante Erna[9] hat Dir auch gratuliert. Aber bleibe gesund, mein guter Junge, und sei herzl[ich] gegrüsst und geküsst
   von Deiner Mutti.

2     Geburtsdatum Walter Kaufmann: 19. Januar 1924, Berlin.

3     Das ist: Hugo Daniels, der als »Pflegevater« die Betreuung für Walter Kaufmann in England übernommen hatte. In den Briefen benutzten Johanna und Sally Kaufmann, wenn die Rede auf Hugo Daniels kam, zumeist die Bezeichnungen »Onkel Hugo«, »Mr. D.«. Weiteres zu Hugo Daniels im Einleitungskapitel.

4     Bei der Ankunft am Bahnhof in London war Hugo Daniels in der Annahme, der Kindertransport käme einen Tag später an, nicht erschienen, so dass Walter Kaufmann den Rest der ersten Nacht, »vier geschlagene Stunden«, wie er später schrieb, in einem Asylheim in East London verbringen musste. Walter Kaufmann: »Hugo Daniels – London, 1939«, in: Kaufmann 2018, S. 39. Erstveröffentlichung in: *Neues Deutschland*, 4. August 2017, S. 15.

5     Nora Kaufmann, geb. 2. Oktober 1915 in Duisburg, Tochter von Eugen und Jeanette Kaufmann (siehe FN 13), Walter Kaufmanns Cousine, Säuglingsschwester und Designerin, lebte bereits seit 1935 in London.

6     Das sind: Siegfried (Salli) Löwe, geb. 31. März 1872 in Duisburg, Mitinhaber des Kaufhauses Emanuel Löwe, deportiert am 25. Juli 1942 nach Theresienstadt, und Hedwig Löwe, geb. 28. Juni 1876, am 12. Dezember 1942 an den Folgen der Internierung im KZ Theresienstadt gestorben (siehe auch FN 187).

7     Tante Helga, das ist: Helga Katzenstein, geb. Kauders, geb. 24. Oktober 1899 in Hamburg, Frau von Robert Katzenstein, Mutter von Kurt und Edgar Katzenstein (siehe FN 23, 68).

8     Bernd (auch: Bernt) Ruben, geb. 2. Juli 1924 in Duisburg, Sohn von Else Ruben (siehe FN 57) und Bruder von Klaus Ruben (siehe FN 78), enger Freund Walter Kaufmanns (siehe Briefe von ihm an Walter Kaufmann weiter unten). Bernd Ruben besuchte seit 1934 die jüdische Höhere Schule »Jawne« in Köln, mit der er im Mai 1939 mit einem jüdischen Kindertransport nach Liverpool/GB ausreisen konnte. Er wurde, während Walter Kaufmann nach Australien deportiert wurde, im Mai 1940 auf der Isle of Man interniert. 1943 folgte er Bruder und Mutter in die USA (Kansas City).

9     Tante Erna, das ist: Erna (Ernestine) Katzenstein, geb. Hartoch, geb. 6. Juni 1889 in Düsseldorf, Johanna Kaufmanns Schwester aus Düsseldorf-Oberkassel, Frau von Albert Katzenstein (siehe FN 92), Mutter von Walter Kaufmanns Cousinen Lotte (siehe FN 26) und Gerda Katzenstein (siehe FN 61). Am 10. November 1941 wurden sie und ihr Mann nach Minsk deportiert. Die Töchter überlebten in England bzw. den USA.

41. Das Ehepaar Kaufmann mit Helga Katzenstein (Mitte), 1930er Jahre.

**2.**
*Johanna Kaufmann an Walter Kaufmann*
[Handschrift]
Brief

Duisburg, 22. Jan. 39

Mein lieber Walter,

Du kannst Dir ja garnicht [sic] vorstellen, wie sehr wir uns mit [sic] Deinem so langen & interessanten Brief gefreut haben. Da hat uns das Sonntag Morgen Frühstück noch mal so gut geschmeckt. Inzwischen wirst Du wohl unsere Karte, die wir am 19. abends absandten, erhalten haben. Gestern kam schon ein reizender Brief von Nora, in dem sie mir ausführlich von Dir berichtete, sodaß wir von Deiner guten Ankunft in London schon unterrichtet waren. Hoffentlich ist nun Herr Daniels nicht umsonst im Camperdown House gewesen, um Dich zu begrüßen, und man hat ihn von Deiner späten Ankunft unterrichtet. Er schrieb nämlich schon 2 mal, daß er Dich sprechen würde. Inzwischen hast Du hoffentlich von ihm gehört. Du weißt ja, lieber Walter immer <u>nur</u> Englisch an ihn schreiben. Ist Harald[10] nicht mehr dort? Gestern Abend kamen Kurt Steinberg[11] und seine junge

---

10  Nachname war nicht zu ermitteln.
11  Kurt Alfred Steinberg (später: Kurt Josef Sella), geb. 7. September 1906 in Essen, Jurist (Dr. iur.), 10. November bis 28. November 1938 im KZ Buchenwald, verheiratet mit Hanna Levy (ebenfalls eine Essenerin), emigrierte am 27. Januar 1939 nach

Frau[12] und es war recht nett, Ende der Woche fahren sie nach Mailand. Auch Onkel Eugen & Tante Jeanette[13] wollen Ende der Woche fahren.[14] Ich will sehen, daß sie Dir Taschenlampe und Tischdecke mitbringen, denn ich bin sicher, daß sie bald zu Dir kommen. Ich werde mich allerdings auch erkundigen, wie man es Dir schicken kann. Onkel Hugo hat nun noch keine Nachricht von Batavia[15] erhalten, er macht uns weitere Vorschläge und ist rührend in seinen Bemühungen.

Wir schrieben gestern und heute viele Briefe. Von Court Herzstein[16] lege ich Dir eine Karte bei, gratuliere ihm auch noch nachträglich zum Geburtstag. Walter Meyer[17] schrieb ganz traurig, daß er Dich nicht gesprochen hat.

Palästina, Büroleiter im Verteidigungsministerium, später Außenministerium, war einige Jahre auch im ITS Arolsen, gest. 31. Dezember 1969 in Haifa.

12 Hanna Levy aus Essen. Weitere biografische Angaben konnten nicht ermittelt werden.

13 Eugen Kaufmann, geb. 23. August 1887 in Duisburg, Bruder von Sally Kaufmann, Direktor und Mitbegründer des Duisburger Bankvereins; Mitinhaber der Maklerfirma Max Nachmann; Mitglied und Präsident der Duisburg-Loge B'nai B'rith »Zur Treue«; mit seiner Frau Jeanette Anfang Februar 1939 über Großbritannien nach Ramat Hadar/Palästina emigriert; gest. 8. Juni 1964 in Israel. Biografisches: Roden 1986a, Teil 2, S. 960–963. – Jeanette Kaufmann (geb. Nachmann), geb. 17. Juli 1892 in Duisburg, Vorstandsmitglied des Vaterländischen Frauenvereins (weitere Angaben siehe auch FN 41). – Tochter Nora Kaufmann (siehe FN 5) war 1935 nach England emigriert, Sohn Edgar Kaufmann (siehe FN 98) 1935 nach New York/USA, Sohn Arnold Kaufmann (siehe FN 189) 1937 nach Palästina.

14 Johanna Kaufmann benutzte für den Begriff »Emigration« (oder »Flucht«) bzw. »emigrieren« zumeist das Wort »fahren« oder »abreisen«, und wenn die Emigration auf dem Wasserwege erfolgte, auch die Worte: »Jetzt schwimmen sie.«

15 Batavia, Hauptstadt von Niederländisch-Indien. Batavia ist der lateinische Name der Niederlande, nach dem Stamm der Bataver. Batavia war von 1619 bis 1799 das Hauptquartier der Niederländischen Ostindien-Kompanie in Asien und bis zur Unabhängigkeit Indonesiens die Hauptstadt Niederländisch-Indiens. Seitdem ist es unter dem Namen Jakarta Hauptstadt Indonesiens. Ob die Kaufmanns durch Vermittlung Hugo Daniels' versuchten, über niederländische Behörden nach Indonesien zu emigrieren, bleibt unklar. Von Indonesien als Emigrationsziel war in den Briefen später nicht mehr die Rede.

16 Kurt (Court) Herzstein, geb. 21. Januar 1924 in Duisburg, Freund von Walter Kaufmann; seit 1934 Realgymnasium; Dezember 1938 nach Amsterdam; 1941 nach Kuba; 1944 nach Kanada. Sohn von Franziska Herta Herzstein (siehe FN 60), Vorstandsmitglied und Schriftführerin des Jüdischen Frauenvereins und bis 1938 Sekretärin im Gemeindebüro der Jüdischen Gemeinde Duisburg.

17 Walter Meyer, geb. 6. Februar 1924 in Duisburg, Freund von Walter Kaufmann; später Mediziner in Wien. Weitere Angaben siehe FN 47.

*Sally Kaufmann an Walter Kaufmann*
[Handschrift]

Lieber Walter!
 Auch ich beglückwünsche Dich, und zwar doppelt: Zum Geburtstag und zum ersten Tag im neuen Land.
Innige Küsse
Vati.

## 3.

*Johanna Kaufmann an Walter Kaufmann*

Duisburg, d. 26. Jan. 39.

[Handschrift]
Brief

Mein lieber, lieber Walter,
 ich sitze hier am Schreibtisch, nachdem auch um 11 Uhr keine Post von Dir gekommen ist, will ich Dir schnell ein paar Zeilen schreiben. Ausser dem langen Brief mit Bericht von der Reise, und der Karte von unterwegs haben wir noch keine Nachricht von Dir. Und wir warten so sehr auf Deine Post. Von Onkel Hugo hatten wir diese Woche 2 x Nachricht, er erzählte nur von seinem Besuch bei Dir,[18] und nun sind wir natürlich sehr gespannt, was Du uns über den Besuch berichtest! Er teilt uns auch die Adr[esse] seines Freundes in Batavia mit, an den wir uns wenden können. Vati will heute hinschreiben.
 Dienstag Abend waren Onkel Eugen's[19] noch mal zu Tisch bei uns, ihre Sachen[20] sind immer noch nicht erledigt. Sie hoffen aber doch, Anfang nächster Woche abreisen zu können. Gestern Abend haben Mosers[21] mit uns gegessen,

---

18  Walter Kaufmanns hat wiederholt darauf hingewiesen, es habe danach nur noch einen Besuch von Mr. Daniels gegeben, und zwar »bei Kriegsbeginn«. Walter Kaufmann: »Hugo Daniels – London, 1939«, in: Kaufmann 2018, S. 41. – Aus den elterlichen Briefen (z. B. Brief 4) lässt sich schließen, dass es tatsächlich weitere Treffen gegeben hat.
19  »Onkel Eugen's« oder auch »Eugen's« war die Schreibform, die Johanna Kaufmann benutzte, wenn sie von Schwager und Schwägerin Eugen und Jeanette Kaufmann (siehe FN 13) gemeinsam sprach.
20  Gemeint sind ihre Ausreisepapiere, z. B. das Affidavit.
21  Richard Moser, geb. 25. August 1880, gest. 30. November 1946 in Sydney/Australien, Mitinhaber der Getreidehandlung Klestadt & Moser; seit 1896 in Duisburg. Mit Ehefrau und Kindern Ende Januar 1939 nach Australien. – Ehefrau Martha Moser, geb. 8. November 1889, Vorstandsmitglied des Israelitischen Frauenvereins;

die auch bald nun abreisen. Sie brachten Dir noch einen hübschen Gürtel mit. Gestern Morgen war ich beim orthopädischen Professor in D'dorf, der mich behandeln will und ich hoffe sehr, daß meine Bein + Fussbeschwerden dadurch besser werden.

Wie fühlst Du Dich, mein lieber Junge, schläfst Du gut und wer weckt Dich frühmorgens auf? Wir denken an Dich und sprechen so viel von Dir. Bernd[22] und Kurt K'stein[23] möchten auch gerne von Dir hören, schreibe ihnen mal bald. Wenn Du nun wieder schreibst, dann teile uns mal Deinen Tageslauf an Wochen + Sonntag mit, auch wie viel Schüler überhaupt auf der Schule sind. Sage Miss Essinger[24] freundliche Grüsse von mir. Winters[25] waren sehr begeistert von Deinem Brief. Lotte in D'dorf[26] wird nun hoffentlich bald fahren können, ich weiss aber noch nicht mit welchem Schiff. Wir wollen in den nächsten Tagen nach D'dorf, um uns von Eugens zu verabschieden und ihnen ein Paket mit vielen Grüssen und Küssen für Dich mitzugeben. Es ist wirklich ein grosses Glück, mein bester Junge, daß Du

---

Leiterin des Jüdischen Frauenbundes; seit 1931 in der Gemeindevertretung. – Sohn Hans Hermann (John Harold), geb. 25. Februar 1921 in Duisburg, 1931 bis Ende 1936 Steinbart-Realgymnasium (Mitschüler Walter Kaufmanns); Januar 1937 nach Holland; Juli 1938 in die Schweiz; Januar 1939 mit den Eltern nach Australien. – Tochter Stefanie (Steffe Berta), geb. 2. Oktober 1927 in Duisburg; zusammen mit Eltern und Bruder Januar 1939 nach Australien.

22   Bernd (auch: Bernt) Ruben (siehe FN 8), geb. 2. Juli 1924 in Duisburg, enger Freund Walter Kaufmanns.

23   Typische Schreibweise Johanna Kaufmanns, um Nach- oder Ortsnamen abzukürzen: K'stein für Katzenstein oder H'stein für Herzstein; D'dorf für Düsseldorf oder D'burg für Duisburg. – Kurt Katzenstein, geb. 9. Februar 1924 in Duisburg, Sohn von Helga und Dr. Robert Katzenstein und Bruder von Edgar Katzenstein (siehe FN 68), gelangte mit einem jüdischen Kindertransport am 21. April 1939 nach England, wo er nach dem Krieg Biochemie studierte und den Namen Kenneth J. Gardner annahm. Kurt Katzenstein und Walter Kaufmann waren bis zu ihrer Trennung im Jahre 1939 die engsten Freunde.

24   Die Kaufmanns benutzten häufig wechselnde Bezeichnungen, wenn sie von (der unverheirateten) Anna Essinger sprachen: Mrs. Essinger; Frau Essinger; Miss Essinger; Frl. Essinger bis zum intimen »Tante Anna«.

25   Sally Winter, geb. 12. Mai 1878, Kaufmann (Kaufhaus Gebr. Winter) in Meiderich, und Ehefrau Helene Winter, geb. 11. Juni 1878, wohnten seit 1935 im Hause der Kaufmanns in der Prinz-Albrecht-Straße 17. Die beiden Familien waren eng befreundet. Sally Winter verstarb am 19. August 1939 kurz vor der Ausreise nach Palästina. Seine Frau Helene reiste im Oktober 1939 nach Palästina aus.

26   Lotte (Charlotte) Katzenstein, verh. Cohen, geb. am 28. Dezember 1916 in Bochum, Tochter von Erna und Albert Katzenstein (siehe FN 9 und 92), Schwester von Gerda Katzenstein (siehe FN 61), Cousine von Walter Kaufmann. Im Februar 1939 konnte sie in die USA einreisen. Charlotte Katzenstein heiratete in den USA.

dort sein kannst. Ich bin sicher, daß Du Dich in der Schule sehr gerne anstrengen wirst. Nächstens wollen wir uns zur Übung nur Englisch schreiben. Ja? Aber für heute lebe herzlich wohl. In Gedanken grüsst + küsst Dich innigst in Liebe
   Deine Mutti.


*Sally Kaufmann an Walter Kaufmann*
[Maschinenschrift]
Brief

Lieber Walter! Wie Du siehst, schreibe ich auf meiner neuen Maschine, da die Wintermaschine[27] noch nicht repariert ist. Ich habe heute aber schon soviel getippt – nicht für die Gemeinde, sondern für unser Fortkommen – daß ich bald nicht mehr weiß, ob ich selbst noch »ich« bin. Aber Dein lieber, ausführlicher Brief hat uns den ganzen Tag verschönt, und alles Schreiben hat ja das Ziel, daß wir drei wieder zusammenkommen. Denk Dir nur: Als Mutti die Bilder aus der Kaiserbergdrogerie abholen wollte, lachte der junge Mann und sagte, da wäre nichts zu entwickeln gewesen, es wären gar keine Platten in den Kassetten gewesen. Jetzt wirst Du sagen: Echt Vati, aber sorge für Ersatz und schicke uns bald mal ein nettes Amateurbild von Dir oder den Film zum Entwickeln.
   Wir warten jetzt schon wieder auf Deinen nächsten Bericht und hoffen, daß er ebenso vergnügt ist, wie der erste.
   Ich grüße und küsse Dich vielmals
   Dein Dich vielmehr als Du denkst liebender
   Vati


## 4. (2)
*Johanna Kaufmann an Walter Kaufmann*
[Handschrift]
Karte

                                                            Duisburg, d. 27.1.39
Mein liebster Junge, Gerade war ich im Begriff auszugehen, als Dein l[ieber] Brief kam. Wir haben uns so <u>sehr</u> mit allen guten Nachrichten gefreut. Hoffentlich hast Du nochmals nach London geschrieben und Dich für den Besuch bedankt.[28] Es ist ja fabelhaft, daß Du Ostern nach London darfst. Was macht Dein Schnupfen,

---

27  Gemeint ist die Schreibmaschine von Sally Winter (siehe FN 25).
28  Dankesbrief an Hugo Daniels (siehe FN 3).

beantworte bitte diese Frage. Wir sind natürlich einverstanden, wenn Du durch gute Leistungen in eine höhere Klasse kommen kannst. Bezüglich der Gummistiefel ist Vati der Meinung, daß Du dieselben doch dort kaufst. Denn wenn wir sie von hier schicken, kosten sie Zoll. Eugens haben ihr Gepäck schon fertig, da geht es auch nicht. Die Schuhe sind bestimmt nicht so teuer. Eben kommt eine Karte aus D'dorf, daß Lotte [Katzenstein – L.J.H.] am 3. Febr[uar] von Liverpool mit dem Dampfer Scythia Cunard White Starline[29] nach New York abreist, von Düsseldorf fährt sie schon Montag ab. Nun wäre auch das erledigt. Wir fahren morgen nochmals rüber, um auch mit Eugens nochmals zusammen zu sein. Schreibe Kurt [Katzenstein – L.J.H.] mal, er besorgte mir diese Karte. Viele herzl[iche] Grüsse + Kisses yours Mutti

Viele, viele herzl[iche] Grüsse + Küsse
In Liebe
Deine Mutti


*Sally Kaufmann an Walter Kaufmann*
[Handschrift]

Lieber Walter!

Ohne »Konsulententum«[30] habe ich nach wie vor soooo viel zu tun, daß Mutti nach wie vor über mein spätes Nachhausekommen böse ist. Aber ich hoffe be-

---

29  Die *Scythia* war ein 1921 in Dienst gestelltes Transatlantik-Passagierschiff der britischen Reederei Cunard Line, das im Passagier- und Postverkehr zwischen Großbritannien und den USA eingesetzt wurde. Nach ihrer letzten Fahrt im Liverpool-New-York-Service am 5. August 1939 wurde die *Scythia* von der Royal Navy angefordert, in einen Truppentransporter umgewandelt und 1958 abgewrackt – Wikipedia, Artikel »RMS Scythia«, abgerufen 17.11.2019.

30  Als »Konsulent« wurden in der Zeit von 1938 bis 1945 im Deutschen Reich jüdische Juristen bezeichnet, denen die generelle Zulassung als Rechtsanwalt entzogen worden war, die aber die Genehmigung erhalten hatten, zumindest in wenigen verbliebenen Angelegenheiten andere Juden juristisch zu vertreten oder zu beraten. Sally Kaufmann hatte durch das Gesetz über die Zulassung zur Rechtsanwaltschaft vom 7. April 1933 nicht, wie die meisten jüdischen Rechtsanwälte, seine Zulassung verloren. Er blieb zunächst durch das sogenannte Frontkämpferprivileg oder andere im Gesetz genannte Ausnahmeregelungen verschont. Mit der Fünften Verordnung zum Reichsbürgergesetz vom 27. September 1938 entzogen die Nationalsozialisten allen »nichtarischen« Rechtsanwälten im alten Reichsgebiet die Zulassung mit Wirkung zum 30. November 1938 und setzten einige von ihnen als Konsulenten ein, die ausschließlich für jüdische Mandanten tätig werden durften. Ihre Zulassung war jederzeit widerruflich. Vgl. Wikipedia, Artikel »Konsulent (Deutschland)«. – Sally

stimmt, daß das bald besser wird. – Nach Batavia schreibe ich zwar, ich fürchte aber, daß nichts daraus wird, weil die Bedingungen zu schwer sein werden. Wir suchen unterdessen weiter und werden schließlich sicher etwas finden.

Für heute sei tausendmal gegrüßt und einmal tüchtig geknutscht von Deinem Vati

Hast Du den Hausschlüssel gefunden?

## 5.
*Johanna Kaufmann an Walter Kaufmann*
[Handschrift]
Brief

Duisburg d. 28. Jan. 39

Mein lieber, lieber Walter,

Unsere Karte als Antwort auf Deinen so ausführlichen Brief, hast Du wohl erhalten. Da wir nur kurz schrieben und Du Dich ja mit Post so freust, sollst Du heute wieder ausführlich von uns hören. Wir sind so glücklich, mein Junge, daß Du Dich so wohl und zufrieden dort fühlst. Auch daß Du so begeistert von Onkel Hugo schreibst, hat uns große Freude bereitet, aber Deine Angst war gar nicht nötig.[31] Bei all dem Schönen was Du jetzt genießest, bleibe weiter bescheiden und zurückhaltend. Du musst dem Mr. D. doch auch sympathisch gewesen sein, daß er Dich gleich zu den Osterferien eingeladen hat. Das ist doch herrlich für Dich. Sicher triffst Du denn auch Nora [Kaufmann – L.J.H.] öfters, da kannst Du Dich auch freuen. Ich hätte gerne gewusst, wie viel Schüler in Deiner Klasse sind, nur English boys or german too? [Englische Jungen oder auch deutsche] Habt Ihr

---

Kaufmanns Kollege und Freund Max Löwenstein (siehe FN 96), der 1939 ebenfalls als »Konsulent« eingesetzt war, schrieb über die Aufgaben eines »Konsulenten«: »Als Jüdischer Konsulent für den Oberlandesgerichtsbezirk Düsseldorf mit dem Amtssitz in Duisburg hatte ich eine Aufgabe zu erfüllen, die meine ganze Kraft und Energie in Anspruch nahm – unter Vernachlässigung der Interessen meiner Frau, die […] in ständiger Angst um mich lebte.« Zit. bei Roden 1986a, Teil 2, S. 982.

31  In einigen seiner autobiografischen Erzählungen hat Walter Kaufmann von seiner Angst berichtet, als er bei seiner Ankunft in London nicht am Bahnhof abgeholt wurde. Er schreibt: »Nicht eines der Kinder, die mit mir auf Transport gewesen waren, ist zurückgeblieben, alle waren sie längst in der Obhut von Verwandten oder englischen Pflegeeltern. Nur ich hatte ausharren müssen, vier geschlagene Stunden […].« Walter Kaufmann: »Hugo Daniels (London, 1939)«, in: *Neues Deutschland*, 4. August 2017, S. 15.

deutsche oder engl[ische] Mahlzeiten, auch das interessiert mich. Ist Harald[32] netter geworden? Habt Ihr Central Heizung? Nach all diesen Fragen sollst Du nun auch endlich von mir hören. Gestern früh war ich in D'dorf erst beim Arzt, der mir die Beine wickelte und mir nächste Woche Gummistrümpfe anlegen will, hoffentlich kann ich dadurch besser laufen und habe ich nicht mehr so viel Schmerzen. Nachher ging ich zu K'steins [Katzensteins], wo grosse Aufregung war, da gerade vom Spediteur Lottes Gepäck abgeholt wurde. Jetzt schwimmt schon alles. Lotte selbst fährt Dienstag früh Rotterdam, London nach Liverpool, wo am 3. der Dampfer direkt [nach] Boston fährt.

Wir haben schon Abschied von Lotte genommen, Vati kam zum Dinner und Caffee und dann fuhren wir nach Obercassel zu Josef N'mann,[33] wo wir Onkel Eugen & Tante Jeanette trafen, mit denen wir bis um 11 abends zusammen waren. Wenn alles klappt werden sie am Freitag sgw. [so Gott will][34] in London sein, Du hörst sicher bald von ihnen. Diese Woche steht wirklich im Zeichen des Abschiednehmen [sic]. Heute früh sind Mosers gefahren, die am 8. Febr. auf dem Dampfer (ab Southampton) gehen. Ich beneide sie sehr und wünschte wir wären auch schon so weit. Gleich gehen wir zu Reifenbergs[35] zum Kaffee und

---

32  Siehe FN 10.
33  Das sind: Josef und Anna Hilde Nachmann, geb. Schremper, wohnhaft in Düsseldorf-Oberkassel, Cimbernstraße 13; die Eltern von Eugen Kaufmanns Frau Jeanette Kaufmann (siehe FN 13). Josef Nachmann war Ingenieur. – Eugen und Jeanette Kaufmann standen kurz vor ihrer Ausreise nach Palästina via England.
34  Eine häufig benutzte Abkürzung von Johanna Kaufmann: sgw (= so Gott will) oder Gsd (Gott sei Dank). Juden schreiben den Namen Gottes nicht im vollen Wortlaut, sondern benutzen ihn in »vermeidender« Schreibweise, die darauf abzielt, den Namen Gottes JHWH (Jahwe) nicht in eine Form zu bringen, in der er beschmutzt oder zerstört werden kann. Die Schreibweise variiert zwischen: G"tt; G'tt; G-tt. Dieses Schreibgebot geht zurück auf die hebräische Bibel, wenn es heißt: »Du sollst den Namen des Herrn nicht missbrauchen! Denn der Herr wird den nicht ungestraft lassen, der seinen Namen missbraucht« (Exodus, 20,7). Die Schreibweise G"tt wird von Juden aus religiösem Respekt in der Gegenwart weiterhin auch in profanen Texten benutzt. In den Fällen, in denen Johanna Kaufmann das ausgeschriebene Wort benutzte, schrieb sie es ohne religiöse Form – *Gott*.
35  Dr. Hugo Reifenberg, geb. 27. Juli 1897, Kinderarzt, Chefarzt der Säuglingsklinik im Evangelischen Krankenhaus in Duisburg-Hamborn. Seit April 1933 war er mit Berufsverbot im Krankenhaus belegt; am 30. September 1938 wurde seine Bestallung als Arzt aufgehoben. Die Wohnung in der Kaiser-Wilhelm-(Gerhart-Hauptmann-) Straße 9 (unweit des Kaufmann'schen Hauses in der Prinz-Albrecht-Straße) wurde während des Novemberpogroms zerstört. Hugo Reifenberg war vom 17. November bis zum 7. Dezember 1938 (zusammen mit Sally Kaufmann) im KZ Dachau interniert. Die Familie Reifenberg emigrierte am 23. Februar 1939 in die USA. – Hedwig

abends sind wir bei Tante Helga.[36] Die Oma aus Hamburg[37] ist hier und ist leider hier krank geworden. Das ist wirklich Pech. Kurt [Katzenstein – L.J.H.] lag mit Blinddarmbeschwerden, hast Du ihm geschrieben. Wenn Du Zeit hast schreibe auch mal nach Düsseldorf, sie lassen Dich alle herzlichst grüssen. Eben sagt Vati, daß Ilse Mendel[38] mit Kindertransport nach England am 2. fährt. Vielleicht kann sie Dir die Taschenlampe mitbringen. Ich hoffe wir hören bald wieder nur Gutes von Dir, hier ist es so ruhig.

   Lass Dich herzlich umarmen
   Von Deiner Dich liebenden
   Mutti
   Liegt Eure Schule am Wald oder in der Nähe der See?

## 5a. (3)
*Sally Kaufmann an Walter Kaufmann*
[Handschrift]
Karte

Lieber Walter! Dein Brief hat mir viel Freude gemacht, auf verschiedene Punkte komme ich noch zurück. Heute nur eine Anfrage: Mutti kann Deine goldenen Manschettenknöpfe nicht finden. Weißt Du, wo sie sind?

   Du schreibst – daß [sic] muß ich Dir zu Deinem Lob sagen – stylistisch einen recht schönen Brief, aber es ist nicht ganz einfach, ihn zu lesen, denn Deine »Klaue« scheint sich mit dem berühmten Quadrat der Entfernung zu verschlechtern und das Briefpapier ist doch auch in England nicht so knapp, daß Du so eng aneinander schreiben müßtest. Wenn Du, wie wir mit Freuden lesen, englisch an uns schreibst, werden wir manches nicht entziffern können, wenn Du nicht deutlicher schreibst. Es ist schade, daß Du keine Maschine mitgenommen hast. Aber die Winter-Maschine hat einen argen Knacks bekommen, sie hat sich einen inneren Bruch zugezogen und muß operiert werden.

---

   Reifenberg, geb. 2. Oktober 1904 in Saarbrücken. – Sohn Fritz (Fred) Reifenberg, geb. 30. Dezember 1928 in Duisburg.
36  Das ist: Helga Katzenstein (siehe FN 7).
37  Person war nicht zu ermitteln.
38  Ilse Mendel, geb. 6. Juni 1922 in Duisburg, besuchte bis Ostern 1938 die Frau-Rath-Goethe-Schule, dann bis November 1938 die (jüdische) »Jawne«-Schule in Köln. Sie emigrierte am 2. Februar 1939 mit einem Kindertransport nach England. Weitere Angaben in FN 469.

Mit Herrn Daniels hast Du offenbar sehr eingehend über unsere Verhältnisse gesprochen. Ich entnahm dies seinem letzten Brief. Ich habe ihm heute geantwortet […].

Dieser Tage mehr! Gruß, Kuß

Dein Vati

## 6.
*Johanna Kaufmann an Walter Kaufmann*
[Handschrift]
Brief

Duisburg d. 3. Februar 39

Mein liebster Walter,

Unsern Brief mit Copie an Herrn D., und die Antwort auf Deine so traurige Karte wirst Du wohl inzwischen erhalten haben. Gestern erhielten wir Deine liebe Karte mit der Bitte um Zusendung der Gummistiefel. Ich war bei Hoselmann,[39] die keine hatten, nur solche wie Bernd,[40] und da scheint es mir doch das Richtige, Du besorgst dieselben dort. Im übrigen bin ich sicher, daß Du inzwischen etwas von Onkel Eugen gehört hast und kannst dann Tante Jeanette[41] um Rat fragen. Wir wissen auch, was engl[isches] Geld bedeutet. Wenn die Kinder dort alle, wie Du schreibst, ihre Eltern in der Nähe haben, dann wundert es mich doch, daß sie Pakete erhalten. Anliegend einen Antwortschein.

Hoffentlich fühlst Du Dich in jeder Beziehung frisch und gesund, ich möchte so gerne wissen, was Deine pp. Nase macht. Mache Dir nicht so viele Sorgen um uns, mein guter Junge. Du musst Geduld haben, es geht doch nicht übers Knie zu brechen und es ist sehr brav und lieb von Dir, daß Du so viel an uns denkst. Ich betone immer wieder, daß wir unser Möglichstes tun. Herr D. giebt [sic] uns wirklich gute Ratschläge, will auch an einen Freund nach Sydney schreiben. Und ich glaube auch, daß Onkel Eugen uns hilft. Als[o] nochmals, nur ein wenig mehr Geduld. Genieße die schöne Zeit dort. Treibe tüchtig Sport, und sei viel draußen in der Natur! Hast Du schon einen besonderen Freund, einen English boy? Sind eigentlich viele deutsche Kinder da? Ich möchte so vieles wissen, mich

---

39  Alteingesessenes Duisburger Schuhgeschäft auf der Königstraße 12.
40  Gemeint ist Bernd Ruben (siehe FN 8), enger Freund Walter Kaufmanns.
41  Zu seiner Tante Jeanette Kaufmann (siehe FN 13) hatte Walter Kaufmann ein besonderes Verhältnis. Er bewunderte sie ihrer Eleganz und ihrer praktischen Fähigkeiten wegen. Ihr hat er ein kleines literarisches Porträt gewidmet: »Jeanette Kaufmann – Duisburg, 1938«, in: Kaufmann 2018, S. 33f.

interessiert doch alles. Es ist sehr fein, daß Du so gut in der Klasse mitkommst. Meinen Beinen geht es erheblich besser, auch meinem Kopf. Vielen Dank für Deine Nachfrage. Beantworte nur ja Winters Briefchen, Du kannst ja ein paar Zeilen bei uns einlegen. Schreiben wir Dir nicht sehr fleißig? Vati schreibt auch gleich, darum in Eile viele innige Grüsse + Küsse in Liebe

Dein Muttichen


## 7.
*Bernd Ruben an Walter Kaufmann*
[Handschrift]
Brief

                                  Bernt Ruben, Neckarstr. 52. Duisburg d. 4. 2. 39.

Lieber Walter,

als Du Deinen Eltern geschrieben hast, Du wärest außer Dir, von mir noch nichts gehört zu haben, so kann ich das sehr gut verstehen. Aber ich kann wirklich nicht [sic] dazu. Dann hinderte mich dies und dann jenes daran. Heute aber sollst Du für Dein langes Warten mit einem doppelt langen Brief entschädigt werden. –

Also l[ie]ber Walti, ich freute mich sehr, von Dir zu hören. Es scheint ja prima, prima dort zu sein. Was meinst Du wie froh ich wäre, auch schon so weit zu sein. Meine Auswanderung scheint ja langsam Gestalt anzunehmen. Aber es dauert mir alles zu lange, Du kennst mich ja so langsam. Klibansky[42] ist immer noch in England. Er gibt von dort seine Instruktionen, was wir uns alles besorgen sollten.

---

42    Erich Klibansky war Lehrer und seit 1929 Leiter der »Jawne«-Schule, des ersten jüdischen (Reform-) Gymnasiums des Rheinlandes in Köln. Nach der Machtübernahme der Nationalsozialisten in Deutschland 1933 und dem Ausschluss von Juden aus allgemeinen Schulen suchte Klibansky nach Lösungen für die Zukunft seiner Schüler in Deutschland. Aufgrund der englischen Sprachkenntnisse seiner Schüler kam ihm die Idee, eine Emigration nach England ins Auge zu fassen. Die »Reichsstelle für das Auswanderungswesen« unterstützte seinen Plan. In London erhielt er Unterstützung durch das *Central British Council for Refugees* bei der Einrichtung eines Internats für seine Schüler. Bis zum Beginn des Krieges im September 1939 konnte Klibansky fünf Klassen mit insgesamt 130 Schülern nach Großbritannien bringen, bevor die Grenzen geschlossen wurden. Er organisierte dazu die Kindertransporte. Die Ausreise, per Eisenbahn und Schiff, durfte nur ohne Begleitung durch die Eltern durchgeführt werden. Erich Klibansky und seine gesamte Familie wurden am 20. Juli 1942 deportiert und am 24. Juli 1942 in der Nähe von Minsk erschossen. 1990 benannte die Stadt Köln einen neu angelegten Platz an der Stätte seines Wirkens, den Erich-Klibansky-Platz, nach ihm. Lit.: Corbach 1990; Kaufhold 2017, S. 11; Lowenberg 2003; Wikipedia, Artikel »Erich Klibansky«, abgerufen 10.1.2020.

Wie es heißt, soll er Mitte nächster Woche zurück kommen. Dann wird man auch eher einen bestimmten Abreisetermin festlegen können. Augenblicklich hoffen alle, daß es in 4–5 Wochen klappt. Aber, wie gewöhnlich – wird im letzten Moment noch etwas dazwischen kommen. Na ja, wir müssen eben abwarten. –

Sonst weiß ich Dir betreffs der Schule wenig Neues zu berichten. Das Leben geht monoton und eintönig weiter. Ich fahre oft samstags mit Karlchen[43] nach Köln. Ich mag Karl gut leiden. Über Kurt[44] will ich lieber Schweigen[sic] … – Weißt Du eigentlich, daß Otto Jülich[45] auch mitfährt? Überdies hat Kurt Katzenstein, wie ich hörte, eine ziemlich positive Privatsache in England. Mit der Schule geht er nicht (wenigstens beim I. Transport!).[46] Ich suche immer noch den reichen Onkel in England!!!

Von Deiner so heißgeliebten Vaterstadt Duisburg a/Rhein ist auch wenig gutes Neues zu berichten. Ich nehme auch an, daß Du von Deinen Eltern über alles im Laufenden gehalten wirst. – Kürzlich erhielt ich auch von Walter M.[47] einen sehr glücklichen Brief. Demzufolge gehen sie anfang [sic] März aufs Schiff. –

Wie steht es denn eigentlich dort mit den von Dir so sehr verhassten Mädchen. Durch Mirjam Hahn[48] erfuhr ich jetzt, daß Margot[49] sich sehr wundere, von Dir noch nichts gehört zu haben. Ich habe ihr durch Mirjam – hoffentlich in Deinem

---

43 Das ist: Karl (Charles) Jülich, geb. 15. Mai 1924 in Hamburg, bis 1937 Besuch des Realgymnasiums Ruhrort. Von 1937 bis 1938 besuchte er das jüdische Landschulheim Caputh bei Potsdam und wechselte dann (offensichtlich) zum jüdischen Realgymnasium »Jawne« nach Köln. Die Eltern, Martha Jülich (siehe FN 176) und der Kaufmann'sche Hausarzt Dr. Walter Jülich (siehe FN 122), waren enge Freunde der Kaufmanns.

44 Gemeint sind Kurt Katzenstein (siehe FN 23) oder Kurt Herzstein, beides enge (Schul)freunde von Walter Kaufmann. Worauf sich das negative Urteil begründet, ist unklar.

45 Hans Otto Emanuel Jülich, geb. 14. Dezember 1927 in Duisburg, Bruder von Karl Jülich (siehe FN 43).

46 Diese Aussage bezieht sich auf die Zusage, dass Kurt Katzenstein am 21. April 1939 unabhängig von den Transporten, die der »Jawne«-Schulleiter Erich Klibansky organisierte, mit einem Kindertransport nach England fahren konnte.

47 Gemeint ist Walter Meyer, geb. 6. Februar 1924 in Duisburg (siehe FN 17), Sohn von Julius und Luise Meyer. Julius Meyer war seit Oktober 1936 inhaftiert und kam durch Zahlung eines »Lösegelds« an die Gestapo frei. Bereits vor seiner Entlassung am 28. Dezember 1938 ging die Familie im März 1938 nach Holland, und von dort aus emigrierte sie nach Palästina.

48 Mirjam Hahn war Schülerin des »Jawne«-Gymnasiums in Köln. Weitere biografische Angaben waren nicht zu ermitteln.

49 Vermutlich handelt es sich um Margot Klestadt, Tochter von Ernst Klestadt, geb. 3. Januar 1927. Weitere biografische Angaben ließen sich nicht ermitteln.

Namen und in D[einem] Sinne – mitgeteilt, daß sie wahrscheinlich <u>nicht</u> mit Post von Dir rechnen könne, da Du das Portogeld auch da nicht so lose hättest. Anneliese Katz[50] ist jetzt auch in England. Sie schrieb mir, daß ich ihr doch unbedingt mal schreiben sollte. Ob ich es tue ist noch sehr, sehr fraglich. Bobby[51] ist nun auch nicht mehr in Essen. Er ist in ›Schnibinchen‹ auf ›Hachscharah‹.[52] Ich wollte ihn an einer [sic] der letzten Sonntage besuchen, was aber durch seinen Anruf nichts wurde. – Kanaille kann mit seiner Mutter und Kaspar[53] nach Chile. Sie erhielten vom Konsulat in Berlin Nachricht, daß sie ihr Visum holen könnten. Du kannst Dir die Freude wohl ausmalen. Zwar können sie auch noch nicht direkt fahren, da in der Richtung vorläufig alle Schiffe ausverkauft sind. – Wir selbst hatten vor einigen Tagen von Heidelbergs[54] Post. Sie schrieben uns, daß sie noch ein klein wenig Hoffnung für uns hätten. Aber wir können wiederum nur hoffen. – Wir würden gern unsern Palast (Neckarstr. 52) verkaufen, wenn wir nur einen Fürst dafür finden könnten! Heute morgen war ich in der Syna[goge],

---

50   Anneliese Katz, geb. 2. Oktober 1925 in Essen, gestorben 17. Dezember 2016 in Colombo, Sri Lanka, besuchte ab 1936 die Kölner »Jawne«-Schule. Im Januar 1939 kam sie mit einem Kindertransport nach England. 1949 heiratete sie den Mediziner Dr. Abraham Ranasinghe und zog mit ihm nach Sri Lanka. Schon früh literarisch begabt, wurde sie eine der bedeutendsten Schriftstellerinnen Sri Lankas, deren Werke vielfach übersetzt wurden. Vgl. Wikipedia, Artikel: »Anne Ranasinghe«, abgerufen 12.3.2020.

51   Es ließ sich nicht feststellen, wer gemeint ist.

52   In Schniebinchen bei Sommerfeld, Niederlausitz, befand sich eine landwirtschaftliche Ausbildungsstätte für jüdische Jugendliche, ein sogenanntes Hachschara-Lager. Hachschara (hebr. »Vorbereitung«, »Tauglichmachung«, »Ausbildung«) bezeichnet die systematische Vorbereitung von Juden für die Einwanderung und Besiedlung Palästinas vor allem in den 1930er Jahren. Ideologische Grundlage für dieses Programm war der Zionismus, getragen und propagiert wurde sie von der jüdischen Jugendbewegung. Meist fanden Hachschara-Kurse auf landwirtschaftlichen Gütern statt, wo die Auswanderungswilligen lernten, was für den Aufbau Palästinas notwendig erschien. Die jungen Menschen erwarben vor allem gärtnerische, land- und hauswirtschaftliche sowie handwerkliche Fertigkeiten und lernten Iwrit, das moderne Hebräisch. Leben und Arbeiten im Kollektiv sollten die Grundlagen für die neue Existenz in Palästina schaffen. In Palästina, später im Staate Israel, setzten sich die Hachschara-Gemeinschaften in der Kibbuzbewegung fort. Vgl. Wikipedia, Artikel: »Hachschara«, abgerufen 21.8.2020.

53   Aus den in den Briefen verstreuten biografischen Informationen ergibt sich, dass es sich mit einiger Wahrscheinlichkeit um Paul-Günter Rosenthal und seinen Bruder Hans handelt. Beide emigrierten im August bzw. Oktober 1939 nach England und anschließend mit der Mutter Elli (siehe FN 323) nach Santiago de Chile (Roden 1986a, Teil 2, S. 1275).

54   Das sind: Max und Emma Heidelberg sowie Sohn Werner, die am 1. September 1938 nach Argentinien (Buenos Aires) ausgewandert waren.

wo Dein Vater mir Deine Adresse gab. – Von Kurtchen Herzst[ein] höre ich gar nichts. Mein an ihn gerichteter Geburtstagsbrief ist noch unbeantwortet. –

So, l[ie]b[er] Walti, nimm jetzt Deinen Rotstift zur Hand und kreide nur die Fehler an. Für heute sei herzlichst gegrüßt und entschädigt von Deinem sich in guter Laune und unmusikalischem Gemüt befindenden Freund

Bernt
Fehler:
Urteil:

## 8.
*Johanna Kaufmann an Walter Kaufmann*
[Handschrift]
Brief

Duisburg d. 5. Febr. 39

Mein lieber Walter

Nur eben schnell ein paar Zeilen, um Dich an Kurt's Geburtstag 9 Febr.[55] zu erinnern, Tante Helga[56] ist doch immer auch so aufmerksam! (Mainstr. 50.)

Dein lieber Brief und auch Deine Karte haben uns sehr erfreut, vielen Dank. Heute Nachmittag ist Geburtstagskaffee bei Bernd's Mutter,[57] er schrieb Dir wohl einen Brief? Vater fährt nach Schiefbahn, Ernst[58] war diese Woche bei uns und grüßt Dich herzlich. Latein und Griechischer Kurs nicht mitnehmen. I hope we will soon hear from you my dearest boy, many love and kisses your

---

55  Geburtstag von Kurt Katzenstein (siehe FN 23).

56  Helga Katzenstein (siehe FN 7), Ehefrau von Dr. Robert Katzenstein und Mutter von Edgar und Kurt Katzenstein.

57  »Bernd's Mutter«, das ist: Else Ruben, geb. 5. Februar 1893, die im Wasserviertel auf der Neckarstraße 52 wohnte und im Mai 1939 zu den Kaufmanns in das Haus Prinz-Albrecht-Straße 17 zog. Else Ruben war Vorsitzende des Jüdischen Frauenbundes und des Israelitischen Frauenvereins, aktiv im Jüdischen Kulturbund und der Jüdischen Buch-Vereinigung. Im August 1941 wanderte sie über Lissabon in die USA (Kansas City) aus, wohin ihr Sohn Klaus Ruben (siehe FN 78) bereits Ende August 1939 emigriert war. Der zweite Sohn Bernd (siehe FN 8), enger Freund Walter Kaufmanns und seit Mai 1939 ebenfalls in England lebend, folgte 1943 seiner Mutter und seinem Bruder.

58  Das ist: Ernst Kaufmann, geb. 14. Februar 1910, Verwandter von Sally und Johanna Kaufmann. Ernst Kaufmann wurde im September 1941 in Kulmhof (Chełmno) ermordet. In welchem verwandtschaftlichen Verhältnis die Genannten standen, konnte nicht zuverlässig ermittelt werden.

Mother. [Ich hoffe, wir werden bald von Dir hören, mein liebster Junge. – L.J.H.]


*Sally Kaufmann an Walter Kaufmann*
[Handschrift]

Lieber Walter! »Was kann ich für Euch tun«, fragst Du, und ich antworte: Sorge zunächst, daß Du es zu einem perfect english man und zu einem richtigen Fachmann in dem von Dir gewünschten Beruf bringst. Dann hilfst Du uns am besten, wenn auch nicht von heute auf morgen, aber doch auf lange Sicht.

Mutti schrieb Dir ehrlich, und nun laß die Sorge um uns, die Dir zwar alle Ehre macht, die Du aber nicht meistern kannst, wenn Du Deine künftige Lern- u. Lehrzeit gut anwendest, etwas zurücktreten. Heute habe ich mein Büro aufgegeben[59] und bin nun morgens auf dem Gemeindeamt und habe den Nachmittag für mich und für unsere eigenen Auswanderungsvorbereitungen. (N. B.) Ich werde mir fortan für meine Gemeindearbeit eine Vergütung auszahlen, denn daß ich sie an Frau Herzsteins[60] Stelle umsonst tue, verlangt kein Mensch und die Einnahme

---

59 Sally Kaufmanns Anwaltskanzlei befand sich bis zum 1. Dezember 1936 auf dem Buchenbaum 4, anschließend auf der Düsseldorfer Straße 1/Ecke Königstraße. Ab 1. Januar 1939 trug sein Briefkopf oder Stempel die Bezeichnung: »Dr. iur. Sally Kaufmann, Konsulent, zugelassen nur zur rechtlichen Beratung und Vertretung von Juden, Duisburg, Junkernstraße 2«. Wenn Sally Kaufmann davon spricht, sein Büro »aufgegeben« zu haben, bezieht er sich darauf, seine juristische Betätigung nun von zu Hause aus durchzuführen. Zwischenzeitlich hatte er ein Büro auf dem Kuhlenwall, bis er, nachdem die Zerstörungen während des Novemberpogroms im Gemeindezentrum beseitigt waren, in der Junkernstraße arbeiten konnte. Da er, auch als Gemeindevorsitzender, ausschließlich in jüdischen Angelegenheiten tätig war, hatte er fortan ein Büro im Gemeindehaus in der Junkernstraße eingerichtet. Vgl. Roden 1986a, Teil 2, S. 964f.
60 Franziska Herta Herzstein, geb. Markus, geb. 30. Juni 1896 in Ruhrort, Mutter von Kurt Herzstein (siehe FN 16), Vorstandsmitglied und Schriftführerin des Jüdischen Frauenbundes und Mitglied des Israelitischen Frauenvereins. Herzstein war bis 1938 Sekretärin im Gemeindebüro. Am 22. April 1939 war sie nach Rotterdam ausgereist. Während der deutschen Besatzung der Niederlande wurde sie im Juni 1943 zusammen mit ihrem Vater Emil Markus (siehe FN 142) in das Internierungslager Westerbork verschleppt, im Juli 1943 in das Todeslager Sobibór deportiert und dort ermordet.

können wir, solange wir hier sind, gut brauchen. – Gerda[61] hat ihr Permit[62] bekommen und Dein Freund Kurt wird Dich auch in Kürze in England besuchen. Ein englischer Anwalt, der mit Onkel Robert's[63] Verwandten befreundet ist, wird ihm den Aufenthalt in England ermöglichen. Kurt wird wohl in London zunächst eine Schule besuchen und kann sich dann einen Beruf wählen. – Für heute Schluß! Ich grüße Dich und küsse Dich vielmals
    Dein Vati


## 9.
*Johanna Kaufmann an Walter Kaufmann*
[Handschrift]
Brief
                                               Duisburg d. 9. Febr. 39
Mein liebster Walter Wir sind sehr enttäuscht, daß wir die ganze Woche noch keine Nachricht von Dir hatten, wir warten wirklich sehr auf Deine Post. Inzwischen

---

61    Gerda Katzenstein, verh. Kazir, geb. am 12. September 1919 in Düsseldorf, Tochter von Erna (siehe FN 9) und Albert Katzenstein (siehe FN 92), Walter Kaufmanns Cousine. Gerda Katzenstein besuchte das Müller-Oberlyzeum in der Taubenstraße 10 in Düsseldorf. Ende 1932 verließ sie die Schule und besuchte nun die Berufsschule Siemensstraße, um Kinderpflegerin zu werden. Nach 1933 schloss sie sich einer zionistischen Jugendbewegung an. Anfang des Jahres 1938 wurde sie als Praktikantin im jüdischen Kinderheim in Bad Kreuznach eingestellt. In einem Brief vom 7. Juni 1982 an den Düsseldorfer Beigeordneten Bernd Dieckmann erinnert sich Gerda Kazir an den Novemberpogrom 1938: »Anfang 1938 bekam ich Arbeit als Praktikantin im Jüdischen Kinderheim in Bad Kreuznach. […] Wir wohnten damals auf der Zietenstraße 16, und ich war voller Angst, was mich dort erwartete. Doch alles war noch ruhig da, zu ruhig, denn auf mein Läuten machte niemand die Tür auf. Wo sind sie nur alle, Vati, Mutti und Lotte. Der Taxi-Chauffeur, der sah, mit wem er es zu tun hatte, sagte zu mir, Fräulein, regen Sie sich nicht auf, ich werde Sie rumfahren, bis Sie Ihre Familie gefunden haben. Ich fand dann Mutti und Lotte bei einer Tante und wir fuhren zu unserer Putzfrau […].Vati war bei einem holländischen Freund versteckt. [Unsere Putzfrau] nahm uns 3 mit offenen Armen auf, der Taxi-Chauffeur, der mich mehr als eine Stunde rumgefahren hatte, nahm kein Geld. […]« (Fleermann/Genger 2008, S. 211). Gerda Katzenstein gelang am 21. März 1939 die Einreise nach England. 1945 wanderte sie nach Palästina aus. Dort heiratete sie und bekam zwei Söhne. 1962 besuchte Gerda Kazir mit ihrer Familie Düsseldorf für einige Tage (Auskunft: Mahn- und Gedenkstätte, Düsseldorf).

62    (Einreise-)Erlaubnis. In Großbritannien die Genehmigung des Home Office zur Ausübung eines Berufs, gleichgültig ob selbstständig oder angestellt. Vgl. Philo-Atlas 1938, S. 154.

63    »Onkel Robert«, das ist: Dr. Robert Katzenstein (siehe FN 68).

schrieben uns Eugen's, daß Du [das] Wochenend bei ihnen in London verbringen sollst, das ist ja <u>prima</u>. Ich freue mich sehr, daß Du dann alles von mir hörst, was Du gerne wissen möchtest. Eben war Tante Erna[64] auf ein paar Stunden bei mir, um mir etwas beim Wäsche sortieren zu helfen. Gerda[65] wollte mit kommen, ist aber etwas Grippe krank. Hoffentlich klappt es bald mit ihren Papieren, damit sie ihre England Reise antreten kann. Lotte[66] ist mit 2 Tage Verspätung von Liverpool abgefahren, da das Schiff infolge zu großen Nebels nicht abfahren konnte. Nun schwimmt sie, und wir sind alle sehr gespannt auf ihren ersten Bericht aus Amerika. – Edgar K'stein[67] kann nächste Woche mit einem Transport nach Belgien kommen. Onkel Robert + Tante Helga[68] wollen nun endgültig nach Honduras, wir hatten uns auch bemüht, ist aber jetzt nicht mehr möglich.

Fritzchen Reifenberg[69] besucht mich täglich (er hat so Langeweile), in 14 Tagen sind sie auch fort. Aus Arnheim schrieb man uns sehr nett und freundschaftlich, sie wollen sich sehr um uns bemühen und uns helfen. Also müssen wir abwarten und etwas Geduld haben. Wie ist die Mathematikarbeit ausgefallen, lieber Junge, und wie war das letzte Fussballspiel?

Wir denken viel an Dich und ich grüsse und küsse Dich herzlichst
stets Deine Mutti
[Rückseite]

Könntest Du nicht ein wenig besser schreiben, Vati kann Deine Schrift kaum entziffern.

---

64  Tante Erna: Johanna Kaufmanns Schwester Erna Katzenstein, geb. Hartoch (siehe FN 9).
65  Ihre Tochter Gerda Katzenstein (siehe FN 61), Walter Kaufmanns Cousine.
66  Deren Schwester Lotte Katzenstein (siehe FN 26), Walter Kaufmanns Cousine.
67  Edgar Katzenstein, Sohn von Dr. Robert und Helga Katzenstein, Bruder von Kurt Katzenstein.
68  Dr. Robert Katzenstein, geb. 4. Juli 1886 in Eschwege, Rechtsanwalt und Vorstandsmitglied des Anwaltvereins, 1930 Präsident der Duisburg-Loge B'nai B'rith »Zur Treue«, wurde während des Novemberpogroms 1938 in »Schutzhaft« genommen und am 8. Dezember 1938 mit Sally Kaufmann im KZ Dachau inhaftiert. Am 12. Mai 1939 wanderte er mit Ehefrau Helga (siehe FN 7) und Sohn Edgar (siehe FN 67, 77) nach Tegucigalpa/Honduras aus. Sohn Kurt (siehe FN 23) war am 21. April 1939 mit Kindertransport nach England gelangt. Zu Robert Katzenstein siehe: Roden 1986a, Teil 2, S. 957–960.
69  Fritz (Fred) Reifenberg (siehe FN 35), geb. 30. Dezember 1928 in Duisburg. Er konnte am 23. Februar 1939 mit seinen Eltern Dr. Hugo Reifenberg und Hedwig Reifenberg in die USA emigrieren.

*Sally Kaufmann an Walter Kaufmann*
[Handschrift]

Herzl[iche] Grüsse!
Viele Küsse
Vati

## 10.
*Johanna Kaufmann an Walter Kaufmann*
[Handschrift]
Brief

d[en]. 10 Febr 39

Mein lieber, lieber Walter, Eben kommt Dein lieber Brief an, der uns grosse Freude machte, zumal Du anscheinend im Unterricht gut mitkommst. Und das ist wirklich fein! Gestern Abend waren wir noch bei Frau Herzstein, wo es recht gemütlich war. Vati hat der Wein besonders gut geschmeckt. Die Eltern von Marion[70] reisen Ende des Monats nach Montevideo natürlich alle Drei [sic].[71] Die anderen Ro[72] – haben auch noch nichts Festes. Ich hätte gerne gewusst aus welchen Ländern die Jungens aus Deinem boy house sind, auch mich interessiert alles. Wann [sic!] will you write in English? [Wann wirst Du in Englisch schreiben?] Eben höre ich, daß Carl Jülich[73] + Otto,[74] wie auch Fritzchen Schoenenberg[75]

---

70  Das ist (vermutlich): Marion Rottenstein, geb. 4. Juni 1929 in Duisburg (siehe auch FN 71).

71  Emil Rottenstein, geb. 3. August 1888, Kaufmann der Getreidehandelsfirma R[obert] & E[mil] Rottenstein, und seine Ehefrau Elisabeth Rottenstein, geb. 14. April 1903, Vorsitzende der Ortsgruppe Duisburg des Jüdischen Frauenbundes, reisen mit ihrer Tochter Marion (siehe FN 70) am 5. Juli 1939 über London 1940 in die USA. Das genannte Emigrationsziel Montevideo scheint sich zerschlagen zu haben.

72  Hier ist entweder die Familie Dr. Siegfried Rottenstein gemeint, der Rechtsanwaltskollege von Sally Kaufmann (siehe FN 134) und dessen Ehefrau Katharina Rottenstein (siehe FN 133), die am 22. April 1942 nach Izbica deportiert wurden und dort umgekommen sind, oder es handelt sich um die Familie Robert Rottenstein (geb. 19. Juli 1890), die im Juni 1939 über England in die USA emigrierte. Emil, Robert und Siegfried Rottenstein waren Brüder, Söhne von Jakob Rottenstein aus Nieheim/Höxter, geb. 25. August 1851.

73  Karl (Charles) Jülich, geb. 15. Mai 1924 (siehe FN 43).

74  Hans Otto Emanuel Jülich, geb. 14. Dezember 1927 (siehe FN 45).

75  Fritz Schönenberg, geb. 22. Dezember 1923 in Duisburg, Hotelfachlehrling in Oberhof/Thüringen, Freund von Walter Kaufmann. Schönenberg konnte mit

nach Belgien kommen. Nun ist aber wirklich von Deinem Kreis niemand mehr hier! Bist Du nun mit dem Inhalt meines Briefes zufrieden? Wir freuen uns jetzt schon wieder <u>sehr</u> auf Deinen nächsten Bericht, der uns sicher viel aus London erzählen wird.

Sei innigst umarmt von
Deiner Mutti
[Nachsatz]
Don't forget 5th März (fathers birthday) [Vergiss nicht Vaters Geburtstag am 5. März.]


*Sally Kaufmann an Walter Kaufmann*
[Maschinenschrift]

10.2.39

Lieber Walter! Mutti hatte gerade den beiliegenden Brief fertig, da kam Dein Brief vom 7. d. M. an. Mit dem haben wir uns, wie immer mit Deiner Post sehr gefreut. Dafür, daß Du die Mathematikarbeit mit 80 % geschrieben hast, müßtest Du eigentlich wenigstens einen Kuß haben. Den erhältst Du hiermit brieflich. Hoffentlich hören wir weiter gute Arbeitsergebnisse, die auch sicher Herrn D[aniels] sehr interessieren werden. Wie ist denn Mrs. Essinger? Sollen wir ihr nicht einmal schreiben und uns nach Deinem Befinden und Deinen Fortschritten im Englischen und auch sonst erkundigen? Antwort erwünscht, auch über die früheren Fragen, als da sind: Hausschlüssel und Nase. Weißt Du vielleicht, wo Dein Fahrradschlüssel stecken kann? Das Rad ist zum Kuhlenwall gewandert, wo einstweilen auch meine Vormittagsresidenz ist, bis nämlich die Junkernstr. einigermaßen in Ordnung ist.

Nun werden auch Jülich's Jungen[76] und Schönenberg, sowie Edgar[77] bald abdampfen. Alle sollen nach Belgien kommen, aber wahrscheinlich nur vorübergehend.

Alle Leute erkundigen sich nach Dir und lassen Dich grüssen.


seinen Eltern Ernst Schönenberg und Flora Schönenberg im Februar 1939 über Belgien und im September 1939 nach Brasilien auswandern.
76  Das sind: Karl (Charles) und Hans Otto Jülich.
77  Das ist: Edgar Katzenstein, der mit seinen Eltern Helga und Robert Katzenstein im Mai 1939 nach Honduras auswanderte (siehe FN 67, 68).

Schrieb ich Dir schon, daß ich Dein Zimmer als »Büro« eingerichtet habe? Klaus R.[78] kommt nach wie vor zu meiner Hilfe, morgens zum Kuhlenwall[79] und nachmittags in mein »Büro«. Deine Bücher stehen noch da, wir wollen sie aber bald verkaufen. Soeben hat Mutti auch zwei Bilder verkauft, den Heimig,[80] der über unserem Bett hing, und den Schreuer.[81] Viel haben wir natürlich nicht dafür bekommen.

Die Schreibmaschine wird nicht mehr repariert, da die Reparatur zu teuer ist. W[inter] tauscht sie ein und ich zahle etwas dazu, damit der Schaden beglichen ist.

Nun warten wir mit besonderer Spannung auf die Nachricht, die Du uns sicher zusammen mit Onkel Eugen von London aus schickst. Ob Ihr auch Herrn D[aniels] benachrichtigt habt, daß Du da bist?

Wann Kurt nach London kommt, ist ebenso unsicher, wie es bei Dir war. Es kommt darauf an, wann ein Transport geht.[82]

---

78  Das ist: Klaus Ruben (später: Walter K. Ruben), geb. 12. Dezember 1921 in Duisburg, Sohn von Else Ruben (siehe FN 57). Klaus Ruben besuchte – wie Walter Kaufmann – bis 1936 das Steinbart-Gymnasium. Er hatte eine Lehrstelle als Hemdenzuschneider bei der Firma Josef Rothschild in der Falkstraße. Ende August 1939 wanderte er nach Kansas City/USA aus, die Mutter folgte ihm Ende August 1941. Sein Bruder Bernd (siehe FN 8) kam im Mai 1939 mit Kindertransport nach Liverpool/GB, wurde im Juni 1941 auf der Isle of Man interniert und emigrierte nach seiner Entlassung 1943 ebenfalls nach Kansas City.

79  Gemeint ist das Büro der Jüdischen Gemeinde.

80  Walter Heimig (1881–1955), Maler und Lithograph; Schüler der Düsseldorfer Kunstakademie. Beschickte seit 1907 u. a. die Große Berliner Kunstausstellung, den Glaspalast in München, die Große Kunst- und Jahresausstellung der Künstler-Vereinigung »Niederrhein« in Düsseldorf. Seine Werke erzielten in den 1980er Jahren bei Christie's hohe Auktionsergebnisse. Vgl. Wikipedia, Artikel »Walter Heimig«, abgerufen 19.11.2019.

81  Wilhelm Schreuer (1866–1933) war ein deutscher Maler der Düsseldorfer Schule. Ab 1896 war er aktives Mitglied des Düsseldorfer Künstlervereins Malkasten. Der künstlerische Erfolg zeichnete sich auf den großen internationalen Kunstausstellungen in Düsseldorf und Köln ab, wo Schreuer bis weit in die 1920er Jahre hinein mit Werken vertreten war. Vgl. Wikipedia, Artikel »Wilhelm Schreuer«, abgerufen 24.02.2021.

82  Die Rede ist von Kurt Katzenstein (siehe FN 23), Walter Kaufmanns gleichaltrigem Freund, dessen Kinder-»Transport« nach England am 21. April 1939 erfolgte.

Ich frankiere mit einer WHW Marke,[83] die Du bitte zurückschickst, und füge zu diesem Zweck einen Antwortschein[84] bei.

So, nun hoffe ich, daß Du nicht mehr über zu geringe Quantität Klage zu führen hast. Mach's weiter gut, schreibe bald wieder und sei viel, vielmals gegrüßt und geküßt von
Deinem
Vati


## 11. (4)
*Johanna Kaufmann an Walter Kaufmann*
[Handschrift]
Karte

Duisburg d 14. Febr 39

Mein lieber, guter Walter, Deine lieben Zeilen, die Du uns gemeinsam mit Onkel Eugen's gesandt hast, haben uns so sehr erfreut. Du kannst Dir denken, daß wir Samstag + Sonntag mehr als einmal an Euch u. besonders an Dich gedacht haben. Unser Brief, der wohl am Montag ankam, hat Dir hoffentlich auch Freude gemacht. Wir sind so glücklich, daß Du es so schön hast, gut aussiehst und Dich seelisch und körperlich wohl fühlst. Wir hatten am Samstag von Tante Selma

---

83   Das »Winterhilfswerk des Deutschen Volkes« (WHW) war in der NS-Zeit eine Stiftung öffentlichen Rechts, die Sach- und Geldspenden sammelte und damit bedürftige »Volksgenossen« unterstützte. Das WHW als soziale Einrichtung trug wesentlich zur Stabilisierung des NS-Regimes bei und stärkte das Zusammengehörigkeitsgefühl der »Volksgemeinschaft«, worauf das Regime bedacht war. »Das Spendenaufkommen übertraf ab dem Rechnungsjahr 1939/1940 die Summe, die aus Steuermitteln für öffentliche Fürsorgeverbände aufgebracht wurde.« WHW-Briefmarken der Deutschen Reichspost wiesen neben ihrem nominellen Wert, z. B. 12 Pfennig, + 38 Pfennig für das Winterhilfswerk aus. Vgl. Wikipedia, Artikel »Winterhilfswerk«, abgerufen 19.11.2019.

84   Der »Antwortschein in das Ausland« galt als Postwertzeichen: Antwortscheine konnten in jedem Land des Weltpostvereins gegen Freimarken im Wert der ersten Gebührenstufe des Auslandbriefdienstes umgetauscht werden.

aus Essen[85] und dem alten Herrn Steinberg[86] Besuch, wir hatten uns so viel zu erzählen, daß sie erst spät abends um 11 ½ Uhr abreisten. Sonntag war sehr netter Geburtstagskaffee bei Frau Dr. Müller.[87] Bernt's Mutter[88] lobte sehr Deinen Brief, mit Bernt dauert es wohl noch einige Wochen. Dasselbe wohl mit Kurt.[89] Ich finde es sehr lieb und nett, daß Du in der Schule so verwöhnt wirst, und ich will heute ein paar Zeilen an die Damen[90] schreiben. Ich denke, daß es Dir so recht ist. Ende der Woche schreiben wir Dir wieder einen Brief. Hörtest Du nochmal von Herrn D[aniels]? Noch ganz schnell viele innige Küsse Muttichen

## 12.
*Sally Kaufmann an Walter Kaufmann*
[Maschinenschrift]
Brief

Duisburg, den 19. Februar 1939.

---

85 Selma Steinberg, geb. Kaufmann, geb. 5. November 1871, verheiratet mit Alex Steinberg, Verkäuferin/kaufmännische Lehre, betrieb seit 1902 zusammen mit ihrer unverheirateten Schwester Henriette Kaufmann (siehe FN 321) das Manufakturwarengeschäft Geschw. Kaufmann in Altenessen, 1936 Geschäftsaufgabe, 1938 nach Köln (zu Schwiegereltern ihrer Nichte), deportiert Juni 1942 von Köln nach Theresienstadt, von dort aus am 19. September 1942 nach Minsk, dort ermordet. – Alex Steinberg, geb. 3. November 1866 in Gronau an der Leine, Heirat 1905, Getreidegroßhändler, war stark sehbehindert, daher nicht im Ersten Weltkrieg eingezogen, 1915 Spanische Grippe, dadurch lange bettlägerig. Auskunft: Martina Strehlen, Archiv Alte Synagoge Essen, 6.2.2018. Sohn Kurt Alfred Steinberg (später: Kurt Josef Sella), 1906–1969 (siehe FN 11); Töchter: Charlotte, geb. 7. November 1908 (siehe FN 238); Marianne Steinberg, verh. Ostrand, geb. 2. Februar 1911, Ärztin, Staatsexamen noch in Deutschland, für Dr.-Examen in die Schweiz, 1938 in die USA, gest. 28. Mai 2002.

86 Vermutlich Kurt Steinberg, geb. 25.(26.)8.1879 in Duisburg, Kaufmann (Transportunternehmer), Dekorateur. Steinberg wurde mit dem Ehepaar Kaufmann (und zwei weiteren Personen) am 24.6.1943 nach Theresienstadt deportiert.

87 Hertha Müller, geb. 12. Februar 1897, und ihr Ehemann, der Chemiker Dr. Sebald Müller, waren gute Freunde der Familie Kaufmann und zogen kurze Zeit später in deren Haus in der Prinz-Albrecht-Straße 17. Mit ihrer Tochter Ursula (siehe FN 116) gingen sie im Juli 1939 nach Amsterdam, wo sie im Juli 1943 im Transportgefängnis Schouwburg interniert wurden. Die Familie wurde jedoch vorübergehend entlassen (siehe dazu FN 241) und lebte dann von November 1943 bis zur Befreiung am 4. Mai 1945 »illegal« in Holland, um der drohenden Deportation zu entgehen.

88 Das ist: Else Ruben (siehe FN 57).

89 Kurt Katzenstein.

90 Gemeint sind hier die Schulleiterin Anna Essinger und andere nicht namentlich bekannte Lehrerinnen.

Lieber Walter! Mutti ist nach Düsseldorf gefahren, um Tante Stine,[91] die noch immer nicht in Ordnung ist, ins Bett zu stecken und dann schnell wieder zu kommen. So sitze ich allein auf weiter Flur in Deinem früheren Schlafzimmer und arbeite mal wieder. Gerade habe ich einen langen Brief an Onkel Eugen geschrieben, der mit Tante Jeanette bei Herrn D[aniels] war und ganz begeistert von ihm ist. Onkel Eugen hatte den Eindruck, daß er auch uns helfen wird, soweit es ihm möglich ist. Dieser Tage sind Onkel Eugen's mit Nora bei ihm zum Thee eingeladen. Also mach Dir unseretwegen keine Sorge. Wenn Herr D[aniels] uns hilft, was wir bisher zwar noch nicht wissen, sondern nur ahnen, ist mir um uns nicht bang und Dir wohl auch nicht. Sprich aber mit niemandem, auch nicht mit Herrn D[aniels] darüber. Sprichst Du Onkel Eugen noch mal?

Vorgestern sind Deine Schlafzimmermöbel nach Düsseldorf gewandert, wir haben sie Onkel Albert[92] geliehen, damit er ein Zimmer zum Vermieten einrichten kann. Denn er kann erfreulicherweise einstweilen in seiner Wohnung bleiben. Wegen unseres Hauses stehen wir z. Zt. in Unterhandlungen mit einem früheren Kollegen Offszanka,[93] dessen beide Töchterchen Du ja kennst. Hoffentlich wird es etwas, denn bis zur Genehmigung des Verkaufs vergeht noch eine geraume Zeit.

Dein Brief mit der Schilderung Deiner Londoner Erlebnisse hat uns Freude gemacht. Die Freude wäre aber noch größer gewesen, wenn Du nicht so viele Flüchtigkeitsfehler, besonders Auslassungen ganzer Wörter, gemacht hättest. Liest Du Deine Briefe denn nicht nochmals durch, bevor sie abgehen? Und wann fängst Du an, uns Englisch zu schreiben? Dadurch würden auch wir etwas lernen. Deinem letzten Brief lag zerknüllt ein Antwortschein bei, den wir Dir neulich zugesandt hatten. Ist das ein Versehen gewesen, oder bist Du ein Pfundkrösus geworden? Jedenfalls füge ich den Schein wieder bei.

91  Das ist: Erna (Ernestine) Katzenstein (geb. Hartoch), Johanna Kaufmanns Schwester (siehe FN 9).

92  Das ist Albert Katzenstein, geb. 10. Juli 1884 in Wetzlar, Ehemann von Johanna Kaufmanns Schwester Erna Katzenstein, geb. Hartoch (siehe FN 9), aus Düsseldorf. Ihm hat Walter Kaufmann eine Geschichte gewidmet: »Albert Katzenstein – Düsseldorf, 1932«, in: Kaufmann 2018, S. 22f. – Albert Katzenstein war Mitinhaber der Firma »Gebr. Hartoch«, die 1932 Konkurs machte. Die Wohnung der Katzensteins in der Zietenstraße 16 wurde während des Novemberpogroms zwar nicht zerstört, Albert K. jedoch in »Schutzhaft« genommen und nach Dachau deportiert, wo er vom 17. November bis zum 9. Dezember 1938 inhaftiert war. Albert und Erna Katzenstein wurden am 10. November 1941 von Düsseldorf nach Minsk deportiert. Ihre Töchter, Walter Kaufmanns Cousinen Lotte (FN 26) und Gerda (FN 61), überlebten im Exil.

93  Dr. Franz Offszanka, Rechtsanwalt, ein Nachbar der Kaufmanns, wohnhaft Prinz-Albrecht-Straße 29.

Brieffrankatur wie üblich zurückerbeten. Überhaupt bitte ich Dich, die Marken stets zurückzusenden, wenn es nicht gerade die übliche Hindenburgserie[94] ist, ohne daß es jedes Mal der Erwähnung bedarf. Für die neulich gesandten Marken meinen Dank. Korrespondierst Du noch mit Polen?

So, nun habe ich für heute genug mit Dir geplaudert – brieflich natürlich –, gleich hole ich Mutti an der D-Bahn ab und fahre mit ihr nach Hamborn.[95] Mutti schreibt dann morgen an [sic] und schickt den Brief ab.

Ebensoviel Grüße und Küsse, wie Du sie uns sandtest,
Dein
Vati

## 13.
*Johanna Kaufmann an Walter Kaufmann*
[Handschrift]
Brief

[o. D.; 20. Februar 1939]

Mein sehr lieber Walter,

Unsere Gedanken sind so viel bei Dir, und wir sind mit Deinen so guten Berichten (Flüchtigkeitsfehler ausgeschlossen) so froh! Vati holte mich gestern Abend als ich von D'dorf kam, am Königsplatz ab, und wir fuhren noch zu Löwenstein's[96] nach Hamborn. Ich war zwar müde, aber wir mussten mal hin. Sie haben für die 2 Jungens auch einen Garanten in England und hoffen sehr, daß sie bald fahren können.

Gestern Vormittag holte Kurt sich das Olympiabuch ab, chic in einem neuen Kleppermantel mit Capuze. Ich musste Kurt alles von Dir erzählen und er freut sich schon, Dich wiederzusehen. Dann kam noch Herbert von drüben[97] (alles in

---

94  Die Reichspost legte eine Reihe von Briefmarkenserien zu Reichspräsident Paul von Hindenburg ab 1933 im Wert von 3 bis 100 Pfennig auf, dann wieder ab September 1935 anlässlich des Todes von Hindenburg erschienen Marken mit Trauerrand in hoher Auflage.

95  »Nach Hamborn«: Zu engen Freunden, der Familie Löwenstein (siehe FN 96).

96  Max Löwenstein, geb. 29. August 1898, Rechtsanwalt und Notar, »Rechtskonsulent« (siehe FN 30); Vorsitzender der Jüdischen Gemeinde Hamborn. Löwenstein konnte mit seiner Ehefrau Hilde 1940 über Italien in die USA emigrieren. – Hilde Löwenstein, geb. 1. Oktober 1904 in Essen. – Sohn Rolf Hans (Ralph), geb. 9. Februar 1932 in Hamborn, der im Juli 1939 nach England und dann zusammen mit seinem Bruder Kurt Eduard (geb. 29. Mai 1934; Kindertransport nach England Juli 1939) 1940 zu seinen Eltern in die USA gelangen konnte.

97  Vermutlich ein Nachbarsjunge. Weitere Angaben ließen sich nicht ermitteln.

der Küche) und ihm musste ich schnell »Peterchens Mondfahrt« erzählen. Eben kommt ein besonders netter Brief von Edgar + Ruth[98] aus New York, die Dir nachträglich zum Geburtstag gratulieren. Auch Mosers schrieben von Genua aus, allerdings mehr beruflich als privat mit vielen Grüßen für Dich. Illustrierte Zeitungen schicke ich heute noch ab. Innige Küsse
   Muttichen
   Das Herrenzimmer ist nun auch verkauft.
Könntest Du Dich nicht für Vati's Geburtstag knipsen lassen, natürlich nur Amateuraufnahmen, er wünscht sich so sehr ein neues Bild von Dir.

*[Sally Kaufmann an Walter Kaufmann]*
[Handschrift]
Frl. Essinger schrieb uns auch einen Brief, mit dessen Inhalt wir zufrieden sind.

## 14. (5)
*Johanna Kaufmann an Walter Kaufmann*
[Handschrift]
Karte

Dbg. d 22. Febr 39

My dearest Walter, I am so sorry we did not hear this week any thing from you. I hope we shall have a letter tomorrow. Please be so kind and write a card to Winters, they send the new papers you, but don't forget it. Did you receive the letter from D'dorf, I really should like to know it. Father shall not know about the photo, I think we will surprise him, and please write a few lines extra to me. I am very busy, so will send you thousand kisses
   Your Mother
   [Mein liebster Walter, ich bin sehr traurig, diese Woche nichts von Dir gehört zu haben. Ich hoffe, dass wir morgen einen Brief haben werden. Bitte sei so freundlich und schreibe eine Karte an die Winters, sie senden die Zeitungen, aber bitte vergiss es nicht. Hast Du einen Brief aus Düsseldorf erhalten, ich möchte es gerne wissen. Vater weiß nichts vom Foto, ich denke, wir werden ihn überraschen, und bitte schreib mir einige Zeilen mehr. Ich bin sehr beschäftigt, so sende ich Dir tausend Küsse, Deine Mutter.]

---

98   Walter Kaufmanns Cousin Edgar Kaufmann (1914–1967) und seine Frau Ruth. Edgar war der Sohn von Eugen und Jeanette Kaufmann (siehe FN 13) und bemühte sich intensiv (aber vergeblich) um ein Affidavit für Sally und Johanna Kaufmann in die USA.

**15.**
*Sally Kaufmann an Walter Kaufmann*
[Maschinenschrift]
Brief

ohne Datum, [22/II. 39]
Teile von Zeilen fehlen wegen eines Lochs im Brief

Lieber Walter!

Ich fange heute einen besonderen Bogen an, weil ich gleich einen Brief an Onkel Hugo beifügen will, den du ihm bitte übe[rmitte]ln willst, da ich die Adresse nicht genau weiß. Aus de[…] ersiehst Du, daß wir nun mit Chile doch vorankommen, […] nicht so schnell, wie wir wünschen. Aber wir sind um B[…]gung bemüht, und wir sind froh, daß wir wenigstens die […]gung haben und wissen, woran wir sind. Es wäre für […] aber doch sehr gut, wenn Du recht bald beginnen könn[test Spa]nisch zu lernen. Sprich doch bitte nochmals mit Tante [Anna?] [dar]über. Denn ich hoffe doch, daß Du wenn wir in Chile […] bald nachkommen kannst. Unsere früheren Pläne, Di[ch … …] Ausreise nach Chile zu besuchen, werden ja wohl mit [Rücksic]ht auf die Verhältnisse nicht durchzuführen sein. Doch […] können wir uns einstweilen noch nicht festlegen. Denn [Pl]äne machen ist heute schwerer denn je. Wegen der Berufsfrage warten wir auf bestimmte Nachrichten, bitte evtl. Onkel Hugo, sich bestimmter auszudrücken, damit Du uns berichten könntest.

Wir warten auch noch immer auf ein Photo von Dir, eins zu schicken muß doch nicht allzuschwer sein. Wir möchten doch zu gern wissen, ob Gerda recht hat, als sie Dich beschrieb.

Schreibe recht oft! Es kann ja immer eine Nachricht verloren gehen und wir sind immer enttäuscht, wenn der Briefträger vorbeigeht, obgleich eigentlich ein Brief von Dir hätte kommen müssen.

Nun gute Nacht! Morgen früh geht der Brief ab und kommt hoffentlich bald zu Dir mit vielen herzlichen Grüßen und Küssen

Vati


*Sally Kaufmann an Mr. Daniels*
[Maschinenschrift]
Karte

[22/II. 39]

Lieber Herr Daniels!

Von Walter hören wir öfters von Ihnen, und wir hoffen, daß er Ihnen unsere Grüße übermittelt hat. Ich hoffe auch, daß diese Zeilen Sie erreichen, damit Sie auch unmittelbar von uns hören.

Wir danken Ihnen in dieser Zeit, in der der Briefwechsel mit Walter sehr langsam von statten geht, mehr denn je für alles das, was Sie an Walter tun. Er schreibt uns von dem großen Interesse, mit dem Sie seine Entwicklung verfolgen und wir hoffen, daß er sich durch Fleiß und gute Leistungen in der Schule dankbar zeigt.

Unsere Chile-Pläne schreiten voran. Wir erhielten vom Hilfsverein[99] die Bestätigung, daß unsere Anforderung beim Chilenischen Konsulat vorliegt, allerdings wird es noch einige Monate dauern, bis wir das Visum erhalten. Wir werden jedenfalls alles daransetzen, daß die Ausreise beschleunigt wird.

Für heute verbleibe ich mit den herzlichsten Grüßen, auch von meiner Frau,
Ihr dankbarer
Sally Kaufmann

## 16.
### *Johanna Kaufmann an Walter Kaufmann*
[Handschrift]
Brief

[o. D.]

Mein liebster Schnubbelhund,

Vielen Dank für deine lieben Zeilen. Ich sitze mit Gerda[100] hier in unserem »neu« eingerichteten Herrenzimmer, nämlich die Möbel aus dem Büro mit dem echten Teppich aus Deinem Zimmer und es ist recht gemütlich. Wir entbehren das andere Zimmer wirklich nicht. Heute Abend gehen wir zu Frau Ruben, da Vati einiges mit Else zu besprechen hat.[101] Bernt ist sicher gerne mit Gerda zusammen. Heute war die junge Familie Offs[zanka] – nochmals da, um sich das Haus zu besehen, ich glaube es giebt[sic] etwas. Wir können natürlich bis zur Auswanderung wohnen bleiben.

---

99  Der Hilfsverein der deutschen Juden wurde 1901 als »neutrale« und philanthropische Organisation in Berlin gegründet. Er sollte eine Hilfsorganisation vor allem für in Not lebende osteuropäische Juden sein. Um 1930 hatte der Hilfsverein in Deutschland 290 lokale Vertretungen. Sie widmeten sich vor allem der Beratung und Unterstützung von Juden, die aus oder über Deutschland auswandern wollten. In der NS-Zeit musste der Verein sich in »Hilfsverein der Juden in Deutschland« umbenennen. Von 1933 bis 1941 half er 90 000 Juden bei der Emigration in überseeische Staaten, aber nicht nach Palästina. Vgl. Schoeps 1992, S. 197; Wikipedia, Artikel »Hilfsverein der deutschen Juden«, abgerufen 19.11.2019.

100 Das ist: Walter Kaufmanns Cousine Gerda Katzenstein (siehe FN 61), die kurz vor ihrer Ausreise in die USA stand.

101 Bei dieser Besprechung ging es sicherlich um den bevorstehenden Einzug von Else Ruben (siehe FN 57) in das Kaufmann-Haus Prinz-Albrecht-Straße (vgl. FN 234).

Mrs. E[ssinger] schrieb sehr nett, Du hättest Dich gut eingelebt und fühlest Dich scheinbar sehr wohl bei ihnen. Du hättest Interesse am Unterricht + wärest fleissig, auch mit Deinen Fortschritten in Englisch wäre sie zufrieden. Wir haben uns <u>sehr</u> gefreut darüber. Tilde[102] fährt morgen zu Onkel Eugen's, hoffentlich hören wir dann noch Näheres von Dir. Hast Du meine Karte betreffs Vati's Geburtstag bekommen? Vergiss <u>bitte</u> nicht eine Karte an Winters zu schreiben. Du weißt nicht wie sie auf Post von Dir warten. Nachmittags komme ich jetzt noch kaum zur Stadt, da Vati immer Betrieb hat unten, und ich muss dann fürs Telefon und die Haustüre sorgen. Schreibe mir doch mal, was Du so [am] Wochenende alles tust, und welche Landsleute die boys aus Deinem boy house sind? Das interessiert mich sehr. Heute habe ich Deine schönen Taschenbücher in Angriff genommen, prima! Brauchst Du wohl Briefpapier? Lege mal für D'dorf ein paar Zeilen bei uns ein. Gerda ist jetzt viel mit Lotte's Freunden Egon[103] + Bruder[104] zusammen, sie strahlt. Lotte scheint einen fabelhaften Empfang in Boston gehabt zu haben, ich habe den Brief aber noch nicht gelesen. Ich habe heute schon allerlei nötige Einkäufe gemacht, vielleicht kann ich Kurt noch für Dich etwas mitgeben, Du kannst ja mal Wünsche äussern! Aber ich kann natürlich nicht versprechen, ob es zulässig ist. Die Heizung brennt jetzt prima, nachdem wir nur kleinen Koks haben, das ist eine grosse Erleichterung. Schreibe uns recht bald ausführlich.

Innigste Grüsse + Küsse Deine Mutti.


# 17.
### Gerda Katzenstein an Walter Kaufmann
[Handschrift]
Brief

---

102 Das ist: Mathilde Rosenstern (geb. Luxbacher), geb. 16. Februar 1892, Nichtjüdin, Schauspielerin, die nach dem Tode ihres Mannes, des Rechtsanwalts Dr. Nathan Rosenstern (8. Januar 1878–7. Oktober 1926), ihren Mädchennamen wieder annahm.

103 Das ist: Egon Kenton (Katzenberg), geb. 1. September 1918 in Düsseldorf. Egon Katzenberg kam vermutlich am 21. Juli 1939 nach England. Er besuchte die Volksschule Kreuzstraße; nach der Schule ab 1937 kaufmännische Lehre bei der Dt. Lloyd Versicherungs-AG, deren Filialleiter sein Vater war. Im November 1938 musste Egon Katzenberg die Lehre abbrechen und wanderte nach Großbritannien aus, wo er im Juni 1940 interniert und im Juli 1940 nach Kanada verbracht wurde. 1942 wurde er entlassen und lebte danach in Toronto, Kanada.

104 Das ist: Rolf Kenton (Katzenberg), geb. 9. Juni 1921 in Düsseldorf, Bruder von Egon Kenton (Katzenberg) (siehe FN 103). Rolf Katzenberg hat sich am 28. August 1939 in Düsseldorf abgemeldet.

Düsseldorf-Duisburg 25.2.39

Lieber Walter!

Ich bin für 1 Tag und eine Nacht hier bei Euch eingezogen. Es freut mich wirklich sehr, daß es Dir dort so gut gefällt. Weißt Du schon, daß ich auch bald komme, dann müßen wir uns aber ganz bestimmt mal treffen. Heute hatten wir die 1. Nachricht von Lotte aus U.S.A. sie ist ganz begeistert. Ich würde mich nun sehr freun, auch mal was von Dir zu hören. Für heute viele Grüße und Küße Deine

Gerda


*Sally Kaufmann an Walter Kaufmann*
[Handschrift]

Lieber Walter! Dein englischer Brief hat uns viel Freude gemacht. Aber es ist mir bequemer, ihn deutsch zu beantworten. Berndt [sic] hat Dir, wie er mir sagte, geschrieben, aber nur Faversham (also nicht Otterden near Faversham) adressiert. Ich hoffe aber, daß Du den Brief doch bekommst. Onkel Eugen wird nun wohl bald weiterreisen, er hat uns noch ausführlich geschrieben über seinen zweiten Besuch bei Herrn D[aniels]. Wir müssen abwarten, ob und was er für uns tun kann. Nora wird bald einmal mit ihm ausreiten. Was macht eigentlich Eure boy house-Zeitung? Könntest Du uns nicht einmal ein Exemplar zusenden?

Heute sind Dr. Reifenberg's[105] abgereist. Ich habe Fritz noch Deine Nachttischuhr, die nicht recht funktioniert, geschenkt. Er hatte oft danach gefragt und Du hast sicher nichts dagegen. Mutti schreibt heute mehr, ich schließe mit schrecklich vielen Grüßen und Küssen

Vati


## 18. (6)
*Johanna Kaufmann an Walter Kaufmann*
[Handschrift]
Karte

Duisburg d 2. März 39.

---

105 Das ist: Dr. Hugo Reifenberg, Ehefrau Hedwig und Sohn Fritz (Fred) Reifenberg (siehe FN 35, 69), die am 23. oder 25. Februar 1939 in die USA emigrierten. Vgl. Roden 1986a, Teil 2, S. 1264.

Mein liebster Walter, Wir erhielten heute Deinen l[ieben] Brief, vielen Dank. Gestern schickte ich Dir ein kleines Bildchen als Printed Matter, hoffentlich kannst Du mir auf beifolgender Karte den guten + freudigen Empfang bestätigen. Aber bald folgt eine bessere Aufnahme. Zum Purimball[106] recht viel Vergnügen, Du musst uns ganz ausführlich darüber berichten, auch welches Costüm Du hattest. Onkel Eugen + Tante Jeanette haben wir nochmals telefonisch gesprochen, wir haben uns sehr über den Anruf gefreut. Nun schwimmen sie schon. Ich hoffe, daß wir zu Vati's Geburtstag noch mal einen Brief von Dir erhalten. Ich will versuchen, die Augensalbe zu schicken, muss aber erst den Apotheker fragen. Auch wegen der anderen Sachen will ich Kurt fragen, er ist schrecklich schreibfaul, sagte aber gestern er wollte schreiben. Er wartet sehnlichst auf sein Permit. Gerda ist natürlich nur eine Nacht hiergeblieben, aber ich denke sie kommen alle Sonntage rüber.

Also nochmals gute Besserung für die Augen! Viele herzl[iche] Grüsse + Küsse
Mutti

*Sally Kaufmann an Walter Kaufmann*
[Handschrift]

Grüße u. Kuß
Vati.

# 19.
*Johanna Kaufmann an Walter Kaufmann*
[Handschrift]
Brief

Duisburg, den 6. März 1939

Mein lieber Walter,
ich hoffe sehr, daß Du meine Karte, Antwortkarte und die Augensalbe, die ich am 4. [März] abschickte, erhalten hast.

---

106 Purim-Fest: Gefeiert am 14./15 Adar (Februar) zur Erinnerung an die Rettung der Juden in der Babylonischen Gefangenschaft vor der Vernichtung. Charakteristisch für das Purim-Fest ist die Verlesung der Esterrolle im Gottesdienst, der Brauch, dass Kinder mit besonderen Rasseln lärmen, wenn der Name des Judenfeindes Haman genannt wird. Auch ist es Brauch, seinen Freunden Geschenke zu schicken, und ausdrücklich erlaubt, Alkohol zu trinken, und es ist (unter Einfluss des Karnevals) Sitte, sich zu verkleiden.

Inliegenden Brief mit Anlage gieb [sic] bitte Frau Essinger, der Antwortschein ist natürlich für Dich. Wir haben gestern viel an Dich gedacht, Du hast sicher eine schöne Purimfeier gehabt und ich bin sehr gespannt, näheres darüber zu hören. Wir hatten gestern eine Karte von Liesel Meyer aus Arnheim, ihr Mann mit Walter + Eva[107] sind nach Erez[108] abgereist, während sie mit Richard, der plötzlich am Tage vor der Abreise Diphterie bekam, zurück bleiben musste. Das ist natürlich Pech, da auch ihr Certifikat[109] verfällt. Sie hofft aber sehr, in 8 Wochen auch abreisen zu können. – Ich weiß nicht, ob Du Dich an die Guttmann Jungens aus Ruhrort[110]

---

107   Das sind: Luise Meyer, geb. 26. April 1900, die im März 1938 mit ihren Kindern Walter, Eva und Richard nach Holland ausgewandert war. Währenddessen befand sich der Ehemann Julius Meyer noch in Gestapo-Haft und konnte durch Zahlung eines Lösegelds in Höhe von 100 000 Schweizer Franken am 28. Dezember 1938 freigekauft werden. Julius Meyer folgte am 3. Januar 1939 seiner Familie nach Holland.

108   Erez: Erez Israel = das Land Israel, hier: Palästina. Unter Juden gebräuchlicher Begriff für das von Gott verheißene Land als Wohnort des jüdischen Volkes, das politisch realisiert oder als Idealzustand erträumt wurde.

109   Ein »Certifikat« oder Affidavit ist eine Versicherung eines Emigranten, der damit belegte, dass er sich selbst versorgen konnte und dem aufnehmenden Staat nicht zur Last fiel. Dazu gehörte eine eidesstattliche Erklärung eines Bürgen des Ziellandes. Das galt insbesondere für die USA, die Einwanderungsquoten festgelegt hatte. Mit einer beglaubigten Bürgschaftserklärung war es möglich, Verfolgten die Einreise in Überseeländer oder Palästina zu erlauben, die dadurch der nationalsozialistischen Verfolgung auf dem Kontinent entkamen. Ingesamt umfasste die deutschsprachige Emigration nach 1933 etwa 500 000 Juden. Organisationen wie der Joint (American Joint Distribution Committee), die Quäker sowie zionistische Vereinigungen leisteten wichtige Hilfe bei der Beschaffung der erforderlichen Reisedokumente. Wer nach Palästina, wo der englische Mandatar ein Quotensystem eingeführt hatte, einwandern wollte, brauchte ein Zertifikat der britischen Mandatsregierung. Diese Zertifikate wurden nach Kriterien vergeben, die sich am Vermögen oder der beruflichen Eignung der Bewerber orientierten. Um ein sogenanntes Kapitalistenzertifikat zu bekommen, musste ein Mindestkapital von 1000 Pfund nachgewiesen werden. Als für die jüdischen Siedlungen wichtige Tätigkeiten galten vor allem landwirtschaftliche oder handwerkliche Fertigkeiten, die sich Auswanderungswillige in Hachschara-Kursen praktisch aneignen konnten. – Wikipedia, Artikel »Affidavit«, abgerufen 24.02.2021.

110   Das sind: Alfred und Walter Guttmann, die Söhne von Hermann Guttmann (8. Januar 1888–29. Dezember 1938) und Selma Guttmann, geb. Löwenwärter (26. Mai 1893–19. Juni 1937). Die Vollwaisen Alfred, geb. 21. Februar 1931, und Walter, geb. 5. Juni 1928, wurden im April 1939 von niederländischen Adoptiveltern aufgenommen und mit diesen verhaftet. Alfred Guttmann wurde am 10. September 1943 – zwölfjährig! – in Auschwitz ermordet. Walter Guttmann befand sich im September 1943 im Lager Westerbork, wurde am 15. Februar 1944 nach Bergen-Belsen deportiert und am 23. April 1945 befreit. Er lebte in verschiedenen Städten der Niederlande, um dann nach Ramat Gan/Israel auszuwandern. Vgl. auch FN 247.

erinnerst, wo der Vater starb. Sie waren am Sonntag Mittag zu Tisch bei uns, und es war sehr nett, mal wieder Kinderbesuch zu haben. (Vati ist zu ihrem Vormund ernannt) deshalb hatten wir sie eingeladen.

Über den Verlauf des gestrigen Tages soll das Geburtstagskind selbst berichten. Ich hatte in Deinem Namen eine blühende Azalee mit roten Blüten gekauft, und sie mit Deinem Brief am frühen Morgen überreicht. Die Freude war sehr groß! Hast Du inzwischen mal wieder an Herrn Daniels geschrieben, das musst Du sicher tun! Unsere Pläne sind noch nicht viel weiter gediehen, jedenfalls bemühen wir uns andauernd. Und einmal wird es ja klappen s g w [so Gott will].[111]

Eugens schrieben vom Schiff aus, auch Nora gratulierte und schrieb ihre »Kinder« seien so begeistert von Dir gewesen und fragten täglich, wann Du wieder zu ihnen kämst. Hier ist jetzt beinahe schon Frühlingswetter und ich hoffe bei Euch auch. Also, mein guter Junge, bleibe gesund schreibe uns recht ausführlich und sei herzlich gegrüsst und geküsst von Deiner
Mutti.
Hast Du unser Bildchen erhalten?


### Sally Kaufmann an Walter Kaufmann
[Maschinenschrift]

Lieber Walter! Mutti hat Dir schon geschrieben, daß Dein Glückwunsch der allererste war. Ich habe mich sehr gefreut, daß Du so pünktlich mit Deinen Wünschen zur Stelle warst, und danke Dir sehr dafür, auch für das Bild, das ich nun in meine Brieftasche stecken kann, denn für den Schreibtisch haben wir bereits einen Abzug von Lotte bekommen, die dafür das ernste[sic] Bild bekam. Hoffentlich gehen Deine Wünsche in Erfüllung und können wir bald wieder zusammenfeiern. Marken brauchst Du mir nicht zu besorgen, denn meine Sammellust ist z. Zt. nicht sehr groß. Ich möchte Dir vielmehr vorschlagen, daß Du jetzt meine Sammlung etwas fortführst und die Marken, die ich auf die Briefe klebe, und die Du sonst bekommst, gut aufhebst und für uns beide verwahrst. Bist Du damit einverstanden? Du hast wohl eine geeignete Aufbewahrungsgelegenheit? So, nun will ich Dir weiter von meinem Geburtstag erzählen. Mutti kam zum Frühstück mit einem ganzen Haufen Geschenke: 1 Sporthemd, 1 herrliche Kravatte [sic], Socken, Portemonai [sic] – aber nicht gefüllt – und einem elektrischen Belichtungsmesser zum Photographieren. (Hast Du eigentlich auch schon Bilder gemacht?) Dann kamen kurz vor 11 Uhr K'steins mit Gerda, sie hatten eine Autogelegenheit

111  Siehe FN 34.

und waren sehr begeistert, daß sie nur eine Viertelstunde gebraucht hatten. Sie brachten mir Taschentücher mit. Nach und nach stellten sich alle meine Freunde und Freundinnen ein, die meisten kamen zum Kaffee und brachten allerhand praktische Sachen mit. Frau Ellen von gegenüber kam sogar mit einer großen Schachtel Zigarren, die ich nicht verschmähte, wenn ich sie auch selber nicht rauche. Winter's brachten Kognak und sagten, dieses Mal sei es aber garantiert kein Essig, Frau Else Pralinen und Onkel Robert[112] eine schöne Sommerkravatte [sic]. Der Kaffee verlief wirklich so, wie Du es gewünscht hast: Wir ließen mal alle Sorgen hinter uns. Auch Kurt[113] und Bernt[114] waren da und haben sich mit den Damen Gerda[115] und Ursula[116] gut unterhalten. Gerda's Papiere sind nun in Ordnung, und sie wird sicher bald nach England abdampfen.[117] Vielleicht siehst Du sie dann.

Ich mache jetzt nach diesem langen Brief Schluß. Die Wünsche, die Du in Deinem vorletzten Brief vorbrachtest, wollen wir nach Möglichkeit gern erfüllen. Aber das geht nur nach und nach.

Für heute herzlichste Grüße und Küsse Dein Vati

Ich hoffe, daß ich den Fragebogen wegen der Ferienunterbringung richtig ausfüllte. Sonst berichtige ihn mündlich bei Fr. Essinger

## 20.
*Sally Kaufmann an Walter Kaufmann*
[Handschrift]
Brief

9/3 39.

---

112 Das ist: Dr. Robert Katzenstein (siehe FN 68).

113 Das ist: Kurt Katzenstein (siehe FN 23).

114 Das ist: Bernt Ruben (siehe FN 8).

115 Das ist: Gerda Katzenstein (siehe FN 61).

116 Das ist: Ursula Müller, geb. 5. April 1922 in Duisburg, Tochter von Dr. Sebald und Hertha Müller (siehe FN 87), enge Freunde der Kaufmanns und eine Zeit lang Hausgenossen in der Prinz-Albrecht-Straße 17. Ursula Müller besuchte zunächst das Lyzeum in Meiderich (Käthe-Kollwitz-Schule), dann bis November 1938 die jüdische Lehnitz-Haushaltsschule in Berlin (Roden 1986a, Teil 2, S. 1237). Die Müllers zogen im Juli 1939 nach Amsterdam und wurden im Juli 1943 in der Amsterdamer Schouwburg inhaftiert. Die Familie tauchte nach der vorübergehenden Entlassung (siehe dazu FN 241) im November 1943 bis zur Befreiung im Mai 1945 in Holland unter.

117 Gerda Katzenstein (siehe FN 61) gelang am 21. März 1939 die Einreise nach England.

Lieber Walter!

Heute sollst Du von mir einen extra=Brief erhalten, weil ich allerhand mit Dir zu besprechen habe, und weil Mutti nicht wohl ist. Du brauchst Dir aber keine Sorgen zu machen, denn Mutti hat eine zwar tüchtige Grippe und muß zu Bett liegen, aber sie hofft in 1–2 Tagen wieder auf sein zu können. Inzwischen kommt Schwester Julchen[118] stundenweise und erfüllt die Wohnung mit ihrem Getöse.

Also nun zur Hauptsache: Mr. Hugo D[aniels] hatte dem Woburn-House[119] einen Antrag eingereicht, daß wir vorübergehend [etwa bis zur Weiterreise nach Nordamerika] in England bleiben könnten, und [er] für unseren Unterhalt garantiert. Ich finde das furchtbar anständig von ihm. Aber er hatte bereits Onkel Eugen gegenüber seine Bedenken geäußert, daß seine Garantie ausreiche, da er zu alt sei.[120] Tatsächlich schrieb Hugo D[aniels] uns vor einigen Tagen, daß sowohl einer seiner Pläne, uns nach Australien zu bringen, als auch der Plan, uns einen Aufenthalt in England zu verschaffen, mißglückt seien. Das Woburn-House verlange infolge seines vorgerückten Alters einen zweiten Garanten. Er sei aus seinen Kohlengeschäften ausgeschieden und »segele« vielleicht in Kürze nach Amerika. Infolgedessen könne er Dich zu Ostern nicht einladen. Das letztere wird Dich hoffentlich nicht zu sehr betrüben, denn wenn Du, wie Frau Essinger anfragt, in eine englische Familie kannst, wird das vielleicht noch besser für Dich sein. Unterrichte jedenfalls Frau Essinger davon, daß Du in den Osterferien nicht zu Herrn Daniels kannst. Ich nehme an und wünsche, daß Herr D[aniels] nur vorübergehend nach Amerika reist und bald zurück ist, sodaß Du ihn später besuchen kannst.

Zu der Frage des zweiten Garanten haben wir Herrn D[aniels] geschrieben, daß wir uns bemühen würden, einen solchen ausfindig zu machen. Vielleicht ist es daher ein Glück, daß Du in den Ferien in eine englische Familie kommst + so Gelegenheit hast, Dich umzuhören, ob noch jemand neben Herrn D[aniels] für unseren Lebensunterhalt in England garantiert. Es wäre zu schön, wenn das gelänge.

Ich hoffe, daß Du diesen Brief, den ich Dir schreibe, als wenn Du schon erwachsen wärst, gut durchstudierst und in allem verstehst. Wenn Dir etwas unklar ist, halte Nachfrage. – Da der Brief heute noch fort soll, schließe ich mit den herzlichsten Grüßen und Küssen.

Dein Vati

---

118   Vermutlich eine Haushaltshilfe. Weitere Angaben ließen sich nicht ermitteln.
119   Woburn House ist eine universitäre (gemeinnützige) Einrichtung, Tagungsstätte und Unterkunft für Studenten, zugleich eine Wohltätigkeitsorganisation, gelegen im Zentrum Londons: Tavistock Square, Bloomsbury, London WC1H 9HQ.
120   Hugo Daniels (siehe FN 3) war zu diesem Zeitpunkt dreiundsiebzig Jahre alt.

*Johanna Kaufmann an Walter Kaufmann*
Ich hoffe, daß wir morgen von Dir Post haben und grüsse + küsse Dich Deine Mutti!

## 21.
*Sally Kaufmann an Walter Kaufmann*
[Handschrift]
Brief

Duisburg, d. 12. März [1939]

Lieber Walter!

Ich hoffe, daß Du meinen Brief vom 9. d[ieses] M[ona]ts erhalten und über seinen Inhalt mit niemand gesprochen hast. Denn der Inhalt war ja nur für dich allein bestimmt. – Schreibe uns vor allem ausführlich auf diesen Brief, insbesondere wie sich Dein Ferienaufenthalt gestalten wird, ob Aussicht vorhanden ist, daß Du in eine englische Familie kommst. Wir haben auch an Nora geschrieben, ob sie Dich unterbringen kann, glauben aber kaum, daß sie das kann. Wenn Frl. Essinger auch an Nora schreiben will und Dich nach der Adresse fragt, sage sie ihr bitte. (Sie lautet Trothero Gardens 11, Hendon). Mutti wird ebenfalls anschreiben; es geht ihr erheblich besser.

Herzliche Grüße, 1000 Küsse
Vati


[Zusatz]
*Erna Katzenstein an Walter Kaufmann*
[Handschrift]

Lieber Walter,

Ich benutze gern die Gelegenheit, Dir ein paar Zeilen zu schreiben. Wir haben zwar noch <u>nichts</u> von Dir selbst gehört, freuen uns aber sehr, von Deinen lieben Eltern zu hören, daß es Dir recht gut geht. Gerda wird nun auch bald reisen, und vielleicht könnt Ihr euch mal treffen. Lotte schreibt sehr zufrieden. Wir würden uns freuen, von <u>Dir selbst</u> mal zu hören und grüße ich Dich herzlichst, weiter alles Gute wünschend.

Deine Tante Erna

*Johanna Kaufmann an Walter Kaufmann*
[Handschrift]

Mein lieber Walter,

Ich muss schon mit Bleistift schreiben, da ich noch zu Bett liege. Aber ich warte auf den Arzt, jetzt Dr. Wolf[121] aus Hamborn, da Dr. Jülich[122] keine Praxis mehr ausübt, um wieder aufstehen zu dürfen. Vielleicht in 1–2 Tagen. Deine Karte vom Purimfest hat uns sehr gefreut. Ich hoffe sehr, mein lieber Junge, dass Du den Antwortschein dazu benutzt, um uns einen <u>sehr</u> ausführlichen Brief zu schreiben. Hast Du von Nora aus London Schokolade erhalten? Hat die Augensalbe genützt? Tante Erna hat heute ein bischen [sic] geholfen, da war ich sehr froh. Kurt K[atzen]stein wartet noch immer auf sein Permit, es muss jetzt sehr schwer sein, und wir und Du können garnicht dankbar genug sein, daß bei Dir alles geklappt hat. Ich habe Dich so <u>oft</u> gebeten, ein paar Zeilen an Winters zu schreiben, lege dieselben in meinen Brief ein, ich hoffe sehr, dass Du diesen Wunsch erfüllst. Weiter alles Gute und herzl[iche] Grüsse + Küsse Deine

Dich liebende Mutti


## 22.
*Sally Kaufmann an Walter Kaufmann*
[Handschrift]
Brief

ohne Datum, Anfang fehlt

[…] wenn es auch noch etwas dauern wird. Wir bemühen uns auch, noch Verwandte in London zu ermitteln, Hugo D[aniels] schrieb uns, daß welche dort

---

121 Das ist Dr. Alfred Wolf, geb. 24. März 1899, Augenarzt aus Hamborn, Roonstraße 72, der später zusammen mit den Kaufmanns im »Judenhaus« Junkernstraße 2 zusammenleben musste. Im Anschluss an den Novemberpogrom 1938 wurden Juden systematisch aus ihren Wohnungen und Häusern gedrängt und in sogenannten Judenhäusern konzentriert.

122 Dr. Walter Jülich, geb. 13. Februar 1895 in Ruhrort, der befreundete Kaufmann'sche Hausarzt, Mitglied des Central-Vereins deutscher Staatsbürger jüdischen Glaubens, letzter Präsident bis zur Auflösung 1937 der Duisburg-Loge B'nai B'rith »Zur Treue«, war zu diesem Zeitpunkt im Begriff, mit seiner Frau Martha (FN 176) und den Söhnen Karl und Hans Otto Emanuel (FN 43, 45) auszuwandern. Sie gelangten im Juli 1939 nach Belgien (Brüssel) und von dort im Dezember 1939 in die USA (vgl. FN 299). Biografisches: Roden 1986a, Teil 2, S. 953–957.

wären, die er aber nicht kenne. Die Wiener's in Brüssel[123] schweigen nach wie vor. Ist das nicht unglaublich?

Die kleinen Guttmann's aus Ruhrort, deren Vormund ich bin, kommen nach Holland; Edgar[124] wird wohl, statt nach Belgien zu kommen, nach Honduras mitgehen.

Ich arbeite morgens jetzt wieder in der Junkernstr(aße), wohin die Gemeindebüros verlegt sind.

Nun lebe wohl für heute! Ich frankiere mit den 2 noch fehlenden Marken des Automobilausstellungssatzes und grüße + küsse Dich viel tausend mal.

Dein Vati


## 23.
*Johanna Kaufmann an Walter Kaufmann*
[Handschrift]
Brief

Duisburg d. 15. März 39.

Mein liebster Walter,

Ich bin froh, daß ich Dir heute wieder mit Tinte schreiben kann, zum Zeichen, daß ich wieder gesund bin. G[ott] s[ei] D[ank]. Nun noch ein bischen [sic] schonen und dann hoffe ich, in den nächsten Tagen meine häuslichen Pflichten wieder voll und ganz erfüllen zu können. Vielen Dank für Deine Karte, es war lieb von Dir uns direct zu antworten. Wir freuen uns sehr, daß auch ohne Nora's Hilfe die englische Familie gefunden ist. Hoffentlich in London, damit Du mal mit Nora und Deinen Freunden zusammen sein kannst.

Eugens treffen morgen Donnerstag in Haifa ein, hoffentlich klappt alles nach Wunsch. Am Sonntag sandten wir Dir einen Brief mit Tante Erna[125] zusammen, und heute schreiben wir wieder, ich finde, daß Du Dich über unsere Schreibfaulheit nicht beklagen darfst. Ich drücke Dir fest den Daumen, damit Deine Tests gut ausfallen.

---

123 In Verbindung mit Hugo Daniels bemühte sich Ernest Edouard Wiener, Präsident des Consistoire Central Israélite de Belgique, von Brüssel aus um die Ausreise der Kaufmanns. Die Verbindung von E. E. Wiener mit Hugo Daniels einerseits und der Familie Kaufmann andererseits lässt sich nicht klären. Eine verwandtschaftliche Beziehung liegt nicht vor.

124 Das ist: Edgar Katzenstein (siehe FN 67, 77).

125 Tante Erna, das ist: Erna (Ernestine) Katzenstein (geb. Hartoch), aus Düsseldorf-Oberkassel, Johanna Kaufmanns Schwester (siehe FN 9).

Ein Affidavit haben wir noch nicht, aber Edgar[126] kann uns das sicher verschaffen. Vati, der zwar im Augenblick sehr beschäftigt ist, wird Dir näheres über die Garantie in England mitteilen. Gestern hatte Vati unseretwegen eine Besprechung betreffs Auswanderung. Ein mal wird es ja sgw [so Gott will] klappen. Kurt K[atzenstein] hat immer noch nichts über sein Permit gehört, er ist sehr traurig.

Eugens schrieben sehr zufrieden von unterwegs, sie wollen morgen in Haifa landen. Wir freuen uns sehr auf den 1. Bericht von drüben.

Also, mein lieber Walter, bleibe gesund und schreibe uns mit dem beiliegenden Antwortschein bald Antwort.

Innige Grüsse + Küsse
Dein Muttilein
Hat Mr. Daniel[s] Dir geantwortet?

*Sally Kaufmann an Walter Kaufmann*
[Handschrift]

Lieber Walter! Deine Frage nach dem zweiten Garanten kann ich Dir heute noch nicht beantworten. Nimm aber vorläufig das Ungünstigste an, daß nämlich der zweite Garant kein pro forma=Garant sein muß. Wir werden uns mit Mr. D[aniels] demnächst darüber unterhalten; im Augenblick möchten wir uns noch nicht mit ihm darüber auseinandersetzen. Er reist übrigens nicht nach Amerika. Laß Dir aber bei Deinen Arbeiten über Amos und den übrigen Arbeiten die Gedanken über uns aus dem Kopf. Einmal wird's schon werden.

Das Radio ist mit 2 neuen Röhren versehen worden, sodaß wir in diesen politisch bewegten Tagen alles gut hören können, was in der Welt vorgeht. – Wie hat Dir unser Bildchen gefallen?

Herzl[iche] Grüße, viele Küsse
Vati
Bewahre die Marke gut auf; sie ist selten.

## 24. (7)
*Sally Kaufmann an Walter Kaufmann*
[Handschrift]

---

126   Das ist: Edgar Kaufmann (siehe FN 98), der im Dezember 1935 nach New York/USA emigrierte Sohn von Eugen und Jeanette Kaufmann (siehe FN 13), der sich sehr um die Ausreisedokumente für Sally und Johanna Kaufmann bemühte.

Postkarte
[Teile von Zeilen fehlen wegen herausgeschnittener Briefmarke]
Duisburg, ohne Datum [laut Stempel im März [1939]<br>nach Otterden/England]

Lieber Walter!

Deine Karte von Samstag […] inzwischen hast Du auch […] Sonntag erhalten und […] wir immer in Gedanken […] und die Freuden, die Du dort hast[…] Dir genieße, wenn Du auch weit weg bist. Genieße diese Freuden nur tüchtig. Dann machst Du uns eine große Freude, arbeite aber auch tüchtig, denn desto eher kommen wir wieder zusammen. Ich grüße Dich + küsse Dich vielmals.

Dein Vati

[Am Rand] Briefmarke zurücksenden! Nicht abreißen, sondern ausschneiden.


*Johanna Kaufmann an Walter Kaufmann*
[Handschrift]

Mein lieber Walter,

Deine so eng geschriebene Karte verstehe ich <u>wirklich</u> voll und ganz. Kopf hoch und auf die Zähne gebissen! Morgen fahren Onkel Eugens und sie sind Samstag in London, sie rufen Dich sicher mal an und besuchen Dich, da sie ja 3 Wochen in London bleiben. Morgen früh fährt Lotte und abends wollen wir Onkel Arthur + Tante Friedchen[127] treffen, die auch ihre Reise nach Chile antreten. Ich würde mit dem Besuch bei Onkel Hugo in London noch warten, bis Du Onkel Eugen gesprochen hast. Wir tun ja unser möglichstes, um Dich bald wieder zu sehen. Schreibe uns doch bald ausführlich und beantworte alle Fragen. Es interessiert uns ja alles. Für heute nur diese wenigen Zeilen und viele viele herzl[iche] Grüsse und Küsse

Deine Mutti


## 25. (8)
*Johanna Kaufmann an Walter Kaufmann*
[Handschrift]
Karte
17. März 39

[Durch Abtrennen der Briefmarken sind sieben Zeilen verloren]

---

127  Weitere Personenangaben waren nicht zu ermitteln.

[…] Vati ist glücklich, daß ich wieder mit ihm zu Tisch gehen kann. Wenn das Wetter gut ist, darf ich auch Montag ausgehen. Nun zur Ferienfrage. Wir sind sehr einverstanden, wenn Du in ein Camp kommst, denn Miss Essinger weiss sicher was am besten, + was Dir gut tut + für Dich ist. Vielleicht machst Du auch da Bekanntschaften, die unserer Auswanderung dienlich sind. Du kannst sicher gelegentlich mit Deinem Freund Harald[128] nach London. Schreibe uns doch bitte, ob Du von Mr. D[aniels] Post hattest. Gieb [sic] Dir nur recht viel Mühe bei Deinen Arbeiten. Es ist ein Zeichen der guten Pflege, daß Du so zugenommen hast und wir bitten Dich sehr um ein Bild, damit wir sehen wie Du jetzt aussiehst. Ich hoffe, daß Bernd bald fortkommt dann gebe ich ihm auch die Flöte. Es ist alles sehr schwierig. Also mein bester, herzl[iche] Grüsse + Küsse Deine
   Mutti


**Sally Kaufmann an Walter Kaufmann**
[Handschrift]

Gruß, Kuss
   Vati


**26. (9)**
*Johanna Kaufmann an Walter Kaufmann*
[Handschrift]
Karte

                                          Duisburg, [ohne Datum]
[Teile von Zeilen fehlen wegen herausgeschnittener Briefmarken]

Mein liebster Walter,
   […] wir diese Woche nach […] Post von Dir gehabt […]lich kommt morgen […] Brief von Dir mit […] Nachrichten und […] Gestern Nachmit[ttag …] Bernd ab Köln a[…] seine Mutter + K[…] ihn, durften abe[r …] nicht mit zur B[ar-Mizwa]feier[129] in der Jaw[ne-Schule …] Abend sind sie in [Liver]pool. Robert

---

128  Siehe FN 10.
129  Bar-Mizwa (»Sohn des Gebots«), Bezeichnung eines Jungen, der das 13. Lebensjahr vollendet hat und damit nach der Halacha, dem jüdischen Religionsgesetz, zur Erfüllung aller religiösen Gebote verpflichtet bzw. berechtigt ist, kurz: Es bedeutet die religiöse Volljährigkeit.

+ Helga K[atzenstein] riefen uns Sonntag von Amsterdam an und wollen auch morgen nochmals mit uns sprechen, sie fehlen uns, besonders dem l[ieben] Vati doch sehr! Tante Erna hat sich sehr mit [sic] Deiner l[ieben] Karte gefreut. Hatten die »Maikäfer« Deinen Beifall? Hattest Du Gerda geschrieben? Bald ist Thilde[130] in London für 4–5 Wochen, vielleicht kannst du sie mal treffen, damit wir dann mal genaue Nachrichten über Dich erhalten. Ich schreibe Dir dieser Tage im Brief die Adresse. Bald wieder mehr. Für heute einen herzlichen Freitag Abend Kuss, innige Grüsse
    Deine Mutti


*Sally Kaufmann an Walter Kaufmann*
[Handschrift]

Lieber Walter!
    sind die Marken die auf unserm Brief vom 28.09. geklebt waren, gut + heil angekommen? Bewahre sie bitte gut auf. Gruss und Kuss
    Vati


27.
*Johanna Kaufmann an Walter Kaufmann*
[Handschrift]
Brief

                                                  Duisburg d. 22. März 39
Mein liebster Walter,
    Ich war so froh gestern mit Deinem lieben Brief, daß Du gesund bist und nicht positiv, ist uns eine grosse Beruhigung. Das lohnte allein den Antwortschein!
    Hoffentlich bleibt die Krankheit nur auf die 2 Fälle begrenzt, sind grosse oder kleine Kinder erkrankt? Ich will versuchen, mein lieber Junge, Dich diesen Sonnabend zu erfreuen. Ich bin erstaunt, daß aus London mein Auftrag nicht ausgeführt wurde. Wir schrieben schon 2x in kurzer Zeit an Nora und erhielten keine Antwort. Vielleicht ist sie auch nicht wohl.

---

130  »Thilde«, das ist die Schauspielerin Mathilde Luxbacher (siehe FN 102), Witwe von Dr. Nathan Rosenstern.

Inzwischen wird Gerda s gw. [so Gott will] an ihrem Badeplatz in England eingetroffen sein. Sie war mit Onkel Albert + Tante Erna[131] am Sonntag zum Abschied hier, ich hatte Bernd zum Kaffee eingeladen. Er kam sehr gerne, da er gar keine Gesellschaft mehr hat und Dich sehr vermisst! Gerda sah in neuer Frisur (Locken wie Lotte) sehr nett aus. Sie fuhr Montag Mittag von Düsseldorf und sollte Dienstag an Ort und Stelle sein. Bei diesem Hundewetter war die Reise sicher nicht sehr angenehm. Nimm Dich nur vor Erkältung in Acht und ich bin traurig, daß ich (wie ich es wollte) Dir keine hohen Stiefel mitgegeben habe.

Kurt und Bernd nehmen Beide für sich wasserdichte Schuhe mit, sollen die Gummistiefel so hoch wie Schaftstiefel sein oder nur Überschuhe. Diese bekomme ich weder hier noch in D'dorf. Eine prima Weste und Flöte darf Bernd mitnehmen, das kann aber noch 4–5 Wochen dauern.

Montag Abend war Kurt K[atzenstein] zum Abendbrot hier (Kartoffelsalat mit Wurst) es hat ihm unberufen auch gut geschmeckt. Die Eltern und Edgar waren in Hamburg, um sich das Visum für Honduras zu holen,[132] gestern kam sie wieder, aber Kurt wartet noch immer. Von Eugens erwarten wir nun Nachricht aus Palästina und sind sehr gespannt, was sie uns zu berichten haben. Gestern hat mir Kathi[133] einen verspäteten Krankenbesuch gemacht, sie wohnt jetzt bei Siegfried R.[134] Abends waren wir bei Dr. Müllers,[135] die Dich sehr grüssen lassen. Bärs[136] haben nun endlich gepackt und werden wohl Anfang April nach Amerika fahren. Die Zimmer sind noch fest vermietet. Unser Haus ist wohl verschiedenen

---

131 Albert (siehe FN 92) und Erna Katzenstein (siehe FN 9), nahmen Abschied von ihrer Tochter Gerda (siehe FN 61), die am 21. März 1939 nach England emigrierte.

132 Dr. Robert Katzenstein und Ehefrau Helga sowie Sohn Edgar (siehe FN 68) wanderten am 12. Mai 1939 nach Honduras aus.

133 Das ist (vermutlich): Katharina Rottenstein (geb. Zunsheim), geb. 17. November 1887 in Odessa, Ehefrau von Dr. Siegfried Rottenstein (siehe FN 134).

134 Das ist (vermutlich): Dr. Siegfried Rottenstein, geb. 10. Dezember 1881 in Nieheim, Rechtsanwalt und Notar. Er wurde von den Nazis vehement diffamiert und unterlag seit 1938 einem Berufsverbot. Am 22. April 1942 wurde er mit seiner Ehefrau Katharina Rottenstein (siehe FN 133) nach Izbica deportiert und vermutlich ermordet.

135 Das sind: Dr. Sebald und Hertha Müller (siehe FN 87).

136 Das sind: Simon Baer, geb. 30. Januar 1887, gest. Mai 1967, Regierungsbaurat und Reichsbahnoberrat. Wegen »besonders schwerer Beleidigung« des Reichskanzlers wurde er am 30. November 1933 in den vorzeitigen Ruhestand versetzt. Im April 1939 wanderte er mit seiner Ehefrau, der Kinderärztin Dr. Berta Baer, geb. 30. Dezember 1898, in die USA aus. – Die Baers waren Nachbarn der Kaufmanns und wohnten auf der Prinz-Albrecht-Straße 47. Biografisches zu Simon Baer: Roden 1986a, Teil 2, S. 1026f.

Leuten gezeigt worden, unser Nachbar Rechtsanwalt O[ffszanka] hat sich aber immer noch nicht entschieden. – Die Grossmutter[137] ist sehr schön repariert worden, man sieht dem Bild nicht an, in welchem Zustand es war und wir freuen uns sehr damit. Isolierband wird besorgt. Also bleibe gesund, schreibe uns bald innige Küsse, Deine Mutti

[Randbemerkung] Lotte[138] schreibt begeistert aus Boston, sie waren in allen Tageszeitungen gedruckt.

*Sally Kaufmann an Walter Kaufmann*
[Handschrift]

Lieber Walter! Ich habe so manches zu fragen und ich hoffe, daß Du unsere Fragen prompt beantwortest. Mutti fragte schon, ob Dir die Augensalbe genutzt hat. Wie sind die Arbeiten über Amos u. s. w. ausgefallen? Hast Du das Rechnen mit Logarithmen ganz verstanden? Rechnet Ihr mit 4 od. 5 Stellen? Hast Du Gelegenheit, einen Sederabend[139] mitzumachen und hat sich nun entschieden, wie Du die Ferien verbringst? – Unsere Pläne sind bisher alle ins Wasser gefallen. Ob Hugo D[aniels] seine Garantie für England aufrecht erhält, wenn wir einen 2. Bürgen stellen, wissen wir noch immer nicht, da er seit bald 14 Tagen nicht mehr geschrieben hat. Wir haben nach Cuba[140] und nach Manila geschrieben und warten auf Antwort, ebenso wie wir sehr hoffen, daß uns Eugen von Pal[ästina] aus hilft. Irgend etwas wird sicher klappen, [… Rest des Briefes fehlt]

## 28.
*Johanna Kaufmann an Walter Kaufmann*
[Handschrift]
Brief

Duisburg d. 27. März 39

Mein liebster Walter,

---

137 »Großmutter«, vermutlich Name eines Bildes, das während des Novemberpogroms im Hause Kaufmann demoliert wurde.

138 Das ist: Lotte Katzenstein (siehe FN 26), die im Februar 1939 in die USA emigrierte.

139 Der Sederabend (Seder = »Ordnung«) ist Teil des Pessach-Festes (»Vorüberschreiten«, »Verschonung«), eines der jüdischen Hauptfeiertage (Wallfahrtsfest), gefeiert vom 14. bis 22. Nissan (März/April) zum Gedenken an den Auszug aus Ägypten, an dem besonderes Essen aufgetischt wird (z. B. ungesäuertes Mazzebrot, Bitterkraut). Bei der Sederfeier am 1. Abend des Pessach-Festes wird die Haggada gelesen.

140 Die Kaufmanns schrieben unterschiedlich: »Cuba« oder »Kuba«.

Wir haben uns unendlich mit Deinem lieben, heutigen Brief gefreut und ich will schon mit der Antwort beginnen. Vati sitzt noch in seinem Kämmerlein and has a lot to do! [und hat eine Menge zu tun.] Die Zeilen von Mr. D[aniels] sind doch sehr freundlich und nett geschrieben, ich bin gespannt, wann wir wieder von ihm hören. Mit Deinem Ferienplan sind wir mehr als einverstanden und freuen uns, daß Du so viel Schönes zu sehen bekommst. Hoffentlich ist das Wetter günstig. Es ist sehr möglich, daß ein D'burger in den nächsten Tagen nach London kommt und Dir Grüsse von uns bestellt, wenn Du diese Grüsse erhalten hast, gieb [sic] uns bitte gleich Nachricht. – Frau Ruben hat ihr Haus verkauft und muss schon am 15. Mai ausziehen. Nun ist echter Wettstreit, wer oben die Zimmer erhält Dr. M[üller] oder Frau R[uben]. Wir nehmen »Beide« gern natürlich. Bernd's Ausreise wird wohl nach Ostern stattfinden, er wird sicher bald mal schreiben. Der Bruder von Kurt Eisenberg, Rölfchen,[141] fährt Mittwoch mit Kindertransport nach England. Das ist Kurt's Verdienst, er kommt in eine Familie. Aber für seine Eltern konnte Kurt bisher auch noch nichts Positives tun. Eisenbergs kommen übrigens über Ostern hier her, um Winters zu besuchen. Ich gehe mit der Absicht um, mit Vati über die Ostertage nach Bad Neuenahr zu reisen, von Charfreitag [sic] bis Montag. Vati muss unbedingt mal andere Luft haben und vor allem von seiner Gemeindearbeit ausruhen. Was meinst Du dazu, mein lieber Junge, Du bist sicher meiner Ansicht. Vati hat auch einen Riesenhunger aber soviel Zunahme wie Du hat er natürlich nicht zu verzeichnen!

Am Samstag Nachmittag waren wir nach langer Zeit wieder mal in der Stadt, um grosse Einkäufe zu machen. Einen Montbl[anc] Füller, schreibt er nicht fein? Und noch anderes mehr! Von Eugens hatten wir nur eine kurze Karte und erwarten nun sehnlichst ausführlichen Bericht. Es ist wirklich erfreulich, daß es Gerda anscheinend sehr gut getroffen hat, sie schrieb uns auch eine Karte. Hoffentlich hat sie das Heimweh bald überwunden. Wenn ich Mittwoch nach D'dorf fahre, werde ich ja mehr erfahren. Freitag Abend hatten wir Frau Herzstein und Vater[142] zum Abendbrot, es war sehr gemütlich, später kamen noch Tante Helga + Onkel Robert. Nora schrieb uns eine Karte, daß sie die Eltern sehr vermisst. Die Chokolade wirst Du bald aus London erhalten. – Die Jungens, die mir Dir in die Ferien fahren sind sie Engländer, und wie alt? Wo fährt denn Harald hin, und immer wollte ich Dich [fragen,] mit wem Du am meisten befreundet bist. Deine Lehrer

---

141 Rolf Eisenberg. Weitere Angaben ließen sich nicht ermitteln.
142 Franziska Herta Herzstein, ehemalige Gemeindesekretärin, und ihr Vater Emil Markus, geb. 1. Mai 1865, Kaufmann, Repräsentant der Gemeinde Ruhrort (siehe FN 60).

aus D'dorf incl. die Herz[143] sind alle in England, schade, daß Du die Adresse nicht weißt. Ich möchte mich noch stundenlang mit Dir unterhalten, aber ich will doch Schluss machen und Vati noch Platz lassen. Bleibe gesund und schreibe uns bald wieder einen so frohen Brief wie heute.

Innige Grüsse + Küsse Deine Mutti

Hast Du noch mal von Deinem Reisegenossen Heinz Alsberg[144] gehört?

*Sally Kaufmann an Walter Kaufmann*
[Handschrift]

Lieber Walter! Heute musst Du mit ein paar Zeilen fürlieb nehmen. Deine Nachrichten interessierten uns sehr. Herr D. hat noch nichts von sich hören lassen. Dagegen kam von Onkel Eugen soeben ein langer Brief an. Er hat eine Identitätskarte mit dem Vermerk »Farmer«, ist aber mit seinen geschäftlichen Dingen (Lift, Legalisierung u. Landkauf) noch sehr beschäftigt. – Was fängst Du denn in der Zeit vor Deiner Schottlandreise an? Der Prospekt (nicht »Katalog«, wie Du schreibst) von dem Camp interessiert uns sehr. Schicke ihn uns bitte. Herzl[iche] Grüße u. Küsse Vati

## 29. (10)
*Johanna Kaufmann an Walter Kaufmann*
[Handschrift]
Karte

Duisburg d. 30.3.39

My dearest Walter,

We just got your english card, and I hope that you have our long letter from this week. We are quite all right and we are very happy, that you are going to have such fine holidays, my good boy. Will you give us as soon as possible your address

---

143 Das sind: Dr. Kurt Gerson Herz, geb. 2. März 1903, Pädagoge. Herz wurde 1935 Schulleiter an der neugegründeten Privaten Jüdischen Schule in Düsseldorf, die auch Walter Kaufmann bis zu seiner Abreise nach England besucht hatte. Zum Lehrerkollegium gehörten u. a. Dr. Kurt Bergel, der Maler Julo Lewin als Kunstlehrer und Erwin Palm als Musiklehrer, der Konzertmeister in Darmstadt gewesen war. Am 10. November 1938 wurde Herz verhaftet und vom 17. November bis zum 5. Dezember 1938 im KZ Dachau interniert. Kurt Herz und seine Frau Ellen, geb. 23. Februar 1906, die auch an der Jüdischen Schule in Düsseldorf unterrichtet hatte, konnten mit ihren beiden Söhnen Peter (geb. 18. Dezember 1932) und Michael (geb. 26. Juni 1936) 1939 über England in die Vereinigten Staaten einreisen.

144 Weitere Angaben ließen sich nicht ermitteln.

in London please, be so kind. Gerda wrote a long letter she is very satisfied in her job and has good times. The place Felixstowe must be very nice. I have a great deal to do today and receive a lot of kisses
 Your Mother
 I hope, I did not make to [sic] much mistakes?

[Mein liebster Walter, wir haben gerade Deine englische Karte erhalten und ich hoffe, Du hast diese Woche unseren langen Brief erhalten. Wir sind gesund und sehr glücklich, dass Du so schöne Ferien haben wirst, mein guter Junge. Bitte, gib uns so schnell als möglich Deine Londoner Adresse. Gerda schrieb einen langen Brief, sie ist sehr zufrieden in ihrem Beruf und sie hat eine gute Zeit. Der Ort Felixstowe muss sehr schön sein. Ich habe heute viel zu tun und nimm viele Küsse, Deine Mutter. Hoffentlich habe ich nicht zu viele Fehler gemacht.]


*Sally Kaufmann an Walter Kaufmann*
[Handschrift]

Lieber Walter, da Mutti gezeigt hat, daß sie so schön Englisch kann, kann ich mich wohl begnügen, Dir auf deutsch viele herzl. Grüße und Küsse beizufügen. Ich hoffe sehr, daß die noch ausstehenden tests zufriedenstellend sind. Wir warten sehr auf das Ergebnis auch in welche Klasse Du nach Ostern kommst. Nochmals Gruß & Kuß Vati

## 30.
*Bernd Ruben an Walter Kaufmann*
[Maschinenschrift]
Brief
Duisburg, Neckarstr. 52

 den 2.4.39.

Mein lieber Walter,
 ob ich »an der Reihe« bin, oder auch nicht, ich schreibe Dir. Heute ist Sonntag, und ich weiss nichts Besseres zu tun, als mich mit Dir ein wenig zu unterhalten. –
 Soeben komme ich von der Prinz-Albrechtstr., wo ich mit Deiner Mutter gequatscht habe. Sie las mir Deinen letzten Brief vor, aus dem ich ersah, dass Du »quietsch« fidel bist, und dass es Dir gut geht. – Von mir ist eigentlich wenig Neues zu berichten. Ich weiss nicht, ob ich Dir schrieb, dass Klib.[145] schon wieder

---

145 Das ist: Erich Klibansky, Leiter des »Jawne«-Gymnasiums in Köln (siehe FN 42).

einmal in England war. Nun weißt Du es also! Als er sich noch dort befand, schrieb er zum Entsetzen aller –, dass es für uns, besonders für die 16jährigen furchtbar schwer geworden sei. Die Panik auf diese Nachricht kannst Du Dir wohl vorstellen. G"tt[146] sei Dank wandte sich noch mal alles zum Guten, so dass Klib. mit der erfreulichen Nachricht wieder kam, es wäre bald so weit. Ich brauche Dir das »bald« wohl nicht näher erklären, da Du doch weißt, wie oft es schon »bald« geheissen hatte. Die Möbel, die schon lange »tagtäglich abgeholt werden«, stehen noch wunderbar auf der Neckarstrasse 52. (Sollte man die genaue Orientierung der Stadt vergessen haben, so sei gesagt, dass besagte Strasse sich in Nähe der Duisburger Oper befinde. Die Schriftleitung.) Und, wenn der Koffer so darum steht, dann wird er von mir jeden Tag mal ausgepackt, bis --- meine Mutter kommt, schimpft, und der Koffer mit geeinten Kräften wieder eingepackt wird. Wir wünschen alle sehr, die Sachen würden abgeholt. – Mit Deiner Schottl[and]- sowie mit Deiner Londonreise, das finde ich überhaupt »fenuminal«.

In letzter Zeit gehe [ich] schon mal öfters Tanzen. Gestern vor einer Woche war unsere gesamte Klasse bei einem Mädel der Parallelklasse eingeladen. Dort fand sich selbstredend auch die gesamte Parallelklasse ein. Es wurden Spiele gemacht, wir unterhielten uns, aber die meiste Zeit wurde getanzt. Gestern waren wir in ganz kleinem Kreis bei einem Freund aus meiner Klasse eingeladen. Dort haben wir von A bis Z getanzt. Wir haben jetzt vor, Samstags und Sonntags öfter zusammen zu kommen. Jetzt als Sekundaner (Das Husten und Lächeln war überflüssig. Die Schriftleitung.) darf man so etwas ja mal eher. A propos Untersekundaner, das bin ich jetzt. Auf der höheren Schule hier in Duisburg bedeutete das: das Einjährige haben. Aber bei uns ist alles ein bischen [sic] selten und durcheinander. Meine Mutter meinte, das Zeugnis sei gut. Dann muss man selbst auch zufrieden sein. Ich habe 6 x=gut und 5 x Befriedigend (früher 2 bis drei!). Es ist bedeutend besser, als das vorherige. Aber selbstverständlich bemüht man sich, ein gutes Abgangszeugnis zu bekommen. (Meine Mutter führt das Zeugnis auf meinen unerhörten Fleiss in letzter Zeit zurück!!! Die Schriftleitung!) Um noch mal auf das Tanzen zurück zu kommen: Dass Ihr jeden Samstag tanzen könnt, ist mehr als prima. Sollte ich Dich später mal besuchen kommen, so werde ich es so einrichten, dass ich Samstags da bin. ---

Überdies habe ich zu Kapitel: Auswanderung vergessen, dass Klib. gesagt hat, wenn die »1000 Wenns« beseitigt wären, könnten wir am 18. April so weit sein. Zur Erklärung: Schüler und Lehrer glauben nicht dran. – Augenblicklich haben wir Ferien, was mir ganz und gar nicht passt. Heute morgen ist Herr Markus zu

---

146  Siehe FN 34.

seinem Sohn[147] und zu Kurt.[148] Herr Markus hat schon 14 Tage hier gewohnt. Vor einigen Minuten kam Frau Herzstein und erzählte dass Herr M. gut gelandet sei. Nun, mein lb. Waltichen,
    herzlich gegrüsst
    von Deinem Freund Bernd (mit = d!)
    P.S.
    Von Walter Meyer,[149] der schon in Erez [Israel – L.J.H.] sein soll, habe ich nichts mehr gehört. Er schrieb zuletzt, als er noch in Holland war. Heute morgen hörte ich auch [von] Deiner Cousine Gerda's Brief. Sie schreibt ja ganz famos. In welch kurzen [sic] Zeit kann ich Antwort erwarten? Ich hoffe in einigen Tagen auf Antwort.


### Else Ruben an Walter Kaufmann
[Handschrift]

Lieber Walter,
    ich meine immer, der Brief dürfte ohne Gruß von mir nicht weg. Also gut Peßach![150] ich höre, Du fährst nach London, viel Spaß. – Hier geht alles seinen Gang. Wir haben unser Haus verkauft und müssen am 15.5. heraus,[151] Müller's[152] auch. Wir haben noch keine Wohnung. Vielleicht ziehen wir zu Euch. – Mit Bernt [sic][153] zieht es sich noch lange hin, mit Klaus[154] noch länger! Alles Gute und viele liebe Grüße Deine Else Ruben


147    Das sind (vermutlich): Emil Markus (siehe FN 142), der Vater von Herta Herzstein (siehe FN 60), und Sohn Fritz Markus, geb. 9. Januar 1901, Kaufmann, der seit 1936 in Holland lebte.
148    Kurt Herzstein.
149    Walter Meyer (siehe FN 17), geb. 6. Februar 1924 in Duisburg, Freund Walter Kaufmanns, der mit seinen Eltern über Holland nach Palästina emigrierte.
150    Jiddisch konnotierte Grußformel zum Pessach-Fest. Ansonsten ist gebräuchlich: Chag sameach (Pessach sameach). Pessach ist mit dem Auszug der Israeliten aus der ägyptischen Gefangenschaft verbunden und gilt traditionell als Fest der Befreiung.
151    Es handelt sich um das Haus Neckarstraße 52.
152    Kaufmanns Hausgenossen: Dr. Sebald Müller und Hertha Müller mit Tochter Ursula (siehe FN 116).
153    Das ist: Else Rubens Sohn Bernd (Bernt) Ruben (siehe FN 8), der mit seiner Schule »Jawne« in Köln im Mai 1939 nach Liverpool übersiedelte.
154    Das ist: Else Rubens Sohn Klaus Ruben, der Ende August 1939 in die USA (Kansas City) auswanderte (siehe FN 78).

## 31.
*Johanna Kaufmann an Walter Kaufmann*
[Handschrift]
Brief

Duisburg d. 4. April 39

Mein liebster Walter,

Nur nicht zu traurig sein mein gutes Kind, daß Du nicht nach London konntest. Denn wenn Du dort gewesen wärest, und hättest Scharlach bekommen, das wäre doch für alle Teile recht unangenehm gewesen. Also gedulde Dich bis zur Schottlandreise, um die Dich Bernt + Kurt brennend beneiden, sie sind jetzt in den Ferien so oft hier und wollen immer Neuigkeiten von Dir wissen. Gestern Abend waren Onkel Albert + Tante Erna zum Seder hier (schreib doch jetzt in den Ferien mal nach D'dorf, tu mir bitte den Gefallen) ausserdem noch Kurt und Edgar K[atzenstein] und Herbert Kahn.[155] Vati hat Deutsch vorgelesen und es war mit unseren neuen Porzellan Leuchtern sehr feierlich. Wir waren glücklich, die Kinder am Tisch zu haben, denn daß wir sehr, sehr oft an Dich gedacht haben, Schnubbelinchen, brauche ich Dir ja wohl nicht zu sagen. Nach dem Abendbrot kamen noch Dr. Müllers. Dr. Katzensteins, die gerade aus Eschwege zurückkamen und die Jungens überascht [sic] haben. Grosses Hallo! Kurt hat immer noch nichts über seine Abreise gehört, und da seine Eltern mit Edgar voraussichtlich am 12. Mai nach Honduras abfahren, so wird es natürlich bald Zeit. Wir haben ihnen angeboten, daß Kurt auf jeden Fall bei uns bis zu seiner Abreise bleiben kann, wenn bis zum 12. Mai noch kein Bescheid da sein sollte. Auch Rolf Eisenbergs[156] Transport ist zum 3 x auf 14 Tage verschoben worden und Eisenbergs kommen nicht her.

Du hast es doch viel, viel besser, als die Jungens und Mädels hier, das musst Du Dir immer wieder vor Augen führen und nun noch das schöne eigene Rad, das ist doch überhaupt herrlich! Wir sehen es nicht gerne, wenn Du per Rad nach London fährst. Du kannst ja, wenn Du gerne willst, Nora mal anrufen (oder ihr schreiben) und hören, ob Du sie mal, da die Kinder Dich so gerne mögen, besuchen darfst. Natürlich dieses alles mit Tante Anna[157] besprechen. Es geht im Leben nicht immer alles nach Wunsch, das erleben wir doch jeden Tag und trotzdem dürfen wir nicht verzagen und müssen unseren Mut behalten. Wir haben noch

---

155 Herbert Cahn war der Bruder von Max Cahn, beide aus Mülheim stammend, die in Duisburg zwei Metzgereien betrieben, die im August 1935 eingestellt wurden.
156 Weitere biografische Angaben waren nicht zu ermitteln. Vgl. FN 141.
157 »Tante« Anna, das ist eine der verschiedenen Kaufmann'schen Namensnennungen für Anna Essinger.

keine Antwort aus Cuba und Manila erhalten und erwarten sehnlichst Post von dort. Ich freue mich sehr, daß mein Englisch gut ist, ich möchte so gerne Stunden nehmen, aber Vati hat gar keine Zeit –, ist aber trotzdem guter Stimmung.

Beiliegende Briefe machen Dir sicher auch Freude. Nun will ich aber schließen, damit Vati auch noch etwas schreiben kann. Bleibe gesund und guten Mutes und sei innigst geküsst von Deiner Mutti.

*Sally Kaufmann an Walter Kaufmann*
[Handschrift]
Brief

Lieber Walter! Mutti meinte zwar, ich sollte Dir heute am 1. Peßachtag zuerst und etwas ausführlicher als sonst schreiben. Aber ich meine, daß der 1. Peßachtag[158] zum Ausruhen da ist, sodaß Mutti doch zunächst einmal den Anfang gemacht hat und ich nur anschreibe. Wir haben lange studiert, bis wir heraushatten, was: »ich habe das Deutsch-test gepaßt« heißt. Hoffentlich ist unsere Verdeutschung: »Die Deutsch-Arbeit ist mir gut geraten« richtig. Wenn Du schon anfängst, Dein Deutsch mit Anglizismen zu verzieren, so ist es uns ebenso recht, wenn Du ganz englisch schreibst. Wenn nur Deine Klaue nicht so schrecklich schwer lesbar wäre! Dieser Tage schreiben wir Herrn D[aniels], der lange nichts mehr von sich hören ließ, einen Ostergruß. Wir können ihm zwar noch immer keine bestimmten Pläne (mit der Bitte um seine Unterstützung dabei) unterbreiten, aber wir haben allerlei im Auge, auch in Bezug auf England.

## 32.
*Johanna Kaufmann an Walter Kaufmann*
[Handschrift]
Brief

Dburg d. 10. April 39.

Mein liebster Walter,

Als wir gestern gemütlich beim Morgen Sonntag-Kaffee sassen, kam Dein lieber Brief an, der uns einen recht frohen Tag bereitete. Wie Du siehst, sind wir nun doch nicht nach Bad Neuenahr gefahren, Vati wollte dort nicht nur Mazze

---

158 Das Pessach-Fest wird nach biblischer Tradition sieben Tage lang, in der Diaspora einen Tag länger gefeiert. Der erste und der siebte Tag sind Vollfeiertage.

essen,¹⁵⁹ sondern wir haben die Tage auch hier geruhsam verbracht. Wir freuen uns sehr, daß Du nun doch noch einen schönen Sederabend gehabt hast. Am Freitag-Abend waren wir bei K[atzen]steins, die uns ihre ganze Tropenausrüstung zeigten, sie gehen doch einer schweren Zukunft entgegen. Trotzdem beneiden wir sie, und wünschten wir wären auch so weit! Bei diesem herrlichen Frühlingswetter muss man wieder Mut haben, und hoffen, daß wir in nächster Zeit doch etwas weiter kommen. Vati kann mehr davon berichten. – Am Samstag war Frau Herzstein den ganzen Tag bei uns. Am Nachmittag waren wir nach langer Zeit sehr schön im Wald spazieren, das hat wirklich gut getan. Herr Marcus¹⁶⁰ sandte uns seine kleine Kaffeeprobe zu den Feiertagen, das war doch sehr nett? Frau H.[erzstein] wird wohl nächste Woche abreisen. – Gestern haben wir einen sehr gemütlichen Nachmittag und Abend in D'dorf verbracht, Onkel Albert + Tante Erna haben sich sehr mit Deinem Brief gefreut. Gerda schreibt besonders zufrieden. Sie wird in den nächsten Tagen Deinen Dir[ektor] Herz aus D'dorf¹⁶¹ dort treffen, der sich 4 Jungens aus dem Camp Felixstove [sic] in sein Heim nach London holen wird. Er leitet dort ein Schulheim, auch Frl. Friedländer¹⁶² ist dort. – Deinen Prospekt haben wir erhalten, auch wir finden die Gegend herrlich und wünschen Dir schönstes Frühlingswetter. Wahrscheinlich wirst Du bis zu Deiner Abreise noch aus London (von Nora) die Weste und die Flöte erhalten. Die Strümpfe haben doch bis nach der Reise Zeit oder nicht? Das Schokoladenei hat Dir sicher Freude gemacht, ich finde das reizend von dem Mädel. Wie alt sind die Jungens, die mit Dir fahren? Daß Du im Garten hilfst find ich sehr gut liebster Junge, die Bewegung in frischer Luft tut doch nur gut. Könnt Ihr jetzt in den Ferien auch Sport treiben? Es ist fein, daß Du weiter englische Stunden nimmst, das ist sicher nur im Sinne von Herrn D[aniels], der nichts von sich hören lässt. Er ist wohl verärgert, daß die Brüsseler¹⁶³ nichts tun wollen, und bedauert, daß seine Bemühungen resultatlos waren. Nun wird er wohl warten bis wir mit einem bestimmten Vorschlag kommen. – Heute Nachmittag gehen wir zum Kaffee zu

---

159 Mazze (Matzah), ungesäuertes Brot, das während der Pessach-Tage gegessen wird und an den eiligen Auszug aus Ägypten erinnert.
160 Das ist (vermutlich): Emil Markus (siehe FN 147), der inzwischen in Holland lebte.
161 Das ist: Kurt Gerson Herz, der kurz zuvor nach England und dann weiter in die Vereinigten Staaten auswanderte (siehe FN 143).
162 Eva Friedländer, Lehrerin der Jüdischen Schule in Düsseldorf, die eine Wohnung im Düsseldorfer Jüdischen Wohlfahrtsamt in der Bilker Straße 44 gehabt hatte.
163 Gemeint ist die Familie von E. E. Wiener, der sich (vergeblich) um eine Ausreisemöglichkeit für die Kaufmanns bemühte (siehe FN 123, 375).

Dr. Neumark[164] und abends kommt Frau Ruben zu uns. Dr. Müllers werden im Mai zu uns ziehen, das ist uns sehr angenehm! Von Martha Friedländer[165] kam gestern ein langer Brief aus Los Angeles, allerdings noch unterwegs geschrieben. Sie fragt sehr nach Dir und schreibt besonders interessant von der Fahrt durch den Panama Kanal. Sie waren 6 Wochen mit einem Frachtdampfer unterwegs! – In Gedanken grüsse und küsse ich Dich herzlichst in Liebe
   Deine Mutti


*Sally Kaufmann an Walter Kaufmann*
[Handschrift]
Brief

10/4.

Lieber Walter!
   Obgleich ich mir vorgenommen habe, die Ostertage nicht zu korrespondieren, sondern nur zu faulenzen, will ich doch bei Dir eine Ausnahme machen, damit Du den Brief noch vor Deiner Abreise ins Camp bekommst. Soeben haben Mutti und ich in unserem Atlas – der Deinige liegt noch unten an derselben Stelle, an der Du ihn liegen ließest – mit vieler Mühe die Gegend gefunden, in der Dein Camp liegt. Die Gegend ist aber nicht »Schottland«, sondern liegt wohl an der Eisenbahn nach Schottland und ist nicht weit von Liverpool. Immerhin ist es eine ziemlich weite Fahrt dorthin und Du kannst Mrs. Essinger dankbar sein, daß Du soviel von England zu sehen bekommst. Willst Du den Prospekt zurück haben? Wenn Ihr auf dem Rückweg über Liverpool kommt, kannst Du vielleicht Bernd treffen. Schreibe uns möglichst Deine Adresse im Camp, bevor Du dorthin abfährst.
   Wir sandten Dir vor einigen Tagen einige Zeitschriften und werden morgen noch einige folgen lassen. Das sind aber die letzten deutschen; ich hoffe, daß Dein Taschengeld reicht, um Dir gelegentlich einmal eine englische Zeitschrift

---

164  Dr. Manass Neumark, geb. 19. Mai 1875 in Posen, war Duisburgs erster offizieller Rabbiner (ordiniert 1905). Sally Kaufmann und Rabbiner Neumark und dessen Familie – die Töchter Eva und Ruth sowie die Söhne Hermann und Ernst – waren über ihre gemeinsame Arbeit in der Jüdischen Gemeinde hinaus befreundet. Am 25. Juli 1942 wurde Manass Neumark zusammen mit den letzten Mitgliedern der Gemeinde nach Theresienstadt deportiert. Dort starb er an den Folgen der Verschleppung am 21. Oktober 1942 im Konzentrationslager. Bei der Trauerfeier sprach Rabbiner Leo Baeck, der letzte Repräsentant des deutschen Judentums (siehe FN 491). Biografisches zu Manass Neumark: Roden 1986a, Teil 2, S. 991–1001; Ludger Heid, »Zwischen Ost und West. Der Duisburger Rabbiner Manass Neumark«, in: Tappe/Tietz 1993, S. 70–77; Heid 1999a; erweiterte Fassung: Heid 1999b.

165  Nähere Angaben ließen sich nicht ermitteln.

zu gestatten. Die Fahrradlampe von Deinem Rad kann ich Dir nicht senden, da der Dynamo mit dem Rad zur Gemeinde gewandert ist und die Lampe selbst in ziemlich desolatem Zustand ist. Aber ich bin bereit, Dir meine Fahrradlampe zu senden, wenn Du überhaupt jetzt zum Sommer eine benötigst. Auch an Strümpfen kann ich Dir meine langen Strümpfe schicken, die Dir sicher passen werden.

In welchem Fach hast Du denn nicht gepatzt? Ich werde mich darin jetzt besonders anstrengen, damit demnächst Herr D[aniels] erfährt, daß Du überall gut bist. Mutti schrieb schon, daß Herr D[aniels] sich in Schweigen hüllt.

Unsere Pläne konzentrieren sich z. Zt. auf Cuba u. die Philippinen, aber auch Palästina & England behalten wir im Auge. Vielleicht gelingt es doch noch, einen 2. Garanten für England zu finden, damit wir dort warten können, bis unsere No. nach U. S. A. dran ist.

Also, heute morgen war ich im Gottesdienst, wo der Sohn Hermann von Dr. Neumark[166] sehr gut gepredigt hat. Ich schrieb wohl schon, daß der Gottesdienst jetzt Junkernstraße ist.

Also für heute lebe wohl! Sei gegrüßt & geküsst viel, vielmals von Deinem
Vati


## 33. (11)
*Sally Kaufmann an Walter Kaufmann*
[Maschinenschrift]
Karte

o. D. [15.4.1939]

Mr. Walter Kaufmann
c/o Miss Sparks
Forest Sicle
G r a s m e r e
Westmoreland[167]

England

---

166 Das ist: Hermann Neumark, geb. 1. Dezember 1911 in Duisburg, Sohn von Rabbiner Manass Neumark (siehe Ann. 164), Rabbiner, Professor für Jüdische Philosophie. Nach seiner Einwanderung in Palästina im November 1939 nahm er den Namen Yehoshua Amir an. Gest. 1. Dezember 2002 in Jerusalem.
167 Korrekte Schreibweise: Westmorland.

Lieber Walter!

Heute morgen kam Dein lieber Brief vom 12. an, auf den wir schon einige Tage gewartet hatten. Wir hoffen sehr daß Deine Schulter wieder ganz in Ordnung ist, und daß Du inzwischen die Reise nach dem Camp antreten konntest. Hoffentlich ist aber auch Deine Adresse richtig, denn bei Deiner bereits unrühmlich genug bekannten »Klaue« ist die Entzifferung der Adresse nicht so leicht gewesen. Die Zeitung ist sehr interessant, wenn uns natürlich auch neuere Nummern mehr interessieren. Aber es empfiehlt sich, sie gesondert von Deinem Brief als Drucksache zu senden. Denn der Brief wog über, und wir mussten 30 & [Pfennig] Nachporto zahlen. Den Atlas haben wir genau studiert. Westmoreland liegt nicht sehr weit von Liverpool entfernt, allerdings – und darin hast Du Recht – näher zu der schottischen Grenze. Seid Ihr über Leeds dorthin gefahren oder wie sonst? Es interessiert uns natürlich fabelhaft, recht genaues zu erfahren, über die Tageseinteilung, über die Unterbringung, über die Kameraden, die Du dort kennen lernst, usw. Heute schreibe ich nur diese Karte, damit Du möglichst bald Nachricht von uns dort bekommst. Mutti schreibt morgen einen ganz ausführlichen Brief. – Also, lieber Walter, recht vergnügte Tage dort und einen ganzen Haufen Grüße und Küsse von Deinem
    Vati
Herr Hugo D[aniels] hat uns wieder sehr freundlich geschrieben. Wir sind sehr froh darüber.

### Johanna Kaufmann an Walter Kaufmann
[Handschrift]

Mein liebster Walter, Hoffentlich geht es Dir besser und Du hast vor der Abreise noch die Skiweste erhalten, morgen mehr
    Gruss + Kuss Mutti.


## 34.
### Johanna Kaufmann an Walter Kaufmann
[Handschrift]
Brief

Duisburg d. 16. April 39

Mein lieber, lieber Walter,
Ich will als Erstes heute am Sonntag Morgen an Dich schreiben, damit Du diesen Brief bald erhältst und uns antworten kannst. Als heute Deine liebe Karte kam, haben wir uns <u>so</u> gefreut! Nun kannst Du für den dortigen Aufenthalt die Weste sicher prima brauchen. Hoffentlich habt Ihr wenigstens trockenes Wetter,

selbst wenn es kalt ist, zum laufen und wandern ist das ja schön. Wir waren gestern Abend bis 12 Uhr noch bei K[atzen]steins. Wenn es klappt kommt Kurt am Mittwoch d. 19. April mit dem Transport nach London. Er bringt Dir ein Polohemd und 1 p[aar] Strümpfe mit. Nun da der Abschied so nahe bevorsteht, ist ihm das Herz genau so schwer wie Dir mein lieber Junge. Er hofft sehr, Dich bald mal wieder zu sehen. Bernt wartet noch immer und ist sehr ungeduldig. Die Jungens waren Beide diese Woche bei mir, durch den gemeinsamen Schulbesuch der Javne[168] ist das Einvernehmen wohl ein besseres geworden. – Ich hatte eine Einladung zur Barmizwoh [sic][169] nach Würzburg diesen Sonnabend. Da ich Vati in dieser Zeit nicht gerne alleine lassen will, (Du wirst das sicher verstehen) habe ich abgeschrieben und wir schicken dafür ein schönes Geschenk.

Ich finde es sehr beruhigend, daß Ihr eine Krankenschwester im Hause habt. Die Massage hat Deine Schulter hoffentlich ganz gebessert. Heute Nachmittag sind wir bei Dr. Müllers zum Kaffee, die ja im Mai oben in die Wohnung ziehen. Schrieb ich Dir schon, daß Misa Koch, die Schwester von Werner Koch[170] verlobt ist. Sie sieht besonders hübsch aus und grüsst stets sehr liebenswürdig. Nora schrieb uns auch sehr lieb, hast Du ihr auch mal geschrieben? Auch fände ich es richtig, wenn Du von Deinem dortigen Aufenthalt Mr. Daniels einen Gruss schickst. Er schickte uns einen langen Zeitungsausschnitt über die Einwanderung nach England (The Times), daß selbst bei gutem Willen alles sehr schwer ist. Wir sind froh, daß er (ausserdem kam noch ein liebenswürdiger Brief) überhaupt nach langer Pause wieder geschrieben hat. –

Von Onkel Eugen hörten wir nur kurz, wir warten sehnsüchtig auf Nachricht, ob er etwas für uns tun kann. Josef Nachmann[171] will nach Bolivien, aber ob alles klappt, ist natürlich auch fraglich.

Übrigens ist die Schulzeitung recht nett, schicke uns mal wieder eine. Wenn wir recht verstehen, ist die History Arbeit nicht gut geworden. Schade! Hast Du die Illustrierten Zeitungen erhalten? Also für heute recht recht schöne Tage viel Vergnügen! Sei innig gegrüsst und geküsst von Deiner
Mutti

---

168  »Jawne«, Jüdisches Reform-Gymnasium in Köln.
169  Bar-Mizwa, siehe FN 129.
170  Nähere Angaben zu den genannten Personen ließen sich nicht ermitteln.
171  Josef Nachmann (siehe FN 33), geb. 8. Dezember 1898, Kaufmann, Bruder von Jeanette Kaufmann, geb. Nachmann (siehe FN 13), der Ehefrau von Eugen Kaufmann, Sally Kaufmanns Bruder, aus Düsseldorf-Oberkassel.

**Sally Kaufmann an Walter Kaufmann**
[Handschrift]

Lieber Walter! Meine gestrige Karte hast Du hoffentlich erhalten, obgleich ich statt Forest Side schrieb: Forest Sicle. Das kommt von Deiner Krexelei. Ich schicke Dir heute nur viele, viele Grüße + Küsse
  Dein Vati
  Die Kaiser Wilhelm Str. heißt jetzt Ludendorffstr., weil in Hamborn noch eine Kaiser Wilhelm Str. ist.

## 35. (12)
*Johanna Kaufmann an Walter Kaufmann in Grasmere*
[Handschrift]
Karte

Duisburg [Stempel 19.04.193[9]]

[Anfang der Karte fehlt]

[…] freute. Vati hat augenblicklich etwas weniger Arbeit und kann sich etwas annehmen und sich unseren Angelegenheiten widmen. Kannst du dort auch baden? Also mein bester Junge, bleibe gesund (apropos was macht die Schulter?) und sei herzl[ich] gegrüsst und geküsst von Deiner
  Mutti


**Sally Kaufmann an Walter Kaufmann**
[Handschrift]

Lieber Walter!
  von mir auch heute nur einen dicken Kuß und Gruß. Achtung: neue Briefmarken! Haben Deine Spanier nicht neuere Marken aus Spanien? Nochmals Gruß
  Vati


## 36.
**Sally Kaufmann an Walter Kaufmann**
[Handschrift]
Brief

[Datum und Anfang fehlen] [April 1939?]

[…] jetzt jeder auswandernde Jude, bevor er seinen Paß bekommt, eine Abgabe[172] an die jüd[ische] Gemeinde leisten muß, die zur Auswanderungsförderung dient. Dadurch habe ich zwar Mehrarbeit, bekomme aber doch manchen guten Einblick in Auswanderungsmöglichkeiten. H[eute] war 2x Gottesdienst, da der Betraum in der 1. Etage Junkernstr[aße] zu klein ist. Dr. Neumark hat sehr gut gepredigt (nicht so schrecklich lang, wie sonst!) – Wir schicken Dir ausnahmsweise, weil Du Ferien hast, einige illustrierte Zeitungen. Lieber ist es uns, wenn Du nur englische Zeitungen liest. Von Edgar kam ein langer Brief aus New York;[173] er will erst im Sommer heiraten, um bis dahin noch sparen zu können, und lernt jetzt Spanisch, um seine Chancen zu verbessern. Er ist wirklich ein strebsamer Mensch, der es sicher weit im Leben bringen wird. Von Onkel Eugen kamen heute 2 Briefe. Er ist wegen seines Lifts in großer Sorge, der noch immer nicht abgegangen war. Glücklicherweise konnte ich ihm soeben telegraphieren, daß der Lift nunmehr abgegangen ist. Schicke uns doch bitte die Prospekte vom Camp in Schottland, Du bekommst sie, wenn Du willst, sofort zurück. So, nun habe ich trotz des Feiertags so viel geschrieben, wie lange nicht mehr. Ich grüße + küsse dich herzlichst
    Dein Vati

Bitte antworte bald, Schein dazu anbei. Du darfst <u>auf keinen Fall</u> mit dem <u>Fahrrad</u> nach London fahren, aber mit Bahn oder Autobus haben wir nichts dagegen, wenn Tante Anna einverstanden ist.
    Dann würden wir uns sehr freuen, wenn Du uns mal Erzeugnisse Deiner Fotokunst schicken würdest. Wenn Du uns den Film einschicken kannst, können wir ihn hier entwickeln + kopieren lassen. Du mußt Dich mal erkundigen, ob die Einsendung des Films möglich ist.
    Nochmals Grüße und Küsse
    Vati

---

172  Die Auswandererabgabe war eine nach Vermögen gestaffelte Zwangsabgabe, die ab 1939 von »auswanderungswilligen« Juden in Deutschland erhoben und von den jüdischen Gemeinden verwaltet wurde. Der Reisepass wurde behördlicherseits nur ausgehändigt, wenn eine Bescheinigung über die geleistete »Auswanderungsabgabe« vorgelegt wurde. Vgl. Wikipedia, Artikel »Auswandererabgabe«, abgerufen 20.11.2019.

173  Edgar Kaufmann (siehe FN 98), Walter Kaufmanns Cousin, der im Dezember 1935 in die USA ausgewandert war.

**37.**
*Sally Kaufmann an Walter Kaufmann*
[Handschrift]
Brief

Duisburg, 25/4 39.

Lieber Walter!

Deine kurze Karte, mit der Nachricht von dem so schönen Quartier, kam soeben an. Wir sind sehr froh, daß Du es dort so schön hast und gespannt auf Deinen ausführlichen Bericht. Wir sind überzeugt, daß Du für diese herrlichen Tage durch um so eifriges Arbeiten und Studium, aber auch schon jetzt durch das tadelloseste Benehmen allen Personen gegenüber, mit denen Du zu tun hast, danken wirst. Hast Du auch an Mrs. Essinger geschrieben? Wir wollen ihr auch schreiben + ihr für die schönen Tage, die sie Dir verschafft hat, danken. Gute Heimreise! Bald mehr! 1000 Grüße + Küsse Vati


*Johanna Kaufmann an Walter Kaufmann*
[Handschrift]

Mein liebster Walter, Du kannst Dir denken, daß wir uns von Herzen über deine frohen Nachrichten freuen. Nun schreibe uns <u>bitte</u> auch bald den versprochenen Brief mit den Photos! Eben war ich beim Zahnarzt, der mir leider 2 Zähne ziehen musste, keine angenehme Angelegenheit. Ich bin aber froh, daß ich das hinter mir habe. Wie fein, daß Ihr gutes Wetter hattet. Hier ist wirkliches Aprilwetter, so kalt, daß wir die Heizung wieder anmachen mussten. Dr. Müllers gehen nun auch bald fort, sie haben die Einreise nach Holland erhalten. (Sie gehen nur kurz zu uns und dann kommt Frau Ruben) Wir sind sehr traurig darüber, auch Frau Herzstein ist nun endgültig fort. Können die engl[ischen] Mädels nichts für uns tun? Schicke bald nur gute Reise mit innigem Gruss + Kuss Deine Mutti.

**38.**
*Johanna Kaufmann an Walter Kaufmann*
[Handschrift]
Brief

Duisburg d. 28. April 39

Mein lieber, lieber Walter,

Auch wenn heute Deine vorwurfsvolle Karte nicht gekommen wäre, hättest Du diesen Brief erhalten sollen. Unsere letzte Karte nach Westmorland ist Dir sicher nach geschickt worden. Wir waren der Meinung, daß Du erst am 1. Mai wieder in New Herrlingen sein würdest und da sollte dieser Brief pünktlich als

Willkommengruss Dich empfangen. Ich kann mir lebhaft vorstellen, daß nach solchen herrlichen Tagen das Einleben schwer fällt. Andrerseits muss Dir doch jetzt frisch gestärkt die Arbeit und der Sport eine Freude sein. Wir sind ein wenig enttäuscht, mein lieber Junge, daß Du uns immer noch nicht [den] 3 x angekündigten Brief mit Ansichtskarten und Fotos geschickt hast. Uns interessiert doch alles und ich hätte es gerne – alle die an mich gerichteten Fragen beantwortet. Es ist fein, daß Ihr auch während der Ferien so viele Anregungen hattet. Ich habe an Miss Essinger einige Dankeszeilen geschrieben. Wie alt sind denn die englischen Mädels, sind sie auch jüd[isch] und wo wohnen sie? Nun ist Kurt K[atzenstein] auch schon seit 10 Tagen in London und schreibt sehr zufrieden. Auch Bernt hat nun endlich sein Permit erhalten, aber der Zeitpunkt der Abreise steht immer noch nicht fest, rückt aber wohl näher.

Gerda beklagte sich, daß Du ihr noch gar nicht mal einen Gruss gesandt hättest, nun schreibe ihr aber <u>bitte bald</u> mal (Hamilton Road 30, c/o Mrs. Johnson, Felixstowe, Suffolk). Auch Tante Erna lässt fragen, ob Du ihre Post nicht erhalten hast.

Wir haben in den letzten Tagen unendlich viel Post wegen unserer Auswanderung erhalten. Also in Frage kommt zuerst Cuba (Havanna) wo man 3–4 Jahre bleiben kann, bis unsere Amerika Nr. daran ist. Die Erlangung des Visums ist nicht schwierig. Aber schwirig ist die Berufsfrage, oder vielmehr ob dort Verdienstmöglichkeiten sind. Das prüfen wir augenblicklich und wir möchten auch gerne Deine Ansicht darüber hören. Dr. Müllers wären direct mit uns gegangen, wenn nicht inzwischen die Einreiseerlaubnis nach Holland gekommen wäre, die ja wohl bedeutend besser ist. Wir hatten uns nochmals für England interessiert (aber nicht durch Herrn D[aniels]) und leider wieder eine Absage erhalten. Nun bliebe nur noch Palästina durch Onkel Eugen. Aber da er ja selbst erst im Juni legalisiert wird, wissen wir noch gar nicht, ob das klappen wird und wann. –

In letzter Zeit sind eine Anzahl Mädels von hier als Hausangestellte nach England gekommen erstens Toni Berger,[174] Lieselotte Upmann[175] u. s. w. Frau Jülich[176]

---

174   Toni Berger, geb. 8. Dezember 1919 in Duisburg, wanderte im April 1939 nach England aus. Ihr jüngerer Bruder Max Berger wurde 1941 deportiert und ermordet (siehe FN 80).

175   Lieselotte Upmann, geb. 16. Oktober 1920 in Duisburg, besuchte bis 1935 das Lyzeum in Ruhrort und arbeitete dann als Krankenpflegerin. Im April 1939 wanderte sie nach England aus. Ihr Vater Julius Upmann starb am 2. April 1941 in Duisburg, ihre Mutter Änny bereits am 24. Oktober 1936 in Duisburg.

176   Das ist: Martha Jülich, geb. 12. April 1897 in Duisburg, Ehefrau von Dr. Walter Jülich (siehe FN 122), aktiv im Israelitischen Frauenverein.

erzählte, daß es Karl[177] nicht annähernd so gut hätte wie Du, er wollte Deine Adresse haben. Du kannst wirklich nicht dankbar genug sein, Waltilein! Ich hoffe Du bist es auch! Robert und Helga packen morgen. Mir ist das Herz sehr schwer, daß sie uns verlassen. – Also, mein guter Junge, nun halte Dein Versprechen und schreibe bald ausführlich. Innige Grüsse + Küsse
    Deine Mutti

*Sally Kaufmann an Walter Kaufmann*
[Handschrift]

Mein lieber Walter! Deine begeisterten Karten aus Westmorland waren uns eine große Freude. Umsomehr sind wir auf den angekündigten Brief gespannt. Was für Vorträge gab es denn dort?, Thema, Vortragender? Und was hast Du alles auf der schönen Reise gelernt? Wir kommen so wenig aus Duisburg heraus, nur gestern waren wir in Essen bei einem Kollegen, der in ähnlicher Lage ist, wie wir. Erika Herzstein[178] kommt auch nächste Woche mit Kindertransport nach England.
    Viele, viele herzl[iche] Grüße und Küsse
    Dein Vati

## 39.
*Johanna Kaufmann an Walter Kaufmann*
[Handschrift]
Brief

                                                           Duisburg d. 2. Mai 39

Mein liebster, lieber Walter,
    Da Du uns heute eine so traurige Karte geschrieben hast, (vor lauter Aufregung hast Du die Anrede an uns vergessen,) sollst Du gleich einen langen Brief haben. Also inzwischen wirst Du wohl unseren langen Brief am Montag erhalten haben, der ja auch zum Teil, die an uns gerichteten Fragen schon beantwortet, enthält [sic!]. Nach den wunderschönen Ferien, mein gutes Kind, musst Du Dir nicht so große Sorgen um uns machen. Es wird Dich sicher etwas beruhigen, wenn ich Dir heute schreibe (aber das darf auch niemand wissen), daß wir einen sehr

---

177  Das ist: Martha Jülichs Sohn Karl (Charles) Jülich (siehe FN 43).

178  Erika Herzstein, geb. 7. März 1925 in Duisburg, gelangte mit einem Kindertransport nach England und von dort 1940 in die USA.

netten Brief von Walters (Du weißt schon, auch der Vater von Eva + Richard)[179] Vater aus Palästina hatten, daß er den Tag herbeiwünscht, wo er uns mit seiner lieben Liesel[180] in Erez begrüssen kann und das[sic] er alles tun wird, um unsere Einwanderung zu ermöglichen. Nun kam auch heute ein Brief von Onkel Eugen in ähnlicher Weise, allerdings müssen wir uns noch etwas gedulden, da Eugens auch erst in einigen Wochen legalisiert werden. Cuba haben wir im Augenblick zurückgestellt, da die Verdienstmöglichkeiten so sehr gering sind. Nun will Vati heute oder morgen an Herrn D[aniels] nach London schreiben, um ihn doch nochmals zu bitten, uns einen Zwischenaufenthalt in England zu ermöglichen – bis wir event[uell] nach Palästina können. Das ist vielleicht doch noch anders, als wenn wir Jahre in England bleiben müssten.

Vati rechnet sehr damit, daß wir im Laufe des Jahres noch fortkämen. –

Es wäre sehr lieb von Dir, wenn Du Deine Freundinnen aus Grasmere[181] mal anfragen könntest, ob <u>sie</u> vielleicht, oder vielmehr ihre Angehörigen in der Lage sind, uns irgend wie zu helfen. Brauchst Du Zahlen von uns (geb. 11.6.90 in D'dorf, Vati 5.3.86 in D'burg). An Miss Essinger möchte ich nicht schreiben, wir glauben, daß Herrn D[aniels] das nicht recht wäre.

Morgen oder übermorgen kommt ein Direktor zu uns, der unser Haus kaufen will, und uns das Wohnrecht bis 1940 April giebt. Er macht einen guten Eindruck und will auch gerne den Kaufpreis (38.000) bezahlen.[182]

Hoffentlich machen wir es recht so. Dann sind wir ja auch schon einen Schritt weiter. Also Kopf hoch, Du musst wirklich nicht zu traurig sein, denn dann sind wir es auch. Und wir brauchen wirklich Deine frohen Briefe (nicht immer Karten)

---

179 Julius Meyer, geb. 5. Oktober 1895 in Duisburg, Mitinhaber der Firma Moritz Meyer, der Vater von Walter Meyer, geb. 6. Februar 1924 (siehe FN 17), und Eva Meyer, geb. 28. September 1926 in Duisburg, sowie Richard Meyer, geb. 29. Juni 1929 in Duisburg. Die Meyers verließen Deutschland im März 1938 (ohne den noch in »Schutzhaft« befindlichen Vater Julius) im März 1938 Richtung Holland. Julius folgte am 3. Januar 1939 (siehe FN 107) und gemeinsam wanderten sie anschließend von dort aus weiter nach Palästina.

180 Luise »Liesel« Meyer, geb. 26. April 1900, Ehefrau von Julius Meyer, Mutter von Walter, Eva und Richard Meyer.

181 Walter Kaufmann verbrachte mit seiner Schule einen Teil der Osterferien in Grasmere/Westmorland, einem Dorf in der Grafschaft Cumbria im Nordwesten Englands (im Lake District).

182 Der neue Eigentümer war Heinrich Moll, der das villenartige Haus Prinz-Albrecht-Straße 17 zu einem Preis von 26 000 RM erworben hatte. Daraus entwickelte sich im Zuge der Wiedergutmachung eine unwürdige Auseinandersetzung der neuen Eigentümer mit Walter Kaufmann, ein Streit, der nie befriedigend beigelegt wurde. Vgl. dazu: Heid 2015b, S. 39, 44f.; Heid 2015a, S.54f. sowie: Tappe/Tietz 1993, S. 131.

und freuen uns so auf die Filme. Wo bleiben die Ansichtskarten von Westmoreland? Am Sonntag waren K'steins aus D'dorf und die hiesigen zum Mittagbrot + Kaffee hier. Es war sehr, sehr nett. Donnerstag oder Freitag fahren sie und sie sprechen Kurt auf eine Stunde in Dover am Schiff. Nun sind wir doch noch nicht so weit von Dir getrennt g s D [Gott sei Dank]![183] Also für heute lasse Dich herzlich umarmen und küssen von Deiner
   Mutti


*Sally Kaufmann an Walter Kaufmann*
[Handschrift]

Lieber Walter! Ich sende Dir anbei ein Musterformular, das uns s[einer] Z[ei]t Herr D[aniels] zusandte, und aus dem Du siehst, wozu sich die Garanten verpflichten müssen. Das Woburn House (jetzt Bloomsberry-House) [sic][184] prüft dann die Vermögensverhältnisse der Garanten. Wenn also irgend ein vermögender Herr für uns garantieren will, müssten wir uns mit Herrn D[aniels] in Verbindung setzen & ihn fragen, ob er mit diesem Herrn zusammen garantieren will. Aber weißt Du überhaupt, ob Deine Engländerinnen vermögende Angehörige haben, die als Garant in Frage kommen?? Herzl[iche] Grüße & Dank für Deine Bemühungen! Kuss Vati


**40.**
*Sally Kaufmann an Walter Kaufmann*
[Maschinenschrift]
Brief

[Datum und Anfang fehlt] [1939]
[…] Antwort. Ich sende Dir diese Kopie als Antwort auf Deine Frage nach unseren Vermögensverhältnissen und bitte Dich, mir die Kopie sofort zurückzusenden. Ich schenke Dir mit der Zusendung ein grosses Vertrauen, denn die in der Kopie

---

183   Siehe FN 34.
184   Im Rahmen der Rettungsaktion für jüdische Kinder war in Großbritannien das »Refugee Children's Movement« gegründet worden, das seinen Hauptsitz im Londoner »Friends House« und später im »Bloomsbury House« hatte. Im »Bloomsbury House« hatte die Hilfsorganisation Abteilungen für Registrierung, Unterbringung und Schulausbildung für jüdische Flüchtlingskinder. Hier wurden auch Pläne gemacht für die Berufsausbildung der älteren Kinder, denen auch Jobs vermittelt wurden.

erwähnten Dinge gehen sonst niemand etwas an. Aber ich weiß, daß Du von den Kenntnissen keinen falschen Gebrauch machen wirst.

Wir hoffen, daß auch wir mit der Zeit eine geeignete Auswanderungsmöglichkeit finden, und wir gehen jedem Hinweis nach. Dann führt uns der Weg sicher über England, sodaß wir uns treffen können. Ich male mir schon jetzt aus, wie schön das wird. Aber bis dahin mußt Du schon ein perfekter Engländer sein. Wenn Du in der Lage bist, in der höheren Klasse mitzukommen, so ist es uns sicher recht, daß Du in die Klasse hinüberwechselst. Aber das müssen ja Deine Lehrer am besten beurteilen können, ob du mitkommen kannst.

Ich frankiere mit einer WHW Marke. Sende sie mir bitte zurück, wie auch spätere Frankaturen, die ich verwenden werde.

Sei für heute viel-, vielmals gegrüßt und geküßt von Deinem
Vati


## 41.
*Johanna Kaufmann an Walter Kaufmann*
[Handschrift]
Brief

Duisburg d. 5. Mai 39

Mein lieber, guter Junge,

Dein lieber Brief erfreute uns heute sehr und ich will denselben gleich beantworten. Aber zuerst, Du brauchst Deine Freundin <u>nicht</u> um Hilfe für uns zu bitten, da wirst Du sicher froh sein und <u>ich</u> bin es auch. Wir hatten heute einen kurzen Brief von Herrn D[aniels], daß er grundsätzlich bereit ist, daß [sic] Geld für Kuba zu stellen. Er hat gleich per adr[esse] mail hingeschrieben und mitgeteilt, daß er das Geld geben will. Ausserdem will er nochmals für uns nach Manila schreiben, das wäre noch besser, da wir dort bleiben können + Kuba ja nur der Übergang (2–3 Jahre) für U.S.A. ist. Man kann wirklich sagen, wenn die Not am grössten, dann ist Herr D[aniels] am nächsten. Wir können wirklich nicht dankbar genug sein, und wir wollen nur hoffen, daß er uns noch lange genug erhalten bleibt. Nun bist Du sicher auch nicht mehr so traurig, liebster Walter, gelt? Der Abschied von Onkel Robert + Tante Helga wurde ihnen und uns <u>sehr</u> schwer. Sie waren noch gestern Abend gemütlich zum Abendbrot hier, blieben bis 12 Uhr und konnten sich gar nicht trennen. Heute früh um ¾ 8 sind sie nach Hamburg gefahren, von dort nach Amsterdam, von wo sie uns noch anrufen wollen. Edgar [Katzenstein – L.J.H.] hat sich natürlich kolossal auf die Reise gefreut. Kurt [Katzenstein – L.J.H.] schreibt auch sehr zufrieden, er hat Deine Adresse, hoffentlich schreibt er mal. Bernt kommt nun endlich am Dienstag nach Liverpool, erst in Privatquartiere da die Lehrer noch nicht alle ihre Permits haben. Dir[ektor] Klib[ansky] hat da wirklich enormes geleistet. Musst Du den King Lear bald haben? Elfriede[185] ist nämlich krank, und ich komme wohl erst nächste Woche zur Stadt. Hast Du eigentlich Gerda schon geschrieben; wenn nicht, tue es bitte! Nun erzähle uns im nächsten Brief bitte was Ihr in der Schule arbeitet, ob Du <u>tüchtig</u> Sport treibst und ob Du schon mit dem Flötenunterricht begonnen hast?

Dann möchte ich zu gerne wissen, ob Du auch gewachsen bist, wir warten <u>brennend</u> auf den Film, um die Bilder abziehen zu lassen. Winters lassen herzlichst grüssen, Eisenbergs[186] sind auf 8–10 Tage hier. Nun muss ich aber schnell in die Küche, um Abendbrot zu bereiten.

Viele herzliche Grüsse + Küsse
In Liebe Deine
Mutti


*Sally Kaufmann an Walter Kaufmann*
[Handschrift]

Lieber Walter! Mutti und ich sitzen in Düsseldorf nach dem Mittagessen in einer hiesigen Pension im Garten in der Sonne. Ich hatte an der Devisenstelle zu tun. Mutti kam nach & gleich treffen wir Tante Erna. Den König Lear habe ich bereits gekauft; er geht heute ab. Lieber wäre es mir gewesen, wenn Du ihn in Englisch verlangt hättest. Mein Abiturientenaufsatz behandelt übrigens König Lear. – Deine Auskünfte über alles, was Du gelernt hast, sind sehr interessant. Ich teile ganz Deine Ansicht, daß nichts falscher wäre, als seine Herkunft zu verbergen und etwas scheinen zu wollen, was man nicht ist. Wir Juden haben Grund genug, auf unser Judentum stolz zu sein und ich hoffe, daß Du immer daran denkst, in welchem Lande Du auch später mal sein wirst.

Ich hoffe, daß Du aus diesem Brief siehst, daß auch wir eines Tages fortkönnen, und ich glaube sicher, daß es sich bei der Ausreise ermöglichen lässt, daß wir uns einige Zeit in England aufhalten können. Dann werden wir sicher oft zusammen sein.

Mit Antwortschein
Und Gruß & Kuß! Vati


185 Gemeint ist Elfriede Löwenthal, geb. 9. Januar 1895 in Mülheim, war seit 1934 Lehrerin an der Jüdischen Volksschule in Duisburg. Sie wurde deportiert und ermordet.
186 Um welche Eisenbergs es sich handelt, war nicht zu ermitteln.

## 42.
*Sally Kaufmann an Walter Kaufmann*
[Handschrift]
Brief

Duisburg, 16/5 39.

Lieber Walter!

Ganz genau wie Du prophezeist hast, sagte ich heute zu Mutti, als der Briefträger Deine Karte brachte: »Schon wieder nur eine Karte«. Aber ich will Dir die Karte verzeihen, obgleich es eigentlich genug geben müsste, was uns interessiert. Mutti schickt Dir daher einen Fragebogen, den Du uns hoffentlich umgehend ausführlich beantwortet zurückschicken wirst. Briefpapier geht heute an Dich ab. Nun hat Mutti das Wort! Ich verziehe mich in mein Büro im Keller mit einem dicken Kuß & Gruß
   Vati


*Johanna Kaufmann an Walter Kaufmann*
[Handschrift]

Mein liebster Walter!

Nicht nur Deine Karte heute enttäuschte uns etwas, sondern auch die Filme, die zwar nett sind, aber ich hatte mich wirklich <u>so</u> darauf gefreut, mal von Dir allein ein Bild zu erhalten, aber nur fremde Gruppen und Landschaften zwar bist Du ja auf der Bergpartie mit drauf, aber so winzig! Die Abzüge sende ich Dir »Printed matter« die anderen folgen dieser Tage. Ebenso das Briefpapier. Da ich bald meinen birthday habe, hoffe ich zuversichtlich, daß Du mir dann mal ein Bildchen von Dir schickst! Ja? Heute ist Grossbetrieb im Haus. Frau Ruben zieht mit ihren Möbeln ein, in denen Dr. Müllers bis zu ihrer Abreise (in 4 Wochen wohl) wohnen werden. Frau Ruben + Klaus ziehen provisorisch zu Siegfried Löwe.[187] Bernt ist in einem Heim 1 ½ Std. von Liverpool (Wales) die anderen Jungens natürlich auch und schreibt sehr zufrieden. Du brauchst vorläufig Herrn D[aniels] noch nicht zu danken, denn wir haben ja das Visum noch nicht. Du darfst nicht

---

187  Siegfried (Salli) Löwe (siehe FN 6), geb. 31. März 1872 in Duisburg, Sohn von Emanuel Löwe, Mitinhaber des Kaufhauses Emanuel Löwe. Siegfried Löwe war seit 1903 Mitglied der Zionistischen Ortsgruppe und zeitweilig (1931/32) Präsident der Duisburg-Loge B'nai B'rith »Zur Treue«. Siegfried Löwe wurde am 25. Juli 1942 nach Theresienstadt deportiert, wo er am 19. März 1944 an den Folgen der Internierung (Lungenentzündung) starb. Biografisches zu Löwe: Roden 1986a, Teil 2, S. 977–981.

so ungeduldig werden, Walter wir haben bestimmt die gleiche Sehnsucht nach Dir, wie Du und nur den einen Wunsch, Dich wieder zu sehen. Es geht doch vielen Eltern noch so wie uns, wir bereiten alles so weit wie möglich vor.

Anbei sende ich Dir Onkel Eugen's Adresse, damit Du ihnen mal schreibst: Ramat Hadar, Post Ramataym.[188] Sie haben schon mit dem Bau ihrer Siedlung begonnen, und das Häuschen wird wohl im September fertig sein. Onkel Eugen ist bei Arnold[189] »Hilfsarbeiter« und sehr begeistert von der Landarbeit. – Hat eigentlich Tante Anna[190] mit Dir über Deinen zukünftigen Beruf gesprochen? Das würde uns sehr interessieren. Inzwischen sind Eisenbergs, die 14 Tage bei Winters waren, wieder abgereist. Wir haben uns, besonders auch die Männer recht angefreundet. Wir hatten durch sie allerlei Ablenkung. Robert und Helga haben uns zum Abschied nochmals von Amsterdam angerufen, nun sind sie schon 14 Tage fort. Sie schreiben, es käme ihnen alles wie ein Traum vor. Morgen hat Edgar [Katzenstein – L.J.H.] Geburtstag. Entschuldige bitte heute meine Schrift, mein guter Junge, aber ich bin durch den Eilzug etwas durcheinander. Aber der Brief soll schnell fort. Innige Grüsse + Küsse

In Liebe Deine Mutti

Hast Du noch einen alten Tennisschläger hier?

## 43. (13)
*Johanna Kaufmann an Walter Kaufmann*
[Handschrift]
Karte

Dburg d. 17 Mai 39

Mein Lieber! Eben kommt Deine Karte, und ich teile Dir mit, daß Thilde schon in London ist und einige Zeit dort bleibt. Also auf nach London! Ihre Adr[esse] ist Thilde, nicht mehr Rosenstern, Luxbacher,[191] bei Auerbach Cavendish House

---

188 Johanna Kaufmann schrieb den Kibbutz-Namen mal »Ramataym«, mal »Ramataim«, während Sally Kaufmann »Ramataim« schrieb. In der Transkription aus dem Hebräischen sind beide Schreibweisen korrekt. Die deutsche Übersetzung für dieses Wort lautet: »Zwei Hügel«.

189 Arnold Kaufmann, geb. 25. April 1917, Sohn von Eugen und Jeanette Kaufmann, Bruder von Edgar und Nora Kaufmann (siehe FN 13), Cousin Walter Kaufmanns, Diplom-Landwirt, der seit Februar 1937 in Palästina lebte.

190 Das ist: Anna Essinger (siehe FN 24).

191 »Thilde«, das ist die Schauspielerin Mathilde Luxbacher (siehe FN 102), Witwe des Rechtsanwalts Dr. Nathan Rosenstern, die ihren Mädchennamen wieder angenommen hatte.

17, Chertsey Road Twickenham/London. Sie wird sich sicher auch freuen, Dich zu sprechen und Dir von uns erzählen, allerdings habe ich sie nicht kurz vor ihrer Abreise erreichen können. Wegen Tennisschläger überlegen wir. Ich finde es reizend, daß Du eingeladen bist, und schreibe uns die Adr[esse], damit wir uns gelegentlich für die Einladung bedanken.
   [Zusatz: *Sally Kaufmann*]
   Wie ist die Arzt oder Anwaltstochter, die Dich einlädt?


## 44.
*Johanna Kaufmann an Walter Kaufmann*
[Handschrift]
Brief
                                                            Dburg d. 22. Mai 39.
Mein liebster Walter,
   Mit Deinem lieben Brief, der pünktlich zum Sonntag Morgen Frühstück ankam »am Muttertag« freuten wir uns sehr. Besondere Freude machen uns Deine Fortschritte im Englischen. Heute war der erste warme Tag, an welchem wir unser dinner und coffee auf dem Balkon einnehmen konnten. Das hat uns, besonders dem l[ieben] Vati, sehr gut getan. Der Garten ist jetzt im Wonnemonat Mai, trotzdem wir nichts Neues gepflanzt haben, sehr schön. Auch die Erdbeeren stehen in vollster Blüte. Wenn Bernd Dir noch nicht schrieb, hat das sicher Gründe. Er ist noch in dem Ferienheim in Wales und wird Dir direct, wenn er in Liverpool installiert ist, schreiben. Herr D[aniels] schickt uns jede Woche englische Zeitungsausschnitte über Emigration etc. Wir wollen ihm auch mal wieder schreiben und ich denke, wenn Du nach London fährst, wäre es sicher richtig, ihn auch zu besuchen natürlich mit vorheriger schrift[licher] oder telef[onischer] Anfrage, ob er für Dich zu Hause ist. Ich bin doch gespannt, wann Du fährst, Du musst uns dann frühzeitig Deine Londoner Adresse angeben. Eugens schrieben sehr zufrieden von ihrem im Bau befindlichen Cotton. Der Kuhstall und die Hühnerställe sind schon fertig, Onkel Eugen schreibt, er wäre der fleissige und gehorsame Diener von »Arnold dem Starken«.[192] Dieser Tage hatten wir Besuch von Peter Hanf,[193] der mit 22 Jungens aus Grossbreesen [sic] nach Australien (Anfang Juni)

---

192  Gemeint ist Arnold Kaufmann (siehe FN 189), der Sohn von Eugen und Jeanette Kaufmann (siehe FN 13), der in einer landwirtschaftlichen Kooperative tätig war.
193  Klaus Peter Hanf, geb. 26. Dezember 1921, der bis 1936 das Duisburger Realgymnasium besuchte und eine landwirtschaftliche Ausbildung zur Vorbereitung auf eine Auswanderung nach Palästina im Hachschara-Lager (in Groß-Breesen) absolvierte. Er entschied sich zum Verbleib in Australien.

fährt. Leider kann er seine Eltern nicht mehr sehen, da er nicht nach Prag kam, wo die Eltern noch immer sind. Er ist ein Riesenjunge geworden, ganz wie sein Vater. Sind Deine besten Freunde auch german boys und von welcher Kante? Mich interessiert das alles, und wenn der Brief fort ist fällt mir meist noch so vieles ein, was ich Dich fragen wollte. Auch Deine Arbeit im »Werkunterricht« interessiert uns sehr. Ist Euer Tagewerk im Sommer das gleiche wie im letzten term? Ich lege noch die weiteren Abzüge der Bildchen ein und einen Antwortschein zur baldigen ausführlichen Beantwortung unseres Briefes.

Recht viele innige Grüsse + Küsse
Stets Deine Dich liebende
Mutti


### Sally Kaufmann an Walter Kaufmann
[Handschrift]

Lieber Walter! Unsere Sonntags-Hauptbeschäftigung ist jetzt das Korrespondieren. Aber die Zahl der Freunde und Bekannten, z. T. auch der Klienten, die im Ausland sind, ist so groß, daß man manchen Brief ungeschrieben lassen muß. Sonst würde man selbst zur Schreibmaschine. Gerade eben habe ich an ein Pariser Reisebüro geschrieben, das uns auf Veranlassung von Herrn Stern in Paris,[194] der mit seiner ganzen Familie nach Chile will, eine Offerte für Chile gemacht hat. Wenn das durchführbar wäre, würden wir es Kuba vorziehen. So meine ich, daß eins von diesen beiden Ländern uns schließlich aufnehmen wird, denn England wird für uns wohl kaum je in Frage kommen. Auch Palästina, das ja jetzt vor einem wichtigen Punkt seiner Geschichte steht[195], bietet uns nicht viel Existenzmöglichkeiten.

---

194 Adolf Stern, geb. 25. August 1873, Metzger und Viehhändler, Mitglied des Gemeindevorstands, war mit Ehefrau Dora, geb. 25. November 1880, vor der Auswanderung in die USA zu einem Zwischenaufenthalt in Paris gelandet, von wo sie 1941 in die Vereinigten Staaten – Seattle – emigrierten. Deren Sohn Gustav(e) Stern, geb. 16. Mai 1901, war Kapellmeister am Duisburger Stadttheater, Chorleiter und Organist der Jüdischen Gemeinde und seit 1928 Nachbar der Kaufmanns auf der Prinz-Albrecht-Straße. Gustav(e) Stern war bereits 1933 mit Ehefrau Gertrud und Sohn Hans-Hermann nach Seattle/USA ausgewandert.

195 Am 17. Mai 1939, fünf Tage bevor Sally Kaufmann seinen Brief schrieb, hatte Großbritannien mit Rücksicht auf arabische Interessen ein Weißbuch veröffentlicht, das die jüdische Einwanderung in den folgenden fünf Jahren nach Palästina auf insgesamt 75 000 Personen festsetzte und eine weitere Zuwanderung danach von der Zustimmung der Araber abhängig machte. Der britische Plan sah auch die Errichtung eines unabhängigen Staates binnen zehn Jahren vor.

Dazu ist es sehr, sehr schwer, hineinzukommen, selbst wenn Onkel Eugen uns hilft. – Gestern abend waren wir in Hamborn, wo wir Einkäufe machten und dann zu Löwenstein's gingen. Die Kinder haben die Möglichkeit, nach England zu kommen, jedoch wissen die Eltern noch nicht, ob sie sie hinsenden sollen, da die Eltern vielleicht nach Brasilien gehen. Aber das Visum dorthin haben sie noch lange nicht. Die Kinder sind noch sehr klein und sehen sehr schlecht aus.
Gruß & Kuß! Dein Vati

## 45. (14)
*Johanna Kaufmann an Walter Kaufmann*
[Handschrift]
Karte

Duisburg d. 26. Mai 39

Mein liebster Walter,
Eben kommen wir von einem gemütlichen Kaffee bei Lehrer Kaiser,[196] der sein 20. Lehrerjubiläum gefeiert hat. Bei dem herrlichen Kaiserwetter war ich gestern mit Vati nach Monaten im Wald, es war so schön und am Forellenteich (wo Du einst Feuersalamander gefangen hast) haben wir Deiner in Liebe gedacht. Übrigens waren auch wieder Jungens mit demselben Fang beschäftigt! Samstag Nachmittag kommen Onkel Albert & Tante Erna [Johanna Kaufmanns Schwager, Ehemann ihrer Schwester Erna Katzenstein aus Düsseldorf – L.J.H.], um die Feiertage[197] bei uns zu bleiben. Sie schlafen auf 2 Chaiselongues, das geht ganz gut. Wir freuen uns sehr und wollen den Garten tüchtig ausnutzen (notabene, wenn die Sonne scheint). Hast Du nun Gerda u. Eugen [Gerda Katzenstein, Cousine von Walter Kaufmann; Eugen Kaufmann, Bruder von Sally Kaufmann – L.J.H.] geschrieben? Hoffentlich haben wir auch bald gute und ausführliche Post von Dir. Recht schöne Pfingsttage und innige Grüsse + 1000 Küsse Dein Muttilein.

---

196 Fritz (Friedrich) Seligmann Kaiser, geb. 2. Oktober 1888, Lehrer in Ruhrort, der seit 1919 Kultusbeamter in Ruhrort war. Kaiser war Vorstandsmitglied des CV (Central-Verein deutscher Staatsbürger jüdischen Glaubens). Er zog im Januar 1940 nach Köln und wurde von dort deportiert und ermordet.

197 Johanna Kaufmann spricht vom Schawuot (»Wochenfest«), dem Wallfahrtsfest am 6. Siwan (Mai/Juni). Als Fest der Erstlingsfrüchte wird es fünfzig Tage nach Pessach gefeiert. Das zweitägige Schawuot fällt zeitlich mit dem christlichen Pfingstfest zusammen.

*Sally Kaufmann an Walter Kaufmann*
[Handschrift]

Lieber Walter! Ich nehme an, daß Du erst nächste Woche nach London fährst. Thilde bleibt noch einige Zeit da. Dem Onkel Hugo [Daniels] wir soeben einige Blumen als Pfingstgruß. Gab es gestern & heute (Schwörs!) bei Euch etwas Besonderes? Herzlichste Grüße und dito Küsse Dein
    Pupsi-Vati[198]


## 46. (15)
*Sally Kaufmann an Walter Kaufmann*
[Handschrift]
Karte
[Teile von Zeilen fehlen wegen herausgeschnittener Briefmarke]

                                                     27. Mai 1939

Lieber Walter!
    Schon wieder nur eine Postkarte! Ich glaube, es ist wirklich nicht zu viel, wenn Du <u>jede Woche</u> einen Brief und <u>außerdem</u> noch bei Gelegenheit eine Postkarte schreibst. Wenn Du Dir z. B. vornimmst, <u>jeden Donnerstag</u> einen englischen Brief an uns zu schreiben – den wir natürlich prompt mit Brief beantworten –, so läßt sich das auch durchführen. – Also handele danach, sonst werde [ich wirk]lich böse. – Grüße + [Küsse] Dein Vati


*Johanna Kaufmann an Walter Kaufmann*
[Handschrift]

Liebster Walter,
    Ich bin […] traurig, dass Du so […] aber ich hoffe, […] bald das Versäumte […] ho[ffentlich] hattet Ihr ein [Spor]tfest und du konntest […]schuhe leihen. Sebald[199] fährt morgen ab, die Damen[200] fahren etwas später, heute Abend trinken

---

198  »Pupsi«, Kosename für Sally Kaufmann.
199  Dr. Sebald Müller, enger Freund und Hausgenosse der Kaufmanns in der Prinz-Albrecht-Straße, Ehemann von Hertha Müller (siehe FN 87).
200  Gemeint sind: Dr. Sebald Müllers Ehefrau Hertha Müller und Tochter Ursula (siehe FN 116).

wir noch einen Abschiedstrunk zusammen. Tante Lene und Onkel Li[201] von der ersten Etage haben gute Aussicht, bald nach Palästina zu kommen, vielleicht schon im August. Hast Du inzwischen schon etwas von Thilde gehört?

Innige[n] Gruss + Kuss Mutti!

*Albert und Erna Katzenstein an Walter Kaufmann*
[Handschrift]

Lieber Walter, wir verbringen die Pfingsttage hier und […] Dich herzlich Onkel Albert + Tante Erna

## 47. (16)
*Johanna Kaufmann an Walter Kaufmann*
[Handschrift]
Karte

Duisburg d. 31.5.39

Mein liebster Walter,

Nun sind wir immer noch in Erwartung eines ausführlichen Briefes, hast Du so viel zu tun, mein lieber Junge? Ich möchte Dich heute an Tante Erna's Geburtstag am 6. Juni erinnern. Da sie ihren 50. feiert musst Du ihr wohl schreiben. Die Feiertage waren sehr gemütlich und sonnig, so daß wir viel im Garten sein konnten. Am 2ten Tag kamen Onkel Fritz & Tante Käte.[202] Ilse [Mendel][203] kommt wahrscheinlich nach Brighton sie ist seit Ostern aus der Schule. Eben kommt ein Brief von Onkel Eugen, er will uns helfen so viel er kann. Cuba ist gesperrt. Drücke nur feste den Daumen, daß bald etwas klappt. Vati ist heute früh in der Junkernstr[aße] die Karte muss fort, darum innige Grüsse & Küsse von Pupsi und auch von mir stets Deine
Mutti.
Winters haben gute Aussichten für Palästina

## 48.
*Johanna Kaufmann an Walter Kaufmann*
[Handschrift]

---

201 Gemeint sind: Helene und Sally Winter (siehe FN 25).
202 Nähere Angaben über die beiden Genannten ließen sich nicht ermitteln.
203 Siehe FN 346.

Brief

Duisburg d. 1. Juni 39

Mein liebster Walter

Gerade eben kommt Dein lieber Brief an und ich bin traurig, daß Du Vati falsch verstanden hast. Er war ja gar nicht böse mit Dir sondern meinte nur, wenn Du nicht ausführlicher schreiben würdest, <u>würde</u> er böse. Da [du] uns aber heute gleich geantwortet hast, ist ja alles gut. Wir warten glaube ich noch sehnsüchtiger auf <u>Deine</u> Post wie Du auf die unsrige, denn unser Leben ist nicht so abwechslungsreich, besonders abends fühlen wir uns oft einsam. Beifolgende Bildchen machen Dir hoffentlich eine grosse Freude. Sie stammen beide vom 1. Pfingsttag, Du kennst wohl alle Leutchen! Sind sie nicht prima geworden? Dr. Schatz[204] [?] ist am 2. Pfingsttag abgereist, er wundert sich, daß Du auf so grossem Fusse lebst 42. [sic] Frau M. und Ulla[205] werden erst nächste Woche abreisen, wenn die Möbel fort sind. Sie werden Dir sicher mal schreiben. An den alten Tennisschläger denke ich. Wir wollen versuchen Dir einige Sachen mit Genehmigung der Devisenstelle zu schicken. Schade, daß Deine Uhr entzwei ist. Damit musst Du Dich nun gedulden, bis wir mal ausreisen. Herr Daniels schrieb uns kurz vor Pfingsten, er wollte uns das Einreisegeld für Kuba stellen; da Kuba nun gesperrt ist,[206] wird er uns sicher dasselbe für ein anderes Land geben. Wir sind auch schon sehr nervös, besonders Vati, daß immer und immer wieder etwas dazwischen kommt. Onkel Eugen machte uns auch vielerlei Vorschläge, die wir aber erst genau prüfen müssen, ob wir es machen können. Wir haben eine kleine Aussicht für Chile (wenn das inzwischen nicht auch wieder gesperrt ist); näheres hören wir in den nächsten Tagen. Ich freue mich sehr lieber Walter, daß Du nächste Woche nach London fährst. Wo übernachtest Du, sprichst Du das english girl auch? Ist das die Arzt oder Anwalttochter? Vergiss bitte die Beantwortung dieser Fragen nicht, warum schreibst Du 2 x an Mr. D[aniels]? Wirst Du ihn auch besuchen? Bei dem Sportfest hätte ich wohl gerne zusehen mögen, der Bericht hat mich sehr in-

---

204 Nähere Angaben ließen sich nicht ermitteln.

205 Das sind: Hertha und Ursula Müller, die im Hause Prinz-Albrecht-Straße 17 wohnten und dann nach Holland ausreisten (siehe FN 200).

206 Nach der Machtübernahme der Nationalsozialisten in Deutschland geriet auch Kuba als Emigrationsziel in den Blick auswanderungswilliger deutscher Juden. Seit 1933 hatte die kubanische Regierung über die Arbeitsgesetzgebung allerdings die Einwanderung von Ausländern verhindert. Dennoch konnten etwa 11 000 deutsch-jüdische Flüchtlinge die Nazi-Zeit auf Kuba überleben und durch Bestechung oder Ausnutzung von Gesetzeslücken, einen gesicherten Status auf Kuba bekommen. Viele Flüchtlinge hatten sich für Kuba entschieden in der Hoffnung, von dort aus in die USA zu gelangen. Vgl. Wikipedia, Artikel »Judentum in Kuba«, abgerufen 22.11.2019; siehe auch Krechel 2012.

teressiert. Hoffentlich ist Dein Bein wieder all right. Leider ist es ganz unmöglich, mein gutes Kind, Dir die 10 Mk zu schicken. Anbei einen Antwortschein, damit Du bald wieder schreibst. Ich hoffe sehr, daß Du inzwischen mal etwas von Kurt K[atzen]stein gehört hast, und Bernt? Frau Ruben ist augenblicklich in Berlin und kommt nächste Woche wieder, sie hofft dann zu uns ziehen zu können. Ich habe extra heute Mittag meinen Mittagsschlaf geopfert, um die Zeit für Deinen Brief zu benutzen, damit Du diese Woche noch etwas von uns hörst. Du wolltest uns mehr über die Farm noch mitteilen, die ihr besucht habt? Schicke, wenn Du willst, die Gruppenaufnahme wieder zurück, das andere Bild behältst Du natürlich. Heute Nachmittag muss ich allerlei Garderobenangelegenheiten erledigen (ich bleibe lieber im Garten, der wirklich augenblicklich herrlich ist). Aber ich muss noch vieles besorgen, ausreisefertig zu sein. Ich denke, daß wir vor Deiner Londoner Reise noch von Dir hören. Viele innige Grüsse und Küsse in Liebe Deine Mutti.
(Ist dieser Brief ausführlich genug?)

## *Sally Kaufmann an Walter Kaufmann*
[Maschinenschrift]

Lieber Walter! Ich bin, wie Mutti Dir auseinandergesetzt hat, nicht böse und freue mich, daß Du so ausführlich geschrieben hast. Aber noch mehr hätte ich mich gefreut, wenn Du englisch geschrieben hättest. Herr D[aniels] erkundigte sich bei uns danach, ob Du auch immer englisch mit uns korrespondierst, und wir haben ihm geschrieben, Du hättest das in letzter Zeit fast stets getan. Ich möchte ihm nichts Unrichtiges mitgeteilt haben und Dich daher bitten, Deine <u>Briefe</u> an uns immer englisch zu schreiben. Wir werden Dir in gleicher Weise antworten, wenn wir dazu die nötige Zeit haben, aber Du schreibst ja, daß es Dir nichts ausmache, ob Du Deutsch oder Englisch schriebst.

Für London hast Du sicherlich ein großes Programm: Thilde, engl. Freundin, Hugo D[aniels], Nora, Kurt K'stein und wer sonst noch? Ob Du das alles erledigen kannst? Ich möchte gerne dabei sein, aber vorläufig suchen und warten wir. Daß Kuba gesperrt ist, ist sehr dumm. Aber vielleicht dauert die Sperre nicht zu lang.

Winter's werden wohl nun ziemlich sicher bis Ende August nach Palästina gehen. Ich hoffe nur, daß sie bis dahin gesund bleiben.

So, liebster Junge – Du wirst sicher sagen, das kann Vati leicht sagen, da er keinen andern hat – für heute herzliche Grüße und einen dicken Kuß zum Schluß
   Vati

## 49.
*Sally Kaufmann an Walter Kaufmann*
[Maschinenschrift]
Brief

ohne Datum [1. Juni 1939]

Lieber Walter!

Ich schmuggele diesen Zettel in den Brief ein, den Mutti nicht lesen soll. Du weißt ja, daß Mutti am 12. d[ieses] M[ona]ts Geburtstag hat, und daß sie sich sehr freuen würde, wenn Du ihr ein neues gutes Bild schicken würdest, es kann natürlich auch ein Amateurbild sein. Wenn Du mir sonst noch irgend etwas zu dem Geburtstag mitteilen willst, das Mutti nicht lesen soll, so kannst Du an meine Adresse <u>Junkernstr. 2</u> schreiben.

Nochmals Gruß und Kuß
Vati

[Handschrift]
Die Marke, deren Ränder ich zur Vermeidung von Beschädigungen überklebte, hat den Aufdruck »Nürburg-Rennen« und ist ganz neu und rar. Die anderen Marken des Satzes folgen.

## 50.
*Johanna Kaufmann an Walter Kaufmann*
[Handschrift]
Brief

Duisburg d. 3 Juni 39

Mein liebster Walter,

Wir haben augenblicklich so eine rege, grosse Correspondenz, daß Du Dich wunderst schon wieder von uns zu hören. Sollte Miss Essinger noch nicht mit Dir über the Training college gesprochen haben, dann warte <u>Du</u> bis sie mit Dir spricht und mache Dir über <u>Deine</u> Zukunft keine Sorgen, das wird schon sgw [so Gott will] alles klappen. Wir legen einen Antwortschein bei, damit Du uns schreibst, wann Du in London bist. Mr D[aniels] schrieb uns, daß Du ihn besuchen willst, he would be very pleased [er würde sehr erfreut sein – L.J.H.] aber es ist nicht sicher, daß er in London ist. Wahrscheinlich kommt er auch bald mal wieder nach Bunce Court. Bekommt Ihr extra Pfingstferien oder nur sogenannte grosse holidays? Heute ist so herrlicher Sonnenschein, daß wir auf jeden Fall nachmittags ins Grüne wollen. Vielleicht fahren wir aber auch nach Schiefbahn,[207] wo wir sehr lange nicht waren.

Morgen hat Vati Sitzung in D'dorf, ich fahre dann natürlich mit. Übrigens schickt Mr. D[aniels] uns immer wieder Zeitungsausschnitte. Heute sandte er uns eine Notiz über Cuba, daß ein steamer mit 900 Emigranten[208] nicht landen durfte und alle Passagiere wieder zurück nach Deutschland müssen. Tief traurig findest Du nicht auch? Wie gut, daß wir nicht dabei waren. Drücke weiter feste den Daumen, daß [es] vielleicht Chile wird, wenn es auch noch ein paar Monate dauert. Wie ist es eigentlich mit Schwimmen? […]
[Rest des Briefes fehlt]


## 51. (17)
*Johanna Kaufmann an Walter Kaufmann*
[Handschrift]
Karte

7. Juni 1939

Mein liebster Walter, Wir hatten viel Freude mit Deinem lieben Brief, das siehst Du schon daran weil wir gleich antworten. Nora schickte uns gestern eine reizende Fotopostkarte von sich. Ich schrieb ihr direct Antwort und bat sie sehr, sich um ein Nachtquartier für Dich in London zu interessieren, sie schreibt, daß sie so lange nichts von Dir gehört hat. Ich hätte es gerne, wenn Frau Tilde[sic][209] mir Näheres über Dich berichten könnte, ich bin sicher Nora wird das schon gut arrangieren und wenn es diese Woche nicht mehr geht, dann vielleicht das nächste weekend. Tante Erna ist von allen Seiten sehr gefeiert worden. Lotte und Gerda schickten sehr hübsche Fotos.

Hast Du Deine Tennisschuhe gefunden?

---

207 In Schiefbahn hatten die Kaufmanns Verwandte: Siegmund (Sally) Kaufmann, geb. 6. April 1878 (Vetter von Sally Kaufmann?), am 13. Juli 1942 im Ghetto Litzmannstadt (Lódz) ermordet; Elisabeth (Else) Kaufmann, geb. 24. August 1908; Ernst Kaufmann, geb. 14. Februar 1910, beide im September 1942 in Kulmhof (Chełmno) ermordet; Fritz (Friedrich) Kaufmann, geb. 19. November 1912, verschollen.

208 Gemeint ist die MS *St. Louis*, die am 13. Mai 1939 von Hamburg aus mit 937 jüdischen Flüchtlingen an Bord Kurs auf Havanna nahm und am 27. Mai 1939 in Havanna nicht anlegen durfte. Auch die US-Einwanderungsbehörde ließ die *St. Louis* in den USA nicht anlanden. Der Kapitän sah sich gezwungen, nach Hamburg und damit nach Nazi-Deutschland zurückzukehren. Von den 937 Passagieren der *St. Louis* wurden 254 in den Konzentrationslagern der Nazis ermordet (Mueller-Töwe 2009b). Zu diesem Flüchtlingsdrama vgl. den Exkurs »Kuba« im Einleitungskapitel.

209 Das ist: Mathilde Luxbacher (siehe FN 102), Witwe von Dr. Nathan Rosenstern.

Onkel Heinrich aus Darmstadt[210] war gestern zum Abschied in D'dorf. Er geht in 3 Wochen mit seiner Frau zu seinem Sohn + Frau nach Johannisburg, er lässt Dich vielmals grüssen.

Die Hitze ist enorm, bei Euch auch?
Sonnigen Gruss &
Kuss
Mutti
Ich bat Nora, Dich mal anzurufen!


**Sally Kaufmann an Walter Kaufmann**
[Maschinenschrift]
Karte

Lieber Walter!

Ich schreibe an Dich, obgleich ich eigentlich Dir einen besonderen Brief schreiben wollte. Aber ich hoffe, daß Mutti meine Zeilen nicht liest. Also: 1) war gestern kein Glückwunsch von Dir bei Tante Erna, die ja ihren 50. Geburtstag hatte. Hoffentlich ist inzwischen Dein Glückwunsch bei ihr eingetroffen.

2) muß ich Dir sagen, daß Deine Briefe anfangen, überhaupt ganz unleserlich zu werden. Du bist doch weder ein Professor im Alter von bald 100 Jahren, noch ein Mediziner, deren Beruf das Vorrecht hat, unleserlich zu schreiben. Aber es ist beinahe eine Qual, durch die krausen Schriftzüge sich durchlesen zu müssen. Dadurch leidet natürlich der Inhalt auch sehr und von einem Genuß, Deine Briefe zu lesen, kann dann nicht mehr die Rede sein. Also, lieber Walter, schreibe etwas leserlicher und nicht mehr so flüchtig. Bei Dir wird dann das Schreiben zwar etwas länger dauern, aber wir haben dann nur Freude an Deinen Briefen.

Auch Herr Daniels beklagte sich bei uns über Deine schlechte und unkorrekte Schrift. So geht das unter keinen Umständen weiter!

3) hatten wir Dich gebeten, englisch zu schreiben. Tue das bitte doch; wie Du uns schriebst, macht es Dir keine besondere Mühe. –

4) hoffe ich, daß Du an [sic] Mutti's Geburtstag nicht vergißt.

Für heute mache ich damit Schluß. Auch ich freue mich, daß Du Dich dort so wohl fühlst. Trotz obiger 4 Punkte bin ich aber nicht böse!

Ich grüsse und küsse Dich vielmals
Dein
Vati

---

210  Person war nicht zu ermitteln.

## 52. (18)
*Johanna Kaufmann an Walter Kaufmann*
[Handschrift]
Karte

Duisburg d. 13. Juni 39

Mein lieber, lieber Walter,

Wir haben uns unendlich gefreut, daß wir Dich gestern Abend erreichen konnten und waren glücklich, Deine Stimme mal wieder zu hören. Hoffentlich hast Du Dich bald wieder von dem Schrecken erholt, und auch Freude empfunden. <u>Das</u> Telefongespräch war meine grösste Geburtstagsfreude, das kannst Du Dir wohl denken. Vielen herzlichen Dank für Deinen lieben Brief und das nette Bildchen, hoffentlich kommt auch das andere bald. Ich hatte einen sehr netten Tag mit schönen Sachen von Vati (Nachttischuhr, Tasche etc.). Du wärest bestimmt auch zufrieden gewesen. Zum Kaffee waren nur Onkel Albert & Tante Erna & abends unsere sämtlichen Hausgenossen + Frau Ruben, die mir schöne Handschuhe brachte. Eben kam noch Kathi[211] mit Taschentüchern! Gestern Abend ist Frl. Heumann[212] nach Dresden für immer abgereist. Morgen erhältst Du ausführlichen Brief. Nur noch innige Küsse
    Deine Mutti


*Sally Kaufmann an Walter Kaufmann*

Lieber Walter! Es kam mir gestern abend so vor, als ob Deine Stimme viel tiefer wäre, als beim Abschied von hier. Das Gespräch war in 10 Minuten da. Hast Du Dich auch so gefreut wie wir? Gruß & Kuß Vati

## 53.
*Johanna Kaufmann an Walter Kaufmann*
[Handschrift]
Brief

Duisburg, d 14. Juni 39

Mein liebster Walter,

---

211  Gemeint ist (vermutlich) Katharina (Kati) Rottenstein, enge Freundin der Kaufmanns (siehe FN 133).
212  Lotte Heumann, geb. 18. Januar 1912, Wohlfahrtspflegerin und Leiterin des jüdischen Wohlfahrtsamtes in Duisburg.

ich denke gerade, wie schön es ist, daß wir Dich, wenn wir mal Lust haben, anrufen können. Aber das nächste Mal schreiben wir Dir vorher, damit Du Dich nicht wieder so erschreckst. Heute sollst Du ausführlicher von meinem Geburtstag noch hören, die Karte sollte nur ein Zeichen sein, wie wir uns gefreut haben. Das Briefpapier habe ich auch von Vati, der mich dieses Mal sehr verwöhnt hat. Am Abend vorher waren Dr. Neumark und Frl. Heumann[213] zum Abschied bei uns. Du kennst ja den Dr. N[eumark], er sprach oder vielmehr verlas eine Ansprache für Frl. Heumann, die wirklich rührend war. Ich las dann einen langen, sehr netten Brief von Robert + Helga[214] vor, von Barbados abgestempelt und auf hoher See geschrieben. Anscheinend waren sie nicht sonderlich seekrank. Edgar[215] lernte auf dem Schiff schwimmen + Tischtennis spielen, was ihm grosse Freude machte. Sonst der übliche Bordbericht. Am 17. Juni sind sie in Honduras. Kurt war in Dover am Schiff, schreibe ihm mal und frage ihn, ob er Dich ganz vergessen hat! Seine Adresse ist: K. K.[216] c/o Mr. Abraham, Whiteladies, Batelworth Hill, Rickmansworth Herts. Das ist ½ Stunde per Auto von London. Vielleicht könnt Ihr Euch doch mal treffen.

Bernd ist jetzt in Liverpool.

Nun weiterer Bericht vom Birthday!

1. Zum Kaffee schöne Rosen von Herrn Winters + Frau Eisenberg,[217] die augenblicklich hier ist, um Winters zu helfen, die ja Aussicht haben, im August nach Palästina zu kommen. Frau Winter schenkte mir einen prima Ledergürtel. Zum Nachmittagskaffee waren nur Tante Erna + Onkel Albert und abends nach dem Abendbrot, Müllers, Winters + Frau Ruben.

Ist Dein 2ter Tennisschuh wieder da?

Nimm für heute mit den kurzen Zeilen fürlieb. Beantworte bitte alle meine Fragen im nächsten Brief. Sei innigst gegrüsst + geküsst von Deinem
Muttilein

---

213 Das ist (vermutlich): Lotte Heumann (siehe vorige FN), die im Juni 1939 nach Dresden zog.
214 Dr. Robert und Helga Katzenstein, Eltern von Edgar und Kurt Katzenstein (siehe FN 68).
215 Edgar Katzenstein (siehe FN 67, 77), geb. 17. Mai 1927 in Duisburg, der später als Diplom-Kaufmann in Honduras lebte.
216 Das ist: Kurt Katzenstein (siehe FN 23), geb. 9. Februar 1924 in Duisburg, der am 21. April 1939 mit einem Kindertransport nach England gelangt war.
217 Weitere biografische Angaben waren nicht zu ermitteln.

### Sally Kaufmann an Walter Kaufmann
[Maschinenschrift]
Brief

Lieber Walter! Ich will den Brief, der nach unserm letzten ausführlichen Schreiben nichts Besonderes enthält, nicht abgehen lassen, ohne Dir einige herzliche Grüße zu senden. Wir schreiben andauernd Briefe und einmal wird auch für uns der Brief kommen, der uns die Möglichkeit gibt, irgendwo andershin zu kommen.

42. Der Vorsitzende der Jüdischen Gemeinde Duisburg, Dr. Sally Kaufmann, vor seinem Haus Prinz-Albrecht-Straße 17 mit seinem abgestellten Fahrrad.

Ich benutze wieder fleissig mein Fahrrad, habe aber allerhand Reparaturen daran. Einmal bin ich sogar auf Deinem alten Rad von der Junkernstraße nach hier gefahren. Dein Rad ist nicht gerade besser geworden und ich war froh, als ich heil zu Hause war. Was macht Dein englisches Rad? Eine Radtour wird dieses Jahr aber wohl nicht steigen, ich hätte kaum Gesellschaft dazu.

Was macht Dir denn in der Mathematik Kummer? Ein großer Mathematiker warst Du ja nie, aber ich hatte doch den Eindruck, daß Du bei guten Lehrkräften ausreichendes leisten würdest. Ich möchte gerne wissen, wo es fehlt.

Der Brief soll gleich fort, deshalb Schluß!

Nochmals herzliche Grüße und viele Küsse

Vati

## 54.
*Johanna Kaufmann an Walter Kaufmann*
[Handschrift]
Brief

Duisburg d. 20. Juni 39

Mein liebster Walter,

Deine liebe Karte erhielten wir am Sonntag früh, gerade beim Frühstück, vielen Dank. Nun erwarten wir mit Sehnsucht Deinen angekündigten Brief, der hoffentlich alle meine Fragen beantwortet. Ob Dein Foto schon fertig ist? Schreibe uns auch bitte, ob Du von Liverpool Gutes hörtest, Bernd schreibt nach hier begeistert. Vergiss es bitte nicht, ebenso wegen der Hose. Von unserer Chile Sache haben wir im Augenblick noch nichts weiteres gehört, ein Pariser Reisebüro will uns das Visum besorgen und wir erwarten auch da sehnlichst Antwort, das kannst Du Dir denken. Event[uell] telefonieren wir heute Abend. Es geht das alles nicht so schnell und Du darfst nicht zu ungeduldig werden. Wir tun bestimmt, was wir können und Mr. D[aniels] tut auch wirklich sein Möglichstes. Es ist sehr schwer, daß Dein Eintritt in das Training College nicht sicher oder wohl schon abgelehnt ist. Hoffentlich arrangiert sich denn das andere wenigstens. Immerhin würde ich an Deiner Stelle doch mal überlegen, wenn auch die praktische Arbeit im Hotel aus irgend einem Grunde nicht möglich ist, was Du dann tun möchtest. Überhaupt würde mich's sehr interessieren, wie Tante Anna sich zu Deiner Berufsfrage äussert. Wir wollten nicht gerne selbst an sie schreiben, damit sie nicht doppelt Correspondenz mit Herrn Daniels und mit uns zu führen hat. Bestelle ihr aber our best compliments. Heute Nachmittag fährt der Rolf Löwenstein[218] aus Hamborn

---

[218] Rolf Hans (Ralph) Löwenstein (siehe FN 96), geb. 9. Februar 1932 in Hamborn. Nach seinem Aufenthalt in England konnte er 1940 zu seinen Eltern Max und Hilde Löwenstein in die USA gelangen.

mit dem Kindertransport nach England. Sein kleiner Bruder[219] musste plötzlich am Blinddarm operiert werden und muss nun erst gesund werden. –

Ich will jetzt an einem Kursus für Filzblumen teilnehmen, ich freue mich richtig darauf. Eine Cousine von Else Ruben kommt zu diesem Zwecke von Essen nach hier.

Eben kommen die Damen Müller[220] von oben, sie haben mir ein bischen [sic] viel Platz weggenommen, aber sie wollten Dir so gerne mal schreiben. Ich wundere mich sehr, daß Nora gar nichts von sich hören lässt, schreibe doch bitte, ob sie <u>Dir</u> geschrieben hat. Also, mein gutes Kind, lebe wohl. Sei von Herzen gegrüsst und geküsst von Deiner Mutti. […]


### Hertha Müller an Walter Kaufmann
[Handschrift]
Brief

Lieber Walter, wir freuen uns immer sehr, von Deinen lieben Eltern Gutes von Dir zu hören. Wir fühlen uns sehr wohl, Hausgenossen von Kaufmanns zu sein, aber bald müssen wir scheiden. Laß es Dir weiter so gut gehen, wie [Du] es Dir mit vielen, herzlichen Grüßen wünschst

    in alter Liebe
    Deine Hertha Müller


### Sally Kaufmann an Walter Kaufmann
[Handschrift]
Brief

Lieber Walter! Mutti will nicht lernen, eine Filzblume zu werden, sondern solche zu fabrizieren. Vielleicht kann das mal in Übersee von Nutzen sein. Soeben war Horst Lukas[221] hier und hat unsere Antenne repariert. Er ist in allen möglichen

---

219  Das ist: Rolf Löwensteins jüngerer Bruder Kurt Eduard Löwenstein (siehe FN 96), geb. 29. Mai 1934 in Hamborn, der mit einem Kindertransport ebenfalls nach England kam und dann 1940 zu seinen Eltern in die USA gelangen konnte.

220  Das sind: Hertha und Tochter Ursula Müller (siehe FN 87 und 116).

221  Vermutlich Horst Lucas, geb. 6. Dezember 1921 in Duisburg, Sattler. Lucas wurde am 11. Dezember 1941 nach Riga deportiert (siehe FN 447), dann über das KZ Stutthof in das KZ Buchenwald, wo er am 11. April 1945 befreit wurde. Er war im Jahre 1945 einer der ersten Mitarbeiter einer »Anlaufstelle« für die aus den Kon-

handwerklichen Sachen sehr geschickt; wartet aber noch immer noch auf eine Ausreise – möglichst nach England. Wie sind die letzten Arbeiten in der Schule ausgefallen? Ich möchte wirklich mal einen richtigen Stundenplan von Euch sehen, sofern es einen solchen gibt. Ich grüße und küss Dich vielmals & herzlichst
  Vati


## 55.
*Sally Kaufmann an Walter Kaufmann*
[Maschinenschrift]
Brief

                                                            Duisburg, den 25. Juni 1939.
Liebster Walter!
    Deinen Brief vom 20. erhielten wir vorgestern; er machte uns wie immer Freude, wenn ich auch die Beantwortung mancher Frage vermisse. Aber Mutti wird Dir gelegentlich mal wieder einen Fragebogen zusenden, damit Du unsern Wissensdurst stillen kannst.
    Ich fange heute am Sonntag meine Riesenkorrespondenz mit dem Brief an Dich an, damit Du nicht zu kurz kommst, und will Dir zunächst berichten, daß an unserer Auswanderung nach wie vor eifrigst gearbeitet wird. Ich stehe mit H[ugo] D[aniels], der aber – streng vertraulich – sehr mit seinen Absichten und Versprechungen wechselt, mit Onkel Eugen und auch mit andren Stellen in Verbindung. Wir reflektieren nach wie vor auf Chile, nachdem die Kuba-Angelegenheit wohl endgiltig [sic] als erledigt angesehen werden kann. Hast Du gehört, was 2 Schiffen mit Kuba-Auswanderern passiert ist? Eins, das bis Kuba kam, musste nach Europa zurückfahren und die 900 Passagiere sind dann mit Hilfe amerikanischer Hilfskommitees [sic] in Holland, Belgien, Frankreich und England untergebracht worden. Die Aufregungen der Passagiere waren groß, da sie glaubten, sie würden nach Deutschland zurückbefördert. Das andere Schiff ist nur bis Antwerpen gekommen und dann nach Hamburg zurückbeordert worden. Die Passagiere, unter anderen auch die hiesigen Damen Auerbach,[222] konnten

---

    zentrationslagern zurückkehrenden Juden in Duisburg. Horst Lucas wohnte zunächst auf der Moselstraße 5, später auf der Mainstraße 22. Diese Adresse war im Jahre 1946 die offizielle Anschrift der Jüdischen Gemeinde und zugleich Sitz des Jüdischen Wohlfahrtsverbandes. Ende 1946 verließ Horst Lucas mit seiner Ehefrau Edith Deutschland und emigrierte in die USA.
222  Das sind: Emma Auerbach, geb. 30. Oktober 1885, Prokuristin in der Herrenwäschefabrik Josef Rothschild. Emma Auerbach war zusammen mit ihrer Schwester Melanie Auerbach auf der *Orinoco* und musste notgedrungen nach Duisburg

dann wieder in ihre früheren Wohnorte zurückkehren. Über Chile gingen auch Gerüchte, daß die Einwanderung fortan ganz unmöglich sei, aber sie scheinen sich nicht zu bewahrheiten. Gestern haben wir nochmals dorthin an einen Unbekannten in Santiago de Chile gekabelt.

Hoffentlich sind die weiteren Arbeiten zufriedenstellend ausgefallen, sodaß Du nicht hängenbleibst. Wir meinen, daß es eigentlich wenig Zweck hat, daß Du weiter französisch mitnimmst. Viel besser wäre es, wenn Du statt dessen anfangen würdest, spanisch zu lernen. Spanisch wird in beinahe ganz Südamerika gesprochen und wir fangen, sobald wir wissen, wohin unsere Reise endgültig geht, auch damit an. Spanisch ist aber auch für Nordamerika gut zu gebrauchen, so schrieb uns Edgar, daß er es auch anfangen würde zu lernen. Sprich bitte darüber mit Mss.[sic] Essinger, ob es möglich ist, daß Du statt französisch nach den Ferien spanisch lernst.

Ich bin nach wie vor noch sehr beschäftigt. Außer der Gemeindearbeit, die natürlich nicht kleiner wird, habe ich noch für manchen zu sorgen, der weggegangen ist, und der mir die Abwicklung seiner Sachen anvertraut hat. So ist es auch mit Onkel Robert,[223] der uns aus Panama, also nicht weit mehr von seinem Ziel Honduras entfernt, schrieb. Es wäre schrecklich heiß dort, aber noch mehr Sorge machte es ihm, daß Kurt, von dem er sich bald in Dover verabschiedet hatte, gar nicht mehr von sich hatte hören lassen. Ich glaube aber, daß das seine natürliche Erklärung in Kurts Schreibfaulheit findet.

Das Foto senden wir Dir anbei zurück. Es ist recht nett; sind auch Deine beiden Campfreundinnen darauf und welche sind es? Aber Du bist auf allen Fotos, die Du bisher sandtest, nur eine Nebenperson. Vielleicht findest Du mal jemanden, der Dich als <u>Haupt</u>person knipst.

---

zurückkehren. Die MS *Orinoco* war am 27. Mai 1939 mit 209 Juden an Bord von Hamburg nach Kuba ausgelaufen, wo sie keine Landeerlaubnis erhielt. Wie die *St. Louis* musste auch die *Orinoco* nach Europa zurückkehren. Emma Auerbach gelang es, am 1. Februar 1940 über Holland in die USA zu entkommen. – Melanie Auerbach, geb. 23. September 1873 führte seit 1916 eine koschere Pension am Friedrich-Wilhelm-Platz. Nach der missglückten Auswanderung nach Kuba und ihrer zwangsweisen Rückkehr nach Duisburg bereitete sie mit ihrer Schwester ihre Flucht in die USA vor. Am 27. September 1941 wurde sie als Teilnehmerin eines jüdischen Auswanderungstransportes festgenommen, weil sie Post von Juden, die die Zensur umgehen wollten, mitgenommen hatte. Über ihr weiteres Schicksal war nichts zu ermitteln. Vgl. Roden 1986a, Teil 2, S. 860f. Siehe auch den Exkurs »Kuba« im Einleitungskapitel.

223 Das ist: Dr. Robert Katzenstein (siehe FN 68), der mit seiner Familie auf dem Weg nach Honduras über Panama war.

So nun wird die liebe Mutti Fortsetzung machen. Ich hoffe, Du bist mit meinem ausführlichen Bericht zufrieden.
Ich grüße Dich und küsse Dich viel, vielmals
Dein
Vati

## 56. (19)
*Johanna Kaufmann an Walter Kaufmann*
[Handschrift]
Karte

Duisburg d. 28. Juni 39

Mein liebster Walter,
Ich will Dir heute nur einen herzlichen Gruss senden und Dich an Bernd's Geburtstag am 2. Juli erinnern. Du hast doch seine Adresse oder nicht? Heute Nachmittag war ich zu einem gemütlichen Geburtstagskaffee bei Frau Löwe.[224] Unser Hausarzt Dr. J[ülich] wird wohl auch nächste Woche abreisen das tut mir besonders leid. Karlchen[225] hat es nicht so schön wie Du. Lutz Koebe[226] ist nun auch mit dem Kindertransport fort. Wie geht es Dir, mein lieber Junge, ich freue mich schon sehr auf Deine nächste Post. Vati und ich haben heute 20ten Verlobungstag gefeiert, (die Feier bestand in einer kleinen Portion Eis von Wertheide). Wann beginnen denn eigentlich die Ferien? Gestern telefonierte Vatis frühere Hülfe aus Rotterdam mit uns, sie bemüht sich sehr, uns zu helfen, hoffentlich haben wir diesmal Glück. Bald wieder mehr! Sei innigst gegrüsst + geküsst von Deiner Mutti

*Sally Kaufmann an Walter Kaufmann*
[Handschrift]
Karte

---

224   Das ist: Hedwig Löwe, Ehefrau von Siegfried (Salli) Löwe, enge Freunde der Kaufmanns (siehe FN 6).
225   Das ist: Karl (Charles) Jülich (siehe FN 43).
226   Karl Ludwig (»Lutz«) Koebe (später: David Charles Kirby), geb. 26. Juli 1926 in Duisburg als Sohn von Hans und Elise Koebe (siehe FN 237), der im Juni 1939 mit einem Kindertransport nach England gelangte. Er blieb in England und war nach dem Krieg im tierärztlichen Dienst der britischen Regierung in Ostafrika (Kenia). Weitere Angaben ließen sich nicht ermitteln. Vgl. FN 329.

Lieber Walter! Ich glaube, daß Du Dich heute mit einem Gruß zufrieden geben kannst, schrieb ich Dir doch vor einigen Tagen ganz viel! Also einen Gruß und einen dicken Kuß! Vati

## 57.
### Johanna Kaufmann an Walter Kaufmann
[Handschrift]
Brief

Duisburg d 3. Juli 1939

Mein lieber, guter Walter,

Vielen herzlichen dank für Deine liebe Karte, die Sonnabend früh eintraf. Ich mache mir Sorgen, daß Du bei dem Ausflug geschwollene Füsse bekommen hast. War der Marsch denn so anstrengend, oder waren die Strümpfe oder Schuhe zu klein? <u>Bitte</u> beantworte mir diese Frage eingehend, denn ich bin wirklich besorgt deswegen. Im übrigen freue ich mich sehr, daß Ihr im Meer baden konntet. Nora schrieb uns eine Karte, daß sie Dich am 9. July besuchen will, aber noch nichts von Dir gehört hat, sie glaubt die Post an Dich sei verloren gegangen. Schreibe ihr also <u>umgehend</u>, daß Du sie bestimmt erwartest. Denn es wird Dir doch sicher lieb sein, Nora mal ausführlich zu sprechen. Recht <u>viel</u> Freude also für den Sonntag. Am Montag d. <u>10.</u> hat Onkel Albert Geburtstag, gratuliere bitte. Gestern kamen, am Sonntag früh, Onkel Fritz und Ilse Meyer,[227] um sich zu verabschieden. Ilse, die sehr gewachsen ist, kommt mit dem Transport am Donnerstag nach England, hat aber keine Ahnung wohin. Sie wird Dir sicher mal schreiben. Tante Käte ist in Frankfurt in einem Putzgeschäft, um zu lernen. Der Besuch bleibt zum Mittagbrot, Ilse hat uns aber fein geholfen, so daß ich keine Arbeit davon hatte. Von Onkel Eugen haben wir eigentlich regelmäßig Post. Sie haben jetzt die erste Kuh im Stall, und viele Hühner.

Übrigens hat Tante Jeanette am 17. Juli Geburtstag, vergiss bitte nicht zu gratulieren. Thilde[228] rief mich an und war wirklich traurig, daß es mit Euch nicht klappte, sie wollte bald mal herkommen. Gestern war auch Dr. Jülich[229] hier, um sich endgültig zu verabschieden. Er hat das Permit für England und hofft, im Oktober schon nach Amerika zu kommen. Seine Frau ist sehr leidend, und er war sehr traurig. Die Jungens bleiben aber in Belgien. Am Donnerstag geht Ulla [Müller] mit ihrer Mutter und Freitag kommt Frau Else. Sie hat gestern

---

227  Weitere Angaben über die genannten Personen ließen sich nicht ermitteln.
228  Das ist: Mathilde (Thilde) Luxbacher (Rosenstern) (siehe FN 102).
229  Dr. Walter Jülich (siehe FN 122), Hausarzt der Kaufmanns.

auch mit Bernt telefoniert anläßlich seines Geburtstages. Heute Nachmittag im Blumenkursus treffen wir uns. Ist Dein Foto eigentlich gut geworden, welches ein Junge aufgenommen hat, wir warten mit grosser Sehnsucht darauf. Onkel Heinrich[230] aus Darmstadt ist mit seiner Frau nun auch schon in Holland, von wo sie weiter nach Süd-Afrika reisen. Hoffentlich haben wir wegen Chile bald guten Bescheid, drücke nur feste das Däumchen, mein liebster Junge, das muss doch einmal werden. Ob Deine Mathematik Arbeiten & Geographie gut geworden sind, ich bin begierig, das zu erfahren. Für heute lebe wohl, bleibe gesund und schreibe bald <u>sehr</u> ausführlich. Innige Grüsse + 1000 Küsse in Liebe Deine Mutti.

*Sally Kaufmann an Walter Kaufmann*
[Handschrift]
Brief

Lieber Walter! Mit Antwortschein bewaffnet kommt dieser Brief zu Dir. Da wird die Antwort auch sicher bald hier sein. Den Geburtstagsbrief für Onkel Albert & Jeanette kannst Du uns zur Weiterbeförderung einlegen, aber sorge dafür, daß der Gesamtbrief unter 20 gr bleibt. Die vielen Fragen meines letzten Briefes hast Du noch nicht beantwortet! In Mathematik will es noch nicht so recht klappen, das [sic] Dir der Lehrer Nachhilfestunden gibt? Ich finde das übrigens sehr nett von ihm & ich danke ihm dafür. Bestell das bitte. Gruß & Kuß Dein
    Dich liebender
    Vati

## 58.
*Johanna Kaufmann an Walter Kaufmann*
[Handschrift]
Brief

                                                            Duisburg d. 8. Juli 1939
Mein lieber, lieber Walter,
    Dein lieber ausführlicher Brief hat uns dieses Mal Freude gemacht, <u>erstens</u> weil Du seit langer Zeit mal wieder in jeder Beziehung erfreuliches mitgeteilt hast und merkt man, daß Du den Brief in Ruhe geschrieben hast. Schade, daß wir morgen am »Open day« nicht mal einen Blick in Euren Park werfen können, es muss ja jetzt besonders herrlich sein. Hoffentlich habt Ihr auch Sonnenschein,

---

230  Weitere Personenangaben waren nicht zu ermitteln.

damit alle Vorbereitungen zur Ausführung kommen können. Wenn Nora bei Dir war, musst Du uns bitte gleich schreiben. Hättest Du nicht auch Mr. Daniels bitten müssen, wir können das von hier natürlich nicht beurteilen, was richtig wäre! Meine Filzblumennachfertigung ist keine Spielerei, mein lieber Junge, sondern eine ernsthafte Angelegenheit und wenn Du dieselben sehen würdest, würdest Du bestimmt genau so begeistert davon sein, wie Vati. […]

Durch den Auszug von Ulla mit Mutter[231] (die Anna[232] ist noch in Hamborn bei Dr. Wolff)[233] und den Einzug von Else mit Klaus[234] gab es diese Woche viel Unruhe bei uns, sonst hätten wir auch schon früher geschrieben. Nun hat Frau Else es sich schon gemütlich gemacht, und es sieht recht nett aus. Morgen kommen die Düsseldorfer nach hier, dann wollen wir Onkel Alberts Geburtstag wenn möglich im Garten feiern. Hoffentlich scheint die Sonne, es sieht im Augenblick nicht so aus. Wir wollen heute Sonnabend »Ferien vom ich« machen, d. h. mal ins Freie gehen und wenn es nicht regnet auch abends draussen bleiben. Winters warten sehnsüchtig auf ihre Certifikate und wir erwarten noch sehnsüchtiger eine gute Antwort aus Santiago. Übrigens hat Dein Geographietest sehr interessiert. Ich schicke Dir diesen Ausschnitt aus der Rh[ein] & R[uhr]zeitung, der Dich vielleicht interessiert! […] Ich schreibe diesen Brief, mitten zwischen meiner Hausarbeit, dabei kann ich mich immer ein bischen [sic] ausruhen. Sollte ich noch etwas vergessen haben, Dir mitzuteilen, dann wird Vati alles nachholen. Von Herrn D[aniels] hatten wir lange Berichte wegen Chile, drücke nur feste den Daumen, daß das endlich klappt. Wenn es auch noch ein paar Monate dauert, aber man hat doch wenigstens einen kleinen Hoffnungsschimmer. Willst Du die alten langen »Tennis«- oder Wollhosen haben? Schreibe mir das bitte. Deine letzten Briefe, besonders Dein lieber Geburtstagsbrief, waren doch sehr viel besser geschrieben. Es wäre sicher sehr schön für Dich, wenn Du Dich den »Völkerbund«ferien wieder anschliessen könntest. Wann erhaltet Ihr Ferien und wie lange? Es erfreute

---

231  Das sind: Ursula und Hertha Müller (siehe FN 87 und 116).

232  Welche »Anna« gemeint ist, ließ sich nicht ermitteln.

233  Es handelt sich (vermutlich) um Dr. Alfred Wolf [sic], geb. 24. März 1899, Augenarzt, wohnhaft bis 1939 auf der Roonstraße 72, später gezwungenermaßen in verschiedenen »Judenhäusern«, wo er in der Junkernstraße 2 die Wohnung mit den Kaufmanns teilte. Dr. Wolf wurde am 26. Juli 1942 nach Theresienstadt deportiert. Seine – fast vollständig erblindete – Ehefrau Käthe, geb. 3. Januar 1908, wurde 1941 nach Theresienstadt deportiert. Am 19. Oktober 1944 – neun Tage vor den Kaufmanns – wurde das Ehepaar Wolf auf grausame Weise wiedervereinigt und nach Auschwitz deportiert, wo sie ermordet wurden.

234  Einzug von Else und Klaus Ruben (siehe FN 57 und 78) in das Kaufmann-Haus Prinz-Albrecht-Straße (vgl. Brief 30 von Else Ruben vom 2.4.1939).

uns sehr, daß Du in der Schule einige gute Tests gemacht hast. Ich weiss nicht, ob ich Dir schon schrieb, daß ich nette Briefe von Mosers[235] & Frau Herzstein[236] hatte. Letztere schickte mir sogar eine Kaffeeprobe zum Geburtstag. Onkel Hans[237] & Eugens, von denen auch noch ein Geschenk unterwegs ist, schrieben ebenfalls ausführlich. Eben schreibt Selma aus Altenessen, daß bei Lotty in Tel-Aviv[238] ein kleiner Junge angekommen sei. Grosse Freude natürlich. Ich wäre <u>sehr</u> begierig zu wissen, lieber Junge, wie viel Du wiegst + wie gross Du bist, schwimmt Ihr auch? Schreibe uns <u>bitte</u> bald mit Beantwortung meiner Fragen. Mich interessiert doch alles und alles.

Vati ist augenblicklich sehr nervös, schreibe ihm mal besonders lieb + nett, das wird ihm sicher gut tun. Innige Grüsse + Küsse
Deine Mutti
[Randbemerkung]: Ich bitte nochmals 1000 x um Entschuldigung wegen des Fettflecken!

*Sally Kaufmann an Walter Kaufmann*
[Handschrift]
Brief

Lieber Walter! Auch ohne Muttis Zeilen zu lesen, siehst Du aus den Fettflecken, daß sie sehr beschäftigt ist, nicht nur mit Blumenanfertigung, die übrigens keine Fettflecken macht, sondern auch im Haushalt. Ich glaube übrigens, Du würdest mit den Blumen bei Deinen Freundinnen Furore machen, wenn wir Dir welche schicken könnten … – Gerade kommt aus Eschwege Abschrift eines langen Brie-

---

235  Das sind: Richard und Martha Moser (Eltern) sowie Hans Hermann und Stefanie Moser, die im Januar 1939 nach Australien emigrierten (siehe FN 21).

236  Das ist: Franziska Herta Herzstein (siehe FN 60), ehemalige Gemeindesekretärin, die inzwischen in Holland (Rotterdam) lebte.

237  »Onkel Hans«, das ist (vermutlich): Hans Koebe, geb. 14. März 1895, Ehemann von Elise Koebe, der bei seiner Eheschließung zum Judentum übergetreten war, Vater von Ludwig »Lutz« Koebe (siehe FN 226), gest. 31. Oktober 1940. Seine Witwe (geb. 13. Februar 1895 als Elise Stein) wurde am 22. April 1942 nach Izbica deportiert und 1945 für tot erklärt, siehe http://www.steinheim-institut.de/cgi-bin/epidat?id=du4-79&lang=de&release= und Gedenkbuch, https://www.bundesarchiv.de/gedenkbuch/directory.html.de?id=900518, abgerufen 7.8.2020.

238  »Lotty«, das ist: Charlotte, Tochter von Selma und Alex Steinberg (siehe FN 85), geb. 7. November 1908, Zahnärztin (Dr. med.), Dr.-Examen März 1933 in Würzburg, 1935 nach Palästina, 1. Ehe mit Hans-Wolfgang Kaiser-Blüth aus Köln, 1948 nach Argentinien, 2. Ehe mit Heinrich Frohmann aus Erlangen, 1994 nach Chile, gest. 23. März 2003 in Santiago de Chile.

fes, den Onkel Robert an Kurt gesandt hat. Onkel Robert ist in Tegucigalpa – das Nest kann sich auch anders schreiben – angekommen, nachdem er den letzten Rest der Fahrt ab Panama auf einem kleinen Küstendampfer zurückgelegt hatte, der ein richtiger Seekrankheit-Erreger war. Kurt hatte prompt eine falsche Adresse genommen, sodaß seine Eltern den Brief erst mit Verspätung bekamen und in großer Sorge um ihn waren. Wenn auch der Brief interessiert, können wir ihn Dir mal einsenden.

Ich habe jetzt noch mehr zu korrespondieren wie früher; aber Du sollst dabei vor allem nicht leer ausgehen. Aber es lässt sich nicht alles schreiben, was Dich interessiert. Jedenfalls schreiben u. telefonieren wir auf »Deuwel komm heraus«, um endlich einen Auswanderungsplan fest zu machen. – Es ist doch schade, daß Du Thilde nicht getroffen hast; sie schrieb nach hier, es sei ihr mit Dir ergangen, wie den 2 Königskindern, die nicht zusammen kommen konnten. Ich grüße und küsse Dich vielmals

Dein Dich lieb habender
Vati

Edgar schrieb aus New York, daß er sich jetzt offiziell verlobt habe u. September heiraten werde.


## 59.
*Johanna Kaufmann an Walter Kaufmann*
[Handschrift]
Brief

Duisburg d 15. Juli 39

Mein lieber, guter Walter,

Wir hatten uns so auf einen Bericht vom »Open day« gefreut, und haben bis heute noch keinerlei Nachricht von Dir. Das betrübt uns doch sehr. Nun hatten wir gestern einen sehr feinen und netten Brief von Frl. Essinger: Wir hatten sie angefragt, ob Kurt Herzstein (seine Mutter bat uns darum) vielleicht ein paar Ferienwochen in New Herrlingen verbringen kann. Sie teilt uns nun mit, daß sie gerne Ferienkinder nähmen, allerdings nur bis 15 Jahren. Vielleicht kannst Du noch ein gutes Wort für Kurt einlegen, denn es wäre doch sehr nett für Dich! Ausserdem möchten wir sehr gerne Frau H[erzstein], die sehr hilfsbereit ist für uns, helfen. Also tue was Du kannst. Im übrigen schrieb uns Tante Anna, daß sie eine lange Unterredung mit Dir hatte. Ich bin ganz sicher, daß Du Dein Versprechen hältst und das tust, was Du Tante Anna versprochen hast. Deshalb möchte <u>ich</u> Dir keinerlei Verhaltensregeln mehr geben, ich vertraue Dir, daß Du mal, sgw [so Gott will] ein ganzer Mann wirst. Und damit wäre dieser Fall erledigt.

Wir hatten eine Karte von Kurt K'stein[239] er wundert sich, daß Du ihm nicht geantwortet hast. Seine Pflegemama hat ihm schon öfters gesagt, er könne sich einen Freund einladen, und da habe er an Dich gedacht. Er würde [s]ich <u>furchtbar</u> freuen, wenn Du kämest. Vielleicht darfst Du Anfangs der Ferien mal fahren. Im übrigen schreibt Tante Anna noch, daß sie sich bemühen will, Dir einen schönen Ferienaufenthalt zu bereiten. Also Kopf hoch mein guter Junge, erfreue uns <u>bald</u> mit einem ausführlichen Brief und erleichtere Dein Herz.

Wir hatten in den letzten Tagen eine derartig grosse Post (nur Dein Brief fehlte), daß wir wirklich einen ganzen Tag brauchten, um alles zu beantworten. Zuerst unsere Auswanderungsangelegenheit. Wenn nichts dazwischen kommt, also keine unvorhergesehenen Schwierigkeiten entstehen, werden wir im Bremer Consulat unser Visum nach Chile sgw [so Gott will] erhalten. Allerdings rechnen wir damit, daß der Ruf nach dort sicher noch 6–8 Wochen dauert. Aber es ist doch etwas Positiveres. Dann hat Mr. D[aniels] wieder für uns nach Manila geschrieben; seine Bekannten dort sind aber für 6 Monate verreist. Nun hat er sich an einen Freund nochmals nach Honolulu/Hawai [sic] (gehört zu den Vereinigten Staaten) gewandt, und ihn gebeten, etwas für uns zu tun. Also <u>muss</u> doch irgend etwas für uns werden. Glaubst Du das nicht auch, liebster Junge? Von Robert + Helga[240] kamen seitenlange Berichte, sehr interessant und absolut angenehm überrascht von allem. Edgar [Katzenstein – L.J.H.] geht schon zur Schule. Müllers schreiben aus Uithoorn[241] und schreiben demnächst an Dich. Sie wohnen in einem kleinen Häuschen und haben es gut. – Von Nora hörten wir auch noch nichts. Eben kommt die Post und bringt das Permit für England für Klaus,[242] um dort bis November Amerika abzuwarten. Die Freude ist natürlich gross. Bis alles erledigt ist, kann es natürlich auch noch 4–6 Wochen dauern. (Onkel Eugen in Rotterdam ist auch hier wieder die helfende Hand gewesen, aber Kurt braucht das nicht zu wissen).

[Rest fehlt]

---

239 Das ist: Kurt Katzenstein (siehe FN 23), Freund von Walter Kaufmann, der am 21. April 1939 mit einem Kindertransport nach England gekommen war.

240 Das sind: Dr. Robert und Helga Katzenstein (siehe FN 68), die aus Tegucigalpa/Honduras schrieben.

241 Dr. Sebald Müller war als Chemiker bei einem (kriegs-)wichtigen Unternehmen »Teerunie N. V.« (Cindu, später »Cindu Chemicals«) in der Chemischen Industrie in Uithoorn/Niederlande tätig. Die Firma war spezialisiert auf die Verarbeitung von Steinkohlenteer. Das Unternehmen war 1922 als »Teerbedrijf Uithoorn« gegründet worden. Seine Fähigkeiten retteten ihm später das Leben, als die Familie, im Juli 1943 bereits in der Amsterdamer »Schouwburg« interniert, entlassen wurde, damit Dr. Müller seinen Nachfolger in Uithoorn einarbeiten konnte. Er nutzte die Gelegenheit, mit seiner Familie »abzutauchen« (siehe FN 87, 116).

242 Das ist: Klaus Ruben, der von England aus in die USA (Kansas City) auswanderte.

## 60.
*Johanna Kaufmann an Walter Kaufmann*
[Handschrift]
Brief

Duisburg d 16. Juli 39.

Mein liebster Junge, nun hat die Post heute wieder keinerlei Nachricht von Dir gebracht, wir sind sehr betrübt darüber. Warum schreibst Du denn nicht? Fühlst Du Dich nicht wohl? Wir hatten aber einen sehr lieben langen Brief von Nora. Sie schreibt von Deinem guten Aussehen und Deinem so gemütlichen und hübschen Schlafzimmer und wir freuen uns auch darüber, daß Nora Dein gutes Englisch lobt. Weißt Du, daß Mr. D[aniels] einige Zeilen von Dir erwartet, in denen Du ihm schreibst, daß Du Dir seine Mahnung bezüglich der Schule sehr zu Herzen genommen hättest, und Dir wirklich Mühe geben wolltest. Du hättest alles eingesehen, und er hätte sicherlich recht. Wenn Du ihm das so als Entschuldigung schreibst, bin ich sicher, dann ist alles wieder gut. Es war natürlich unklug von Dir, mein liebes Kind, allen zu erzählen, daß Mr. D[aniels] für Dich bezahlt! Aber das ist nun vorbei. Im Leben ist es immer richtig, <u>schweigsam</u> zu sein als zu redselig! Das weißt Du ja auch. Mr. D[aniels] tut so viel für Dich und will auch uns helfen, daß Du ihm zu Liebe nun auch diesen Brief sofort schreiben musst. Nora schrieb von ihren schönen Ferien von der Isle of Wight! Mr. D[aniels] hat sie schon wieder für diese Woche eingeladen. Er ist bestimmt ein sehr guter Mensch, wenn er in seinem Alter etwas eigen ist, so ist das sicherlich zu verzeihen.

Wir hatten gestern Abend einen netten Abend in Obercassel![243] Wir warten <u>sehnlichst</u> auf Deine Post, also in herzlicher Liebe mit
  Vielen Küssen verbleibe ich Deine Mutti


*Sally Kaufmann an Walter Kaufmann*
[Handschrift]
Brief

Lieber Walter! Es ist wohl selbstverständlich, daß Du Herrn D[aniels] gegenüber nichts von diesem Brief erzählst. Wir schreiben ihm, sofern Du es noch nicht aus

---

243 Das sind (vermutlich): Josef und Anna Hilde Nachmann, die auf der Cimbernstraße 13 in Düsseldorf-Oberkassel wohnten (siehe FN 33).

Dir heraus schon getan hast, sofort. – Morgen ist hoffentlich Post von Dir hier. Unsern gestrigen Brief hast Du wohl bekommen.
 Gruß & Kuß
 Vati
[Randnotiz]: Ich schreibe gleichzeitig an Frl. Essinger wegen Deines Berufes.


**61. (20)**
*Johanna Kaufmann an Walter Kaufmann*
[Handschrift]
Karte

<u>Duisburg d. 18. Juli 39</u>

Mein liebster Junge,
 Eben kam Dein lieber Brief an, vielen dank. Du darfst uns aber auf keinen Fall mehr so lange ohne Nachricht lassen, wir waren wirklich besorgt. Also bessere Dich! Unsere letzten beiden Briefe wirst Du wohl erhalten haben und wir bitten Dich sehr, dieselben gründlich zu lesen <u>und</u> zu beantworten. Hast Du Mr. Dan[iels] geschrieben? Onkel Albert vermisste sehr Deinen Glückwunsch, warum hast Du nicht geschrieben? Hoffentlich hast Du wenigstens an Tante Jeanette gedacht. Auf jeden Fall gieb [sic] uns Deine Berufswahl an, Mr. D[aniels] drängt in jedem Schreiben. Hättest Du nicht Lust zur Landwirtschaft (Chile ist sehr gut dafür). Überlege es mal, die Farm gefiel Dir doch so gut. Kommt Kurt Herzstein zu Euch? Hast Du an Kurt K'stein [Katzenstein – L.J.H] geschrieben? Klaus hat das Permit und ich hoffe sehr, daß Du ihn erreichen kannst. Für heute nur diese wenigen Zeilen, damit Du weißt <u>wie froh</u> ich bin,

[Randnotiz: Sally Kaufmann]: Gruß & Kuß Vati


**62.**
*Johanna Kaufmann an Walter Kaufmann*
[Handschrift]
Brief

<u>Duisburg d. 25. Juli 39</u>

Mein liebster, bester Walter,
 Nur nicht so arg traurig sein, mein gutes Kind, denn Dein lieber Brief heute morgen hat uns auch betrübt. Vor allen Dingen denke nicht nur an die Eltern, die drüben sind, sondern auch an die vielen, vielen den[en] es genau wie uns geht.

Kurt Eisenberg[244] bekommt augenblicklich noch nicht einmal genug zu essen und ist längst nicht in so guter Umgebung wie Du. Ich verstehe Dich so gut und ich wünschte, ich könnte Dich mal in den Arm nehmen, streicheln und Dir gut zu reden. Eisenbergs haben doch sogar beide Jungens drüben und wissen auch noch nicht, wann sie fort können. Freue Dich ruhig auf die Ferien, denn Du weißt wie es geht. Wenn Du so deprimiert bist, wird es nachher gerade schön. Im übrigen habe ich zu Kurt K[atzenstein] geschrieben und ich hoffe, daß Du irgend was von ihm hörst! Allerdings wird er in den Ferien zu den Krefelder Verwandten fahren, die in Maccesfield [Macclesfield – L.J.H.] wohnen. Aber vielleicht könnt Ihr Euch vorher doch noch mal sprechen. Dann ist Gerda[245] seit Montag in London in Stellung und Ihr könnt Euch sicher mal an einem Sonntag treffen. Ihre Adresse ist c/o J. H. Stevenson, 419 High Road, Leytonstone, London E 11. Wenn Du mal in den Ferien nach London fährst, dann frage immer erst Nora an, ob Du bei ihr übernachten kannst.

Nun zur Beantwortung Deines lieben Briefes. Tante Anna schrieb, daß Du Dich im letzten Term sehr gebessert hast, aber auch Deine praktischen Arbeiten noch nicht ernst genug nähmest. Sie glaubt, daß Du durch die verlorenen Zeiten bedingt, zu Hause verwöhnt worden wärest und noch vieles überwinden musst. – Und ich bin sicher, daß Du das auch überwinden lernst. Ist Dein bester Freund auch ein Deutscher, sind seine Eltern in England? Von Harald schreibst Du gar nichts mehr, ist er noch dort? Erika Herzstein kommt auf 4 Wochen nach New Herrlingen, ob Dich das interessiert? Über die Berufswahl soll Vati sich mit Dir unterhalten, wir wollen Dir doch gar keine Vorwürfe machen. Aber wenn Mr. D. immer danach fragt, müssen wir ihm ja doch antworten. Er arbeitet im übrigen weiter für uns, wir hoffen aber <u>sehr</u>, daß Chile bald Antwort (positiver Art) gibt. Freitag wollen wir die erste spanische Stunde nehmen. Wie ist es dort mit spanischem Unterricht?

Winters sind sehr mit Vorbereitungen beschäftigt, sie sollen Ende August in Erez sein. Wir hatten langen Brief von Eugen's, sie haben schon die 2te Kuh im Stall. Es geht ihnen trotz Hitze und Arbeit gut. Hast Du eigentlich Onkel Albert noch nachträglich zum birthday gratuliert? Auf Dein Foto freuen wir uns mächtig, also nun Kopf hoch und auf die Zähne beissen, wenn Dir etwas nicht gefällt. Du hast doch noch ein schönes Leben, sgw [so Gott will] mit uns zusammen vor Dir!

Viele innige Grüsse und Küsse Deine Dich sehr liebende Mutti

---

244  Weitere Personenangaben waren nicht zu ermitteln.
245  Das ist: Gerda Katzenstein, Johanna Kaufmanns Nichte (siehe FN 65).

Heute Nachmittag kommt Thildchen,[246] sie fährt endgültig nach Wien! Deine Arbeit scheint sehr gut zu sein.


**Sally Kaufmann an Walter Kaufmann**
[Handschrift]
Brief

Duisburg, 25/7. 15 h

Lieber Walter!

Ich möchte, ich könnte mich mit Dir über so Vieles mündlich unterhalten. Aber trotz der Trennung, die wir ebenso wie Du empfinden, musst Du doch dem Geschick und Herrn D[aniels] dankbar sein, daß Du dort eine so gute Ausbildung erhältst, die Dich sicher zu einem tüchtigen Menschen macht. Und wenn Du es die ganze Zeit über so gut hast, wir hören ein anderes Kind, das aus Deutschland in England ist, so darfst Du Dich nicht beklagen, daß Du es in den Ferien vielleicht nicht noch besser hast. Im übrigen werden die Ferien auch sicher schön sein (Mutti meint: »Wenn Vati sicher sagt, dann trifft es auch zu«). Vielleicht fahre ich auch für 1 Woche in Ferien, und zwar zu Bekannten nach Goslar am Harz, damit ich mal etwas Ausspannung habe. Aber Mutti wird wohl zu Hause bleiben & sich da erholen. Denn wir möchten jetzt, wo jeden Augenblick irgend eine wichtige Nachricht über Chile etc. ankommen kann, nicht gern beide von hier fort sein.

Nun zur Berufsfrage! Ich hatte Dir doch schon geschrieben, ob Du für Optik, Elektrotechnik oder Feinmechanik Interesse hättest. Ich glaube beinah, daß Elektrotechnik – <u>der</u> Beruf wird auch in Chile gesucht – in erster Linie in Frage kommt. Bestimmte Ratschläge kann ich Dir doch deshalb jetzt nicht geben, weil Du mir dann mitteilen müsstest, zu welchem Beruf Du Dich am meisten hingezogen fühlst. Auch der Handfertigkeitsunterricht wird Dir vielleicht zeigen, was Du am liebsten werden möchtest. Da Mrs. Essinger sich offenbar für Dich sehr interessiert, wird sie auch sicher aus den Berichten der Handfertigkeitslehrer schließen können, was Dir am meisten liegt. Wir haben auch absolut nichts dagegen, daß Du in die Landwirtschaft gehst (Landwirtschaftsschulen gibt es sicherlich auch in England), aber nach Deiner »Tätigkeit« bei uns im Garten bin ich in Zweifel, ob Du Lust daran hast.

Das alles gilt nur, wenn das Hotelfach endgiltig [sic] aus ist. Vielleicht lässt Dich Mr. D[aniels] einmal nach London kommen, um Dich einem Herrn vorzustellen, der Dir die Aufnahme in die Hotelfachschule ermöglicht. Mr. D[aniels] hat noch eine kleine Hoffnung. Mrs. Essinger wird, wenn 1 oder 2 Berufe in

---

246 Das ist Mathilde Luxbacher, Witwe von Dr. Nathan Rosenstern (siehe FN 102).

engerer Wahl sind, sicherlich gern Prospekten [sic] von in Betracht kommenden Fachschulen kommen [sic], die Du uns dann einsenden kannst.

Du hast recht, daß Überstürzung nicht nötig ist. Aber <u>rechtzeitige</u> Anmeldung zu der Berufsschule muß unbedingt erfolgen, weil die Berufsschulen offenbar sehr stark besucht werden.

Die Hefte sende ich Dir anbei zurück. Ich würde mit Vergnügen »Gesehen Dr. Kaufmann« darunter schreiben, wenn es nötig wäre.

So nun kannst Du Dich wirklich nicht beklagen, daß ich Dir zu wenig geschrieben hätte & wirst auch hoffentlich nicht nur Vorwürfe darin finden.

Ich frankiere dieses mal mit dem braunen Band, das hoffentlich heil ankommt. Nächstens schreibe mir mal, ob dort noch mehr Markensammler sind & wie Du die Marken ordnest.

Lebe wohl für heute! Sei tausendmal gegrüßt & geküsst von Deinem
Vati


[Nachsatz]:
Bitte bald Antwort!
Antwortschein anbei –

Lieber Walter! Soeben kam mit der Nachmittagspost Deine Karte. Ich verstehe nicht recht, warum Mrs. E[ssinger] bis Januar warten will, denn dann sind die Aussichten für die Hotelfachschule doch noch geringer als jetzt. Ich würde aber auf alle Fälle Vorbereitungen für eine andere Berufsausbildung treffen, damit Du nicht anzufangen brauchst zu suchen, wenn es mit dem Hotelfach nichts gibt.

Von Deinen Bemerkungen über die Arbeit in den Ferien, zu der Du Dich gemeldet hast – wir finden das sehr wichtig – nehmen wir bestens Kenntnis.

Nochmals Gruß & Kuß
Vati


# 63.
*Selma Frank[247] an Walter Kaufmann*
[Handschrift]
Brief


247 Selma Frank, geb. 2. März 1904, Schwester von Emil (siehe FN 248) und Else Frank (siehe FN 497), Verlobte des 1937 verwitweten Hermann Guttmann (siehe FN 110). Nach dem Tod von Hermann Guttmann, der an den Folgen von im KZ Dachau erlittenen Erfrierungen am 29. Dezember 1938 gestorben war, wanderte Selma Frank in die Niederlande aus. Sie führte zwischen 1942 und 1944 ein Leben im

Rotterdam, 31. Juli 1939

Lieber Walter Kaufmann!

Da Sie keine Ahnung haben, wer der Briefschreiber ist, will ich mich Ihnen zuerst vorstellen. –

Ich bin die Schwester von Emil Frank[248] aus Duisburg und wurde gestern frisch aus Deutschland legal »importiert« –

Im Auftrage Ihrer Mutter, die noch Schabbes[249] zu mir kam, soll ich Ihnen bestellen, wenn Sie die Uhr von Nora[250] erhalten haben, sollen Sie diese bestätigen, indem Sie mitteilen, Ihre alte Uhr sei wieder in Ordnung. Und die Pantoffel[n] bestätigen Sie durch die Äußerung, die Kamelhaarpantoffel seien für den Sommer zu warm. –

Ich hoffe, es geht Ihnen im Gastland recht gut. –

Mich hat man recht liebevoll aufgenommen, mal sehen, wie es weiter geht. – Frau Herzstein[251] habe ich noch nicht gesprochen, hoffe aber bald. –

Viele freundliche Grüße unbekannter Weise
Selma Frank
b/ Hartog G. W. Burgerplein 9
Frank b/Hartog G. W. Burgerplein 9
Rotterdam

Untergrund. 1948 wanderte sie in die USA (New York) aus. Biografisches: Roden 1986a, Teil 2, S. 946–951. Zu ihren Eltern siehe FN 407 und 464.

248 Selma Franks Bruder Emil Frank, geb. 6. Januar 1902, war Lehrer und Leiter der Jüdischen Volksschule in Duisburg (Am Buchenbaum) und Kantor. Ende August 1939 emigrierte er mit seiner Frau Eva, der ältesten Tochter von Rabbiner Manass Neumark (siehe FN 164), und den Kindern Jochanan (geb. 5. November 1933 in Duisburg) und Martha (geb. 10. Mai 1938 in Duisburg) nach England. Während Emil Frank 1940 zusammen mit Walter Kaufmann nach Australien deportiert wurde, waren seine Frau und Kinder auf der Isle of Man interniert. 1942 durfte er nach England zurückkehren, später arbeitete er im Dokumentationszentrum der »Wiener Library« in London. Biografisches zu Emil Frank siehe: Roden 1986a, Teil 1, S. 216ff.

249 Jiddisches Wort für »Schabbat«.

250 Das ist: Nora Kaufmann, Tochter von Eugen und Jeanette Kaufmann, Walter Kaufmanns Cousine (siehe FN 5).

251 Das ist: Franziska Herta Herzstein (siehe FN 60), ehemalige Gemeindesekretärin, die im April 1938 nach Rotterdam gezogen war.

## 64. (21)
*Johanna Kaufmann an Walter Kaufmann*
[Handschrift]
Karte

Dburg d. 1. Aug. 39

Mein liebster Junge,

Heute genau nach 1 Woche, haben wir bestimmt Nachricht erwartet und sind <u>sehr</u> enttäuscht, als der Briefträger nichts brachte. Vati fährt also, sgw [so Gott will], am Samstag früh nach Goslar, wo er sich 8–10 Tage erholen will, denn er hat wirklich eine Ausspannung dringend nötig. Er ist durch die viele Arbeit der Gemeinde sehr abgehetzt. Ich bleibe hier, weil wir Bescheid aus Santiago erwarten (der jetzt sein soll), drücke mal feste das Däumchen. Inzwischen haben wir auf jeden Fall schon mit der spanischen Stunde angefangen, die sehr interessant und anregend ist. Klaus R[uben] muss zum 23. August nach Stuttgart,[252] 3 Monate früher als er dachte, und fährt schon Anfang September nach Amerika, kommt aber vorher noch nach England. Winters müssen Ende September in Erez sein, dann wird das Haus leer. Wir haben noch nichts von Tante Anna gehört und auch Dein Foto kam noch nicht. Bald mehr, viele, viele herzliche Grüsse & Küsse
Mutti


*Sally Kaufmann an Walter Kaufmann*
[Handschrift]
Karte

Lieber Walter? [sic] Wann haben denn Deine Ferien begonnen u. wie war das Zeugnis? Herzl. Gruß & Kuß
Wir erwarten <u>baldigst</u> Nachricht!!!
Vati


## 65.
*Sally Kaufmann an Walter Kaufmann*
[Handschrift]
Brief

[Datum und Anfang fehlt]

---

252 Zum US-amerikanischen Generalkonsulat.

[…] jedoch mit Miss E[ssinger] in Verbindung setzen, sobald sie uns das Zeugnis gesandt hat. Vielleicht schreibt Ms. E. dann auch von sich aus über ihre Pläne in Bezug auf Dich. –

Auf unsere langen Ausführungen über den Beruf, den du ergreifen willst, wenn es wider Erwarten nicht mit dem Hotelfach klappen sollte, gehst Du leider gar nicht ein. Äußere Dich doch einmal dazu! Für Chile sind manche Berufe, z. B. Elektrotechnik, Landwirtschaft, besonders geeignet (vielleicht geeigneter als Hotelfach).

Wir freuen uns sehr über Deine bevorstehende Seereise zu den Channel Inseln. Hoffentlich hast du gutes Wetter. Du gibst uns bei Deiner eifrigen Korrespondenz (!) mit uns sicher sofort Bescheid, wann Du abfährst und auch mit Adressenangabe, wann Du auf der Insel angekommen bist. Bist Du zurück, wenn Kurt nach New Herrlingen kommt? Es wäre doch schade, wenn Du dann nicht da wärst. – Nora's Adresse ist jetzt: c/o Dr. Meyer, London, Gordon Sq. 40. Schreibe ihr mal! Sie weiß vielleicht einen guten, billigen Uhrmacher.

So, fili mi,[253] nächstens schreiben wir Dir einen spanischen Brief. Spanisch hat sehr viel Ähnlichkeit mit dem Lateinischen, sodaß es mir bisher nicht schwer fiel. Aber jetzt sind natürlich einige Stunden ausgefallen.

Habe ich nun nicht viel und ausführlich geschrieben?
Ich grüße + küsse dich vielmals + herzlich
Vati

Am 16. (Mittwoch) fahren wir heim.
Anlagen: Bild und Antwortschein

## 66. (22)
*Johanna Kaufmann an Walter Kaufmann*
[Handschrift]
Karte

Dburg d. 3. Aug 39

Mein liebster Walter,

Warum lässt Du uns nun schon wieder 10 Tage ganz ohne Nachricht, wir machen uns nun wirklich Sorgen um Dich und können uns gar nicht denken, was eigentlich los ist. Also gib uns umgehend Nachricht. Vati wäre sehr traurig, wenn er abreisen müsste, ohne vorher von Dir gehört zu haben. Hast Du eigent-

---

253 Mein Sohn.

lich schon etwas von Ulla's Mutter[254] gehört und schreibt Kurt K[atzenstein] an Dich? Gerda schreibt sehr zufrieden von London, wollt Ihr Euch nicht mal in den Ferien treffen? Habt Ihr schon mit dem Bau angefangen, sei nur vorsichtig, lieber Junge. Winters und Frau Ruben lassen Dich herzlichst grüssen. Ich schreibe bald ausführlich sofort, wenn wir Brief von Dir erhalten. Also nochmals schreibe bald und nimm viele innige Grüsse + Küsse Deine
  Mutti


**Sally Kaufmann an Walter Kaufmann**
[Handschrift]
Karte

Lieber Walter! Es ist sehr unrecht, daß Du nicht regelmäßig mindestens 1 x pro Woche Nachricht schreibst. Gruß & Kuß Vati.


# 67.
*Johanna Kaufmann an Walter Kaufmann*
[Handschrift]
Brief

Duisburg d 5. Aug. 39

Mein lieber, lieber Walter,
  Endlich kam Freitag Morgen Dein lieber Brief an, den wir so sehnsüchtig erwartet hatten. Warum hast Du uns nicht einen Gruss aus Rickmansworth[255] geschickt, dann wäre alles gut gewesen. Wir haben uns von Herzen gefreut, daß Du mit Kurt [Katzenstein] zusammen warst (die Wiedersehensfreude war gegenseitig doch sicher gross!) und so wunderbare Tage bei seinen Pflegeeltern verbracht hast. Es ist sehr richtig und gut, daß Du Dich nochmals bedankt hast, das hast Du fein gemacht! Nun bin ich gespannt, ob Kurt bei Euch eingetroffen ist! Bevor ich es vergesse, lieber Junge, wir haben Dein Zeugnis noch <u>nicht</u> erhalten und auch noch <u>kein</u> Foto. Hoffentlich ist Beides nicht verloren gegangen. Ich habe nämlich

---

254   Gemeint ist: Ursula Müllers Mutter Hertha Müller (siehe FN 87), über die Walter Kaufmann eine Zeit lang mit seinen Eltern korrespondierte.

255   Rickmansworth liegt 7 km westlich von Watford und ist durch die Metropolitan Line der London Underground mit London verbunden, die Stadt selbst liegt aber außerhalb des Gebietes von Greater London. Hier war Walter Kaufmanns Freund Kurt Katzenstein (siehe FN 23) untergebracht, der am 21. April 1939 mit einem Kindertransport nach England gelangt war.

deshalb gestern noch nicht geschrieben und auf das Zeugnis gewartet. Also – ich habe noch viel zu fragen und bitte Dich <u>sehr</u>, doch mal alle Fragen auf einmal zu beantworten, denn jetzt in den Ferien musst Du Dir einmal Zeit dafür nehmen.

Bezüglich Deiner Berufswahl hast Du Dich auch sicher mit Kurt unterhalten, also gieb uns Deine Ansicht kund. Kurt Herzstein ist nicht zu Euch gekommen, weil er nur 4 Wochen Ferien hatte und die Formalitäten sicher 8–14 Tage gedauert hätten, sodaß die weite Reise nicht lohnte. Frau Herzstein zieht jetzt in einen Vorort von Amsterdam und nimmt Kurt wieder zu sich, der weiter prima Fortschritte in der Polsterschule macht. Viele innige Grüsse + Küsse, mein Junge, Deine Mutter

Wieviel Tage warst Du bei Abrahams?[256]

## 68. (23)
*Johanna Kaufmann an Walter Kaufmann*
[Handschrift]
Karte

Duisburg d. 6. Aug 39

Mein liebster Junge, heute früh kam von Vati die dringende Einladung für mich, auch nach Goslar zu kommen, es wäre so herrlich und ich sollte direkt abreisen. Was sagst Du dazu? Also ich fahre morgen Mittwoch früh und bleibe bis nächste Woche und freue mich sehr auf diese kleine Ausspannung. Freust Du Dich mit mir? Meinen langen Brief hast Du sicherlich erhalten und ich hoffe, daß Du alle Fragen schön beantwortest. Deine liebe Karte machte mir viel Freude. Wegen Schule etc. muss ich aber erst mit Vati überlegen und wir schreiben Dir dann zusammen ausdrücklich darüber. Aber ohne H[errn] D[aniels] werden wir nichts machen. […]

[Rest fehlt]
Innige Küsse Mutti

## 69.
*Johanna Kaufmann an Walter Kaufmann*
[Handschrift]
Brief

ohne Datum [August 1939]

---

256 Die Abrahams waren die Pflegefamilie von Kurt Katzenstein (vgl. FN 216).

Ich bin so glücklich, daß Du auf ein paar Tage mal wieder in Familie warst, das hat Dir sicher gut getan, was? Nun möchte ich gerne wissen, ob Du schon die Erlaubnis hast, am Ende der Ferien wieder zu A[brahams?] zu fahren, fährst Du dann trotzdem in das Camp? Wo wohnen die Verwandten, die Dich eingeladen haben und sind es auch junge Leute ohne Kinder? Im übrigen finde ich das riesig aufmerksam und nett von ihnen, wirst Du die Einladung annehmen? – Nachdem der liebe Vati Freitag noch einen Mordsbetrieb hatte, habe ich ihn gestern morgen um 10 Uhr zur Bahn gebracht und ich bin dann nach D'dorf zu K'stein gefahren, wo ich bei Tante Lene[257] gegessen habe und Nachmittags mit Onkel Albert + Tante Erna einen herrlichen Rheinspaziergang (mit anschliessendem Kaffee + Kuchen) gemacht habe. Ich bin gestern Abend um 10 Uhr wieder daheim gewesen und habe herrlich geschlafen. Heute früh rief mich Klaus zum 1. Frühstück nach oben und auch zum Mittagbrot hat mich Frau Ruben schon eingeladen. Nach Tisch fahre ich nach Krefeld zu Nathan's[258]. – Ich bin so froh, daß der liebe Vati sich zu dieser Reise [nach Goslar – L.J.H.] entschlossen hat, wenn nur ein bischen [sic] Sonnenschein ist, dann wird er sich erholen und, s. gw. [so Gott will], nächsten Sonntag wieder kommen. Ich bin ja nicht alleine im Haus und kann mal länger schlafen und mich auch ausruhen. – Immer wollte ich fragen, liebster Walter, ob Deine Armbanduhr wieder in Ordnung ist, hast Du sie nicht reparieren lassen? Vielleicht fragst Du Nora gelegentlich um Rat, Du schreibst im letzten Brief nichts mehr von dem Bau und Deiner Hülfe, wie ist es damit? Bernd lässt Dir durch seine Mutter viele herzliche Grüsse bestellen, er hat diese Woche schon 4 x geschrieben. Ich hoffe sehr, daß Du umgehend antwortest, damit ich Deinen Brief an Vati schicken kann, dem Du nicht extra zu schreiben brauchst, denn das kostet doch doppelt Porto. Hast Du meine 2 Antwortkarten erhalten? […]
[Rest fehlt]


## 70.
*Johanna Kaufmann an Walter Kaufmann*
[Handschrift]
Brief

---

257 Nähere Angaben ließen sich nicht ermitteln.
258 Um welche »Nathans« es sich handelt, lässt sich nicht zweifelsfrei ermitteln. Vermutlich handelt es sich um Ferdinand Nathan, geb. 29. März 1883, Kaufmann, und Ehefrau Irma Nathan, geb. 10. Januar 1902, Vorstandsmitglied der Duisburger Ortsgruppe des Jüdischen Frauenbundes und Leiterin des Wohlfahrtsamtes der Jüdischen Gemeinde. Die Nathans wurden am 21. April 1942 nach Izbica deportiert und sind dort verschollen.

ohne Datum [August 1939]

Mein liebster Junge, auch ich habe mich sehr mit Deinem lieben Brief gefreut. Anscheinend haben sich unsere Briefe dieses Mal gekreuzt, da Du den unseren noch nicht bestätigt hast, aber einen Teil der Fragen sind ja nun schon beantwortet. Hoffentlich war die Zeltnacht bei Deinem Freund nicht allzu luftig und feucht, denn bei diesem Wetter, auch hier regnet es seit 2 Tagen, kann ich mir so eine Nacht im Freien nicht <u>nur</u> herrlich vorstellen. Fein ist, daß Deine Arbeiten ordentlich waren, ich bin gespannt auf Dein Zeugnis. Deine Bitten werde ich in den nächsten Tagen erledigen. Hat Kurt auch einen Brief mit den Sachen geschickt? Wir hatten einen langen Brief von Tante Helga und Mann[259] aus Colon (am Panama-Kanal) sie schreiben interessant und sehr anhänglich. Um Kurt waren sie in grösster Sorge, da er ihnen nicht geschrieben hat. Ich sehe eben, daß Vati auch darüber geschrieben hat. Ende dieser Woche wollen Müllers nun endgültig fort, Frau M[260] fällt der Abschied sehr schwer. Frau Kauders aus Hamborn[261] schrieb mir einen reizenden Brief, sie lässt Dich besonders herzlich grüssen. Ihre Kinder sind nun alle fort. Winters erhielten gestern eine Nachricht vom Palästina Amt,[262] daß ihr Certifikat nun doch noch nicht ganz sicher sei. Sie haben alles vorbereitet und sind nun ganz erledigt. Aber Vati meint trotzdem es würde werden. Heute sind Onkel Albert und Tante Erna hier, Lotte schreibt begeistert.[263] Hatte schon 2 x ein Rendezvous mit ihrem Fotografen, der in New York tätig ist und sie wollen sich bald wieder treffen. Gerda[264] möchte eine Stelle bei Kindern annehmen und möglichst bei jewish poeple [sic] [jüdischen Leuten – L.J.H.] in London oder in

---

259 Das sind: Kurt Katzensteins Eltern Dr. Robert und Helga Katzenstein (siehe FN 68), die zusammen mit seinem Bruder Edgar nach Honduras ausgewandert waren.

260 Das ist: Hertha Müller (siehe FN 87), die soeben aus dem Kaufmann-Haus ausgezogen und im Begriff war, mit der Familie nach Amsterdam auszureisen.

261 Weitere Personenangaben waren nicht zu ermitteln.

262 Das Palästinaamt als Abteilung der Jewish Agency for Palestine (auch Palästina-Amt Jewish Agency in Deutschland) war eine in der ersten Hälfte des 20. Jahrhunderts gegründete jüdische Sozial-Einrichtung. Das Palästinaamt kümmerte sich um Ausreiseerlaubnisse und Visa sowie um Gelder für die Emigration, beriet in Auswanderungsfragen, stellte Literatur und Informationsblätter zur Verfügung und bot Aus- und Weiterbildungsmöglichkeiten für neue handwerkliche und landwirtschaftliche Berufe. Schließlich wurden Fremdsprachenkurse in Hebräisch angeboten. 1941 musste die Organisation ihre Tätigkeit im Deutschen Reich und in den besetzten Gebieten einstellen. Wikipedia, Artikel »Palästinaamt«, abgerufen 24.11.2019.

263 Das ist: Albert und Erna Katzensteins Tochter (Char)lotte Katzenstein (siehe FN 26), die im Februar 1939 in die Vereinigten Staaten ausgewandert war.

264 Das ist: Lotte Katzensteins Schwester Gerda Katzenstein (siehe FN 61).

der Nähe. Ob Du mal mit Frau Kahn[265] sprichst, vielleicht weiss sie etwas, vergiss es bitte nicht. Hast Du aus Liverpool kein parcel [Paket – L.J.H.] bekommen? Gestern abend waren Nathans[266] und Herr Israel[267] bei uns. Frau Israel[268] ist mit Kindern in Schweden, Nathans sind auch in Krefeld, die Kinder in Holland.

Das Bildchen ist reizend, wer ist das bildhübsche Mädel im Vordergrund?

Der Blumenkurs ist prima, nächstens will ich auch Pralinenmachen lernen. Die D'dorfer grüssen herzlichst. Ich grüsse + küsse Dich innigst

Dein Muttilein

## 71. (24)
*Sally Kaufmann an Walter Kaufmann*
[Handschrift]
Karte

[Absender] b./ W[illy] Heilbrunn[269]
Goslar
Fischemäkerstr. 8

Goslar, 8/8. 39.

Lieber Walter! Nun habe ich auch Ferien und marschiere im Harz herum. Die Bekannten – eine Jugendfreundin mit Mann – sind reizend zu mir und verwöhnen mich so, auch mit Essen, daß ich Mutti schrieb, sie möchte für ein paar Tage nachkommen. Ob sie es wohl tut? Ich hoffe, ja. Inzwischen wirst Du ja auch sicher den angekündigten langen Brief geschrieben und uns darin erzählt haben, was Du alles jetzt in den Ferien anfängst. Wie ist es mit der Arbeit beim Hausbau? Wie lange warst Du eigentlich bei Kurt? Ich bin gespannt auf Dein Zeugnis und das

---

265  Weitere Angaben ließen sich nicht ermitteln.
266  Siehe FN 258.
267  Gottfried Israel, geb. 27. Mai 1900, Lehrer an der Jüdischen Volksschule in Duisburg (Am Buchenbaum) und Kantor in der Synagoge. Im Spätsommer 1939 ging er nach Brüssel, später nach Südfrankreich. Er wurde in St. Cyprien interniert und im August 1942 über das Lager Gurs nach Auschwitz deportiert, wo er ermordet wurde. Biografisches: Roden 1986a, Teil 1, S. 219ff.
268  Elsbeth Israel, geb. 5. Februar 1905, Ehefrau von Gottfried Israel, lebte seit 1931 in Duisburg. Im Mai 1939 emigrierte sie mit ihren Kindern Norbert-Walter (geb. 9. Mai 1932) und Eva (geb. 2. Mai 1936) nach Schweden.
269  Willy Heilbrunn aus Goslar war seit 1921 mit Henny Löwenthal aus Duisburg verheiratet. Er kam ebenso wie sein Schwiegervater Richard Löwenthal 1943 in Theresienstadt ums Leben. Vgl. Donner 2016.

Photo. Beides wird wohl bald kommen? Der Sohn Kurt Heilbrunn[270], der Sohn meiner hiesigen Bekannten, 17 Jahre alt, ist auch seit Januar in England […]. Er geht dort zur Southfield School (Oxford) und möchte auch gern ins Hotelfach. – Wenn Du uns diese Woche bis einschließlich Freitag schreibst, kannst Du an umseitige Adresse schreiben [Danach wieder zur Prinz Albrechtstr.]

Soeben schickt mir Mutti Deine Karte vom 4. d. Mts. nach. Ich werde sie mit Mutti besprechen, hoffe aber, vorher von Ms. Essinger etwas zu hören.

Nun lebe wohl. Sei viel tausendmal gegrüßt und geküsst von Deinem Vati.

43. Johanna und Sally Kaufmann im Harz, Sommer 1939.

270 Weitere biografische Angaben waren nicht zu ermitteln.

## 72.
*Johanna Kaufmann an Walter Kaufmann*
[Handschrift]
Brief

Goslar d 12. August 39

Mein lieber Walter,

Wir sind sehr in Erwartung Deines Briefes, der hoffentlich heute am Schabath Nachmittag eintreffen wird. Ich schreibe mitten im Walde, Aussicht auf herrliche Wiesen, den lieben Vati ausruhender Weise neben mir. Es ist wirklich ein besonderes Glück, daß wir das noch hier genießen können. Denn durch einen besonderen Zufall war der alte Vater der Bekannten hier auf eine Nacht unser Gast in D'burg, nachdem wir ihn wohl 10 Jahre nicht gesprochen hatten. Da hat er uns sehr nach hier zu seiner Tochter & Schwiegersohn eingeladen (es sind geborene Duisburger, die mit Kaufmann's und Nachmanns[271] immer sehr befreundet waren.) Und ich muss sagen, wir bereuen diese Reise nicht, trotzdem es kein so leichter Entschluss war. Wir sind mit offenen Armen empfangen worden, haben unglaubliche prima Verpflegung, die Umgebung Wälder und Wiesen sind herrlich und auch das Wetter ist günstig. Wir haben versucht, mal alles unangenehme zu vergessen, und leben nur dem schönen Tag. Aber, daß wir oft an unseren lieben Jungen denken in dieser herrlichen Natur, brauche ich Dir ja wohl nicht erst zu sagen. Morgen will ich auf Sonntagskarte nach Halle zu Tante Clara[272], die ihren 80. Geburtstag gefeiert hat. Vati will diesen Tag mit Herrn Heilbrunn wandern. Wie ist es mit dem spanischen Unterricht, hast Du Dich mal erkundigt? Wir lernen fleissig, denn unsere Chile Angelegenheit steht sehr günstig und wir hoffen zuversichtlich, in 1-2 Monaten unser Visum zu erhalten. Nun musst Du, mein guter Junge, noch mal gar nicht an den Abschied, sondern erst an das schöne Wiedersehen denken. Vielleicht kommt alles noch anders wie wir es uns ausdenken. Von Helga und Robert hatten wir wieder sehr ausführlichen Brief und sehr interessant. –

Was macht das Tennis Spiel, treibt Ihr viel Sport in den Ferien?

Der Sohn hier von Heilbrunns ist in Oxford, er besucht auch noch die Schule, trotzdem er schon 17½ Jahre alt ist u. die Eltern auch möchten, daß er praktisch tätig wäre. Er soll sein engl. Abitur machen. Vati kann Dir ja unseren gemeinsamen Beschluss verkünden. Das Schreiben ist auf der Bank nicht so schön bequem, darum mache ich Schluss. Hast Du Dich mal nach dem Verbleib von Deinem Zeugnis u. Foto erkundigt, wir hatten uns so sehr auf Dein Bild gefreut. Jetzt

---

271 Das sind: Josef und Anna Hilde Nachmann aus Düsseldorf-Oberkassel (siehe FN 33).
272 Um welche »Tante Clara« es sich hier handelt, ließ sich nicht ermitteln.

knurrt [?] die Tante[273] so heftig, daß ich Dir schnell Gruss & innigen Kuss sende Deine Mutti.


**Sally Kaufmann an Walter Kaufmann**
[Handschrift]
Brief

Lieber Walter! Soeben kam Dein etwas konfuser, uns aber doch sehr erfreuender Brief an. Ich hoffe, daß Du die von Mutti mit unserer Goslarer Adresse versehene Antwortkarte noch ausnutzt und sie uns Montag früh schickst, damit wir sie noch hier erhalten. Außerdem könnest Du wirklich mal eine Postkarte nach Düsseldorf schicken, denn Lotte & Gerda schreiben uns auch öfters, und schließlich schreibe sogleich an Onkel Eugen einen Geburtstagsbrief zum 23. August (Adresse: Ramat Hadar, Post Ramataim,[274] Palästina) Vergiß das aber nicht, (Onkel Albert's Geburtstag[275] hattest Du vergessen!!)

    Nun, lieber Sohn, zu der Berufswahl! Zunächst eine Vorbemerkung: Wir können uns zwar denken, daß Du auf einer <u>englischen</u> Schule mehr englisch lernst, aber ein Schulwechsel kommt gar nicht in Frage. H[ugo] D[aniels], der Ms. E offenbar sehr schätzt und auch nie ein Wort über die Höhe der Schulrechnungen, die wir gar nicht zu Gesicht bekommen, fallen lässt, würde es sehr übel nehmen, wenn wir oder wenn Du mit einem solchen Vorschlag kämst. Du wirst auch sicher einsehen, daß wir H[ugo] D[aniels] nicht böse machen dürfen.

    Im übrigen weiß ich durchaus nicht, ob Du in einem <u>Hotel</u> als Lehrling aufgenommen wirst, weil Du kein Engländer bist. Bisher war immer nur die Rede von der Hotelfach<u>schule</u>. Wir wollen aus […]
    [Rest des Briefes fehlt]


## 73. (25)
**Johanna Kaufmann an Walter Kaufmann**
[Handschrift]
Karte

---

273  Gemeint ist »Tante« Anna Essinger (siehe FN 24).
274  Siehe FN 188.
275  Albert Katzensteins 55. Geburtstag war am 10. Juli 1939 (vgl. FN 92).

Mr.
Walter Kaufmann
c/o I. Butterworth
Clubland Camp
Guernsey C I
Channel Isle
(England)

Duisburg d. 17. [?] Aug 39

Mein liebster Junge, Wir kamen gestern Abend pünktlich von unserer kleinen Ferienreise zurück und wurden von Frau Else R[uben] sehr herzlich empfangen. Abendbrottisch mit Blumen + Wein und mitten darauf Dein Bild (aber sicher noch immer nicht das Bild New Herrlingen). Vati hat sich besonders gut erholt, mir hätten ein paar Tage noch gut getan. Aber schön war es auf jeden Fall. Heute früh erhielten wir Deine liebe Karte, vor der Abreise. Was hast Du aber für Glück, daß Du nun wieder in eine so herrliche Gegend kommst. Wir freuen uns mit Dir, daß Du so Schönes hast und sicher wieder wunderschöne Tage dort verlebst. Vergiss nicht H[ugo] D[aniels] Englisch einige Zeilen zu schreiben, gleichzeitig ihm auch dankst, daß Du durch ihn die schönen Ferien hast. Wir fanden soviel Post vor, daß wir nur langsam alles beantworten können. Hast Du an Onkel Eugen geschrieben und nach D'dorf? Sobald ich im Hause wieder alles in Ordnung habe (ich bin im Augenblick ohne Hilfe), schreibe ich ausführlich. Also, lieber Walter, alles, alles Gute, gutes Wetter, Innigen Gruss + Kuss
    Deine Mutti


*Sally Kaufmann an Walter Kaufmann*
[Handschrift]
Karte

Lieber Walter! Ich finde auch, daß ich etwas groß auf dem Bilde geraten bin, aber abgesehen davon ist's doch schön?
    Ich wünsche Dir schöne Ferien & grüsse & küsse Dich Dein
    Vati.


## 74. (26)
*Johanna Kaufmann an Walter Kaufmann*
[Handschrift]
Karte

Duisburg d. 22. Aug 39

Mein lieber, lieber Walter,

wir haben noch keine Nachricht von Deiner guten Ankunft, hoffentlich kommt heute Post von Dir. In den letzten Tagen hatten wir viel Trauriges. Am Sonntag d. 19. abends gegen 9 Uhr starb unser lieber Herr Winter ganz plötzlich.[276] Er war 3 Tage bettlägerig aber gar nichts besonderes und wollte Sonntag wieder aufstehen. Samstag Abend bekam er plötzlich eine Blutung, verursacht durch das Reissen einer Ausbuchtung an der Schlagader, die in wenigen Minuten seinem Leben ein Ende machte. Du kannst Dir ja denken mein gutes Kind, was der Verlust für Frau Winter bedeutet. Aber auch wir verlieren einen guten Freund, er hat alles immer mit dem lieben Vati besprochen. Am 6. September sollte die Ausreise ab Triest nach Erez erfolgen. Und sie hatten sich so auf die Reise gefreut! Frau Winter wird reisen, aber später natürlich, schreibe auf <u>jeden Fall</u> einige Zeilen an Frau Winter. Heute ist die Beisetzung. Bleibe gesund viele viele Küsse Vati u. Mutti

Vati ist in der Gemeinde

## 75.
*Johanna Kaufmann an Walter Kaufmann*
[Handschrift]
Brief

Duisburg d. 24. Aug 39

Mein liebster Walter,

Ich schrieb Dir bereits 2 Karten nach Guernsey[277] und ich hoffe sehr, daß Du dieselben erhalten hast. Nun kam gerade, als ich Dir die Nachricht von Herrn Winter sandte, Dein lieber Brief an.

Wir freuen uns sehr, daß Du es so wunderschön dort hast, vor allem so oft schwimmen kannst, das wird Dir sicher gut tun. Der liebe Vati beneidet Dich beinahe, um die Wasserplanscherei! Habt Ihr nicht mal Aufnahmen gemacht damit wir auch sehen können, wie schön es dort ist? Sonst schicke uns doch mal eine Ansicht von dort. Wir können uns immer noch nicht von dem Schrecken der letzten Woche erholen, weil alles zu plötzlich kam. Frau Winter will nun doch nach Palästina, aber 14 Tage später. Sie ist wirklich bewundernswert tapfer. Frau

---

276 Sally Winter (siehe FN 25), Hausgenosse der Kaufmanns, starb am 19. August 1939. Die besondere Tragik lag darin, dass die amtliche Abmeldung nach Nahariya/Palästina bereits erfolgt war.

277 Eine der englischen Kanalinseln, wo Walter Kaufmann seine Schulferien verbrachte.

Eisenberg[278] bleibt bis Ende der Woche bei ihr. Es war eine sehr grosse Beerdigung und Herr Lehrer Kaiser hat hier im Hause noch sehr schöne Worte gesprochen. An diesem Tage kam der ganze Besuch zu uns, ebenso wurde in unserem Esszimmer gebetet. Nun ist auch das alles wieder schon einige Tage her. Ich vermute, daß Du nun Ende nächster Woche wieder in New Herrlingen bist. Hoffentlich hast Du zu den Feiertagen, also Roschhaschoun[279] und Jom Kippur,[280] Gelegenheit zur Synagoge zu gehen. Jedenfalls möchten wir das <u>sehr</u> gerne und ich bin sicher, wenn Du diesen Wunsch Miss Essinger ausspricht, wird sie denselben auch erfüllen. Es ist wohl nicht richtig, daß Du jetzt schon mal mit zum Gottesdienst gehst, aber Reverend Butterworth[281] wird sicher auch nicht schelten, wenn Du nicht mit gehst. Klaus ist heute in Stuttgart,[282] wir alle, aber besonders Frau Ruben warten auf einen telef. Anruf, daß er das Visum hat, damit er mit dem nächsten Schiff nach Amerika abfahren kann.

Bernd hat diese Woche täglich geschrieben, sie haben keine Ferien auf seiner Schule. Hört Ihr gar nichts voneinander? Ich habe Dich so oft angefragt, ob Du mal nach Düsseldorf an Onkel Albert & Tante Erna geschrieben hast, aber niemals antwortest Du darauf, hast Du die Düsseldorfer denn ganz vergessen? Gerda und auch Lotte schreiben ab und zu also tue auch Du das Gleiche, mein lieber Walter.

Hoffentlich hören wir bald Gutes von Dir. Sei für heute vielmals herzlich gegrüsst und geküsst
Von Deiner
Dich liebenden Mutti.


*Sally Kaufmann an Walter Kaufmann*
[Handschrift]


278  Weitere biografische Angaben waren nicht zu ermitteln.
279  Rosch ha-Schana = Neujahr. Einer der höchsten jüdischen Feiertage, gefeiert am 1. und 2. Tishri (September/Oktober). Mit Rosch ha-Schana beginnt während des Gottesdienstes wieder das Lesen der fünf Bücher Mose.
280  Jom Kippur = Versöhnungstag, einer der höchsten jüdischen Feier- bzw. Fasttage, an dem um Vergebung der Sünden gebetet wird. Der Vorabend (Erev Jom Kippur) wird mit dem Kol-Nidre-Gebet (»Alle Gelübde«) eröffnet. Der Tag selbst wird mit Fasten und Gebet in der Synagoge verbracht.
281  In seiner Erzählung »Die Guernsey-Lektion« erinnert sich Walter Kaufmann an diesen beeindruckenden Mann (in: Kaufmann 1985, S. 138–144).
282  Klaus Ruben (siehe FN 78) sprach erfolgreich beim amerikanischen Generalkonsulat in Stuttgart vor, das die Sichtvermerke leistete, und erhielt die Ausreisedokumente für die USA. Außerdem verfügte er über ein englisches Visum.

Brief

Lieber Walter! Mach Dir nur nicht zuviel Sorgen um uns! Der l[iebe] Gott hat bisher uns geholfen und in seiner Hand stehen wir. Er wird uns sicher Dir und [sic] einer guten Zukunft erhalten.

Wir werden Dir, wie Du es wünschst, möglichst oft schreiben, schreibe aber auch Du soviel wie möglich. Vielleicht ist alle unsere Sorge überflüssig.

Auch ich freue mich sehr, daß Du wieder so schöne Ferien hast. <u>Unsere</u> Sommerfrische ist durch alles, das mit Herrn Winters Tod zusammenhing, beinahe vergessen. Weißt Du, daß Canaille & Bruder[283] auch nach England sind. Für ihn u. Claus[284] ist schwer Ersatz im Gemeindebüro zu finden. Wir wollen es mal mit Erich Wolf[285] versuchen, obgleich der reichlich dow [sic] aussieht.

Auch unsere spanischen Stunden haben eine Unterbrechung erfahren, werden aber jetzt fortgesetzt.

Recht viele, viele Grüße & Küsse Dein Dich lieb habender
Vati
Anbei 1 Bild und Antwortschein

## 76.
*Johanna Kaufmann an Walter Kaufmann*
[Handschrift]
Brief

Duisburg d. 25. Aug 39

Mein lieber, lieber Walter,

ich schrieb Dir gestern einen langen Brief mit Vati zusammen mit einem Bildchen von mir und Antwortschein. Wenn wir durch die Aufregung der letzten Woche, durch Herrn Winters Tod, nicht so ausführlich geschrieben haben, so ist das aber kein Grund, daß Du uns nun aus Ärger darüber Dein Bild vorenthältst. Warum in dieser ernsten Zeit solche Sachen, mein lieber Junge? Mache uns doch <u>umgehend</u> die <u>grösste</u> Freude und sende uns die Bilder, zumal aus New Herrlingen Dein Foto immer noch nicht gekommen ist. Wie fein, daß Du nur gutes Wetter hast und so alles Schöne doppelt genießen kannst. Aber ich glaube nicht, daß es im Sinne von Miss Essinger ist, daß Du nun noch 2 Tage länger als die anderen Jungens dort bleibst und ich bin sicher, daß Du das auch einsiehst und

---

283  Vgl. FN 53.
284  Das ist vermutlich: Klaus Ruben (siehe FN 78).
285  Erich Wolf, geb. 10. November 1922.

mit Deinen Kameraden die schöne Rückreise zusammen machst. Die Zeiten sind wirklich so ernst, daß wir Dich gerne wieder in Miss Essinger's Obhut wissen. Wir denken so oft und so viel an Dich. Hoffentlich hast Du auch an Frau Winter einige Zeilen gesandt, sonst kannst Du dieselben ja auch in unserem Brief einlegen. Klaus kam gestern Abend um 12 Uhr mit Visum wieder heim und hat gleich heute Passage für den 8. September genommen, die früheren Schiffe waren schon alle ausverkauft. Er wird aber morgen, spätestens übermorgen abreisen. Das wird auch ein schwerer Abschied. Ich schreibe Dir nochmals Onkel Eugen's Adresse, wenn Du mal einen Wunsch hast, den wir Dir nicht erfüllen können, wende Dich dann an ihn. Ramat Hadar, Post Ramataim,[286] Palästina.

Wenn Du wieder in der Schule bist, gieb auch Nora Nachricht, <u>Gordon Square 40, c/o Dr. Meyer</u>.

Unsere Erholung ist jetzt abends unsere Terrasse, und wir sind wirklich froh, daß wir das ausnützen können. Ellen Kahn ist nun auch mit Mann und Kindern[287] nach England, um dort Amerika abzuwarten. Aber Frau Paula[288] sitzt noch hier und wartet vergeblich auf ihr Certifikat.

Wenn Du nun, was wir nicht hoffen und wünschen, Du [sic!] mal keine Post von uns erhältst, dann rege Dich nicht auf, mein lieber Walter, wir tuen alles, um uns für Dich gesund zu erhalten. Die Ereignisse sind dann stärker als wir. Anbei ein Antwortschein, damit Du uns <u>umgehend</u> einen Brief schreibst.

Weiter alles Gute, gute Heimreise
Und innige Grüsse & Küsse
Von
Deiner Mutti
Ich freue mich sehr, daß Du so viel fotografierst!


*Sally Kaufmann an Walter Kaufmann*
[Handschrift]
Brief

---

286  Vgl. FN 188.
287  Weitere Angaben über die genannten Personen ließen sich nicht ermitteln.
288  Möglicherweise handelt es sich um Paula Kaufmann, geb. Traugott (1881–1943), die Witwe von Leopold Kaufmann, die bis zum Jahre 1939 auf der Prinz-Albrecht-Straße 88 gewohnt hatte und 1942 Nachbarin der Kaufmanns in der Junkernstraße 2 wurde. Paula Kaufmann wurde am 25. Juli 1942 nach Theresienstadt deportiert, wo sie an den Folgen der Verschleppung und der dortigen Verhältnisse am 22. Februar 1943 starb.

Lieber Walter! Du hast wohl ganz vergessen, daß wir schon 2 x Brief auf Brief schrieben, ohne daß Du auch nur 1 Karte uns sandtest. Wenn wir Dir mal nicht so regelmäßig Briefe schreiben, so ist das auf Umstände außerhalb unserer Macht zurückzuführen, so z. B. auf Herrn Winters Tod. Also schreib recht ausführlich, Du machst uns damit die größte Freude, die Du uns z. Zt. machen kannst. Gruß & Kuß Vati
[Randbemerkung]: Eben erhielten wir Telegramm, daß unsere Chile-Sache in Ordnung gehe und wir in einigen Monaten in Berlin das Visum erhalten werden. Wir lernen spanisch und Du?

## 77. (27)
*Johanna Kaufmann an Walter Kaufmann*
[Handschrift]
Karte
[Es fehlen vier Zeilen durch Abtrennen der Briefmarke]

Duisburg d 25. Aug 39

[…] Hoffentlich hast Du unsere beiden Briefe erhalten, nun warten wir auf Deinen Brief mit den Bildern. Wir sind gesund. Gerade eben reiste Klaus ab, alles in grosser Hetze und auch Frau Eisenberg ist wieder nach Berlin gefahren. Die arme Frau Winter, heute sind es schon 8 Tage, seit das Furchtbare passierte. Diese Karte soll Dir nur viele, viele innige Grüsse & Küsse von uns bringen. In Liebe
   Deine Mutti


*Sally Kaufmann an Walter Kaufmann*
[Handschrift]
Karte

Mein lieber Walter! Da wir nicht wissen, wie in den nächsten Tagen die Postverbindungen sind, schreiben wir Dir noch schnell eine Karte. Hoffentlich können wir Dir bald wieder schreiben. Gestern schrieben wir Dir, daß die Bestätigung für uns aus Chile gekommen ist. Hoffentlich bekommen wir bald das Visum, 1000 Grüße & Küsse Dein Vati

44. Postkarte Sally Kaufmann mit abgetrennter Briefmarke, 25. August 1939.

## 78. (28)
*Johanna Kaufmann an Walter Kaufmann*
[Handschrift]
Karte

Duisburg d. 26. Aug. 39

Mein lieber, lieber Walter,
    Gerade war unsere Karte nach Bunce Court fort, als Deine l. Karte noch von Guernsey kam. Hoffentlich hast Du nun unsere ganze Post bekommen, wir haben Dir jeden Tag geschrieben. Ich schicke jetzt auch nur die Karte, ich denke die geht schneller, als der Brief. Halte Dich tapfer, mein guter Junge, wir werden und müssen uns wiedersehen. Es ist gut, daß Du nun auch unter Tante Anna's Obhut bist, sie wird Euch allen helfen, die schweren Zeiten zu ertragen. Lerne fleissig und tüchtig! Inzwischen kam auch Dein Zeugnis, wir senden Dir es dieser Tage. Nun rege Dich nicht so auf, wenn mal keine Post kommt, denn Du <u>musst</u> gesund bleiben. […] Viele innige Küsse
    Dein Muttichen

*Sally Kaufmann an Walter Kaufmann*
[Handschrift]

Karte

Es wird schon alles gut werden. Gruß & Kuß Vati

**79.**
*Johanna Kaufmann an Walter Kaufmann*
[Handschrift]
Brief

d 27 Aug 39.

Mein lieber, liebster Walter,
 Unsere 2 letzten Karten, beide schon nach New Herrlingen adressiert, hast Du hoffentlich noch erhalten. Ich hoffe zuversichtlich, daß Du auch diesen Brief noch erhältst und sich, s.gw. [so Gott will], alles noch zum Guten wendet. Wir sind gesund und ich wiederhole Dir nochmals, daß wir auch alles tun werden, um uns für Dich gesund und frisch zu erhalten. Nun gib auch Du uns so oft Nachricht als möglich und sende uns Deine Fotos, vielleicht nur als Printed matter. Gestern Mittag um 1 Uhr ist Klaus abgereist mit engl. Visum und dem amerik. Visum. Abends um 10 Uhr rief Eugen[289] [unleserliches Wort?] aus R'dam [Rotterdam] an, um Frau Else zu sagen, daß Klaus nicht in Holland, wie ursprünglich geplant war, sich einige Tage aufhalten kann, sondern sofort nach England weiter reisen müsste. Nun wird er schon in London angekommen sein und bei seinem Freund Kanaille,[290] der in einem boarding house wohnt, Unterschlupf gefunden haben. Vielleicht besuchen Dich die Jungens mal, Klaus hat Deine Adresse. Gleich fährt auch die Tochter mit Mann und Kinder (Franks) vom Rabbiner,[291] sie haben ihr Visum auch für England. […]
 [Rest des Briefes fehlt]

**80.**
*Johanna Kaufmann an Walter Kaufmann*
[Handschrift]
Brief

---

289 Vermutlich Eugen Kaufmann (siehe FN 13), der im Februar 1939 über Belgien und England nach Palästina emigrierte. Warum Johanna Kaufmann (wie schon in Brief Nr. 59) von »Rotterdam« spricht, bleibt unklar. Vielleicht liegt eine bewusste oder unbewusste Verwechslung mit dem Kibbuz-Namen Ramataim vor.
290 Weitere biografische Angaben waren nicht zu ermitteln.
291 Das sind: Emil und Eva Frank, älteste Tochter von Rabbiner Neumark, und die Kinder Jochanan und Martha (siehe FN 248).

Duisburg d. 29. Aug 39.

Mein liebster Walter, wir haben uns unendlich gefreut, Dich heute früh am Telefon zu hören, vor allem aber, daß es Dir gut geht. Diese Minuten sind nur zu schnell herum, sodaß ich vergessen habe, Dich zu fragen, ob Du die Nachricht von Herrn Winter's Tod nicht erhalten hast. Wir sandten Dir diese Nachricht noch nach Guernsey und wenn Du durch die plötzliche Abreise von dort noch nicht geschrieben hast, so hole es bitte nach und schreibe einige nette Beileidsworte an Frau Winter, denn der Verlust für sie ist sehr hart. Bernd hat auch geschrieben. – Wir hatten das Telefongespräch schon gestern Abend bestellt und da es um 10 h noch nicht da war, bis heute früh zurückstellen lassen. Ob Du Dich auch gefreut hast, mein lieber Junge? Wir haben Dich sicher aus dem tiefen Schlaf geweckt? Frau R[uben] hatte auch Liverpool bestellt und als das Gespräch kam, war Bernd gerade zum Tennis Match (Tisch Tennis) gegangen, der wird wieder traurig gewesen sein und Frau Ruben war natürlich auch sehr enttäuscht. – Nun hoffen wir sehr, daß Du uns endlich mal ausführlich über alles schreibst und uns Deine Fotos schickst. Denn nun bist Du schon 8 Monate fort und wir haben noch kein gutes Bild von Dir erhalten. Ist Dein Füllfederhalter entzwei, weil Du jetzt nur mit Bleistift schreibst? Ist Kurt dort, dann grüsse ich ihn herzlich von uns. Hast Du nun endlich mal einen Kartengruss an Onkel Albert & Tante Erna geschrieben? Ich begreife gar nicht, daß Du es in den Ferien (wo Du doch sicher Zeit genug hast) nicht getan hast. Sie müssen leider umziehen und ihre Adresse ist jetzt Steinstr. 82 II. Hoffentlich hast Du meinen Rat befolgt, und Dich mal an Nora gewandt, sie hat Grüsse für Dich. – Das Wetter ist wunderschön und wir wollen hoffen, daß auch alles andere sich zum Guten wendet. Und dann werden wir auch, s. gw. [so Gott will], nach Chile kommen. Aber es ist natürlich, daß sich jetzt alles etwas verzögert. Also weiter schön ruhig bleiben und tüchtig lernen, wir haben Dir täglich geschrieben und möchten nun auch von Dir Nachricht haben. Deine letzte Karte kam noch von Guernsey. Sei innigst gegrüsst und geküsst von Deinem Muttichen.

**Sally Kaufmann an Walter Kaufmann**
[Maschinenschrift]
Brief

Lieber Walter! Ich habe heute bei dem Telefongespräch so vielerlei vergessen, was ich fragen wollte, daß ich jetzt schon wieder einen richtigen Brief schreibe. Ich schreibe gerade auch an Frl. Essinger und lege den Brief an Dich bei. Frl. Essinger bat mich nochmals, die Berufsfrage mit Dir zu besprechen. Herr D[aniels] bemüht sich noch immer um das Hotelfach und will sogar selbst bei der Schule vorsprechen. Aber wenn das nichts geben sollte, musst Du Dich für einen anderen Beruf entscheiden. Meinen ausführlichen Brief darüber hast Du wohl noch? Wenn Du Dich für den <u>Eventualfall</u> für einen bestimmten anderen Beruf entscheidest, wird Frl. Essinger sicher von der in Betracht kommenden Berufschule einen Prospekt anfordern können.

Im übrigen hoffe ich sehr, daß Du in der nächsten Zeit in der Schule sehr aufmerksam und fleißig bist. Dein Zeugnis erhielten wir von Frl. Essinger. Es zeigt wohl, daß Du Dich in der letzten Zeit in fast allen Fächern gebessert hast, aber diese Besserung muß ständig bleiben, sonst kommen wieder Klagen. Wenn Frl. Essinger keine Abschrift des Zeugnisses hat, werden wir Dir demnächst eine zusenden. Von einer Versetzung oder Nichtversetzung ist in dem Zeugnis keine Rede. Findet die Versetzung jetzt statt? Endlich noch eine Bitte: Schreibe möglichst oft an uns. Es hat keinen Sinn beleidigt zu sein, wenn Du mal von uns keine Post bekommst, denn die Gründe dafür weißt Du nicht. Auch wenn die politischen Verhältnisse sich verschlechtern, wird eine Postverbindung bestehen bleiben. Nun, lieber Junge, lebe weiter recht wohl und sei vieltausendmal gegrüßt und geküsst von Deinem
  Vati


### 81. (29)
*Sally Kaufmann an Walter Kaufmann*
[Maschinenschrift]
Karte

Duisburg, den 30.8. 9 Uhr

Lieber Walter! Gestern schrieben wir Dir via Ms. Essinger wieder einen langen Brief. Wir hatten erwartet, daß heute morgen endlich einmal ein Brief von Dir kommen würde. Es kam wohl Post aus England, und zwar schon wieder ein Brief von Berndt [sic] an seine Mutter – er schreibt beinahe jeden 2. Tag –, aber von Dir keine Zeile! Mutti ist außer sich, daß Du uns derart vernachlässigst, auch an Frau Winter zum Tode ihres Mannes kein Wort schreibst. Wir haben nun schon seit Wochen von Dir außer dem kurzen und sehr flüchtig geschriebenen Brief aus Guernsey keinen vernünftigen Brief von Dir [sic] erhalten. Wo soll das hinführen? Es gibt für Deine Nachlässigkeit im Schreiben einfach gar keine Entschuldigung. Schreibe also sofort ausführlich, auch wenn Du in der Zwischenzeit etwa wirklich einen Brief an uns abgesandt hast. Wenn wir Dir jeden Tag schreiben sollen, kannst Du doch jeden 2. oder höchstens 3. Tag schreiben. Herzl. Gruß und Kuß, auch von Mutti
  Vati

## 82. (30)
*Sally Kaufmann an Walter Kaufmann*
[Maschinenschrift]
Karte

Duisburg, den 31.8.39.

Lieber Walter! Heute kam endlich Post von Dir, und zwar Deine Karte vom 29., die Du nach dem Telefongespräch geschrieben hast. Warum bedurfte es erst des Anrufes, um Dich zu veranlassen, zu schreiben? Wenn Du uns häufiger und ausführlicher schreibst, bist Du auch sicher ruhiger. Anrufen möchten wir einstweilen nicht mehr. Abgesehen von den Kosten möchten wir die beiderseitige Aufregung vermeiden, so schön es auch ist, wenn wir uns sprechen können. Wir versprechen Dir aber, möglichst viel zu schreiben, und Du darfst aber nicht gleich aufgeregt sein, wenn mal Post ausbleibt. Alles hängt jetzt von der weiteren politischen Entwicklung ab. Wir schrieben Dir schon, daß wir die Bestätigung für Chile erhielten und wir hoffen, recht bald das Visum in Berlin zu erhalten. Vielleicht können wir dann auf der Ausreise einige Zeit in England bleiben. Es läuft ein neues Gesuch für uns, von dem nur Herr D[aniels] weiß [* Randnotiz: sprich aber nicht zu anderen darüber.] und wir hoffen auf Erfolg, wenn es Frieden bleibt. Bleibe also ruhig und für die Zukunft vertrauensvoll. Wir werden uns sicher bald wiedersehen. 1000 Grüße & Küsse! Vati

*Johanna Kaufmann an Walter Kaufmann*
[Handschrift]
Karte
Passen Dir die Lederpantoffeln von Onkel Hans[292] noch?

Mein liebstes, liebstes Walterlein
 Wir hoffen zuversichtlich, daß Du uns <u>endlich</u> schreibst, ob Du unsere diversen Briefe erhalten hast. Nur nicht so mutlos sein, wir haben doch auch nur einen Wunsch, Dich wieder zu sehen. Also tapfer sein. Bernd ist doch in derselben Lage und seine Mutter ist ganz alleine hier. Wir sind gesund und möchten so gerne ein Foto von Dir, das <u>musst</u> Du uns aber senden. Innige Küsse Mutti.

## 83. (31)
*Johanna Kaufmann an Walter Kaufmann*
[Handschrift]
Karte

---

292 Weitere Angaben ließen sich nicht ermitteln.

Duisburg d 2. Sept 39

Mein liebster Junge,

Nach der einen Karte, die Du nach dem Anruf geschrieben hast, hörten wir noch immer nichts von Dir. Wir sind gesund und wollen gleich nach Düsseldorf zu Tante Erna in die neue Wohnung. Frau Ruben hört täglich von den Jungens. Wir haben Dr. Sebald[293] gebeten, mal an Dich zu schreiben. Hörtest Du von Nora? Halte Dich tapfer und vernünftig. Morgen wieder mehr. In Eile nur herzliche Grüße u. Küsse
    in Liebe Deine
    Mutti.


*Sally Kaufmann an Walter Kaufmann*
[Handschrift]
Brief

Lieber Walter! Wenn ich auch nicht weiß, ob alle Post befördert wird, so kannst Du ruhig mal einige Pence für Porto auf die Gefahr hin aufwenden, daß die Nachricht nicht ankommt. Aber wenn Du uns bittest, recht oft zu schreiben, so bitten wir Dich ebenso.
    Herzl. Grüße und Küsse, es wird alles gut werden, wir denken an Dich
    Vati


## 84.
*Hertha Müller an Walter Kaufmann*
[Handschrift]
Brief
Abs. Müller, Prinses Beatrixlaan b, Uithoorn, Holland

d. 5. Sept. 1939.

Mein lieber Walter, Du wirst vielleicht gar nicht so erstaunt sein, von mir heute einen Brief zu bekommen. Je schwerer und ernster die Zeiten sind, um so mehr Gelegenheit bietet sich, in Freundschaft zusammen zu halten.

Daß mich nicht nur mit Deinen Eltern, sondern auch mit Dir stets eine herzliche Freundschaft verbindet, bedarf keiner Erwähnung. Heute möchte ich Dir nun einige Zeilen schreiben, weil ich mir denken kann, in welcher Stimmung u. Verfassung

---

293   Richtig: Dr. Sebald Müller, enger Freund und Hausgenosse der Kaufmanns in der Prinz-Albrecht-Straße, Ehemann von Hertha Müller (siehe FN 87).

Du bist u. welche Sorgen Du Dir machst. Deine liebe Mutter, von der ich eine Karte hatte, bestätigte mir das. Lieber Walter, wenn uns die Zeiten jetzt auch unerträglich scheinen, es geht uns ja allen gleich, dürfen wir die Kraft und die Hoffnung nicht verlieren, daß sich auch alles wieder zum Guten wenden wird. Du weißt, ich bin nie sehr fromm gewesen, aber ich glaube und baue doch auf einen ausgleichenden Gott u. dieser Gedanke soll auch Dich guten Mutes machen. Nun zu einem Vorschlag. Ich nehme an, daß z. Z. die Korrespondenz mit Deinen Eltern sehr erschwert, wenn nicht unmöglich ist. Ich bitte Dich daher an mich ganz ausführlich von Dir u. Deinem Ergehen zu schreiben, ich werde den Brief dann umgehend an Deine Eltern weiter leiten, damit Ihr gegenseitig immer auf dem Laufenden seid. Natürlich darfst Du nichts schreiben was Schwierigkeiten machen könnte. Ich selbst warte auch auf Deinen umgehenden, ausführlichen Brief. Du darfst nicht vergessen, daß auch von hier die Post noch 5–10 Tage geht. Von uns ist nicht viel zu berichten. Wir leben ganz einsam auf einem Dörfchen u. haben ein schönes Häuschen gemietet. Morgens um 6 Uhr beginnt die Tages Arbeit. Mein Mann, der ja in seinem Beruf tätig ist, geht zum Werk. Ulla[294] fährt nach Amsterdam (1 Std.) wo sie ohne Bezahlung in einem Kindergarten tätig ist u. ich bin daheim reichlich beschäftigt.

Wir leben sehr einsam und sehr bescheiden, wollten aber doch zufrieden sein, wenn wir nicht die Sorgen um all unsere Lieben hätten. Zu den Feiertagen u. zum neuen Jahr[295] wünsche ich Dir, wie allen die uns nahe stehen, von Herzen alles Liebe und Gute. Kopf hoch lieber Walter, schreibe umgehend u. ganz ausführlich und sei herzlichst gegrüßt, auch von meinem Mann u. Ulla
Deine
Alte Freundin
Hertha Müller


## 85. (32)
*Martha Jülich[296] an Walter Kaufmann*
[Handschrift]
Karte
Absender Julich [sic]. Bruxelles. 83, Rue Marie Thérèse.

---

294 Das ist: Ursula Müller (siehe FN 116), die Tochter von Hertha Müller.
295 Die hohen jüdischen Feiertage Rosch ha-Schana (Neujahr) und Jom Kippur (Versöhnungstag).
296 Die mit den Kaufmanns eng befreundete Familie Jülich lebte seit Juli 1939 in Brüssel. Als nach Kriegsbeginn der Briefverkehr mit Großbritannien eingeschränkt oder unterbrochen war, lief der Postverkehr zwischen Eltern Kaufmann und Sohn Walter teilweise über die Familie Jülich in Brüssel. Vgl. FN 122 u. 298.

13. September 1939.
Lieber Walter, wir erhielten heute eine Karte Deiner Eltern mit der Bitte Dir mitzuteilen: (ich schreibe ab) »dass wir gesund sind und ihm zu den Festtagen alles, alles Gute wünschen. Er möchte Ihnen [sic] mitteilen, wie es ihm geht, ob er Nora gesprochen hat und ob die Schule wieder begonnen hat. Dann bäten wir ihn sehr, uns doch sein Foto zu schicken, welches Tante Anna uns in den Ferien senden wollte.« – Wir hatten vorige Woche auch geschäftlichen Bericht Deines Vaters, dann ist Lehrer Is[rael] vorige Woche nach hier gekommen[297] und hat berichtet, dass es Allen in D[uisburg] gut ginge, sie hätten Lebensmittelkarten[298] bekommen wie alle Anderen. Du möchtest uns <u>bald</u> antworten, damit wir ihnen berichten können. Adresse umseit[ig]. Unseren Jungens und meinem Mann geht es gut, nur mir noch nicht. Wir wünschen Dir auch das Beste zu den Feiertagen und grüssen Dich
    Martha Jülich


*Walter Jülich[299] an Walter Kaufmann*
[Handschrift]
Karte

Lieber Walter!
    Auch ich wünsche Dir das Beste. Schreib bitte bald, am besten einen Brief, den wir Deinen Eltern weiter schicken können. Dein
    Dr. Jülich

---

297 Gottfried Israel (siehe FN 267), ehemaliger Lehrer an der Jüdischen Volksschule. Er verließ Duisburg im Spätsommer 1939 Richtung Brüssel, von wo aus er später nach Südfrankreich floh. Er geriet in die Fänge der deutschen Besatzer, wurde in St. Cyprien interniert und im August 1942 über Gurs nach Auschwitz deportiert, wo er ermordet wurde.

298 Vier Tage vor Beginn des Zweiten Weltkrieges wurden in Deutschland am 28. August 1939 Lebensmittelmarken ausgegeben. Deutsche Juden erhielten keinerlei Sonderzuteilungen und ab Oktober 1942 auch keine Fleisch- und Kleiderkarten mehr. Die Rationierung der Lebensmittel bedeutete, dass Juden, die »untergetaucht« waren, um der Verhaftung oder Deportation zu entgehen, von etwaigen Helfern nicht mehr ausreichend mit Lebensmitteln versorgt werden konnten: Ohne Karten war die Beschaffung von Lebensmitteln nahezu unmöglich. Wikipedia, Artikel »Lebensmittelmarke«, abgerufen 26.11.2019.

299 Dr. Walter Jülich (siehe FN 122), Hausarzt der Kaufmanns und deren enger Freund, wanderte mit seiner Familie im Juli 1939 nach Belgien und von dort im Dezember 1939 in die USA aus (siehe Brief 101, Martha Jülich an Walter Kaufmann).

**86.**
*Johanna Kaufmann an Walter Kaufmann*
[Handschrift]
Brief

den 15. September 39.

Mein liebster, allerliebster Walter,

Das war wirklich ein Freudentag für uns, als wir heute mit der Post eine Karte aus der Schweiz erhielten, und einen Brief von Herta [Müller – L.J.H.]. Vielen Dank. Wir sind so froh, daß Du ruhiger geworden bist & so fleißig im Garten arbeitest. Arbeit ist die beste Ablenkung. Leider sind die Fotos noch nicht angekommen, aber vielleicht kommen sie noch. Wir sind g. s. D. [Gott sei Dank] gesund und haben mit Tante Erna & Onkel Albert, die über Nacht zum Feiertag[300] bei uns waren, sehr gemütliche Stunden verbracht. Frau Ruben war einige Tage bei ihrem Bruder Siegfried, sie hofft nun auch bald, von Bernd und Klaus zu hören. Frau Winter ist noch sehr leidend (hast Du die Nachricht erhalten, daß Herr W[inter] vor 4 Wochen ganz plötzlich gestorben ist) schreibe ruhig an den an uns gerichteten Brief ein paar Zeilen für Frau Winter an, sie hat Deinen Brief sehr vermisst. Sie hofft immer noch auf eine Möglichkeit, nach Erez zu kommen. Du brauchst Dich über die Zeilen unseres guten Freundes Hugo nicht zu grämen, mein lieber Junge. Sicherlich hat er sich nicht viel Mühe gegeben und dass er im Augenblick nichts für uns tun kann, ist ja auch absolut verständlich. Wenn alles nicht klappte, ist das bestimmt auch nicht unsere Schuld. Wir sind aber guten Mutes, daß wir uns gesund wiedersehen. – Frau Winter hat immer noch Besuch von ihrer Nichte[301] aus der nächsten Umgebung, ihr 9 jähriger Rudolf ist auch hier und wir spielen des öfteren mit Deiner Mühle! Wenn er gewonnen hat, gibt es immer einen Bonbon! Wir hatten noch einen langen Brief von Onkel Eugen u. Tante Jeanette, sie sind jetzt in ihr Häuschen eingezogen. Hast Du eigentlich etwas von Nora gehört, das würde mich sehr interessieren, auch ob Deine Uhr endlich repariert ist?

Wir schreiben bald wieder, bleibe gesund und lerne fleissig. Sei innigst gegrüsst und geküsst von Deiner
  Mutti
  Hast Du von Kurt K[atzenstein] gehört?

---

300 Rosch ha-Schana (Neujahr) 1939 war vom 13. September 1939 (Erev Rosch ha-Schana) bis 14./15. September 1939, nach dem jüdischen Kalender begann damit das Jahr 5700.
301 Ihr Name war Lotte Herz (siehe Brief 105 von Johanna Kaufmann vom 9. Januar 1940). Zu Familie Winter siehe FN 25.

*Sally Kaufmann an Walter Kaufmann*
[Handschrift]
Brief

Mein lieber Walter!

Du kannst Dir denken, wie sehr wir gerade an diesen Feiertagen an Dich dachten, und ebenso wie uns erging es vielen hier. Hattest Du auch Gelegenheit, einen Gottesdienst zu besuchen?

Es ist nett von Dir gewesen, daß Du Onkel Eugen gratuliert hast, aber Du hattest vergessen, Deine Adresse anzugeben, sodaß er Dir bisher nicht danken konnte. Vielleicht schreibst Du ihm nochmals gelegentlich. Auf Deinen Berichten an uns fehlt das Datum! – Nun hoffe ich auch, daß Du bald mit Tante Anna über Deine Ausbildung nach beendeter Schulzeit sprichst. Ich schrieb Dir ja öfters darüber und hoffe, daß Du diese Briefe erhalten hast. Tante Anna wird sich dann auch sicher mit Onkel Hugo in Verbindung setzen. Wenn Du ihm schreibst und für seine Zeilen dankst, grüße ihn bitte herzlichst von uns. Ist seine Adresse noch die gleiche? Hat Tante Anna eigentlich unseren Brief erhalten, den wir sofort nach unserem letzten Telefongespräch mit Dir an sie absandten? –

Ich habe noch immer viel Arbeit, besonders da mein »Sekretär« Klaus[302] nicht mehr hier ist.

Nun, lieber Walter, bleibe weiter gesund und frohen Mutes! Alles wird und muss gut werden. Ich grüße & küsse Dich herzlichst in Liebe

Dein Vati

## 87. (33)
*Johanna Kaufmann an Walter Kaufmann*
[Handschrift]
Karte

d. 17. September 39.

[vier Zeilen fehlen wegen Abtrennung der Briefmarke]

[…] Uns geht es weiterhin zufriedenstellend. Wir haben gestern einen Ausflug aufs Land gemacht und haben Frauke Finschen[303] besucht. Es war sehr gemütlich, wir kamen, mit herrlichen Pfirsichen beladen, heim. Wenn Du wieder an Gerda [Katzenstein] schreibst, grüsse sie bitte herzlich von uns und sage ihr, daß es ihren

---

302 Das ist (vermutlich): Klaus Ruben (siehe FN 78).
303 Weitere Personenangaben wurden nicht gefunden.

Lieben gut geht und sie sich in ihrer neuen Wohnung sehr behaglich fühlen. Lasse bitte bald von Dir hören und sei herzlichst gegrüsst und geküsst von Deiner Mutti.
   Alles Gute zum Versöhnungstag![304]

[Zusatz: Sally Kaufmann]: Herzlichste Grüße und viele Küsse
   Vati


## 88. (34)
*Johanna Kaufmann an Walter Kaufmann*
[Handschrift]
Karte

Mittwoch d 20. Sept 39
[vier Zeilen fehlen wegen Abtrennung der Briefmarke]

[…] Es wäre sehr schön, wenn Tante Herta [sic][305] bald wieder Gutes von Dir berichten könnte. Hast Du Post von Onkel Eugen gehabt, das würde uns sehr interessieren. Klaus u. Bernd geht es wohl auch gut? Wenn Du von Carl'chens Mutter[306] Post hattest, beantworte dieselbe bitte sofort. Was arbeitest Du in dem Werkunterricht? Wir denken so viel an Dich, mein lieber Junge, bleibe gesund und sei innigst gegrüsst & geküsst
   Deine Mutti.


## 89. (35)
*Sally Kaufmann an Walter Kaufmann*
[Handschrift]
Karte

22.IX.39.
Liebster Walter! Kurz vor Jomkippur [sic] sende ich Dir schnell ein paar herzliche Grüße. Ich hoffe, Du hast inzwischen schon Nachrichten von uns erhalten,

---

304   Jom Kippur 5700 am 22./23. September 1939.
305   Gemeint ist Hertha Müller, enge Freundin der Kaufmanns, die in den Niederlanden lebte, über die zeitweise der mit Großbritannien unterbrochene Postverkehr zwischen Eltern und Sohn Kaufmann ablief (siehe FN 87).
306   Das ist: Martha Jülich, Mutter von Karl (Charles) und Hans Otto Emanuel Jülich, Ehefrau von Dr. Walter Jülich, dem Hausarzt und Freund der Kaufmanns (siehe FN 122). Die Familie war im Juli 1939 nach Brüssel ausgewandert und ging im Dezember desselben Jahres in die USA.

die Dir bestätigen, daß es uns gut geht und wir viel an Dich denken. Nochmals Gruß & Kuß
Vati

### *Johanna Kaufmann an Walter Kaufmann*
[Handschrift]
Karte

Mein lieber Junge, Wir wären so froh bald wieder von Dir etwas zu hören und benutzen jede Gelegenheit Dir Grüsse zu senden. Alles gute herzl. Kuss Deine
Mutti
[Randnotiz: Martha Jülich]: L[ieber] W[alter] Inzwischen haben Deine l[ieben] Eltern Deinen Brief sicher bekommen. Hoffentlich kommt diese Karte an, ich konnte Deine Adr[esse] nicht gut lesen. Schreib sie noch mal <u>deutlich</u>. Wir wollen gern Eure Briefe weiter vermitteln. Gr[uß] M[artha] J[ülich]

### 90.
### *Johanna Kaufmann an Walter Kaufmann*
[Handschrift]
Brief

den 28. September 39

Mein liebster Walter,
Wir hoffen sehr, daß Du unsere diversen Kartengrüsse durch […] unseren Hausarzt[307] bekommen hast. Mit Deinem ausführlichen Brief haben wir uns unendlich gefreut. Besonders erfreut hat uns die Nachricht, daß Du jetzt in der Examensklasse bist. Das ist wirklich fein, lieber Junge! Wieviel Kinder oder vielmehr junge Leute seid ihr denn in der Klasse? Und das [sic] Du so einen netten Brief von Herrn Dan[iels] hattest, hat uns sehr beruhigt. Es ist schon gut, wenn er öfters von sich hören lässt. – Jetzt vermissen wir doch seine Nachrichten. Wir haben gut gefastet[308] und haben mit Frau Else [Ruben] und Frau Winter's Nichte[309] die noch immer hier ist, mit leckerem Hering angebissen. Nach einer Nachricht, die heute eintraf, ist Klaus am 29. nach USA abgereist. Er schreibt, daß Kanaille und Bruder

---

307  Das ist: Dr. Walter Jülich (siehe FN 122).
308  Am Jom Kippur wird vom Abend (Erev Jom Kippur) bis zum Ende des Gottesdienstes am folgenden Tage (ca. 20 Uhr) streng gefastet – kein Essen und Trinken.
309  Das ist: Lotte Herz (siehe FN 301).

Bernd besuchten, um von dort nach Chile zu reisen. Die Mutter der Jungens ist aber noch hier und weiss nicht, wann sie fort kann. […] Morgen soll Frau Winters Lift gepackt werden. Frau Winter selbst hofft, am 15. Oktober nach Erez abreisen zu können. – Es ist ja schade, daß Deine Fotos nicht angekommen sind. Vielleicht ist einer Deiner Freunde so nett und knipst Dich nochmals und Du schickst uns die Aufnahme dann durch Tante Herta[310] oder Onkel Walter![311] Seit gestern haben wir die Heizung an, es ist zwar herrliches Wetter aber schon tüchtig kalt. Hattest Du nochmals an Nora geschrieben? Sie hat am 2. Okt. Geburtstag. Ich vermute sehr stark, daß sie zu ihren Eltern gefahren ist, denn Tante Jeanette schrieb, Nora habe ein Besuchsvisum [nach Palästina – L.J.H.] erhalten. Nun will Vati noch schreiben, darum schließe ich für heute. Bleibe gesund und lasse baldigst von Dir hören. Mit vielen, vielen Grüssen und Küssen verbleibe ich Deine
    Mutti


*Sally Kaufmann an Walter Kaufmann*
[Handschrift]
Brief

Lieber Walter! Wir freuen uns so sehr mit Deinem l. Brief vom 26/9. Wir wollen von jetzt ab jede Nachricht, die wir an Dich absenden, mit einer fortlaufenden Nummer versehen, damit Du siehst, ob auch alles ankommt. Tue das Gleiche! Unser früherer Arzt[312] schrieb uns, er hätte Dir einen ganzen Rubens-Satz zugesandt.[313] Hast Du ihn erhalten? Bewahre ihn gut auf, da der Satz sehr schön ist! – Die Feiertage haben wir gut verbracht. Die Gottesdienste waren wohl etwas kürzer, aber doch trotz des engen Raumes[314] recht feierlich. Schrieben wir Dir, daß einer Deiner Briefe gerade ankam, als wir vor Jom Kippur uns zu Tisch setzten.

---

310  Gemeint ist Hertha Müller (siehe FN 87).
311  Gemeint ist Dr. Walter Jülich, geb. 13. Februar 1895, ehemaliger Hausarzt und Freund der Familie Kaufmann, der in Brüssel lebte. Auch über ihn lief die Post zwischen Duisburg und Großbritannien (siehe FN 296).
312  Vermutlich Dr. Walter Jülich (siehe FN 311).
313  Es handelt sich wohl um einen Briefmarkensatz mit Motiven von Gemälden des Peter Paul Rubens. Sally Kaufmann hatte zunächst »Rembrandt-Satz« geschrieben und sich dann verbessert.
314  Der Gottesdienst konnte infolge der Zerstörung der Synagoge im Pogrom am 9./10. November 1938 nur in einem Nebenraum des Gemeindezentrums notdürftig stattfinden.

Das Essen schmeckte danach doppelt gut. Auch gefastet haben wir sehr gut. Mein Mittagschläfchen an diesen Tagen habe ich bei S[iegfried (Salli)] Löwe gehalten.
[…]
[Maschinenschrift]

Jetzt fängt für Dich aber sicher eine Zeit angestrengter Arbeit an. Denn ich bin überzeugt, daß Du alles dransetzen wirst, um in der Examensklasse mitzukommen. Dann wird auch Mr. Hugo [Daniels] seine Freude an Dir haben, und das wird Dir und auch vielleicht uns sicher von Nutzen sein. Wenn Du ihm schreibst, vergiß nicht, ihn von uns zu grüßen und ihm mitzuteilen, daß wir die Bestätigung von Chile haben, daß wir zur Visumserteilung nach Berlin vorgemerkt sind, daß aber die Vorladung selbst infolge der großen Belastung des Konsulats erst in einigen Monaten erfolgen wird. Frage ihn auch bitte, ob er von dem Commitee [sic] noch etwas gehört hat, an das ich mich zuletzt gewandt habe. Ich vermute zwar, daß auch dessen Arbeit ruht. […]

Ist die Adresse von Mr. Hugo noch die gleiche?

Vergiß auch nicht, die Berufswahlfrage mit Tante Anna [Essinger] zu erörtern und uns darüber zu schreiben. Unsere letzten Briefe, die diese Frage betrafen, hast Du nicht beantwortet. –

Gestern, als ich die Heizung anmachte, dachte ich an Deine Arbeiterei im vergangenen Jahr, als die Heizung fortwährend streikte. Diesmal ging's ganz glatt. – Heute war der 1. Suckostag [sic], eine Suckoh [sic][315] gab es aber nicht.

Der Bogen ist voll! Tausend Grüße & Küsse! Schreibe bald!

Dein

Vati.

---

315 Sukkot (hebr. »Hütten«), das Laubhüttenfest, ursprünglich Erntedankfest, das vom 15.–22. Tishri (September/Oktober) gefeiert wird. Traditionell wird in der Zeit des Laubhüttenfests in einer Hütte (Sukkah) gewohnt zur Erinnerung an die Hütten beim Auszug aus Ägypten.

## 91. (1)[316]
*Johanna Kaufmann an Walter Kaufmann*
[Handschrift]
Brief

9. Oktober 39.

Mein liebster, bester Walter,

wir haben uns so mit Deinem lieben Brief via Sebald [das ist: Dr. Sebald Müller] gefreut, und hoffen, daß Du auch unsere andere Post erhalten hast. Deine Fotos haben wir zu unserer Betrübnis nicht erhalten sie sind wohl endgültig verloren. Vielleicht kannst Du doch gelegentlich für Ersatz sorgen, das wäre sehr lieb von Dir. Sieh mal zu, was sich machen lässt. Auch wir wundern uns sehr, daß Nora gar nicht mal an Dich geschrieben hat. Ihre Adresse ist c/o Dr. Meyer, 40 Gordon Square, wenn Du Dich mal bei ihr meldest, lässt sie auch sicher von sich hören. Meine Vermutung, daß sie noch zu den Eltern gefahren ist, scheint nicht zu stimmen, da wir heute ein paar kurze Zeilen von Eugens hatten, wo sie nichts von Nora schreiben. Gerda hatte diese Woche mehrmals an ihre Eltern geschrieben und sie erwähnte auch, Du seist so ritterlich zu ihr, sie hörte 1 x die Woche von Dir. Onkel Albert u. Tante Erna waren so glücklich über die Post. Und ich habe mich auch gefreut, daß Du mit Gerda in enger Verbindung bist. Leider hat Lotte seit dem 20. August nicht mehr geschrieben, trotzdem directe Post von dort kommt. Hoffentlich geht es ihr gut. Sehr erfreulich ist es, daß Du mit Onkel Hugo [Daniels] correspondierst und er nett mit Dir ist. Wohnt er noch in seiner alten Wohnung? Grüsse ihn immer von uns.

Hörst Du von Deinem Freund Kurt [Katzenstein – L.J.H.] eigentlich etwas, Du hast nie geschrieben, ob er bei Euch war. Am Freitag ist nun Frau Winter abgereist und wird, wenn sie gesund bleibt. Mitte dieser Woche in Begleitung von Herrn & Frau Brodi[nger][317] nach Erez abfahren. Der Abschied war sehr schwer, das kannst Du Dir denken. Mir ist es immer noch unbegreiflich, lieber Junge, daß Du nicht einmal – auf meine Bitte – eingegangen bist, und an Frau Winter

---

316 Mit diesem Brief beginnt Sally Kaufmann die Briefe an seinen Sohn mit einer roten Ziffer fortlaufend zu markieren. Diese Ziffer ist zukünftig in Klammern hinzu gesetzt.

317 Das sind: Isy (Israel) Brodinger, geb. 1. April 1884, Mitinhaber der Getreide- u. Futtermittel-Firma Klestadt & Brodinger. Am 17. Oktober 1939 emigrierte er zusammen mit seiner Frau Rosa, geb. 24. Februar 1895, nach Palästina, wo sich die Töchter Miriam (Marianne), geb. 25. Juli 1922, und Beate, geb. 5. Mai 1926, niedergelassen hatten. Isy Brodinger war Mitglied und aktiv in der Zionistischen Ortgruppe Duisburg sowie im Ostjudenverband. Biografisches: Roden 1986, Teil 2, S. 937ff.

geschrieben hast. Nun ist Herr Winter schon 6 Wochen tot. Inzwischen ist aber wieder soviel geschehen, Klaus Abschied, Frau W[inters] Auszug etc. –

Daß die Schule Dir soviel Freude macht, ist sehr schön. Auch für uns ist es sehr beruhigend, daß Du in Tante Anna's Obhut bist. Was macht der Sport und die Musik? Hoffentlich erhältst Du diesen Brief bald und wir hören bald wieder Gutes von Dir. Alles Gute weiter bleibe gesund und sei herzl. gegrüsst und geküsst von Deiner

Mutti

Übrigens fragt Bernd in jedem Brief nach Dir, Kasper & Kanaille haben ihn vor ihrer Abreise nach Chile gesprochen.


## 92. (2)
*Sally Kaufmann an Walter Kaufmann*
[Maschinenschrift]
Brief

14. Okt. 1939

Lieber Walter! Trotzdem wir seit Deinem Brief von [sic] 26. Sept. nichts von Dir hörten, sollst Du heute einige Zeilen erhalten. Sie sollen Dir vor allem Berichten [sic], daß wir gesund sind und oft an Dich denken und von Dir sprechen. Wir bedauern nur immer wieder, daß wir noch kein gutes Photo neueren Datums von Dir erhielten, denn das von Gerling[318] ist sicher nicht mehr zutreffend. Erika,[319] der es sehr gut bei Euch in den Ferien gefallen hat, schrieb, Du seiest so groß und breit geworden. – Heute wird Frau Winter abreisen, um zusammen mit Brodinger's nach Triest zu fahren und sich dort nach Erez einzuschiffen. Hoffentlich kommt sie gut an, da sie in den letzten Tagen sehr aufgeregt war. Nächste Woche, am 19. Okt., haben wir unseren 20. Hochzeitstag, und hoffen, daß wir bis dahin recht gute Post von Dir haben. Dann werden wir den Tag auch gut begehen. – Was macht die Schule? Ich hoffe, daß Du alles daran setzt, in der Klasse gut mitzukommen. Ich glaube ja, daß das nicht ganz leicht ist, aber auch ich habe ja manches lernen müssen, um die Examina bestehen zu können. Hörst Du noch mal etwas von Kurt [Katzenstein – L.J.H.] und hat Nora, deren Adresse wir Dir schrieben, etwas von sich hören lassen?

---

318   Richard Gerling (geb. 2. September 1880 Duisburg, gest. 24. Juni 1957 Duisburg), er nannte sich Hof-Lichtbildner, Münzstraße 26.

319   Das ist: Erika Herzstein (siehe FN 178), geb. 7. März 1925 in Duisburg, die 1939 mit einem Kindertransport nach England gelangte und 1940 weiter in die USA wanderte.

Nun, lieber Junge, Schluß für heute. Nimm einen festen Kuß und viele Grüße
Deines
Vati


*Johanna Kaufmann an Walter Kaufmann*
[Handschrift]
Brief

Mein lieber Junge, Wir hoffen sehr auch durch Karl's Vater[320] bald wieder von Dir zu hören. Wenn es Dir nur weiter gut geht sind wir zufrieden. Wir wollen morgen Wochenende zu Tante Selma & Tante Henny,[321] Du weißt ja Kurt Steinberg's Mutter fahren. Else [Ruben] fährt dann zu ihrem Bruder, sodaß wir dann das Haus schließen können. Sonntag sind wir wieder zurück. Ich hatte heute einen reizenden Brief von der Oma Kauders,[322] Kurt [Katzenstein – L.J.H] hätte ihr beglückt von Eurem Zusammensein geschrieben. Wie lange ist das nun schon her? Bernd fragt in jedem Brief nach Dir, er schrieb diese Woche 3 Karten und 2 Briefe. Sie haben anscheinend nur noch sehr unregelmäßig Unterricht. Hast Du eigentlich Onkel Hugo [Daniels] erzählt, daß wir bestimmt hoffen, nach Chile zu kommen? Gestern sind einige Bekannte nach dort abgereist unter anderem auch Kanailles Mutter.[323]

Was arbeitest Du jetzt im Werkunterricht? Habt Ihr noch musikalische Abende? Frau Winter fehlt uns doch sehr. Also, mein gutes Kind, schreibe recht bald und sei innigst gegrüsst von Deiner
Mutti


[Randnotiz: **Martha Jülich**]
[Handschrift]




320  Das ist: Dr. Walter Jülich (siehe FN 122).
321  Das sind: Selma Steinberg, geb. Kaufmann (siehe FN 85), und ihre unverheiratete Schwester Henriette (Henny) Kaufmann, geb. 11. Juli 1875 in Schiefbahn. Sie betrieben seit 1902 zusammen das Manufakturwarengeschäft Geschwister Kaufmann in Altenessen, 1936 Geschäftsaufgabe, 1938 nach Köln (zu Schwiegereltern ihrer Nichte), deportiert Juni 1942 von Köln nach Theresienstadt, von dort aus am 19. September 1942 nach Minsk, dort ermordet.
322  Mutter von Helga Katzenstein, geb. Kauders (siehe FN 7), also die Großmutter von Kurt Katzenstein.
323  Das ist: Elli Rosenthal (siehe FN 53).

Lieber Walter, Deinen Brief v. 5. gest[empelt] 6. 10. erhielten wir am 13., er hat sich mit diesem gekreuzt. Inzwischen hast Du unseren Einschreibebrief hoffentlich auch erhalten? Wir sind jetzt zum 26. X vorgeladen, werden aber auf das Visum noch warten müssen. Viele Grüsse auch von m[einem] Mann
    Frau M. Jülich.

## 93. (3)
*Johanna Kaufmann an Walter Kaufmann*
[Handschrift]
Brief

19. Oktober 39

Mein liebster Walter,
    Als wir am Sonntag von unserer Wochenendreise bei Tante Selma u. Henny zurückkamen, fanden wir Deinen und Onkel Jü[lich]'s[324] Brief vor. Wir freuten uns so sehr mit Deinen lieben Zeilen. Wie schön, daß Du nun in der Examensklasse bist und die Arbeit Dir Freude macht. Onkel Hugo [Daniels] wird das bestimmt auch erfreuen, hat er eigentlich noch seine alte Adresse? Über Dein Zeugnis haben wir doch schon vor langem geschrieben, sicher hat Dich gerade dieser Brief nicht erreicht. Es kam ja gerade bei uns an, als Du in den grossen Ferien verreist warst, und da wollten wir Dir nichts darüber schreiben. Es war im ganzen nicht schlecht, aber in jedem Fach die Bemerkung aufmerksamer & fleissiger sein. Aber ich denke, mein lieber Junge, daß das längst überholt ist, und Du bestimmt jetzt aufmerksam und fleissig bist, sonst wärst Du ja nicht in die höchste Klasse gekommen. Hast Du gar keine Gelegenheit, spanisch zu lernen das wäre wirklich <u>sehr</u> wichtig. Wir wollen bald wieder mit dem Unterricht anfangen. – Was arbeitest Du im Werkunterricht und treibt Ihr Sport?
    Bei diesem feuchten, ungemütlichen Wetter nimm Dich nur ja in Acht vor Erkältung. Bald ist es ein Jahr her, daß wir immer zusammen zum Nasenarzt gingen, ich denke oft daran. Gestern hatte ich leckere Reibekuchen – ich wünschte, ich hätte Dir eine Kostprobe senden können.
    Unser Wochenende war von herrlichstem Wetter begünstigt, sodaß es, besonders für den lieben Vati, ganz erholsam war. Nun ist er wieder mitten an der Arbeit. Wenn Du den Rubenssatz erhalten hast, vergiss nur nicht, Dich bei Onkel Jü[lich] zu bedanken. Es ist überhaupt sehr nett, daß er Dir immer wieder schreibt.

---

324  Gemeint ist Dr. Walter Jülich (siehe FN 122), ehemaliger Hausarzt und Freund der Kaufmanns, Ehemann von Martha Jülich (siehe FN 176). Eine verwandtschaftliche Verbindung zwischen den beiden Familien bestand nicht.

An Prof. Traugott[325] schicken wir diesen Brief. Frau Winter schwimmt nun schon auf hoher See, am 23. Okt. soll sie in Haifa landen. Hoffentlich geht alles glatt. Die Wohnung ist noch nicht fest vermietet, gleich kommt jemand, dieselbe zu besichtigen. Hörst Du von Kurt [Katzenstein – L.J.H.] eigentlich gar nichts? Es ist schade, daß wir gar nicht wissen, wo Nora sich befindet, aber vielleicht hattest Du doch Nachricht von ihr. Nun, mein lieber Junge, muss ich schließen, da ich Mittagbrot bereiten muss. Bleibe weiter gesund, lasse Dich herzlichst grüssen und innigst küssen von Deiner Dich sehr liebenden
   Mutti.
   Hörst Du von Gerda?

## Sally Kaufmann an Walter Kaufmann
[Handschrift]
Brief

Lieber Walter! Dieser Brief (No. 3) wird hoffentlich infolge der Nummerierung dazu beitragen, daß Du merkst, wie oft und wie regelmäßig wir Dir schreiben. Einige Briefe müssen verloren gegangen sein, denn ich habe 2 x wegen Deines Zeugnisses geschrieben, auch einmal am Tage nach unserem letzten Telefongespräch an Tante Anna [Essinger]. Ich kann nicht sagen, daß ich sehr zufrieden war, wenn es auch fast überall erfreulicherweise hieß, daß Du Dich in der letzten Zeit gebessert hättest. Hoffentlich hält diese Besserung. Hat denn Tante Anna keine Abschrift des Zeugnisses, die sie Dir zeigen kann? Daß Du in der Examensklasse bist, beweist auch wohl, daß Tante Anna jetzt auch zufrieden ist. Aber ich würde doch alles dransetzen, auch in Mathematik mitzukommen, evtl. mit Extrastunden & Hilfe. Du schickst Grüße an »Winters« und »Rubens«? Hast Du denn nicht die Nachricht von Herrn Winter's Tod am 19/8 erhalten & weißt Du nicht, daß Klaus Ruben nach Amerika abgefahren ist? Er kabelte schon seine gute Ankunft.

---

325   Louis Traugott, geb. 8. September 1882, Rechtsanwalt, seit 1905 in Duisburg lebend. Traugott wurde im März/April 1933 durch einen Zeitungsartikel diffamiert, im Mai 1933 in »Schutzhaft« genommen, wo er schwer erkrankte. Im August 1938 wanderte Traugott nach Brüssel aus, flüchtete im Mai 1940 vor den deutschen Truppen nach Frankreich, wurde jedoch im gleichen Monat in St. Cyprien interniert. Im Juli 1940 gelang ihm die Flucht über Spanien nach Portugal. 1941 konnte er in die USA reisen. Seine Ehefrau Bertha, geb. Neumark (Tochter von Hartog Neumark), und sein Sohn Stefan konnten sich ebenfalls mit ihm in Sicherheit bringen. Traugott starb am 29. Mai 1956 in New York. Biografisches zu Louis Traugott: Mauss 2013, S. 476–481.

Viele herzliche Grüße. Heute haben wir den 20. Hochzeitstag! Einen dicken Kuß
Vati


## 94. (36), (4)
*Johanna Kaufmann an Walter Kaufmann*
[Handschrift]
Karte

24. Oktober 39

Mein lieber, lieber Walter,
Es ist doch so erfreulich, daß Deine liebe Karte über Onkel Jü[lich] vom 16. uns sehr schnell erreichte. Wie gut, daß Du so viel für die Schule zu tun hast, der Erfolg wird sicher auch nicht ausbleiben. Ausserdem ist dann Deine Zeit ausgefüllt, und Du hast keine Langeweile. Deinen Brief über Berufsfrage haben wir nicht erhalten. Du erwähntest wohl, daß die Berufsschulen geschlossen seien. Das war alles. Unseren 20. Hochzeitstag waren wir gemütlich mit Tante Erna & Tante Else zusammen. Du hast uns doch gefehlt. […] [Es fehlen sechs Zeilen wegen Abtrennens der Briefmarke]

Nun freuen wir uns schon sehr auf Deinen langen angemeldeten Brief. An Onkel Hugo [Daniels] legen wir demnächst einige Zeilen ein. Hörtest Du etwas von Onkel Eugen, das würde uns interessieren. Wie geht es Kurt K[atzenstein], von seinen Eltern hören wir leider nichts. – Nimm für heute innige Grüsse & viele Küsse von Deinem Mutterlein.


## 95. (5)
*Johanna Kaufmann an Walter Kaufmann*
[Handschrift]
Brief

d 29. Oktober 39

Mein liebster Walter,
Wir hoffen sehr, daß Du unsere Briefe rot nummeriert 1, 2, 3, u. Karte 4 erhalten hast. Hoffentlich schreibst Du uns bald wieder. Nach sehr regnerischen Tagen ist es endlich wieder trockenes Wetter und Sonnenschein, wenn auch kalt. Bei Euch wird es sicher auch besser sein. Wir sind, gsD [Gott sei Dank], gesund und sind wieder fleissig beschäftigt. Sonnabend waren wir mit Frau Ru[ben] bei Onkel Albert & Tante Erna, es war wirklich sehr gemütlich und nett. Tante Ernchen (ist wohl Deine Lieblingstante?) kam auch mal hereingehuscht und erkundigte sich nach Dir. Von Frau Winter haben wir noch keinerlei Nachricht, ob sie gut ange-

kommen ist. Die Post geht wohl sehr langsam. Ob Du endlich von Onkel Eugen und Nora hörtest? Onkel Albert hat nun auch Beschäftigung, wenn auch nicht in seinem früheren Beruf. Aber die Arbeit bekommt ihm gut. Lotte schrieb auch, sie ist immer noch auf ihrer ersten Stelle, wo sie anscheinend sehr zufrieden ist. Die Eltern von Kurt und Rolf L[öwenstein][326] ziehen jetzt bald ganz in unsere Nähe, dann können sie öfters mit uns zusammen sein. Leider haben wir für unsere Etage noch niemanden gefunden. Grüsse immer Herrn D[aniels] von uns. Das nächste Mal legen wir ein paar Zeilen für ihn bei. Bleibe nun gesund, mein liebes Kind, wir denken so oft an Dich. Ob Du von Kurt Nachricht hattest? Grüsse auch bitte Tante Anna von uns, sie hat sicher viel zu tun. Was macht die Musik, habt Ihr wieder musikalische Abende? Ich möchte so gerne bald ausführlich von Dir hören. In Gedanken grüsse und küsse ich innigst
 Deine Dich liebende Mutti. –


*Sally Kaufmann an Walter Kaufmann*
[Handschrift]
Brief

Lieber Walter! Wir haben leider Deinen Brief, in dem Du die Berufsfrage erörtert hast, nicht erhalten. Schreibe bitte nochmals darüber. Wir haben nur Deine Nachricht hier, daß die Berufsschulen z. Zt. ausscheiden. Es wird ja doch langsam Zeit, daß wir uns entscheiden. Daß Du so fleissig arbeitest, ist fein. Dann wird es auch sicher mit dem Examen klappen. Wie ist es mit der Mathematik? Hast Du vielleicht Nachhilfestunden genommen, damit Du auch in diesem Fach gut wirst? Auch ich habe nach wie vorher [sic] viel Arbeit, sodaß ich mich Ende der Woche immer auf das Wochenend freue.
 Schreibe bald wieder, wir tun es auch.
 Gruß & Kuß Vati.


## 96. (6)
*Johanna Kaufmann an Walter Kaufmann*
[Handschrift]
Brief

d. 4. November 39

---

326 Das sind: Max und Hilde Löwenstein (siehe FN 96).

Mein allerliebster Junge,

Du kannst Dir gar nicht vorstellen, <u>wie</u> sehr wir uns mit Deinem ausführlichen lieben Brief von Tante Herta [Hertha Müller – L.J.H.] gefreut haben. Wie wunderschön, daß Gerda bei Dir war, und ich kann mir denken, wie sehr ihr Beide das Wiedersehen und Beisammensein genossen habt. Ihr hattet Euch doch ¾ Jahr nicht gesehen. Nun bin ich mal sehr gespannt, wie Gerda's Bericht über Dich und die Schule ist. Es war wirklich sehr brav und lieb von Dir, daß Du ihr die Hälfte des Fahrgeldes wiedergegeben hast. Es ist natürlich sehr traurig, daß Gerda nun wieder ihre Stelle wechseln muss. Weiss Tante Anna [Essinger] da keine? Sonst sollte Gerda sich doch mal an Tante Clara in C. [?][327] wenden, die weiss vielleicht Rat. Jedenfalls musst Du ihr das mal schreiben. Fein, daß Du so ein schönes Wochenende hattest, mein lieber Walter. Dein Stundenplan hat uns sehr interessiert. Zu schade, daß Du kein Spanisch lernen kannst, das wäre <u>sehr</u> wichtig. Sprich doch mal mit Tante Anna darüber, ob es sich gar nicht ermöglichen lässt. Von Frau Winter hörten wir indirect, daß sie glücklich mit Brodingers gelandet sei. Hoffentlich hören wir mal direct von ihr. Von Onkel Eugen kommt gar keine Post. Hast Du von ihnen gehört? Ich hätte auch zu gerne gewusst, ob Du von Kurt K[atzenstein] Nachricht hattest. Ist Nora noch auf ihrer alten Stelle, das würde uns sehr interessieren, ebenso ob Du endlich Deine Armbanduhr in Ordnung hast.

Dieser Tage kam endlich der erste Brief von Klaus aus New York. Die Freude von Frau R[uben] war gross. Er schreibt sehr interessant und noch begeistert von allem Schönen, was er schon gesehen hat. Bernd schrieb diese Woche 4 Briefe an seine Mutter, hört Ihr gar nichts mehr von einander? Am 1. Dezember ziehen Koebes[328] bei uns ein auf die 1. Etage. Lutz ist auch drüben,[329] es geht ihm sehr gut. – Gleich wollen wir noch ein Stündchen zu Frau Else, die Besuch von ihrer Nichte Liesel mit Mutter[330] hat. Frau E. ist jetzt jeden Freitag abend bei uns unten und dann sprechen wir immer von unseren Jungens! Klingen Dir nicht manchmal die Ohren? Hast Du eigentlich den Rasier-Apparat schon benutzt (Antwort bitte nicht vergessen?) Grüsse bitte Tante Anna von uns. Schreibe uns bald wieder nur Gutes von Dir und sei herzlich gegrüsst und geküsst von Deiner

Dich liebenden Mutti.

---

327   Nähere Angaben ließen sich nicht ermitteln.
328   Das sind: Hans und Elise Koebe (siehe FN 237).
329   Karl Ludwig (»Lutz«) Koebe (später: David Charles Kirby), geb. 26. Juli 1926 in Duisburg, der im Juni 1939 mit einem Kindertransport nach England gelangte. Siehe FN 226.
330   Weitere Angaben über die genannten Personen ließen sich nicht ermitteln.

*Sally Kaufmann an Walter Kaufmann*
[Handschrift]
Brief

5/11. 1939

Lieber Walter! Ich probiere gerade meinen neuen Füllfederhalter aus, da der alte nach mehr als 15 jähriger Ehe einen solchen Knacks bekommen hat, daß er nicht mehr zu reparieren ist. Ob die Feder aber nicht zu spitz ist, werde ich morgen nochmals prüfen. Nun zu Deinem l. Brief! So sehr ich mich freue, daß Du im engl. Unterricht gut bist, so gern möchte ich auch, daß Du auch in den anderen Fächern nicht gerade schlecht bist. Hoffentlich wetzt Du die Scharte mit der »verhauenen« Geschichtsarbeit bald aus. Und wie ist es mit der Mathematik? Ich vermisse auch jede Erörterung der Berufsfrage, aber Du wirst uns sicher bald darüber schreiben, denn offenbar ist Dein früherer Brief mit der Erörterung dieser Frage nicht angekommen. Vielleicht nummerierst Du Deine Briefe & Karten an uns genau so, wie wir es seit Anfang Oktober tun (vgl. die rote N[umer]o); Du musst dann allerdings ein Register führen, wir können aber alle dann genau sehen, ob eine Nachricht nicht übergekommen ist. Ich füge heute noch keine Zeilen für Onkel Hugo [Daniels] bei, da ich gern vorher noch Genaueres über Chile wissen möchte (ich hoffe es bald zu erfahren) und ich auch gern vorher wegen Deiner Berufsfrage Näheres von Dir wissen möchte. Grüße ihn aber bitte von uns! Für heute, lieber Junge, Gruß & Kuß Dein Vati

## 97. (7)
*Johanna Kaufmann an Walter Kaufmann*
[Handschrift]
Brief

11. November 39

Mein liebster Junge,

Heute früh kam ein langer Brief von Tante Herta, leider ohne Einlage von Dir. Hoffentlich geht es Dir weiter gut, mein lieber Walter. Wir sind gesund und haben weiter viel Beschäftigung. Das ist im Augenblick wirklich gut. Tante Erna hatte nun auch Nachricht von Gerda und weiss, dass sie auf ihrer Stelle nicht bleiben konnte. Sie haben sich sehr aufgeregt, aber hoffentlich hat Gerda inzwischen etwas gefunden. Du hörst doch sicher von ihr. Im übrigen war sie begeistert von ihrem Ausflug zu Dir. Du sähest so gut aus u. wärest grösser als sie. Das hat uns sehr gefreut, nun bist Du dem lieben Vati wohl über den Kopf gewachsen? Wie liebend gerne möchten wir ein Foto von Dir haben, ist das ganz ausgeschlossen? Dieser Tage hatten wir einen lieben Brief von Robert & Helga, allerdings vom 23. August, es geht ihnen im allgemeinen gut. Aber Arbeit hat Onkel Robert immer noch nicht und wenig Aussicht. Sie haben sich <u>sehr</u> gefreut, daß Ihr Jungens so vergnügt zusammen gewesen seid. Wie lange ist das nun schon wieder her!

Heute wird der Bruder von dem Erich Wolf Barmizwah,[331] wir haben ihm auch eine Kleinigkeit geschenkt. Der Erich war auf Hascharah[332] und ist, weil er körperlich zu schwach sei, wieder nach Hause geschickt worden. Für den armen Jungen sowie die Eltern doch eine grosse Enttäuschung. Ein trauriges Kapitel. Hattest Du eigentlich Post von Onkel Jü[lich]?[333]

Schrieb ich schon, daß wir diese Woche Tischbesuch von Onkel Gustav[334] hatten, er ist mit seinen 84 Jahren sowohl körperlich als auch geistig unglaublich rüstig. Es war eine Freude ihn hier zu haben. Er fuhr von hier zu Tante Sarah,[335] ganz ohne Begleitung.

Dieser Tage kam wieder Post von Klaus aus New York, er schreibt sehr glücklich und zufrieden. Nun ist er schon 6 Wochen bei Gerson's in Kansas City,[336] da muss auch bald Nachricht kommen. Vielleicht verreist Vati nächste Woche auf 2–3 Tage in unserer Chile Angelegenheit, damit wir endlich einen genauen Termin erfahren. Es wird nun bald Zeit, daß wir etwas hören. Wie ist das Wetter bei Euch? Hier ist es augenblicklich sehr milde, beinah Frühjahr und abends ist man so abgespannt von dem warmen Wetter, daß wir müde oft früh schlafen gehen. Schreibe uns nur recht bald, lieber Walter, wir sind immer so froh mit Deinen Briefen. Viele, viele herzliche Grüße und viele Küsse von Deiner
Mutti.

*Sally Kaufmann an Walter Kaufmann*
[Handschrift]
Brief

331 Kurt Wolf, geb. 5. November 1926 in Wanne-Eickel, der kurz vor seinem 13. Geburtstag stehend, Bar-Mizwa, die religiöse Volljährigkeit, erreichte. Bruder von Erich Wolf (siehe FN 285). Kurt Wolf wurde am 11. Dezember 1941 nach Riga deportiert.
332 Hachschara (»Ausbildung«), Vorbereitung einer beruflichen Ausbildung jüdischer Jugendlicher für ein Arbeiterleben in Palästina (siehe FN 52).
333 »Onkel« Jülich, das ist: Dr. Walter Jülich (siehe FN 122), der Kaufmann'sche Freund und Hausarzt, der seit Juli 1939 in Brüssel war.
334 Weitere Angaben ließen sich nicht ermitteln.
335 Sara(h) Kaufmann, eine Tante von Sally Kaufmann, wohnhaft in Schiefbahn.
336 Die Rede ist von Klaus Ruben (siehe FN 78), gelernter Hemdenzuschneider bei der Firma Josef Rothschild, der im August 1939 in die USA ausgewandert war und offensichtlich bei dem aus Duisburg (»Leopold Gerson, Haushaltswarengeschäft«, siehe FN 465) stammenden Oskar Max Gerson, geb. 2. Januar 1897 (siehe FN 466), der eine neue Firma in Kansas City gründete, eine Stelle gefunden hatte.

Lieber Walter! Nun habe ich mich endlich für den neuen Füllhalter entschieden, mit dem ich diese Zeilen schreibe. Aber ich brauche nur <u>einen</u> Halter und so vornehm wie Du, für jede Tinte einen Halter zu haben, bin ich also noch lange nicht. Ich komme gerade vom Kiddusch[337] bei Dr. N[eumark] nach Hause. Sein Sohn Hermann – der mit dem großen, hin & her kullernden Adamsapfel – und auch seine jüngste Tochter[338] werden in Kürze nach Erez kommen, von wo übrigens auch Frau W[inter] ihre gute Ankunft mitgeteilt hat. In ihre Wohnung zieht vielleicht außer Koebe noch eine weitere Familie, die Mutti etwas bei der Arbeit hilft. – Im vorigen Brief bat ich Dich um ausführlichen Bericht über die Berufsfrage; hoffentlich kommt dieser Bericht bald. […]

Ich schließe für heute und grüße & küsse Dich vielmals. Grüße auch bitte Onkel Sebald & Tante Hertha,[339] denen wir in Kürze wieder schreiben.

Vati


## 98. (37)
### *Sally Kaufmann an Walter Kaufmann und Familie Müller in Uithoorn/Holland*

[Handschrift]
Karte
[Teile von Zeilen fehlen wegen herausgeschnittener Briefmarke]

ohne Datum [November 1939]

Liebe Müllers, lieber Walter!

Wir sind sehr traurig, dass wir von Dir, l[ieber] Walter, gar nichts hören. Dein letzter Brief ist vom 21. Okt[ober], während wir von Ihnen, l[iebe] Müllers, einen Brief vom 4. Nov[ember] vorliegen haben. Die Steuerangelegenheit ist zu ¾ erledigt.[340] Ob das letzte Viertel zu zahlen ist, wird von der Behörde noch ent-

---

337 Kiddusch (»Heiligung«), Bezeichnung eines Gebetes, das zu Hause (vor der Mahlzeit) oder in den Synagogen nach dem Gottesdienst am Vorabend des Sabbat über einen Becher Wein und beim Brechen des Sabbat-Brotes (»Challa«) gesprochen wird. Der Kiddusch ist traditionell mit einem kleinen Essen verbunden.

338 Ruth Neumark, geb. 30. September 1915 in Duisburg. Ruth Neumark konnte, wie alle Kinder von Rabbiner Dr. Manass Neumark (siehe FN 164), nach Palästina entkommen. Ruth Neumark heiratete Zvi Schaal.

339 Das sind: Dr. Sebald und Hertha Müller.

340 Am 26. April 1938 war eine Verordnung über die Anmeldung des Vermögens von Juden erlassen worden, wonach Juden bis Ende Juli 1938 ihr Vermögen deklarieren mussten. Eine Durchführungsverordnung über die Sühneleistung der Juden vom 21. November 1938 (Reichsgesetzblatt 1938, S. 1638f.) als Folge des Pariser Attentats auf den Diplomaten Ernst vom Rath am 7. November 1938 und des anschließenden

schieden werden. Sonst ist alles in Ordnung. Ich hatte vor, morgen für einige Tage zu Eisenbergs[341] zu fahren, um mich beim chilenischen Konsulat nach unserer Angelegenheit zu erkundigen, erhielt aber gestern vom Hilfsverein die […], dass unsere Anforderung […]ulat vorliegt, so dass sich die […]igt. Allerdings dauert es […] Monate, bis wir das Visum […]ber wir sind sehr froh, […] woran wir sind. Schreibt […] bald wieder. Herzliche
[Rest nicht zu lesen]

*Johanna Kaufmann an Walter Kaufmann u. Familie Müller*

Mein liebster Walter, l[iebe] Müllers,
Wir hoffen sehr, dass wir bald von Dir Gutes hören. Wir sind gesund. Am 1. Dez[ember] ziehen wir in Winters Wohnung und haben die unteren Zimmer mit Küche vermietet. Vati freut sich auf das Badezimmer. (Ich auch!) Heimanns sind gut gelandet,[342] wie geht es Tante Ida?[343] An alle viele, viele Grüsse und Dir, mein liebster Junge, innige Grüsse + Küsse.
Deine Mutti
Bald schreiben wir ausführlich.
[Datum darunter halb abgeschnitten]


## 99. (8)
*Johanna Kaufmann an Walter Kaufmann*
[Handschrift]
Brief

d. 22. Nov. 39

Novemberpogroms bestimmte, dass alle Juden mit einem Vermögen über 5000 RM 20 % davon in vier Raten bis zum 15. August 1939 an ihr Finanzamt abführen mussten. Die Verordnung sah für den Fall, dass die Gesamtsumme von 1 Milliarde Reichsmark als »Sühnekontribution« nicht von den Juden erbracht wurde, eine weitere Verfügung folgen würde. So kam es dann auch: Zum 15. November 1939 erging eine weitere Verordnung. Wikipedia, Artikel »Judenvermögensabgabe«, abgerufen 26.11.2019. Vgl. auch: Barkai 1988.

341 Weitere Angaben waren nicht zu ermitteln.
342 Vermutlich: die Familien der Brüder Felix und Philipp Heimann, die im September 1939 nach Bolivien auswanderten.
343 Nähere Angaben ließen sich nicht ermitteln.

Mein liebster Walter, Bevor ich heute früh an meine gewohnte Hausarbeit gehe wollen wir Dir den langen und lieben Brief von Prof. Traugott[344] bestätigen. Du kannst Dir wohl denken, wie wir uns gefreut, nachdem wir 4 Wochen nichts von Dir hörten. Wie fein und schön, daß Du die beste Klassenarbeit gemacht hast. Bleibe nur weiter so eifrig und fleissig, Du siehst jetzt den Erfolg. Ich denke nun, daß Tante Anna [Essinger] nun auch zufrieden mit Deinen Leistungen sein wird! Hoffentlich! Grüsse sie bitte von uns. Wir sind, g. s. D. [Gott sei Dank], gesund, eine kleine Erkältung zählt nicht. Am Sonntag waren wir bei einem Hundewetter bei Onkel Fritz und Tante Käte,[345] die wir sicher seit ¾ Jahren nicht besucht hatten. Wir haben dort Mittagbrot gegessen, sehr gemütlich und nett. Ilschen[346] ist in der Nähe von Bernd[347] bei einem Bauern untergebracht, muss Milch austragen etc. Du kannst Dir Tante Käte vorstellen! Aber Ilse schreibt sehr vernünftig. Zum Kaffee waren wir bei den Verwandten von Frau Winter, wo wir auch die neusten Nachrichten über sie hörten. Sie ist gut in Naharia[348] gelandet und wohnt bei ihrem Neffen. Sie kann sich ohne ihren guten Mann schlecht zurechtfinden. Es ist auch wirklich nicht so einfach. – Hast Du die Nachricht erhalten, daß wir am 1. Dez. in Winters Wohnung ziehen und unten vermietet haben? Was sagst Du dazu? Nun habe ich in den nächsten Tagen noch recht viel Arbeit, aber Vati und auch Frau Else [Ruben] wollen helfen, dann werden wir es schnell oben gemütlich haben. Wir haben augenblicklich das herrlichste Winterwetter, nur schade, daß wir nicht so viel Zeit zum Spazieren gehen haben. Ich bin sehr erstaunt, daß Du mit Nora, wie Du schreibst, auf irgendwelche persönliche Correspondenzen verzichtest. Warum denn, hast Du Dich über sie geärgert, bitte <u>beantworte</u> uns diese Frage ebenso, ob Deine Armbanduhr nun repariert ist? Hast Du etwas von Onkel Eugens gehört? Wir schreiben jetzt über das Rote Kreuz an sie, und hoffen doch einmal etwas zu hören. Jetzt hatten wir gestern wieder einen sehr lieben

---

344   Vgl. FN 325.
345   Vgl. FN 202.
346   Ilse Mendel, geb. 6. Juni 1922 in Duisburg (siehe FN 38), war am 2. Februar 1939 mit einem Kindertransport nach England gelangt.
347   Das ist: Bernd Ruben (siehe FN 8), der mit der »Jawne«-Schule in Köln im Mai 1939 nach Liverpool ausreisen konnte.
348   Helene Winter (siehe FN 25) war 10. Oktober 1939 nach Nahariya/Palästina ausgewandert. – Nahariya ist eine Stadt am Mittelmeer, unweit von Haifa im Norden Palästinas/Israels gelegen. Zwischen 1933 und 1939 ließen sich zahlreiche deutsch-jüdische Familien in Nahariya nieder. Nahariya war in den ersten Jahrzehnten seines Bestehens ein Zentrum deutschsprachiger Kultur in Israel und gilt bis in die Gegenwart als die »jekkischste« (»deutscheste«) Stadt in Israel. Vgl. Wikipedia, Artikel »Naharija«, abgerufen 26.11.2019.

Brief von Onkel Robert & Tante Helga, sie fragen immer sehr interessiert nach Dir. Der Brief wurde uns über die Oma gesandt. Die Aussicht auf Arbeit ist aber dort sehr klein. Edgar [Katzenstein – L.J.H.] schreibt auch einen Gruss. Klaus hat schon eine Stellung gefunden, und verdient ganz schön. Was schreibt Gerda? Tante Erna war gestern ein paar Stunden hier und las uns einen sehr vergnügten Brief von Lotte vor. G. s D [Gott sei Dank], daß es ihr gut geht. Und nun muss ich aber schleunigst Schluss machen, sonst haben wir heute Mittag nichts zu essen und Vati hat immer grossen Hunger, wenn er nach Hause kommt. Bleibe weiter gesund und so fleissig!

 Viele innige Grüsse & Küsse
 Deine Mutti.


*Else Ruben an Walter Kaufmann*
[Handschrift]
Brief

Lieber Walter,
 ich freue mich immer mit Deinen lieben Eltern, wenn Deine zufriedenen Briefe kommen. –
 Nun schreibe auch Bernd mal, Ihr freut Euch ja Beide mit Post. – Wir führen hier im Hause eine gute Ehe und denken viel an unsere »lieben« Kinder. – Heute hatte ich einen großen Brief v. Klaus, er heißt nicht mehr Kl[aus], aber wie sein neuer Name ist, weiß ich nicht.
 Leb wohl, l. Walter, und sei herzl. gegrüßt
 Von Deiner
 Frau Ruben.


## 100. (9)
*Johanna Kaufmann an Walter Kaufmann*
[Handschrift]
Brief

28. Nov. 39.

Mein liebster Walter, wir haben uns so sehr mit deinen guten Schulberichten gefreut, das ist wirklich schön und wir lesen Deine Zeilen immer wieder. Dass Dir die Zeichenstunde so Freude macht, ist besonders fein, ich wünschte, ich könnte so ein Plakat mal sehen! Ob Onkel Hugo [Daniels] von Deinen Fortschritten unterrichtet ist? Hoffentlich! Jedenfalls tue alles, was in seinem Sinne ist, das wird im Augenblick bestimmt das Beste sein. Ich bin augenblicklich so erkältet, daß ich bei diesem Hundewetter gemütlich zu Hause bleibe. Unser Umzug nach oben ist beendet und das Wohnzimmer (früher Winters Wohnzimmer) ist besonders gemütlich. Nun ist uns auch Tante Else um eine Etage näher, das hat viele Vorteile. Koebe's sind gestern in unser Esszimmer und Küche ins Parterre gegangen, ich glaube, daß sie sehr nett sind. Im Herrenzimmer wird ein Ehepaar aus Meiderich untergebracht, sodaß das Haus nun genug bevölkert ist. Die junge Frau soll mir dann etwas im Haushalt helfen. Am Samstag und Sonntag waren Onkel Albert & Tante Erna bei uns, wir waren sehr gemütlich zusammen + Tante Erna hat mir noch tüchtig beim einrichten [sic] geholfen. Leider geht es ihr gesundheitlich nicht so prima; ist Gerda wieder gut untergebracht und in Deiner Nähe? […]

In 8 Tagen ist nun Chanuka,[349] aber ohne unsere lieben Kinder wollen wir auch nichts feiern. Werdet Ihr in der Schule etwas davon merken? Schrieb ich Dir eigentlich, daß Frau R.[350] jetzt Freitag abends immer mit uns zusammen ist, sie ist doch sehr allein und wann wird ihre Amerika Nr.[351] mal dran sein? Klaus schrieb heute einen Luftpostbrief, er verdient schon 16 D[ollar] in der Woche. Morgen geht es wieder zum span. Unterricht, aber mit Druck muss gelernt werden! Vati soll auch noch schreiben, hoffentlich hören wir bald wieder von Dir. Mit vielen tausend Grüssen + Küssen verbleibe

ich wie immer
Deine Mutti.
Frau Winters Berichte sind gut!


**Sally Kaufmann an Walter Kaufmann**
[Handschrift]
Brief


349 Chanukka, jüdisches Lichterfest von acht Tagen (achtarmiger Leuchter »Menorah«), beginnend am 25. Kislew (November/Dezember) zur Erinnerung an die Wiedereinweihung des Tempels durch Judas Makkabäus. Nach einer talmudischen Legende reichte das wenige Öl, das die Makkabäer im Heiligtum vorfanden, in wunderbarer Weise acht Tage. Zur Erinnerung daran wird am Chanukka-Leuchter, beginnend mit einem Licht am ersten Tag, acht Tage lang jeweils ein weiteres Licht angezündet.
350 Else Ruben (siehe FN 57), die Hausgenossin der Kaufmanns.
351 Else Ruben erhielt im August 1941, etwa drei Monate vor dem Auswanderungsstopp, ihr Permit für die USA und konnte über Lissabon in die Vereinigten Staaten (Kansas City) ausreisen.

Lieber Walter! Dein Brief No. 3 hat mich über die verhauene Geschichtsarbeit getröstet. Es ist schade, daß wir nicht einmal ein von Dir gezeichnetes Plakat besichtigen können. Plakatzeichnen ist jedenfalls später einmal ein guter <u>Nebenberuf</u> für Dich. Ich schrieb Dir kürzlich, Du möchtest doch versuchen, spanischen Unterricht zu bekommen. Zum mindesten musst Du damit anfangen, wenn Du auf eine Berufsschule oder in eine Lehre kommst. Zu welchem Fach hast Du denn jetzt außer Hotelfach Neigung? Bitte doch Nora nochmals, Dir Deine Uhr zu schicken, sobald sie Gelegenheit hat, sie abzuholen. Ich glaube, sie wird es tun, wenn Du ihr nett schreibst. Grüße sie auch von uns. Wir hatten über Noras Eltern[352] einen guten Bericht. Hat Onkel Hugo [Daniels] unseren Brief erhalten, den wir Dir zur Weitergabe an ihn sandten? Nun sei für heute viel, vielmals gegrüßt und geküsst

von Deinem Vati
(oder soll ich Pupsi schreiben?)

## 101. (38)
*Martha Jülich an Walter Kaufmann*
[Handschrift]
Karte

9.XII.39

Lieber Walter,

Wir erhielten eben eine Eilkarte Deiner Eltern, in der sie für Dich einen Brief ankündigen. Sie sind damit einverstanden, dass Du die Ferien bei Kurt's Vice-Eltern[353] verbringst und übernehmen die Verantwortung dafür. »Wir gehen dabei davon aus, dass Walter schon ein grosser Junge ist, der sich auch bemühen wird, der Schule und seinem Namen Ehre zu machen. Wir freuen uns sehr, dass die Jungens zusammen sein können.« Wörtlich abgeschrieben. Wir haben vorigen Samstag unser Visum bekommen und fahren heute schon abends nach Antwerpen mit der Pennland.[354] Du kannst uns also nicht mehr erreichen! Wir wünschen Dir weiter alles Gute! Herzliche Grüsse

---

352   Das sind: Eugen und Jeanette Kaufmann (siehe FN 13), die inzwischen in Palästina lebten.
353   Kurt Katzenstein, der am 21. April 1939 mit einem Kindertransport nach England kam und bei Pflegeeltern lebte (siehe FN 256).
354   Die *Pennland (II)* war ein 1920 fertiggestelltes Passagierschiff, das überwiegend im Antwerpen-New-York-Service eingesetzt wurde. Die *Pennland* wurde 1941 bei Kreta bei einem Luftangriff durch ein deutsches Flugzeug so schwer beschädigt, dass sie versenkt werden musste.

Deine Frau M. Jülich.

[In der Mappe I aus dem Karton 6, Nr. 3, gibt es zwischen den Blättern, die die rot markierten Nummern 9 sowie 13 tragen, eine Lücke; die Blätter 10, 11 und 12 waren wohl bereits, als der Nachlass ins Archiv kam, dort nicht mehr vorhanden.]

## 102. (13)
*Sally Kaufmann an Walter Kaufmann*
[Handschrift]
Brief

26. Dezember 39

Lieber Walter!

Wenn ich auch hoffe, daß unser nächstmöglicher Brief noch rechtzeitig zu Deinem Geburtstag eintrifft, so soll <u>dieser</u> Brief doch schon Dir unsere Wünsche bringen zu dem Tage, an dem Du 16 Jahre alt wirst und der gleichzeitig den Abschluss des ersten Jahres unserer Trennung bedeutet. Das Jahr war so schnell vorbei, daß ich noch immer die Abschiedsstunde so vor mir sehe, als ob sie gestern gewesen wäre. Aber ich male mir auch schon die Stunde aus, wo wir uns wiedersehen, und ich hoffe zuversichtlich, daß das im Laufe dieses nächsten Lebensjahres bestimmt der Fall ist.

Wenn auch heute das Pläne-Machen so unendlich erschwert ist, so wollen wir doch alles dransetzen, um das Ziel, daß wir Dich wiedersehen, zu erreichen. Ich bin überzeugt, daß auch Du in Deinem 17. Jahr alles dransetzen wirst, um noch tüchtig zu lernen und ein Mensch zu werden, der seinem Namen Ehre macht und der seinen Eltern bald eine Stütze sein wird. In diesem Sinne: Glück auf für Deinen Geburtstag! Die schriftlichen Glückwünsche müssen Dir in diesem Jahr viel ersetzen; ich hoffe aber doch, daß Du den Tag nett feiern kannst. Wir werden ihn jedenfalls auch feiern, wenn auch noch getrennt von Dir. –

Wir warten sehnsüchtig auf Nachrichten von Dir. Es scheint, daß eine Nachricht verloren ging, da wir als letzte Deine Karte mit der Anfrage erhielten, ob Du zu Kurt fahren dürftest. Wir nehmen an, daß Du die Feiertage mit ihm schön verbracht hast, daß es, da Ihr ja beide doch etwas (hoffentlich: viel) vernünftiger geworden seid, bei Eurem Zusammensein keine Keilerei oder dergleichen gegeben hat. Oder liegen diese Dinge <u>längst</u> hinter Dir? Ihr habt uns und auch Robert's sicher gemeinsam geschrieben.

Lieber Junge, nimm einen festen Geburtstagskuß und innige Grüße von Deinem
Vati

## 103.
*Johanna Kaufmann an Walter Kaufmann*
[Handschrift]
Brief

d. 27. Dezember 39

Mein lieber, bester Walter,

Nun ist die Morgenpost wieder vorbei gegangen, ohne eine Nachricht von Dir zu bringen, und wie betrübt wir sind, nun seit dem 6. ohne Nachricht von Dir zu sein, kannst Du Dir wohl vorstellen. Unsere Gedanken sind wirklich dauernd bei Dir, mein liebes Kind, wie gerne möchten wir wissen, wie es Dir geht. Wir sind, bis auf kleine Erkältungen, gesund und haben die Ruhetage mit allerlei Besuch gemütlich verbracht. Nun kann die Arbeit wieder beginnen. Nun erst zum Zweck des heutigen Schreibens. Nimm zu Deinem 16. Geburtstag meine allerherzlichsten, innigsten Wünsche entgegen. Es fällt mir schwer, Walter, daß wir Dir gar nichts schenken können, aber ich hoffe, daß Ulla's Mutter[355] an Dich denken wird. Bleibe weiter gesund und mache uns weiter Freude und mein grösster Wunsch, ein Wiedersehen im Jahre 1940 mit Dir, möge in Erfüllung gehen! Und gebe der liebe Gott nur bald Frieden.[356] Das wünschen wir alle von Herzen. Eben hatten wir einen sehr interessanten Brief aus Santiago de Chile von einem guten Bekannten, sehr interessant, so daß ich nur wünschte, schon da zu sein! Onkel Arthur & Tante Friedchen[357] erwarten uns schon. Sie sind seit Februar 39 dort. Gerhard (Dein bester Freund)!![358] ist sehr gut beschäftigt mit gutem Verdienst. Nichts destoweniger haben wir heute an Edgar [Kaufmann – L.J.H.] nach New York geschrieben, uns auf jeden Fall ein Affidavit zu besorgen natürlich für Dich mit. Nun müssen wir abwarten. Tante Friedchen ist damals von einer Freundin angefordert worden. – Der liebe Vati wollte heute zu Tante Sara[359] fahren, es schneit aber so heftig, daß er die Reise bis zum Wochenende verschoben hat. Neujahr wollen wir zu Tante Erna & Onkel Albert [Katzenstein]. Frau Else [Ruben], die diese Tage bei ihrem Bruder verlebt hat, erwarten wir heute zurück. Wir wollen auch noch Tante Herta [Müller – L.J.H.] schreiben, damit Du auf jeden Fall Post von uns erhältst. Ob Du schon weißt, daß Dr. Jü[lich] nach

---

355 Das ist Hertha Müller, auch »Tante« Müller genannt, die in Holland lebte und über die teilweise die Post zwischen den Kaufmanns lief. Vgl. Anm. 87.
356 Dies ist die erste Erwähnung, dass sich Deutschland nicht im Friedenszustand befindet.
357 Nähere Angaben über die Genannten ließen sich nicht ermitteln.
358 Nähere Angaben ließen sich nicht ermitteln.
359 Sara(h) Kaufmann, Sally Kaufmanns Tante in Schiefbahn.

Amerika gefahren ist, er ist schon sicher 14 Tage in New York. Und nun, mein Allerbester, lebe wohl. In der Hoffnung bald von Dir zu hören, lasse Dich herzlich grüssen und umarmen von Deiner Dich liebenden
   Mutti.


## Januar 1940 – Mai 1940

**104. (14)**
*Sally Kaufmann an Walter Kaufmann*
[Maschinenschrift]
Brief

2.1.40.

Lieber Walter! Dein Brief Nr. 5 kam mit einiger Verspätung hier an. Wir freuten uns wie immer sehr, von Dir einen Brief zu bekommen, ich muß diese Freude aber etwas einschränken. Denn 1) ersehe ich, daß Du unseren so oft geäußerten Wunsch, regelmäßig wöchentlich zu schreiben, auch wenn noch kein Brief von uns bei Dir eingegangen ist, noch nicht nachkommst, 2) scheint es mir so, als ob Deine Schulleistungen doch im Ganzen nicht so gut sind, wie wir aus Deinen früheren Briefen entnehmen zu können glaubten, und 3) gehst Du viel zu wenig auf unsere Briefe und die darin gestellten Fragen und angeschnittenen Punkte ein. Diese 3 Beanstandungen werden von Dir sicher nunmehr behoben werden, das versprichst Du mir? Aber, wie gesagt, die Freude, von Dir zu hören, überwiegt bei weitem das, was zu Beanstandungen Anlaß gibt.

So habe ich Dir auch zu der Frage der Berufswahl schon mehrfach ausführlich geschrieben, ohne daß Du je auf meine Dir geäußerten Ansichten eingegangen wärst. Ich nehme an, daß Du unsere Briefe aufbewahrst und bitte Dich, das früher Gesagte nachzulesen. Es liegt m[einer] M[einung] 2–3 Monate zurück. Die Hauptsache ist, daß Du einen praktischen Beruf ergreifst und einen solchen, für den überhaupt eine Ausbildungsmöglichkeit vorhanden ist. Feinmechaniker (Dein früherer Schwarm!), Elektriker, vielleicht auch beides vereint, käme wohl in Frage. Aber Du musst doch selbst wissen, wozu Du Neigung hast. Autofach? Jeder handwerkliche Beruf ist in Übersee zu gebrauchen und nährt seinen Mann. Auch Landwirte werden überall gesucht, aber dazu hast Du wohl weniger Neigung? Da Du ja erfreulicherweise zu Tante Anna [Essinger] so gut stehst, wirst Du auch alles am besten mit ihr besprechen können. Nur von dem Beruf als Optiker möchte ich abraten, da Du dazu wohl zu wenig Lust zu den dabei nötigen mathematischen Berechnungen hast. Nebenbei würde ich auf alle Fälle um eine weitere Ausbildung im Plakatmalen bemüht sein.

Daß Du Dich so gut in der Landessprache vervollkommnet hast, ist fein. Ich hoffe aber doch, daß Du noch alles verstehst, was ich Dir auf Deutsch schrieb. – In der Junkernstraße ist jetzt zu Jahresanfang viel Arbeit. Die neue Buchführung wird eingerichtet und zwar nach dem Durchschreibesystem – hast Du etwas Ahnung von Buchführung bekommen? Ich kann Dir natürlich nicht das System erklären, es soll aber sehr praktisch sein. Auch sonst gibt es dort wie immer viel Arbeit. Kennst Du eigentlich die Nachfolgerin von Frau Herzstein?[360] Sie würde Dir – wie ich glaube – nicht allzu sehr gefallen, da sie in der Figur ein bischen [sic] voluminös geraten ist, aber sie kann dafür umso besser rechnen, was ja auch nicht zu verachten ist. Dein »Freund« Tutti ist mit Schwestern[361] nach Amerika, seine Eltern sind noch hier. Sonst sind in letzter Zeit nicht viele Deiner Altersgenossen von hier fortgezogen.

Für heute, lieber Junge, mach ich Schluß. Ich freue mich schon jetzt auf Deinen nächsten Brief, der sicher zusammen mit Kurt [Katzenstein – L.J.H.] geschrieben wird.

Viele, viele herzliche Grüße und Küsse! Und, wenn Du unseren Brief Nr. 13 etwa noch nicht hast, wiederholt

die allerbesten Wünsche zum Geburtstag mit Extrakuß!

Vati.


### *Johanna Kaufmann an Walter Kaufmann*
[Handschrift]
Brief

Mein liebster Walter, liebes Geburtstagskind, ich hoffe zwar, daß der Professor [Traugott – L.J.H.] Dir auch zum Geburtstag gratuliert, aber trotzdem möchte ich Dir nochmals von ganzem Herzen zum 19. [Januar – L.J.H.] alles, alles Gute wünschen. Bleibe vor allen Dingen gesund, werde ein tüchtiger Mensch, daß wir weiter Freude an Dir haben. Unsere Gedanken sind bei Dir, mein liebster Junge, und wir werden an Deinem 16. mit Frau Else [Ruben] zusammen ein Gläschen auf Deine Gesundheit leeren, es ist ja Freitag Abend, wo wir zusammen essen. Im übrigen hoffen wir, daß Du mit Deinen Freunden/»innen« einen netten Tag hast

---

360 Das ist vermutlich Thea Emmel, geboren am 22.10.1903, Bankangestellte, die ab 1. März 1939 als Sekretärin, Buchhalterin und Kassenführerin bei der jüdischen Gemeinde arbeitete – siehe Roden 1986a, Teil 2, S. 1071. Zu Franziska Herzstein siehe FN 60.

361 Um wen es sich hier handelt, ließ sich nicht ermitteln.

und so vergnügt wie möglich bist. Dein lieber, ausführlicher Brief hat uns <u>sehr</u> erfreut; nun sind die sicher sehr schönen Tage bei Kurt [Katzenstein – L.J.H.] auch vorbei. Ich hätte gerne mal Mäuschen sein mögen, wie Ihr zusammen gewesen seid. Nun sind wir sehr gespannt auf Deinen nächsten ausführlichen Bericht, der sicher und hoffentlich nur Gutes enthält. Gerne möchte ich wissen, ob Du die von Onkel Hugo [Daniels] angekündigten Sachen erhalten hast, wie ist es mit den Überschuhen, die Du so vermisst hast? Sind Deine Anzüge noch in Ordnung? – Sylvester habe ich im Bett verbracht, wogegen Vati bei Frau Else war, die Besuch von ihrem Bruder und Familie hatte. Hoffentlich bringt das Jahr 1940 uns allen den ersehnten Frieden und ein schönes Wiedersehen mit Dir, mein bester Junge! Bernd steht übrigens nun auch vor der Berufswahl, ihr [der jüdischen Schüler – L.J.H.] Unterricht ist wohl nicht mehr ausreichend. Er möchte gerne ins Bankfach. Was hältst Du vom Exportgeschäft, Onkel Hugo weiss da sicher Rat. Also es wird schon werden, nur etwas Selbstvertrauen! Onkel Albert & Tante Erna [Katzenstein] wollten wir Neujahr besuchen, haben aber unseren Besuch bei der grossen Kälte verschoben. Sei nur vorsichtig mit Deiner Nase, schütze Dich vor Erkältung! – Schreibe uns recht bald und nimm für heute die innigsten Grüsse & Geburtstagsküsse von Deinem Muttichen. Schön, daß Ihr Chanuka gefeiert habt und Du von Onkel Hugo so beschenkt wurdest, grüsse ihn vielmals.

<u>Vergiss nicht</u>, lieber Walter für Frau Ruben einen extra Gruss zu senden
Kuss Mutti.

### *Else Ruben an Walter Kaufmann*
[Handschrift]
Brief

Lieber Walter, nun bist Du schon 1 Jahr von uns fort. Wie gerne sähe ich Dich mal. Du bist uns sicher über den Kopf gewachsen!! – Zu Deinem Geburtstag gratuliere ich Dir sehr, sehr herzl., mein lieber Junge. Bleib schön gesund und werde Deinen lieben Eltern eine gute Stütze. – Alles Gute und einen Geburtstag-Kuß – von Deiner
    Frau Ruben

### 105. (15)
*Johanna Kaufmann an Walter Kaufmann*
[Handschrift]
Brief

d. 9. Januar 40.

Mein liebster Walter,

Wir erhielten gestern Deinen lieben und begeisterten Brief von Weihnachten (Nr. 6) und Du kannst Dir denken, wie wir uns damit gefreut haben. Du hast doch sicher schon an Frau A[braham?][362] geschrieben und Dich für alles bedankt, schreibe auch von uns viele Grüsse und wie dankbar wir wären, daß Du so schöne Tage da verleben konntest. Es ist wirklich grossartig, daß Du auch noch so reichlich beschenkt worden bist. Nun sind wir gespannt, ob Du Onkel Hugo [Daniels] und Nora noch getroffen hast. Nun wirst Du sicher mit doppeltem Eifer an die Arbeit gehen. – Beifolgendes Bildchen macht Dir hoffentlich recht viel Freude und soll Dir zeigen, wie wir mit unseren Gedanken an Deinem Geburtstag bei Dir sind, hoffentlich hast Du den Brief noch zum 19. [Januar – L.J.H.] also mein allerbester Junge, nochmals alles Gute. Schrieben wir, daß zu Neujahr wiederum ein Paket fürs ganze Haus von Frau Herzstein ankam als Abschiedsgruß von ihrem Bruder Eugen, der nach Kanada auswandert. Das ist doch rührend, findest Du nicht auch? Wir haben uns unsagbar gefreut.

Gestern hatten wir nochmals Besuch von Frau Winter's Nichte Lotte Herz,[363] die diese Woche mit ihren Jungens zu ihrem Mann nach Brasilien, Rio de Janeiro fährt. Seit 1 Jahr ist sie von ihm getrennt gewesen. Wir hatten sie wirklich gern und der Abschied fiel uns schwer. Heute früh waren wir 3 Frauen, auch Frau E[lse Ruben – L.J.H.], auf dem Friedhof, um Herrn Winters Grab zu besuchen. Es war zwar trocken, aber tiefer Schnee lag und eine eisige Kälte, sodaß wir froh waren als wir wieder in's Warme kamen. Ist es bei Euch auch so kalt? Ich drücke feste den Daumen, daß Du Dein Examen bestehen wirst. Vati soll noch schnell einige Zeilen beifügen, damit der Brief noch fortgeht. Bleibe also gesund und schreibe bald. Viele innige Grüsse & Küsse

Deine Mutti.

### Sally Kaufmann an Walter Kaufmann
[Handschrift]
Brief

Lieber Walter! Zum 3. Mal senden wir Dir unsere Geburtstagswünsche, sodaß Du sicher welche bekommen hast. Ich kann nur das wiederholen, was ich Dir beim ersten Mal schrieb, und hoffe, daß dieser Geburtstag als erster Tag des Jahres,

---

362 Englische Pflegefamilie von Kurt Katzenstein, bei der Walter Kaufmann einen Teil der Ferien verbrachte (siehe FN 216, 256, 353).

363 Siehe FN 301.

in dem Du einen Beruf ergreifst, ganz besonders von Dir begangen wird. Wir denken an dem Tage auch besonders viel an Dich. – Deine Nachrichten über die Schule u. das Examen interessieren uns natürlich sehr. Ich wünsche Dir und uns, daß Du das Examen bestehst. – Da sich, wie Dir bekannt, bald der Tag (1. April) nähert, an dem wir das Haus dem Käufer übergeben müssen,[364] haben wir gestern mit ihm eine Hinausschiebung um 3 Monate, also bis 1. Juli vereinbart. Bis dahin hoffen wir soweit zu sein, daß wir packen können. Aber durch eine – <u>hoffentlich bald vorübergehende</u> – Sperre der Einwanderung nach Chile ist eine Verzögerung eingetreten, sonst würden wir natürlich schon packbereit sein. Auch wünschen wir zu Deinem Geburtstag, daß bald alle Hindernisse behoben sind.

Nun viele herzliche Grüße und Küsse
Vati.


## 106. (16)
*Johanna Kaufmann an Walter Kaufmann*
[Handschrift]
Brief

17. Januar 40.

Mein liebster, bester Walter,

Genau vor einem Jahr kam die Nachricht über Deine genaue Abreise. Es steht mir alles noch so lebhaft vor Augen (zumal Dein Bild vor mir steht), daß man es kaum glauben kann, daß seit diesem Tag wieder ein Jahr verflossen ist. Aber wir dürfen wirklich nicht klagen, mein Junge. Denn Dein lieber, langer Brief der heute früh ankam, hat uns grosse, grosse Freude bereitet. Es ist doch einfach wunderbar, daß Du so herrliche Ferien hattest und zum Schluss noch einen so schönen Tag bei Onkel Hugo [Daniels]. Sehr erfreut hat uns auch, daß Du Nora gesprochen hast, was erzählt sie von den lieben Eltern? Denn wir haben seit vielen Wochen nichts von Eugen's gehört. Deine lieben Zeilen machen uns wirklich wieder Mut und lassen uns, s g w. [so Gott will] die Zukunft etwas beruhigter in's Auge fassen. Wir haben uns schon wegen eines Affidavits bemüht, haben, bevor Dein Brief ankam, an Edgar [Kaufmann – L.J.H.] per Luftpost geschrieben, können aber noch keine Antwort haben. Hat Nora [Kaufmann] von ihm erzählt, ob er verheiratet ist? Auf jeden Fall werden wir gleich heute noch mal schreiben, damit er weiss, wie eilig es ist. Die Übergangszeit in Belgien zu verbringen, wäre zu schön um Wahrheit zu werden. Und wenn Du Onkel Hugo schreibst, danke ihm immer wieder von uns! Es ist ein sehr guter Gedanke, daß er Dir gesagt hat,

---

364  Das war Heinrich Moll. Siehe auch FN 182.

gleich mit uns auszuwandern. Und das ist natürlich in jeder Beziehung herrlich. Ich wünschte es wäre schon soweit. Wir haben immer noch etwas Hoffnung auf Chile und das ginge sicher schneller als USA. Nun nach Deinen hoffnungsfrohen Zeilen wird das Warten nicht mehr so schwer. Wir haben herrliches Frostwetter, der Schnee bleibt liegen, das wäre was zum Rodeln, gelt? Am Sonntag waren wir bei Tante Erna & Onkel Albert [Katzenstein]. Sie hatten reizende + zufriedene Briefe von den Mädels.[365] Schrieben wir Dir schon, daß der Käufer unseres Hauses wirklich ein vornehm denkender Mensch, uns erlaubt, bis zum 1. Juli wohnen zu bleiben.[366] Der Gedanke, daß wir bis dahin bald bei Dir wären, ist kaum fassbar. Aber der liebe Gott hat uns bis jetzt geholfen, nun wird er uns auch weiter helfen. Ich würde gerne wissen, was Du alles noch von Onkel Hugo geschenkt bekommen hast bei Deiner Abreise; hast Du ausser der Reisemütze auch noch einen Hut? Übrigens Klaus nennt sich in Amerika jetzt Walter Klaus, also scheint Dein Name auch richtig zu sein.

Nun muss Vati einen neuen Bogen nehmen! Bist Du heute mit mir zufrieden? Gleich geht es wieder zum Spanischen Unterricht. Hast Du unser Bild, am Schreibtisch sitzend, erhalten? Hoffentlich!

Innige Grüsse & Küsse

Deine Mutti

## 107.
*Sally Kaufmann an Walter Kaufmann*
[Handschrift]
Brief

Datum und Anfang fehlt [18. Jan. 1940]

[…] Ich tue es ihr nach: Also genau vor 1 Jahr um diese Stunde warteten wir zusammen auf den Zug und umzingelten uns die 3 Teiwel-Jungen[367] mit ihrer Mutter,[368] die übrigens mir neulich schrieb, dass sie Dir etwas schicken wollte. Nun hoffen wir, wenn wieder ein Jahr vorbei ist, dass wir alle längst wieder zusammen

---

365 Den Töchtern Lotte Katzenstein (siehe FN 26) aus den USA und Gerda Katzenstein (siehe FN 61) aus England bzw. Palästina.

366 Die Rede ist von Heinrich Moll, dessen »vornehme« Haltung sich später ins Gegenteil verkehrte.

367 Das sind: Max Teiwel, geb. 22. März 1924; Rudolf Teiwel, geb. 30. April 1925; Martin Teiwel, geb. 21. Oktober 1927, die alle drei (offensichtlich) zusammen mit Walter Kaufmann im gleichen Kindertransport nach London fuhren.

368 Das ist: Rosalie Teiwel, geb. 10. November 1893, ermordet in Auschwitz.

sind. Morgen wird Dein Geburtstag noch einmal mit getrennten Kräften gefeiert. (– Du hast sicher doch Lust zum Feiern bekommen –) aber nächstes Jahr vereint.

Nun zu Deinem Brief. Die N[ummer]o scheint nicht zu stimmen. Aus den Ferien schriebst Du N[ummer]o 6, also hättest Du trotz Deiner Antipathie gegen Mathematik nicht N[ummer]o 8 sondern N[ummer]o 7 schreiben müssen. Aber das der 8 beigesetzte ? stimmt mich etwas milder. Oder ist doch ein Brief verloren gegangen? Ich glaube es nicht, obgleich beinahe 14 Tage zwischen den Daten der beiden Briefe verflossen sind!!!!!

Nun zu Deinem Brief selbst: Mutti schrieb Dir bereits, dass wir [eine Zeile abgeschnitten] 8... erhalten. Auf jeden Fall aber ist es für uns eine große Beruhigung, dass wir evtl. einen Zwischenaufenthalt in Belgien in Aussicht haben. Besprich bitte mit Onkel Hugo [Daniels], dem Du auch Grüsse und Dank ausrichten wirst, Folgendes: Es ist sehr schwer und von <u>hier</u> aus gar nicht möglich, die Einreiseerlaubnis nach Belgien zu erhalten. Wird Onkel Hugo sich dieserhalb mit Herrn Wiener[369] in Verbindung setzen oder sollen wir Herrn Wiener direkt schreiben? Was heisst, dass Herr W. »<u>evtl.</u>« während des Zwischenaufenthalts für uns in Belgien sorgen wird? Ist das eine glatte Zusage für den Fall, dass wir den Zwischenaufenthalt nehmen, oder was bedeutet das »evtl.« sonst? – Es ist wirklich bewunderswert, wie sehr Onkel Hugo für uns sorgt. Das werden wir nie vergessen. Ob er auch wohl mit Dir zufrieden war? Veranlasse doch bitte Nora, dass sie uns mal darüber schreibt.

Es liegt uns viel daran, dass du diesen Brief exact und so bald es Deine Besprechungen mit Onkel Hugo gestatten, beantwortest. Wir warten so sehr auf jede Nachricht von Dir, besonders aber auf [...]

[Rest des Briefes fehlt]

[Am Rand]: [...]ser lässt Dich grüssen! Sie ist noch genau so klein [...] Schwester ist beinahe so gross wie sie. [...] Optik-Wahl sind wir zufrieden, wenn Du glaubst, dass Du [...] Mathematik-Antipathie dabei nicht schadet.

## 108. (17)
*Johanna Kaufmann an Walter Kaufmann*
[Handschrift]
Brief

24. Januar 40.

---

369 In Verbindung mit Hugo Daniels bemühte sich E. E. Wiener von Brüssel aus um die Ausreise der Kaufmanns.

Mein liebster Walter,

Trotzdem wir diese Woche noch ohne Nachricht von Dir sind, hoffe ich Dich doch gesund und munter. Hoffentlich hast Du unsere anderen Briefe, 14, 15 (mit Bildchen) und 16 erhalten. Am 19. haben wir soviel und so oft an Dich gedacht und freuen wir uns sehr auf Deinen nächsten Bericht. Nachdem ich schon vor kurzem mit einer Grippe im Bett lag, habe ich mich leider wieder so erkältet, daß ich auch wieder das Haus hüten muss. Aber ich hoffe, daß ich in 1–2 Tagen wieder ganz in Ordnung bin. Die Kälte, vor allen Dingen dieser anhaltende Frost, ist doch sehr unangenehm. Wie ist denn das Wetter bei Euch? Hoffentlich ist es gemütlich warm bei Dir. Ich hätte gerne gewusst, wie Kurt [Katzenstein – L.J.H.] aussieht, wer ist grösser von Euch Beiden, Du oder er? Hast Du inzwischen an Familie Ab[raham] geschrieben und Dich nochmals bedankt? Ist es gar nicht möglich, daß Du bis zum 5. März [Sally Kaufmanns Geburtstag – L.J.H.] ein Foto von Dir schicken kannst? Vati würde sich ja so freuen und ich nicht minder. Über Chile haben wir immer noch nichts positives [sic] gehört, man hofft, daß die Sperre bis Anfang Febr. aufgehoben wird. Amerika Post geht sehr langsam, wohl auch durch die Kälte, nun müssen wir uns noch etwas gedulden. Weißt Du, daß Du ein extra Affidavit haben musst, aber hoffentlich wird das auch klappen, in Stuttgart[370] ist es sehr streng.

Bernd schrieb von einer grossen Universitätsfeier, an der seine Klasse teilgenommen hat. Sie wurden dem Oberbürgermeister und vielen Prominenten vorgestellt, es wäre sehr interessant und schön gewesen. Es ist nicht ausgeschlossen, daß er als Lehrling in eine Apotheke kommt. Aber natürlich auch noch nicht sicher. Ich bin mit Optik sehr einverstanden und wäre glücklich, wenn sich Dir eine Lehrstelle bieten würde. Wann ist das Examen? Doch sicher vor Ostern! Wie ist Dein Pullover geworden, welche Farbe? Dieser Tage erhielt ich nach langer Zeit einen Brief von Tante Else, der Frau von Onkel Theo,[371] erinnerst Du Dich seiner noch? Sie hat die Einreise nach Barcelona, wo Kurt und Rudi ja sind, und ist glücklich zu ihren Kindern zu kommen. Jetzt will ich für heute schließen, damit Vati auch noch Platz zum Schreiben hat. Von Dr. Jülichs, die gut in New York gelandet sind, haben wir noch nichts gehört. Also, mein liebster Junge, bleib gesund, sei innigst gegrüsst und geküsst

von Deiner Mutti.

---

370 Sitz des US-amerikanischen Konsulats.
371 Weiteres über die genannten Personen und die Kinder »Kurt und Rudi« ließ sich nicht ermitteln.

**Sally Kaufmann an Walter Kaufmann**
[Handschrift]
Brief

Lieber Walter! Heute schreibe ich nur wenig, aber »nicht minder herzlich«. Es wird Dich vielleicht interessieren, daß Lehrer Fritz Kaiser, der mit Frl. Löwenthal[372] allein an der hies[igen] Schule war, von hier versetzt ist und an seine Stelle ein junger Lehrer gekommen ist, der auch Dir sicher gefallen hätte. Kaiser ging neulich, begleitet von Gerda Leeser,[373] mit mir spazieren. Wir radebrechten alle etwas spanisch […]

Für heute 1000 Grüße und Küsse
Dein Vati.


## 109. (18)
*Johanna Kaufmann an Walter Kaufmann*
[Handschrift]
Brief

d. 31. Jan. 40

Mein liebster Walter,
Wir sind so betrübt, daß wir auch diese Woche noch nichts von Dir gehört haben, hoffentlich bist Du gesund. Deine letzte Nachricht ist vom 8. Jan. Du kannst Dir nun denken, daß wir uns wirklich Sorge um Dich machen, also schreibe recht, recht bald. Diese grosse Kälte ist wenig angenehm und man kann sich wirklich kaum davor schützen. Abends gehen wir schon um 9 Uhr zu Bett, da ist's am gemütlichsten und wärmsten. Unser letzter Brief war Nr. 17, hoffentlich hast Du denselben erhalten. Wie hast Du Deinen Geburtstag verbracht, das wissen wir auch noch nicht und haben so oft an Dich gedacht. Samstag Nachmittag hatten wir Kaffee-Besuch vom Kollegen Löwenstein & Frau,[374] sie waren ganz aufgeregt, da sie gerade ihre Vorladung zum 23. Febr. nach Stuttgart [beim US-amerikanischen Konsulat – L.J.H.] erhalten haben (11.000 haben sie). Die kleinen Jungens [Rolf Hans (Ralph) u. Kurt (Eduard) – L.J.H.] sind in Deiner Nähe und werden

---

372 Elfriede Löwenthal (siehe FN 185) war seit 1934 Lehrerin an der Jüdischen Volksschule in Duisburg. Sie wurde deportiert und ermordet.
373 Gerda Leeser, geb. 6. November 1923 in Duisburg, besuchte wie Walter Kaufmann die Jüdische Schule in Düsseldorf (zu ihrem weiteren Schicksal siehe FN 454).
374 Max Löwenstein, gewesener Rechtsanwalt und Notar, und Ehefrau Hilde (siehe FN 96). Die Löwensteins wohnten auf der Lotharstraße 14b. 1940 emigrierten sie über Italien in die USA.

wohl kaum direct mitfahren können. Wir waren in der letzten Zeit oft mit ihnen zusammen und wir bedauern sehr, wenn sie fortgehen. – Wenn es nun auch nur mit uns einmal klappen würde! Ich fürchte, eine Einreise nach Belgien dauert sehr lange und ob sie überhaupt jetzt möglich ist, wissen wir nicht. Da muss der Herr Wiener[375] sich schon erkundigen, und ich will hoffen, daß Onkel Hugo [Daniels] richtig [abgetrenntes Wort]. Im übrigen warten wir auf Edgars [Kaufmann – L. J.H.] Antwort betreffs Affidavit. Erkundige Dich doch bitte mal <u>umgehend</u> bei Nora nach Edgars Adresse, auch nach seiner Geschäftsadresse und teile uns diese mit, damit wir ihm nochmals schreiben. –

Wie ist es nun mit Deinem Pass, ich vermute, daß derselbe jetzt oder in aller Kürze abgelaufen ist. Da musst Du Dich auf jeden Fall erkundigen wie und wo Du denselben verlängert erhältst, denn das muss ja für Deine weitere Ausreise auf jeden Fall in Ordnung sein.

Frau Else ist seit einigen Tagen verreist, um eine kranke, alte Tante zu pflegen. Wir freuen uns, wenn sie wieder kommt. Sie rief heute früh an und sagte auch wie froh sie wäre, wenn sie wieder daheim sei. Hattest Du eigentlich viel Post zum Geburtstag? Am 5. Februar hat Frau Ruben Geburtstag, da werden ihr die Jungens, die sie immer sehr verwöhnt haben, sehr fehlen. Wir wollen ihr den Tag so gemütlich wie möglich machen.

Was macht die Schule, mein lieber Junge, wann findet denn das Examen statt? Wir drücken auf jeden Fall fest den Daumen. Nun mache ich für heute Schluss. Ich grüsse und küsse Dich innigst wie immer

---

375   Am 3. Oktober 1939 hatte Wiener (siehe FN 123) an Hugo Daniels (in Englisch) geschrieben. Das Schreiben findet sich mit dem Briefkonvolut als Kopie im Vorlass Walter Kaufmann in der Handschriftenabteilung der Staatsbibliothek zu Berlin, Preußischer Kulturbesitz, und hat folgenden Wortlaut: »Lieber Herr Daniels,

Sie müssen meine späte Rückmeldung zu Ihrem Brief entschuldigen; dafür gab es viele Gründe, die es erklären, hoffe <u>ich</u>. – <u>Zunächst war Ihr Schreiben</u> ziemlich lange unterwegs – dann, wie Sie sich gut denken können, <u>war ich</u> sehr beschäftigt, – <u>zu guter Letzt</u> habe ich versucht, einige Informationen zu erhalten.

Ich habe <u>es so verstanden</u>, dass die Permits jetzt nicht zugestellt werden und dass der einzige Fall, in dem sie geliefert werden könnten, ist, wenn die Leute, denen sie zugestellt worden sind, ich kann mich so ausdrücken, nur Belgien durchqueren, ich meine, es muss ein bestimmtes Unternehmen aus dem anderen Land geben, dass die Personen, denen ein Permit gegeben wird, zu einem bestimmten Zeitpunkt in dieses Land zugelassen werden.

Ihr Schreiben sagt nur: ›<u>Sie haben eine Chance, anschließend nach Chile zu gehen.</u>‹ – Was soll ich mit den Dokumenten tun, die Sie mir geschickt haben. Natürlich werde ich meine Ohren offen halten <u>im Hinblick</u> auf die Chance von Änderungen in der Entscheidung und lasse es Sie wissen. […]

Glauben Sie mir, Aufrichtig Ihr E. E. Wiener.«

Deine Mutti

**Sally Kaufmann an Walter Kaufmann**
[Handschrift]
Brief

Lieber Walter! Ich kann mir zwar denken, daß Du jetzt sehr viel zu arbeiten hast, aber Du könntest doch wirklich regelmäßig jede Woche schreiben, und wenn mal ein Brief nicht so lang und ausführlich ausfällt, wie es meist erfreulicherweise Deine Briefe sind, so ist ein kurzer Brief doch immer uns lieber als gar keiner. Aber es kann ja auch einmal ein Brief verloren gehen – Ich hoffe sehr, daß Du mit Onkel Hugo [Daniels] besprochen hast, was wir Dir in Brief 16 betreffend Einreise nach Belgien schrieben. Ich hoffe auch sehr, daß Chile in den nächsten Tagen seine Einreisesperre aufhebt und wir dann bald das Visum erhalten, vielleicht eher, als uns eine Einreiseerlaubnis nach Belgien gegeben wird. Aber damit auch Du bald nach Chile kannst, muß vor allem Deine Passangelegenheit in Bezug auf Gültigkeitsdauer des Passes in Ordnung sein. Erkundige Dich doch, ob eine Verlängerung der Gültigkeitsdauer erfolgen kann und wer die Verlängerung vornimmt. In der gleichen Lage wie Du sind doch sicher viele.

Von hier gibt's nicht viel Neues zu erzählen. Ich habe einen tüchtigen Hexenschuß, kein Wunder bei dieser Kälte. Bei uns im Haus ist es aber mollig warm. Viele, viele Grüße & Küsse
Dein Vati

## 110. (19)
*Johanna Kaufmann an Walter Kaufmann*
[Handschrift]
Brief

d. 6. Febr. 40

Mein liebster, allerliebster Walter,
Kannst Du Dir wohl unsere Freude vorstellen, als wir Dein wohlgelungenes Foto heute früh erhielten? Ich glaube kaum! Nimm also herzlichen Dank für die grosse, grosse Freude, die Du uns damit gemacht hast. Du bist ja tatsächlich ein junger Mann geworden, wie gross oder lang bist Du denn eigentlich? An Deine neue Haarpracht kann ich mich ja nun noch nicht gewöhnen, oder ist bei der grossen Kälte das Haarschneiden unterblieben? Ich vermute es beinahe! Ich freue mich sehr, mein lieber Junge, daß Du einen so feinen Geburtstag hattest. […] Mit der vielen Post Deiner Freunde hast Du Dich doch sicher auch sehr gefreut. Bernd

wartet sehr auf Deine Antwort, er wird, glaube ich, nicht so verwöhnt wie Du! Aber genieße nur all das Schöne sehr, wenn Du erst als Lehrling tätig bist, wirst Du doch auf vieles verzichten müssen. Wann wird das Examen sein? Herrlich, daß Du auch Gelegenheit zum Ski laufen hast. Weißt Du noch, wie Du als 6 jähriger Stöpsel auf den Skiern versuchtest und immer wieder auf die Nase oder den Podex gefallen bist? Tempi passati! [Vergangene Zeiten – L.J.H.]

Wir warten sehr auf Edgars [Kaufmann – L.J.H.] Antwort, aber in Folge der grossen Kälte ist schon länger als 4 Wochen nichts von Amerika gekommen. Selbst Frau R[uben] hatte noch keinen Geburtstagsbrief von Klaus und Du hast doch sicher geschrieben. Hoffentlich erhalten wir im nächsten Brief von Dir Antwort auf unsere Fragen betreffs Einreise nach Belgien und Aufenthalt. Man spricht von sehr schneller Abfertigung in Stuttgart, aber vor Ende 40 wird ja wohl unsere Nr. 29000 nicht an der Reihe sein. Hat Nora eigentlich keine Grüsse für <u>uns</u> bestellt? Deinen Geburtstag hat sie sicher vergessen. Ich würde ihr aber doch den Empfang der reparierten Uhr bestätigen. Heute hatten wir auch nach sehr langer Zeit einige Grüsse von Eugens, die uns gerne bei sich haben möchten, aber wie – im Augenblick unmöglich. Gestern früh hat Frau R[uben] anläßlich ihres Geburtstages mit uns gefrühstückt, wir haben ihr einen sehr schönen 2 armigen Leuchter für Freitag Abend[376] geschenkt, den wir entzündet hatten und die Überraschung und Freude war gross. Der Nachmittags Damen Kaffee ist sehr zusammen geschmolzen, aber wir waren doch noch im kleinen Kreis gemütlich zusammen.

Ich überlasse heute Vati das weitere Schreiben. Lasse doch bitte <u>recht bald</u> von Dir hören, jetzt haben wir 3 Wochen auf Deine Nachricht gewartet. Wenn es doch nur mit Wieners' klappte! Viele, viele Grüsse & Küsse

Deine Dich liebende Mutti.


### Sally Kaufmann an Walter Kaufmann
[Handschrift]
Brief

Lieber Walter! Heute früh haben wir uns sehr gefreut, als Dein Brief mit Bild ankam. Ich danke vielmals, und morgen wird ein Rähmchen dazu gekauft! Dann stehst Du mir vis a vis auf dem Schreibtisch und guckst zu, was ich arbeite. Zu den Arbeiten gehört viel Spanisch und dabei kommen mir meine Lateinkenntnisse,

---

376   Mit einem (von der Hausfrau) angezündeten zweiarmigen Sabbatleuchter wird der Sabbat eröffnet.

die ich ja mit Dir etwas auffrischte, sehr zu statten. Hast Du mal an Deinen Pass, bzw. seine Verlängerung gedacht? Das ist doch wichtig! Deinen weiteren Nachrichten über Schnee, Schule und die »übrigen Sachen« sehen wir mit Spannung entgegen. Wie heißt denn Deine Freundin Erika[377] sonst noch? Und wo stammt sie her? Denkst Du noch an das in Rossbach von Dir mit Begeisterung gesungene Erika-Lied? Übrigens: Tante Hertha[378] hat Dein Bild auch Kurt H[erzstein]'s Mutter[379] gezeigt; hast Du Kurt auch zum Geburtstag gratuliert? Sonst schreibe ihm bald! Heute ist auch der Bruder meines Lehrmädchens Toni[380] endlich zur Pal[ästina] Vorbereitung gekommen; er ist doch ungefähr gleichaltrig mit Dir? Der »dowe« Erich Wolf hat mit seinen Starten kein Glück. Jetzt will ihn bereits die 2. landwirtschaftliche Ausbildungsstelle als zu jeder Arbeit unfähig und als völlig unkameradschaftlich veranlagt zurückschicken. Was soll man nun mit so einem Jungen anfangen? Sein kleiner Bruder [Kurt – L.J.H.] ist ganz normal & ordentlich. – Nun Schluß für heute! Über die Schule nächstens, wenn Du über sie ausführlich geschrieben hast. Ich grüße & küsse Dich tausendmal
Vati

## 111.
*Johanna Kaufmann an Walter Kaufmann*
[Handschrift]
Brief

d. 15. Febr. 40

Mein liebster Junge,
Ich komme erst heute zum Schreiben, da ich diese Woche vielerlei zu erledigen hatte. Wir hoffen, daß Du gesund bist und sehr bald wieder Post von Dir kommt. Wir warten wirklich sehnlichst auf eine Antwort von Onkel Hugo [Daniels], wie es mit der Einreise nach Belgien wird. Von Edgar[Kaufmann – L.J.H.] hörten wir noch nichts, da im Augenblick überhaupt keine Post von Amerika kommt. Bei dieser Kälte und dem hohen Schnee ist das wohl kein Wunder, es schneit ununterbrochen, sodaß wir kaum aus dem Haus heraus können. Ich gehe auch

---

377  Weiteres zu dieser Person war nicht zu ermitteln.
378  Das ist: Hertha Müller (siehe FN 87).
379  Das ist: Franziska Herta Herzstein (siehe FN 60), die Mutter von Walter Kaufmanns fast genau gleichaltrigem Freund Kurt Herzstein, der am 21. Januar 1940 sechzehn Jahre alt wurde.
380  Der Bruder von Toni Berger (siehe FN 174) ist: Max Berger, geb. 8. April 1923 in Duisburg, der den Schlosserberuf erlernt hat. Er wurde am 10. Dezember 1941 nach Riga deportiert und im Osten ermordet.

wirklich nur, um die notwendigsten Besorgungen zu machen. Frau Koebe hatte Dienstag Geburtstag, ich war zum Kaffee unten und es war recht gemütlich, ganz besonders da eine auswärtige Dame dabei war, die viel Interessantes erzählte. Vorigen Sonnabend waren wir bei Onkel Albert & Tante Erna [Katzenstein], sie freuen sich immer so, wenn wir kommen. Natürlich brachte ich Dein Bildchen mit, welches sie sehr nett fanden, auch Dein Brief interessierte sie sehr über Deine Geburtstagsfeier etc. Aber sie sind sehr erstaunt, daß Du nie einen Gruß für sie hast. Ob Du sie ganz vergessen hättest? Hast Du eigentlich die Sachen von Onkel Hugo [Daniels], ich meine jetzt die Bettwäsche, schon erhalten?

Paulchen Conitzer[381] wird am 26. März Barmitzwah, er ist sehr gross geworden & sehr vernünftig. C[onitzers] rechnen auch noch mit Chile, da ihre Verwandten Defries[382] auch dort sind. Aber vorläufig hörten wir leider noch nichts von Aufhebung der Sperre.

Was macht die Schule, wann ist das Examen, ich fragte schon so oft danach. (Wir wollen Dir doch Däumchen halten.)

Frau Else [Ruben] hat eben von [geschwärztes Wort] die Aufforderung erhalten, ihre Papiere in Ordnung zu bringen, es ist immerhin damit zu rechnen, daß sie im Sommer noch mit ihrer Nummer daran kommt. Wenigstens ein Schritt weiter!

---

381  Paul Conitzer, geb. 22. März 1927, wurde am 26. März 1940 Bar-Mizwa und damit religiös volljährig. Er wurde (vermutlich) am 21. April 1942 zusammen mit seinen Eltern, Dr. Oskar Conitzer und Ilse Conitzer (siehe FN 423), seiner Schwester Hannelore, geb. 6. Mai 1932, sowie seiner Großmutter (siehe FN 424) nach Izbica deportiert und ermordet.

382  Das waren die Familien Martin und Max Defries: Martin Defries, geb. 25. Januar 1890 in Meiderich, Elektro- und Radio-Großhandlung in Meiderich. Während des Novemberpogroms wurden Haus und Geschäft zerstört. Martin Defries war Vorstandsmitglied der Synagogengemeinde Ruhrort und Vorsitzender des jüdischen Männervereins Ruhrort. Ehefrau Paula Defries, geb. 11. September 1892 (gest. 19. Mai 1945). Im Juni 1939 emigrierten die Defries nach Chile (Santiago de Chile). Tochter Lore Defries, geb. 7. August 1922 in Meiderich, bis zum 10. November 1938 »Jawne«-Gymnasium in Köln; Sohn Robert Defries, geb. 9. November 1925 in Meiderich, ebenfalls Schüler der »Jawne«, ging mit der Schule nach England und zog dann zu seinen Eltern nach Chile. – Max Defries, geb. 23. Juli 1879 in Meiderich, Bruder von Martin Defries, Viehhändler, führte gemeinsam mit seinem Bruder Julius Defries eine Firma »Gebr. Defries«. Während des Novemberpogroms wurde Max Defries' Wohnung zerstört, Bargeld gestohlen und er selbst gezwungen, beim Städtischen Leihamt Schmuck zu hinterlegen. Am 15. Juni 1939 wanderte er mit seiner Familie ebenfalls nach Santiago de Chile aus. Max Defries starb am 16. April 1949 in Santiago. Ehefrau Marta, geb. 11. Januar 1893. – Tochter Hilde, geb. 3. September 1919 in Duisburg.

Sonst giebt es gar nichts Neues. Denkst Du auch an den 5. März, damit Vati Deinen Glückwunsch pünktlich hat. Und nun, mein liebster Walter, lebe wohl, bleibe gesund und sei innigst gegrüsst und geküsst von
Deiner Mutti


*Sally Kaufmann an Walter Kaufmann*
[Maschinenschrift]
Brief

Lieber Walter! Vor allen Dingen teile ich folgendes sehr wichtiges mit: Wir haben dem amerikanischen Konsulat, bei dem wir alle unter der Nr. 29367 gemeldet sind, mitgeteilt, daß Du ausgewandert bist und gebeten, daß man Dich an das für Deinen jetzigen Aufenthalt zuständige Konsulat überweist. Laß Dich also bitte dort sofort registrieren, damit Du nicht später darankommst, als wir. – Gib uns bitte sofort Nachricht, wenn Du registriert bist. Ich hoffe, daß Du Dich dort beraten lassen kannst, wie Du die Registrierung vornehmen lassen kannst, auch Bernt hat es so gemacht. –
 Nun warten wir wieder mit Spannung auf Deine Nachrichten, insbesondere darüber, ob wir uns selbst mit Wieners in Verbindung setzen sollen; die Korrespondenz geht so langsam voran! Ich hoffe, daß Du diese wichtigen Dinge uns so schnell wie möglich schreibst.
 Dein Bild steht im »Silberrahmen« auf meinem Schreibtisch. Wie bewahrst Du denn unsere Bilder auf? – Was macht die Schule? Habt Ihr noch immer soviel zu tun?
 Lebe wohl für heute! Ich will noch eine von meinen »Freundinnen«, die Du ja alle kennst, besuchen, bevor es dunkel ist, deshalb Schluß.
 Ich grüße und küsse Dich viel, vielmals
 Dein Dich liebhabender
 Vati


# 112.
*Johanna Kaufmann an Walter Kaufmann*
[Handschrift]
Brief

4.3.40

Lieber Walter,
 Nun haben wir schon wieder 3 Wochen nichts von Dir gehört und Du hattest doch fest versprochen, bald zu schreiben, wir sind wirklich traurig darüber.

Tante Else [Ruben] hatte in dieser Zeit 3 Briefe von Bernd. Morgen ist nun Papi's Geburtstag, da werden wir viel an Dich denken, und ich glaube, daß auch Du mit Deinen Gedanken bei uns bist. Heute Abend kommen Kollege L'stein [Löwenstein] und Frau Hilde[383] zum Übernachten zu uns, Mittwoch früh fahren sie nach USA über Genua. Es tut uns recht leid, aber wir hoffen sie ja mal wieder zu sehen. Die kleinen Söhne sind ja in Deiner Nähe gut aufgehoben. Ich hoffe sehr, daß auch Tante Erna morgen erscheint. Wir haben an Edgar betreffs Bürgschaft ein Kabel geschickt, wenn wir nur gute Nachrichten erhalten! Das Wetter ist schon ganz frühjahrsmässig, die Sonne tut wirklich gut. Onkel Fritz war gestern bei uns, Ilschen[384] ist auf ihrer alten Stelle und wird sicher mal eine tüchtige Gutsbesitzersfrau. Sie kann melken, arbeitet draussen auf dem Feld und reitet. Das möchtest Du wohl auch? Bernd hat schon die Aufforderung erhalten, seine Papiere einzureichen für USA. Seine Mutter glaubt, daß er in einigen Monaten bei Klaus ist.[385] Nun ist die Post wieder vorbei, ohne eine Nachricht von Dir! Wenn nur morgen etwas kommt. Sei für heute herzlich gegrüsst und geküsst von Deinem
    Pitterchen[386]


*Sally Kaufmann an Walter Kaufmann*
[Handschrift]
Brief

[6.3.1940]
Mein lieber Walter! Nun haben wir den Brief noch 2 Tage liegen lassen, weil wir immer noch hofften, von Dir Nachricht zu erhalten. Aber ich mußte meinen Geburtstag ohne Deine Glückwünsche verbringen! Sie fehlten mir doch sehr! Sonst haben wir den Tag recht angenehm verbracht. Es fanden sich viele Gratulanten ein und ich bekam allerhand Gutes geschenkt, u. a. ein sehr schönes Halstuch, ein neues kleines Stativ für den Photoapparat & und einen feinen Handwerkskasten, auch Handschuhe & allerlei zum Schnuppen. Am Vorabend haben wir nett gefeiert, seit langer Zeit sind wir bis nach 12 Uhr aufgeblieben. –

---

383   Max und Hilde Löwenstein (siehe FN 96), die am 5. März 1940 über Italien in die USA emigrierten.
384   Das ist: Ilse Mendel (siehe FN 38).
385   Bernd Ruben (siehe FN 8) konnte erst nach seiner Internierung auf der Isle of Man (Juni 1940) 1943 zu seinem bereits in Kansas City lebenden Bruder Klaus emigrieren. Der Mutter, Else Ruben, gelang 1941 via Lissabon die Emigration dorthin.
386   Selbstgewählter Kosename von Johanna Kaufmann?

Heute morgen kam von Edgar aus New-York ein Telegramm, in dem es wörtlich heißt:

Affidavit possibly next august. [Affidavit möglicherweise nächsten August – L.J.H.]

Wir entnehmen diesem Telegramm, daß Edgar uns bestimmt im August das Affidavit sendet, sodaß unsere Auswanderung nach USA gesichert ist. Frage bitte Onkel Hugo [Daniels], ob wir uns nunmehr direkt mit Herrn Wiener in Verbindung setzen sollen, damit er uns den Zwischenaufenthalt in Belgien ermöglicht. Gib uns bitte sofort darüber Bescheid! Hoffentlich lautet er günstig! Das wäre doch wirklich ein Glück!

Nun Schluß für heute, damit vorstehende wichtige Nachricht Dich nicht zu spät erreicht. –

Gruß & Kuß tausendfach
Pupsi

## 113.
*Johanna Kaufmann an Walter Kaufmann*
[Handschrift]
Brief

10. März 40

Liebster Walter,

Gestern erhielten wir Deinen ausführlichen Brief vom 24. (Nr. 9). Wir waren aber sehr enttäuscht, daß keinerlei Glückwunsch für das liebe Geburtstagskind enthalten war. Ob Du über all Deinen Schularbeiten den Geburtstag vergessen hast? Das wäre aber sehr bedauerlich und ich hoffe sehr, daß Du alles nachholst. Wir haben den Tag so gemütlich wie möglich gefeiert und haben all der Lieben gedacht, die im letzten Jahr noch bei uns waren. Da wurde uns recht wehmütig zu Mute. Hilde u. Max L'stein [Löwenstein] hatten die letzte Nacht bei uns geschlafen u. waren dem lieben Pupsi zuliebe einen Tag länger hier geblieben. Der Abschied fiel ihnen schwer, uns noch schwerer, da wir hier bleiben. Nun schwimmen sie mit der Manhattan[387] schon auf hoher See, sie schrieben uns von München noch einen Abschiedsgruss. Deine Berichte über die Schule haben mich sehr interessiert, lieber Junge! Kunstgeschichte war auch mir immer sehr interessant. Ich hoffe sehr, daß Du inzwischen doch wieder von Onkel Hugo [Daniels] gehört hast, denn ohne seine Erlaubnis oder seine Bitten an die Wiener's zu schreiben, hat

---

387 Passagierschiff der United States Line. Die SS *Manhattan* hatte im Jahr 1936 die US-amerikanische Olympiamannschaft über Hamburg nach Berlin gebracht.

wohl keinen Wert. Und wir warten doch sehnsüchtig darauf, weiter zu kommen. Kathi[388] war auch zum Geburtstag hier, und es kamen Gratulanten mit Blumen, die wir sonst nicht bei uns sahen. Tante Erna war natürlich auch hier. Warum schickst Du nie einen Gruß für sie und Onkel Albert? Sie hören schon seit Monaten nichts von Lotte. Wenn doch nur einmal wieder Amerika Post käme. Frau H'stein [Herzstein], Kurt's Mutter schickte wieder ein Liebespäckchen, ebenso die andere Tante Hertha [Müller – L.J.H.]. Nun ist das auch schon wieder vorbei. Heute regnet es in Strömen, sodaß wir den Sonntag Nachmittag zum Schreiben verwenden wollen. Bleibe gesund, schreibe recht bald, innige Grüße & Küsse
    Deine Johännchen.
Von Eugen's hatten wir langen Brief. Denk Dir mal, Frau Dr. Hauf[389] ist 4 Tage vor der Landung in Erez gestorben. Er ist wirklich sehr traurig. Er wird inzwischen bei Onkel Eugen sein. Klaus Peter ist in Sydney und Brigitte[390] in Deiner Nähe.

### *Sally Kaufmann an Walter Kaufmann*
[Handschrift]
Brief

Mein lieber Walter! Meinen letzten Brief vom 7., in dem ich Dir Edgars [Kaufmann – L.J.H.] Kabel wörtlich mitteilte [»Affidavit possibly next august«] hast Du sicher erhalten. Ich meine, daß wir nur vorankommen, wenn wir uns mit Wiener's selbst in Verbindung setzen & uns auf Onkel Hugo [Daniels] beziehen können. Es ist also jetzt das Wichtigste, daß uns Onkel Hugo dazu ermächtigt. Wenn er Dir noch nicht geantwortet hat, so kannst Du ihn ruhig erinnern & ihn von uns grüßen. Gestern habe ich einen Ausflug aufs Land gemacht & Onkel Peter[391] besucht. Die Leute einschließlich Grete[392] sprechen noch immer von Deinem Besuch dort vor einigen Jahren & sind ganz unverändert. – Hast Du Dich inzwischen für U. S. A. registrieren lassen? Die Unterlagen sandten wir Dir ja zu. Viel, viele Grüße
[Rest durch Verschmutzung unlesbar]
    Pupsi

---

388  (Vermutlich) Katharina Rottenstein, genannt Kat(h)i, eine Freundin der Kaufmanns (siehe FN 133).
389  Näheres war nicht zu ermitteln.
390  Näheres über die genannten Personen war nicht zu ermitteln.
391  Näheres war nicht zu ermitteln.
392  Näheres war nicht zu ermitteln.

## 114.
*Salme [?]³⁹³ und Pupsi an Müllers, Walter Kaufmann und Ulla*
[Handschrift]
Brief

ohne Datum

Liebe Müllers,
    liebster Walter + liebe Ulla,
    Zuerst Ihnen, liebe Frau Müller, schönen Dank für Ihre letzten Grüsse. Es tut mir sehr leid, dass Sie anscheinend mit Ihrer Gesundheit nicht so ganz auf der Höhe sind. Warum nehmen Sie sich nicht 2 x in der Woche eine Hülfe? Es ist <u>sehr</u> unrecht, dass Sie das nicht tun und ich kann mir nicht denken, dass das so teuer ist. Ich glaube, lieber Herr Müller, Sie werden das auch nach reiflicher Überlegung ganz gut einrichten können. Denn, wenn Ihre liebe Frau erst bettlägerig wird, müssen Sie Hülfe und Arzt nehmen! Ich hoffe aber zuversichtlich, dass Sie Beide vernünftig sind – und meine Ratschläge befolgen, sonst kündige ich Ihnen die Freundschaft. Und das wollen <u>Sie</u> doch sicher nicht und <u>wir</u> erst recht nicht! Du, liebe Ulla bist sicher weiter recht fleissig. Kommst [?] Du Ostern ins Säuglingsheim? – Und – nun zu Dir, mein liebster Junge! Deine lieben Zeilen Nr. 9 haben uns viel Freude gemacht. Hoffentlich bist Du gesund und guter Dinge. Auch wir sind gesund und wir sind froh, dass es nicht mehr so kalt ist! Wir haben nun 3 Briefe an Edgar geschrieben und warten nun sehnlichst auf Antwort, die aber frühestens in 14 Tagen hier sein kann. Hoffentlich kann Edgar + Ruth uns helfen, sonst wissen wir wirklich keinen Rat. Eventuel[l] musst Du Dich dann, wenn die Antwort zu lange dauert, mal an Nora wenden, damit sie Dir Edgars Adresse angibt und Du ihm schreibst. Denn augenblicklich kommt von Amerika ja leider überhaupt keine Post. Du kannst ruhig dem Onkel Hugo [Daniels]berichten, dass wir alles tun, um mit allen Lieben wieder zusammen zu kommen, im übrigen sind wir ihm unendlich dankbar, dass er weiter für unsere Auswanderung bemüht ist. Vergiss bitte nicht, ihm dieses noch zu schreiben. Gerda's Gruss erfreute uns sehr, auch für sie von uns liebe Grüsse. Also, Ihr Lieben alle bleibt gesund, schreibt uns bald. Viele, viele Grüsse + wer will, noch mehr Küsse
    Eure Salme [?]

---

393 »Salme« oder »Salime«/»Sabine« (?) war offensichtlich der Kosename von Johanna Kaufmann. Vgl. auch Brief 117.

*Pupsi [Sally Kaufmann] an Walter Kaufmann und Familie Müller*

Meine Lieben alle!

Ihre Frage, liebe M[üllers], nach der Gültigkeit des Chile-Visums Ihres Schwagers kann ich leider noch immer nicht beantworten. Man hört nichts Positives, nur Gerüchte. Du, lieber Walter, wirst vielleicht noch wissen müssen, wann die Registrierung unter der Nr. 29367 erfolgt ist: Es war Oktober 1938. Das genaue Datum kann ich Dir vielleicht später mitteilen. Im übrigen interessierten mich Deine Schulberichte sehr. Hoffentlich holst Du Biologie auf. Dass Du so gute Resultate in Geschichte hast, ist erfreulich und ich hoffe sehr, dass Du so weiter arbeitest. Dieser Tage waren wir bei herrlichstem Wetter im Wald. Auf der Hockelbahn war Hochbetrieb, Bekannte sahen wir aber nicht. Für heute Euch allen herzlichste Grüsse und allen, »die es angeht«, einen festen Kuss

    Euer Pupsi
Photocopie anbei


## 115.
*Nora Kaufmann an Walter Kaufmann*
[Maschinenschrift]
Brief

40 Gordon Square,
W.C.l.

                                                        25th April 1940.

Dear Walter,

I have just received a long letter from Mr. D[aniels] with copies of letters from him to Mrs. Dr. Essinger and from her to him. I see out of these that you have not done too well in the mock' exam, but nevertheless I hope you will pass your final exam. Mr. D. also sent me a copy of an awfully nice letter which he wrote to you on the 8th April and on which he says he received no answer from you. Why don't you tell him frankly about the mock exam and confirm to him that you will do everything to pass your final, which I am sure you will do.! ---- [Also you don't seem to have written to him how you spent your Easter holidays. After all he pays for them and has more than a right to know about them. I think you should write all the time to][394] Mr. D. how you are getting on and what you are doing even if he does not answer all your letters. It is up to you to keep him interested

---

394 Text in der eckigen Klammer durchgestrichen.

in your presence and future. If you give him pleasure by showing him that you can succeed if you want to he will be pleased to help you further on and probably take an interest again in helping your parents. But if I were you I should not rely on other people's help but take a pride in doing your utmost to be able as soon as possible to provide for them yourself.

What plans have you for the future?

Have you ever discussed anything with Mr. D.? We are all facing very hard times and we all have to show that we can stand up to them. If we manage successfully now we are sure to be able to win a happier future.

I have not had an answer from you on my last card but I expect to hear from you.

Perhaps I shall see Mr. D. next week. If there is anything of importance I shall let you know.

Would it suit you if I came down to see you on Sunday the 5$^{th}$ May? I cannot promise anything definite but shall try to arrange it.

Love and a kiss

Yours

Nora


[Handschrift]

4$^{th}$ May 1940

Dear Walter,

Meanwhile I have received another letter from Mr. D[aniels] in which he sends me your report. I certainly don't consider it bad, but only satisfactory and you really have to do your utmost for the final. On your report it says that you have not yet developed a sense of »social obligation« this point seems to worry Mr. D. a lot. I think he is right in a way for this is most important for life. I hope you know what it means. One of your most important social obligations is that you should write to Mr. D. regularly whatever you are doing and whether he answers or not. It is almost as important as writing regularly to your parents. There are naturally social obligations towards your school mates and Teachers and other people which you simply must remember. This is very important not only in England but all over the world.

I expect Mr. D. will be prepared to pay for a practical training for you provided that you pass your examination. But as soon as your parents come out of G[ermany] he wants to turn over the responsibility for your future to them. He seems very decisive at present and I could not get a chance until now to see him, but I expect I shall be able to fire something shortly.

I am sorry I cannot come to see you after all this Sunday. But I shall make up at a later date. Does it suit you any Sunday?

I hope to hear from you soon again.

Kisses

Yours Nora

Thank you for your letter

*Deutsche Übersetzung*
**Nora Kaufmann an Walter Kaufmann**
[Maschinenschrift]
Brief

London, 25. April 1940

Lieber Walter,

Ich habe gerade einen langen Brief von Mr. D[aniels] mit Kopien von seinen Briefen an Frau Dr. Essinger und von ihr an ihn erhalten. Hieraus ersehe ich, dass Du Dich in der Probeklausur nicht allzu gut geschlagen hast, dennoch hoffe ich, dass Du Deine Abschlussprüfung bestehst. Mr. D. schickte mir auch eine Kopie eines schrecklich netten Briefes, den er Dir am 8. April geschrieben hat, und er sagte, er hat hierauf keine Antwort von Dir erhalten.

Warum erzählst Du ihm nicht offen über deine Probeklausur und bestätigst ihm, dass Du alles machen wirst, um die Abschlussprüfung zu bestehen, was Du sicher tun wirst! ---- [Auch scheinst Du ihm nicht geschrieben zu haben, wie Du deine Osterferien verbringst. Schließlich zahlt er für sie und hat mehr als ein Recht, über sie informiert zu sein. Ich denke, Du solltest] Mr. D. immer schreiben, wie es Dir geht und was Du tust, auch wenn er nicht alle Briefe beantwortet. Es liegt an Dir, ihn für Deine Gegenwart und Zukunft zu interessieren. Wenn du ihm Freude machst und ihm zeigst, dass Du erfolgreich sein kannst, wenn Du möchtest, wird er Dir gerne weiterhelfen und wahrscheinlich wird er wieder Interesse haben, Deinen Eltern zu helfen.

Aber wenn ich Du wäre, würde ich mich nicht auf die Hilfe anderer verlassen, sondern Du solltest Deinen Stolz daransetzen, Dein Möglichstes zu tun, um so bald wie möglich selbst für sie sorgen zu können.

Welche Pläne hast Du für die Zukunft?

Hast Du jemals mit Mr. D. diskutiert? Wir alle stehen vor sehr schweren Zeiten und wir müssen allen zeigen, dass wir ihnen standhalten können.

Wenn wir es jetzt erfolgreich schaffen, können wir sicher in eine glücklichere Zukunft blicken.

Ich habe keine Antwort auf meine letzte Karte erhalten, aber ich erwarte, von Dir zu hören.

Vielleicht werde ich nächste Woche Mr. D. sehen. Wenn es irgendetwas Wichtiges gibt, werde ich es Dich wissen lassen.

Würde es Dir passen, wenn ich Dich am Sonntag, den 5. Mai besuchen würde? Ich kann nichts Bestimmtes versprechen, aber ich werde versuchen, es zu arrangieren.

Liebe und Kuss
Deine
Nora


**Nora Kaufmann an Walter Kaufmann**
[Handschrift]
Brief

[London] 4. Mai 1940

Lieber Walter,

in der Zwischenzeit habe ich einen weiteren Brief von Mr. D[aniels] erhalten, womit er mir Dein Zeugnis schickt. Ich halte es nicht für schlecht, aber nur für befriedigend und Du musst wirklich Dein Möglichstes für den Abschluss tun.

In Deinem Zeugnis steht, dass Du Deinen Sinn für »soziale Verpflichtung« noch nicht entwickelt hast, dieser Punkt scheint Mr. D. viel Sorgen zu machen. Ich denke, er hat in gewisser Weise recht, da dies äußerst wichtig fürs Leben ist. Ich hoffe, Du verstehst, was es bedeutet. Eine der äußerst wichtigen sozialen Verpflichtungen ist, dass Du Mr. D. regelmäßig schreibst, egal was Du machst und ob er antwortet oder nicht. Es ist fast so wichtig, wie regelmäßig Deinen Eltern zu schreiben. Natürlich gibt es soziale Verpflichtungen gegenüber Schulkameraden und Lehrern und anderen Leuten, denen Du einfach nachkommen musst. Das ist sehr wichtig, nicht nur in England, sondern überall auf der Welt.

Ich nehme an, dass Mr. D. bereit ist, Dir eine praktische Ausbildung zu bezahlen, wenn Du Deinen Abschluss schaffst. Aber sobald Deine Eltern aus Deutschland herauskommen, möchte er die Verantwortung für Deine Zukunft an sie übergeben. Er scheint derzeit sehr entschieden zu sein, und ich hatte bis jetzt keine Chance, ihn zu sehen, aber ich erwarte, dass ich in Kürze etwas erreichen kann.

Es tut mir leid, dass ich Dich diesen Sonntag nun doch nicht besuchen kommen kann. Ich werde es zu einem späteren Zeitpunkt nachholen. Passt es Dir generell sonntags?

Ich hoffe, bald wieder von Dir zu hören.
Küsse
Deine Nora
Danke für Deinen Brief

# Australien

*Februar 1941 – Dezember 1941*

**116. (39)**
*Sally und Johanna Kaufmann an Walter Kaufmann*
[Maschinenschrift]
Karte

[3 PASSED BY CENSOR 191] [Duisburg 21.04.41-19] [27.04.1941] [Oberkommando der Wehrmacht geprüft]

    Interniertensendung Gebührenfrei
    Postkarte
    Taxe percu[395]
    R[eichs]M[ark] 95 Pf[enni]g
    *Unterschrift*
    Mit Luftpost
    Par Avion
    Nach New York
    Und ab New York
    Herrn Walter Kaufmann (52069)
    Hut 28;[396] Nr. 2 Compound[397]
    Nr. 7 Camp
    Eastern Command
    Australia
    Absender: Dr. Sally u.
    Johanna ~~Kaufmann~~ Sara
    Kaufmann, Duisburg,
    Fuldastr. 1
    V IV / 1533 (4) 27. Aug 1941

---

395  Perçu, wörtlich: Steuer erkannt, hier wohl: (Post-)Gebühr bezahlt.
396  In Hut (= Hütte) 28 befand sich auch Klaus Wilczynski, der erwähnt, dass dort überwiegend Juden aus Deutschland und Österreich zusammen mit politischen Flüchtlingen untergebracht waren. Daher galt diese Baracke als »linke« Hütte (Wilczynski 2001, S. 205).
397  Compound wurden die zu unterscheidenden Lagerteile genannt.

Duisburg, den 25.2.1941
[handschriftl. 10-4-41][398]

Liebster Walter! Wir schrieben Dir am 9. dieses Monats ausführlich und wollen Dir heute per Postkarte – diese kommt vielleicht besser an als ein Brief – nur viele, viele Grüße senden. Wir hoffen sehr, dass Du inzwischen auch uns direkt geschrieben hast, sofern das Dir möglich ist, und dass wir bald in den Besitz einiger Zeilen von Dir kommen, die uns schon solange fehlen. Von Edgar [Kaufmann – L.J.H.], dem wir Deine Adresse sandten, haben wir noch keine Antwort, ob er uns jetzt das Affidavit stellen kann, damit wir möglichst bald zu ihm kommen können. Denn wenn unsere Papiere in Ordnung sind, erhalten wir trotz unserer Nummer 29367, unter der Du übrigens auch in Stuttgart registriert bist, das Visum. Merke Dir auf alle Fälle die Nummer; sie stammt aus Oktober 1938. – Wir haben gerade ein nettes Wochenende in Köln verbracht, und zwar hauptsächlich bei der Mutter[399] von Kurt Steinberg. Ich hatte auch etwas geschäftliches dort zu tun. – Dir geht es hoffentlich gut. Grüße die Eltern von Hanshermannn[400][sic] und alle sonstigen Bekannten dort. Sei selbst nochmals tausendmal gegrüßt und herzlichst geküsst von Deinem
   Vati + Mutti


## 117.
*Sally Kaufmann an Walter Kaufmann*
[Maschinenschrift]
Brief

[Datum nicht zu entziffern]
[2-5-1941]

Liebster Walter,
   Deinen lieben Brief vom 2. vorigen Monats erhielten wir mit vielem Dank. Wir sind so froh über jedes Lebenszeichen von Dir, besonders wenn es uns berichtet, dass es Dir gut geht und dass Du alles hast, was Du brauchst. Wir sind glücklich, dass Du dort bist und wir schließen uns ganz der Ansicht Onkel Richards und

---

398  Handschriftlich mit Bleistift eingefügte Datumsangabe auch in den nachfolgenden Briefen/Karten (von Walter Kaufmann?).
399  Das ist: Selma Steinberg (»Tante Selma aus Altenessen«) (siehe FN 321).
400  Hans Hermann (später: John Harold) Moser, geb. 25. Februar 1921, Freund Walter Kaufmanns, der mit seinen Eltern Martha und Richard Moser und seiner Schwester Stefanie im Januar 1939 nach Australien ausgewandert war (siehe FN 21).

Tante Martas⁴⁰¹ an, dass es unzweckmäßig wäre, nach der New Herrlingen Schule zurückzukehren. Etwas anders wäre es, wenn es möglich wäre, zu Deinem Vetter Edgar [Kaufmann – L.J.H.] zu kommen, aber das wird wohl schwierig sein. Edgar kabelte uns vor einigen Tagen, dass er uns in wenigen Wochen das Affidavit schicken würde, sodass wir, wenn es ausreicht, in nicht allzu ferner Zeit Aussicht auf Erhalt des Visums haben. Wenn auch unsere Nummer 29367 (Stuttgarter Konsulat) recht hoch ist, so rechnet man doch damit, dass sie bald darankommt. Aufgerufen sind die Nummern bis 30000 alle, und sogar bei höheren Nummern ist eine gewisse Aussicht auf Visumerteilung da, wenn besonders gute Bürgschaften vorliegen. Jedenfalls würde ich Dir raten, Dich einmal über die Möglichkeiten, zu Edgar zu kommen, mit Onkel Richard zu beraten.

Wir schrieben Dir in den letzten Wochen mehrfach, wissen aber nicht, ob Dich unsere Briefe erreichen. In allen Briefen schrieben wir Dir, dass es uns den Umständen entsprechend zufriedenstellen [sic] geht und dass wir hoffen, trotz aller Schwierigkeiten bald mit Dir wieder zusammen zu sein. Ich selbst habe wie immer viel Arbeit und die Zeit vergeht dadurch mit Windeseile. Aber die Mickimaus⁴⁰² klagt auch darüber, dass sie nie Zeit habe und ist der Ansicht, dass sie noch mehr zu tun habe, als ich.

Nun, mein lieber Junge, bleibe gesund und tapfer wie bisher! Ich grüße Dich vielmals herzlichst und gebe Dir auch einen festen Kuss
Dein Sally


### *Tante Sabine⁴⁰³ an Walter Kaufmann*

Lieber Walter, ich bin so froh, dass wir wissen wie gut es Dir geht. Wir hoffen, dass Du Edgars [Kaufmann – L.J.H.] Adresse erhalten hast und Dich mit ihm in Verbindung setzen kannst. Heute erhielten wir einen sehr lieben Brief von Löwensteins,⁴⁰⁴ die von New York nach Cinncinati [sic] übersiedelten, sie waren bei Edgar eingeladen, der versprach uns zu helfen. Wir müssen gesund bleiben,

---

401  Gemeint ist Martha Moser (siehe FN 300).

402  Um welche Anspielung es sich hier handelt, ließ sich nicht ermitteln.

403  Vermutlich Johanna Kaufmann, die hier ihren Kosenamen benutzt. Siehe Brief Nr. 114.

404  Das sind: Rechtsanwalt Max Löwenstein, Ehefrau Hilde und die Söhne Rolf Hans (Ralph) und Kurt Eduard, die im März 1940 in die USA ausgewandert waren (siehe FN 96). Der am 29. April 1934 geborene Kurt Eduard Löwenstein (siehe FN 219) war im Juli 1939 mit einem Kindertransport nach England gekommen und 1940 zu seinen Eltern nach Cincinnati/USA nachgezogen.

das ist sehr wichtig. Es tut uns sehr leid, dass Onkel Richard sich garnicht wohl fühlt, wir wünschen von Herzen baldige Genesung, wir denken so viel an Tante Marta [Martha Moser – L.J.H.]. Gerda ist noch immer nicht bei Lotte, das ist nicht so einfach. Auch Bernd ist noch nicht fort.

Habe weiter guten Mut, grüße Deinen Lehrer und Freund Erich.[405] Sei innig gegrüßt und geküsst von Deiner

Tante Sabine

Tante Else lässt herzlich grüßen.

## 118. (40)
*Johanna Kaufmann an Walter Kaufmann*
[Maschinenschrift]
Karte

Duisburg, den 11. März 1941.
[9-6-41]

Mein lieber Walter, an Vatis Geburtstag erhielten wir von Edgar [Kaufmann – L.J.H.] einen sehr lieben Brief mit Deiner Adresse. Hoffentlich erreicht Dich diese Karte. Wir nehmen an, dass Edgar Dir nun auch schreiben wird und Dir helfen wird, nach dort zu kommen.[406] Wir sind gesund u. hoffen dasgleiche [sic] von Dir. Vatis Geburtstag hatten wir viel Besuch haben aber Dich, mein liebster Junge, u. alle alten Freunde sehr vermisst. Wir wären ja so froh, mal Nachricht von Dir zu erhalten. Morgen Abend sind wir bei Emils Eltern[407] eingeladen, da Purim ist. Zu Tante Erna [Katzenstein] fahre ich auch ab und zu, die Reise ist ja nicht weit. Wie geht es Onkel Richard?[408] Hoffentlich ist er wieder wohl, grüße sehr von uns.

---

405 Erich Leffmann, geb. 24. Juni 1908, Referendar, dann Kraftfahrer, 1937 von Duisburg nach Augsburg verzogen. Er wanderte 1939 nach England aus und wurde von dort im Mai 1940 nach Australien deportiert.

406 Edgar Kaufmann (siehe FN 98), Walter Kaufmanns Cousin, bemühte sich um ein Affidavit in die USA.

407 Gemeint sind die Eltern von Emil Frank (siehe FN 248): Siegmund Frank, geb. 9. September 1872, Viehhändler, und Johanna Frank, geb. 8. November 1877, die zusammen mit den Kaufmanns im »Judenhaus« Fuldastraße 1, dann für zwei Wochen bis zur Deportation im Juli 1942 in der Baustraße 34/36 wohnten. Beide wurden am 25. Juli 1942 nach Theresienstadt deportiert, wo sie im Juli bzw. Oktober 1942 umgekommen sind.

408 Gemeint ist Richard Moser (siehe FN 21), der mit seiner Familie im Januar 1939 nach Australien emigriert war. Ein Kontakt zu Personen außerhalb des Internierungslagers war durchaus möglich. Die Internierten hatten im australischen Camp Bewegungsfreiheit.

Gleich muss ich Reibekuchen backen und dabei an Dich denken. Gerda arbeitet in einer Gürtelfabrik, was ihr sehr viel Freude macht. Wenn Du an Onkel Hugo [Daniels] schreibst, vergiss nicht von uns zu grüßen. Bleibe nur gesund und sei innigst umarmt von Deiner
    Mutti


*Sally Kaufmann an Walter Kaufmann*
[Handschrift]
Karte

Lieber Junge! Deine Adresse, die uns Edgar schrieb, ist etwas anders wie die uns früher bekannt gewordene Adresse; an letztere schrieben wir auch einige Male. In der Stadt, in der Mosers [? unleserlich, gelocht] wohnen, gibt es doch sicher ein Hilfscomité, an das Du Dich wegen der Reise zu Edgar wenden kannst.
    Gruß und Kuss
    Vati


## 119. (41)
*Johanna Kaufmann an Walter Kaufmann*
[Maschinenschrift]
Karte

                                          Duisburg, den 30. März 1941
Fuldastrasse 1
                                                                    [6-9-41]

Mein lieber Junge,
    Wir hoffen sehr, dass Du unsere diversen Karten und Briefe erhalten hast und warten sehnsüchtig auf Nachricht von Dir. Vorige Woche kam ein Brief von Emil Frank[409] an, die Eltern waren so glücklich darüber, er schrieb aber nichts über Dich, sodass wir nicht genau wissen, ob Deine Adresse dieselbe ist wie seine. Deine uns von Edgar [Kaufmann – L.J.H.] mitgeteilte Adresse weicht etwas von der ab, die uns Emils Frau[410] vor einiger Zeit mitteilte und an die wir Dir bisher

---

409 Emil Frank (siehe FN 248) war mit Walter Kaufmann gemeinsam von England nach Australien deportiert worden.
410 Emil Franks Ehefrau: Eva Frank, geborene Neumark (siehe FN 248), älteste Tochter von Rabbiner Manass Neumark. Sie war mit ihren Kindern Martha und Jochanan auf der Isle of Man interniert.

schrieben. Frau Essinger schrieb uns einen Rotes-Kreuz-Brief, dass es Dir gut gehe, hoffentlich ist das auch jetzt noch so. Uns geht es Gott sei Dank zufriedenstellend. Hast Du Nachricht von Edgar gehabt, wird er dir helfen? Vorsorglicherweise nochmals Adresse: 35–08, 95 th Street, Jackson Heights, New York. Wir warten auf unsere Papiere für USA, die uns Edgar zugesagt hat und hoffen, dass wir dann ein gutes Stück weiterkommen.

Bleibe gesund, viele innige Küsse und Grüße!
[handschriftlich] Deine Dich liebende Mutti


*Sally Kaufmann an Walter Kaufmann*
[Handschrift]

Lieber Walter, Mutti, die jetzt oft ihre Briefe tippt, hat mir keinen Platz gelassen, mehr als einen Gruß zu schreiben. Dieser Gruß nebst Kuss soll aber besonders herzlich sein. Vati

## 120. (42)
*Sally Kaufmann an Walter Kaufmann*
[Maschinenschrift]
Karte

Duisburg, den 7. April 41
[27-8-41]

Liebster Walter! Ich bin gerade im Begriff, in Gemeindeangelegenheiten nach Berlin[411] zu fahren, und möchte Dir nur schnell meine herzlichsten Grüße senden. Mutti schreibt Dir ausführlich. Nochmals Grüße und viele Küsse Vati

---

411 Vermutlich führte Sally Kaufmann die Fahrt zur »Reichsvereinigung der Juden in Deutschland« nach Berlin. Dies war der bei seiner Gründung 1933 noch »Reichsvertretung der Deutschen Juden« genannte Zusammenschluss jüdischer Vereine, um eine Gesamtvertretung des deutschen Judentums zu schaffen und gegenüber den deutschen Behörden und ausländischen Institutionen als Sprecherin aufzutreten. Zu den Aufgaben gehörten u. a.: Wanderungs- und Wirtschaftshilfe, Auswanderung (Palästina-Amt, Hilfsverein für andere Länder), juristisch-wirtschaftliche Betreuung. Die Leitung der »Reichsvereinigung« wurde seit 1939 von den Nationalsozialisten ernannt und stand unter Beobachtung und Kontrolle der Gestapo. Bis zu ihrer Auflösung im Juni 1943 bestand die Hauptaufgabe der »Reichsvereinigung« darin, die noch in Deutschland lebenden Juden zu versorgen. Vgl. Schoeps 1992, S. 386 sowie: Wikipedia, Artikel »Reichsvereinigung der Juden in Deutschland«, abgerufen 28.11.2019.

*Johanna Kaufmann an Walter Kaufmann*
[Maschinenschrift]
Karte

Mein liebster, allerbester Walter, am Samstag hatten wir eine große Freude. Dein Roter-Kreuz-Brief vom 1.10.40 erreichte uns. Wie sind glücklich, mal wieder von Dir gehört zu haben, vor allem, dass Du gesund bist und mit Nora [Kaufmann], Hugo [Daniels] in Verbindung bist. Hoffentlich hast Du nun auch von Edgar [Kaufmann – L.J.H.] gehört, damit er Dir hilft, nach New York zu kommen. Auch wir denken immer an Dich und wenn wir abends mit Tante Else [Ruben] zusammen sitzen, sprechen wir von unseren lieben Jungens. Bald ist Ostern. Den ersten Abend sind wir unten im Parterre bei Neumarks eingeladen. Weißt du noch, wie Du im Garten Ostereier gesucht hast und immer alle gefunden hast? Ich hoffe, auch jetzt werdet Ihr nette Tage verbringen. Nun werden wir sicher bald wieder von Dir hören. Eben ist der liebe Vati abgereist, ich bin froh, wenn er wieder gesund zurück ist. Nur heute nur diese wenigen Zeilen. Wir schreiben Karten, weil wir denken, dass dieselben schneller ankommen als Briefe. Innige Grüße und Küsse in Liebe Mutti [handschriftlich] Mutti

## 121. (43)
*Sally Kaufmann an Walter Kaufmann*
[Maschinenschrift]
Karte

Duisburg, den 20.4.41
[27-8-41]

Liebster Walter! Unsere letzte Karte, mit der wir Dir den Empfang Deines Roten-Kreuz-Briefes vom 1.10.40 anzeigten, wirst Du hoffentlich erhalten haben. Inzwischen hat sich nicht viel besonderes ereignet. Wir warten noch immer auf den Eingang des Affidavits von Edgar [Kaufmann – L.J.H.] und wünschten sehr, es bald zu erhalten, damit wir Fortschritte in der Auswanderung machen. Halte Dich nur ja auch an Edgar, denn das ist wohl der sicherste Weg, dass wir uns wiedersehen. Und wie sehr wünschen wir den Tag herbei! Ich male mir zuweilen schon aus, wie das sein wird, wenn wir drei wieder zusammen sind. Ich wiederhole Edgars Adresse: 35–08, 95 th Street, Jackson Heights, New York. -- Inzwischen kam allerhand Post, u. a. ein lieber Brief von Frau Professor Traugott,[412] den wir sogleich beantworteten. Viele herzliche Grüße und viele Küsse! Dein Vati

*Johanna Kaufmann an Walter Kaufmann*
[Handschrift]
Karte

Mein liebster Walter, Ich wäre ja so froh, wenn ich wüsste, dass Du meine Post erhältst. Ostern haben wir so angenehm wie möglich verbracht und sehr viel an Dich gedacht. Bleib uns nur gesund
    Grüße Onkel Richard + Tante Marta [Moser] herzlichst. Für heute viele innige Grüße + Küsse
    Deine Mutti. Von Hugo [Daniels] + Nora [Kaufmann] hören wir garnichts mehr.


## 122.
*Johanna Kaufmann an Walter Kaufmann*
[Maschinenschrift]
Brief

                                       Duisburg, den 30. April 41.
Fuldastr. 1

Mein liebster, bester Walter,
    in der Hoffnung, dass du alle unsere Karten erhalten hast, wollen wir Dir heute mal wieder einen Brief schreiben. Hoffentlich bist Du gesund und kannst das Klima gut vertragen, es ist sicher sehr heiß dort. Ob du wohl mehr als eine Badehose anhast, und braun von der Sonne verbrannt bist? Wie gerne möchte ich Dich so mal sehen! Ich hatte ein paar Tage richtigen Ziegenpeter, nicht schlimm, aber da es sehr ansteckend ist, musste ich im Zimmer bleiben. Wir haben ja auf der Etage ein kleines Mädel, welches in Köln die Schule besucht.[413] Aber sie ist bis

---

412  Das ist: (vermutlich) Bertha Traugott, geb. Neumark, die mit Ehemann, Prof. Louis Traugott, und Sohn Stefan 1941 nach den USA ausgewandert war (siehe FN 322).
413  Es handelt sich vermutlich um Hannelore Conitzer (geb. 6. Mai 1932 in Duisburg), Tochter von Dr. Oskar und Ilse Conitzer (siehe FN 423), Schwester von Paul Conitzer (siehe FN 341), die (vermutlich) im April 1942 mit ihrer Familie deportiert und in Izbica ermordet wurde.

jetzt gesund geblieben. Ich schreibe so gerne Schreibmaschine, es geht so schnell und ist eine gute Übung für mich, findest du das nicht auch?

Lieber Junge! Gestern kam ein langer Brief von Edgar [Kaufmann – L.J.H.]. Näheres kann der liebe Vati Dir darüber schreiben. Jedenfalls sind wir froh, dass Du mit ihm in Verbindung stehst und er Dir helfen will. Das wäre ja herrlich, wenn Du uns am Peer erwarten könntest, gelt? Aber ich glaube ganz so schnell, wie wir beide das möchten, geht das wohl nicht. Aber die feste Hoffnung habe ich. Allmählich fängt es hier an, nun auch warm zu werden. Wir sind so froh darüber, gerne möchte ich mit Vati mal ein Wochenende an der Ahr machen, wo wir im vorigen Jahr waren, das täte uns beiden gut.

Wie geht es denn Tante Marta und Onkel Richard [Moser], ist er wieder ganz gesund? Das wollen wir doch hoffen. Schreibt Hans Hermann Dir auch schon mal u. Steffi,[414] meine kleine Freundin ist sicher auch ein großes Mädel geworden.

Wie bekommt Dir denn die Landarbeit, da wirst Du aber immer einen Bärenhunger haben. In 14 Tagen muss Frau Else[415] nach Stuttgart,[416] wenn nur dieses Mal alles gut geht. Bernd [Ruben] ist immer noch bei Gerda [Katzenstein]. Er ist beim [… Knick im Briefpapier] beschäftigt u. verdient seinen Lebensunterhalt, hat sich sogar einen neuen [… Knick im Briefpapier] gekauft! Dein Freund Kurt [Katzenstein – L.J.H.] geht noch zur Schule, u. ab [? …] wohl einige Semester studieren, seine Eltern sind nicht so ganz begeistert davon. Kurt H. in Holland[417] ist fertig mit seiner Handwerkerschule und lernt nur noch Sprachen, seine Mutter schreibt uns sehr oft u. ist uns eine treue Freundin. Müllers[418] schreiben uns auch öfters, wenn wir doch mal wieder Post von Dir hätten! Wenn Du diesen Brief erhältst, ist sicher mein Geburtstag wieder vorbei. Wollen hoffen, dass es der letzte ohne Dich ist, mein lieber Walter. Ich will nun Schluss machen, damit Vati auch noch Platz zum schreiben hat. Außerdem muss ich in die Küche, das Essen richten. Es gibt gebackenen Fisch mit Kartoffeln!

Also bleib gesund und sei vielmals geküsst von Deiner Dich liebenden
Mutti

---

414   Stefanie (Steffe Berta) Moser (siehe FN 21), geb. 2. Oktober 1927 in Duisburg. Im November 1938 ging sie mit ihren Eltern Martha und Richard Moser und ihrem Bruder Hans Hermann (John Harold) nach Haarlem/Holland, im Januar 1939 nach Australien.
415   Das ist: Else Ruben (siehe FN 57).
416   Zum US-amerikanischen Generalkonsulat in Sachen Einwanderungspapier.
417   Kurt Herzstein (siehe FN 16), Freund und Schulkamerad von Walter Kaufmann, der im Dezember 1938 nach Amsterdam ging. 1941 emigrierte er über Kuba nach Kanada. Seine Mutter war Herta Franziska Herzstein (FN 60).
418   Dr. Sebald und Hertha Müller (siehe FN 87).

*Sally Kaufmann an Walter Kaufmann*
[Maschinenschrift]
Brief

Liebster Walter!
    Es sind einige Tage vergangen, dass Mutti diesen Brief begonnen hat, ich will ihn jetzt am 2. Mai beenden und Dir vor allem erzählen, dass Edgar, der von Dir Post hatte, bemüht ist, Dir sobald wie möglich die Reise nach USA zu ermöglichen. Hoffentlich gelingt's, damit wir uns recht bald dort wiedersehen. Allerdings ist es doch schwieriger, für uns ein ausreichendes Affidavit zu erhalten, als wir annahmen. Ob das von Edgar, der auch für seinen Onkel Josef[419] zu sorgen hat, ausreicht, ist noch nicht sicher; wir schreiben deswegen an mehrere Leute in USA, damit sie uns ebenfalls helfen.
    Ich habe nach wie vor viel Arbeit, denke aber dabei so oft an Dich.
    Ich hoffe, dass Dich dieser Brief bei guter Gesundheit trotz aller Hitze erreicht und grüße und küsse Dich innigst.
    Dein
    Vati


## 123. (44)
*Johanna Kaufmann an Walter Kaufmann*
[Handschrift]
Karte

                                    Duisburg, Fuldastr. 1, den 15. Mai 41
                                                            [9-10-41]

Mein liebster Walter,
    Heute kam ein Brief von Emil Frank an und die Freude der Eltern[420] war groß. Wir erwarten so sehnlichst auch von dir mal wieder eine Nachricht. Hoffentlich bist Du gesund und guten Mutes, wir sind es auch! Frau Ruben hat heute ihr amerik. Visum erhalten, sie schickte uns ein Telegramm, nun wird sie uns wohl bald verlassen. Aber sie hat versprochen, alles für uns zu tun, damit wir baldigst nachkommen können. Der liebe Vati ist augenblicklich sehr beschäftigt, da er

---

419  Josef Nachmann (siehe FN 171), der Bruder seiner Mutter Jeanette Kaufmann.
420  Das sind Siegmund und Johanna Frank (siehe FN 407), seit 1939 in dem »Judenhaus« Fuldastraße 1 lebend – wo inzwischen auch die Rabbinerfamilie Neumark (siehe FN 164) wohnte. Die alten Franks wurden am 25. Juli 1942 nach Theresienstadt deportiert, wo sie im August 1942 bzw. Oktober 1942 umkamen.

jedes Wochenende an einem Buchführungskurs für U.S.A. teil nimmt, es ist sehr schwer. Aber er hofft doch, dieses mal praktisch in Amerika verwenden zu können. Von Edgar [Kaufmann – L.J.H.] hörten wir ja, dass Du mit ihm in Verbindung bist, das ist sehr schön. Er wird Dir sicher helfen, bald zu ihm zu kommen. Wir haben immer noch den Ofen an und sehnen uns sehr nach warmer Sonne. Bald schreiben wir wieder einen Brief. Bleib nur gesund und sei vielmals innigst gegrüßt und geküsst in Liebe Deine Mutti

[Zusatz: Sally Kaufmann] Tausend Grüße & Küsse Dein Vati

## 124.
*Johanna Kaufmann an Walter Kaufmann*
[Maschinenschrift]
Brief

Duisburg, den 18. Juni 41.
Fuldastr. 1

Mein liebster, bester Walter,

Heute war der liebe Vati mit einem Kollegen zusammen, dessen Sohn auch dort [in Australien – L.J.H.] ist. Er hatte schon zweimal Internierten Post von ihm. Und wann hören wir endlich mal wieder von Dir? Wenn du nur gesund bist, dann wollen wir schon zufrieden sein. Sicher hast du kein Geld zum Schreiben. Vorige Woche hast Du sicher viel an uns gedacht, an dem Tage, an dem ich meinen Geburtstag feierte. Ich hatte viel Besuch und erhielt allerlei praktische Geschenke, mit denen ich mich sehr freute. Aber Du hast uns so sehr gefehlt an diesem Tage, mein lieber Junge. Ich wünschte, ich hätte Dich nur für eine Stunde bei uns gehabt. Aber was nützt uns dieser Wunsch? Eines Tages müssen wir uns doch wiedersehen! Endlich ist es auch bei uns sonnig und warm geworden, die Sonne gibt uns wieder Mut und frische Kraft. Was hörst Du von Edgar [Kaufmann – L.J.H.]? Wir warten auf Nachricht von ihm, die hoffentlich bald kommt. Helga u. Robert [Katzenstein] schrieben uns lange nicht, ich glaube, dass Post verloren gegangen ist. Sebald u. Herta [Müller – L.J.H.] geht es gut. Der alte 85 jährige Onkel Gustav[421] ist gestorben, ich war zur Beerdigung dort. Du erinnerst Dich doch seiner? Wie geht es Richard u. Marta?[422] Frau Else [Ruben] hofft zuversichtlich, nun in den

---

421  Weitere Angaben waren nicht zu ermitteln.
422  Das sind Richard und Martha Moser mit Sohn Hans Hermann und Tochter Stefanie, die Ende Januar 1939 nach Australien auswanderten. Vgl. FN 21, 414.

nächsten Tagen zu Klaus zu kommen, aber bevor sie nicht auf der Bahn sitzt, glaubt sie es noch nicht. Wir wünschen ihr wirklich von Herzen, dass es nun endlich klappen wird. Hörtest Du nochmal von Onkel Eugen u. Tante Jeanette? Sie haben sicher jetzt auch viel Sorgen. Du würdest Dich wundern, lieber Walter, wie schlank ich geworden bin. Eine schlanke Mutti hast Du doch immer gewünscht, aber ich fühle mich auch sehr wohl dabei. Und es schmeckt mir auch immer gut. Der liebe Vati sieht trotz vieler Arbeit gut aus, er hat immer prima Appetit. Unser Sprachunterricht macht uns weiter viel Freude, wir haben sehr viele Schularbeiten zu machen, aber dadurch lernt man ja auch viel.

Wir sandten Dir durch das Rote Kreuz ein Päckchen, welches hoffentlich in Deinen Besitz gelangt ist, und Dir Freude macht. Heute zieht Familie Conitzer[423] auf die zweite Etage, und Frau Lazar[424] bekommt Frau Elses [Ruben] Zimmer. So lieber Walter, nun grüße und küsse ich vielmals in Liebe Deine
Mutti


### Sally Kaufmann an Walter Kaufmann

Liebster Walter!

Wenn Mutti auch öfters groß und klein – auf der Schreibmaschine – verwechselt, so macht ihr das Schreiben darauf doch viel Vergnügen, und es wird auch mit jedem Mal besser.

Ich schrieb Dir wohl schon, dass ich wieder zur »Schule gehe«? Ich nehme an einem Kursus in accountancy [Buchführung – L.J.H.], speziell für nordamerikanische Verhältnisse, teil, der in Essen stattfindet. Wenn ich auch nicht glaube, dass ich alles, was ich dort lerne, in USA gebrauchen kann, so glaube ich doch

---

423  Dr. Oskar Conitzer, geb. 19. Juli 1903, Diplom-Kaufmann, seit 1941 im »Judenhaus« Fuldastraße 1 wohnend. Conitzer war seit 1937 Mitglied im Vorstand der Jüdischen Gemeinde und wurde 1939 Generalbevollmächtigter und jüdischer Vermögensverwalter. Ehefrau Ilse, geb. 16. August 1903, war seit 1928 Vorstandsmitglied der Duisburger Ortsgruppe des Jüdischen Frauenbundes und Mitglied im Verband Jüdischer Frauen für Palästina-Arbeit. Das Ehepaar Conitzer wurde, nachdem es zuletzt im »Judenhaus« Fuldastraße 1 gewohnt hatte, am 21. April 1942 deportiert und ist in Izbica verschollen. Auch die Kinder Paul (siehe FN 381) und Hannelore (geb. 6. Mai 1932) sind verschollen, ebenso deren Großmutter (siehe FN 424).

424  Lina Lazar, geb. 15. Mai 1878, war die Witwe des 1919 verstorbenen Paul Conitzer, Mutter von Dr. Oskar Conitzer, und seit 1921 wiederverheiratet mit Benjamin Lazar. Sie wurde zusammen mit den Conitzers (siehe FN 423) am 21. April 1942 nach Izbica deportiert und ermordet.

allerhand zu profitieren, sodass es mir jedenfalls leichter ist, mich in amerikanische Buchführungstechnik und dergl. einzuarbeiten, wenn wir mal drüben sein werden. Die Unterrichtssprache ist zwar deutsch, man muss aber doch schon allerhand englisch können, um dem Unterricht folgen zu können.

Zuweilen tauchen auch mathematische Probleme dabei auf, sodass ich meine Kenntnisse auf diesem Gebiet, das ich vor wenigen Jahren mit Dir beackerte (denkst Du noch an die Dreieckskonstruktionen?), verwerten kann.

Nun ist schon bald wieder die Ferienzeit. Im vorigen Jahr waren wir einige Tage an der Ahr und wir hoffen, wenn nichts dazwischen kommt, auch in diesem Jahr wieder einige Tage dorthin gehen zu können. Ich wäre froh, wenn ich einmal einige Tage nichts von alldem, was ich hier tagtäglich zu hören bekomme, hörte.

Für heute will ich schließen. Ich hoffe, wie Mutti, dass es Dir gut geht und dass du Gelegenheit hast, zu lernen und zu arbeiten. Ich hoffe auch sehnlichst, dass wir bald einmal etwas von Dir Geschriebenes zu sehen bekommen. Denn dass Du uns so viel wie möglich schreibst, ist doch selbstverständlich. Aber vielleicht kannst Du doch auch einmal wie wir durch Luftpost schreiben. Sonst scheint der Brief viel zu lang zu laufen.

Lebe recht wohl! Ich grüße Dich herzinnig und küsse meinen Jungen, der sicherlich inzwischen ein großer stattlicher Mann geworden ist, vielmals
Dein Dich liebender
Vati

## 125. (45)
*Johanna Kaufmann an Walter Kaufmann*
[Handschrift]
Karte

z. Z. Ahrweiler, d. 11. Juli 41.

Mein liebster Walter, wir sind für ein paar Tage nach hier gefahren, um ein wenig frische Luft zu haben. Es ist bei herrlichstem Sonnenschein ein sehr schöner Ort hier und wir denken und sprechen soviel von Dir. Hoffentlich geht es Dir gut und Du hörst auch weiter von Edgar [Kaufmann – L.J.H.]. Wir sind gesund, Vati tut die Ruhe von der Gemeindearbeit sehr gut, er schwimmt in der Ahr und ich nehme Thermalbäder. In acht Tagen sind wir wieder in Duisburg. Wie schön wäre es, mal Post von Dir zu haben. Aber hoffentlich kommt

das auch mal. Viele innige Grüße + Küsse
in Liebe Deine Mutti.

*Sally Kaufmann an Walter Kaufmann*

Lieber Walter! Wir schicken diese Karte mal nicht durch Luftpost, da wir teils hörten, dass ein Junge aus der hiesigen Gegend, der bei Dir ist, den Empfang einer Nachricht bestätigt hat, die durch Schiffspost gelaufen ist. Wir erholen uns bei schönstem Wetter sehr gut. Berndt's Mutter [Else Ruben – L.J.H.] ist noch immer nicht abgefahren, sie hofft aber doch, dass es klappen und sie zu Klaus kommen wird. 1000 Küsse
   Vati


## 126.
*Sally Kaufmann an Walter Kaufmann*
[Maschinenschrift]
Brief

Duisburg, den 9. Aug. 1941

Fuldastr. 1

[28-1-42]

Liebster Walter! Das waren für uns 2 Freudentage, als kurz hintereinander 2 Briefe von Dir ankamen und zwar die vom 23. Dez. 1940 u. vom 19. Januar 1941. Zwar sind die Briefe etwas lang gelaufen und die Wünsche zu meinem Geburtstag, von denen Du annahmst, dass sie mich rechtzeitig erreichen würden, kamen mit 5 Monaten Verspätung an, aber das macht die Freude nicht minder groß, als wir Deine Handschrift, die übrigens von vielen Bekannten als besonders ausdrucksvoll angesehen wird, zu Gesicht bekamen. Fast gleichzeitig kamen Rote-Kreuz-Briefe von Anna Essinger und Onkel Hugo [Daniels]. Letzterer schrieb »I try release for Walter and permission to stay in Australia after war, farming!« [Ich bemühe mich um Walters Entlassung und die Erlaubnis, nach dem Krieg in Australien zur Landarbeit zu bleiben. – L.J.H.] Wir finden es rührend von ihm, dass er sich nach wie vor um Dich bekümmert. A. Essinger schrieb, dass sie Deine Adresse nach Amerika gegeben habe.

   Wir hoffen sehr, dass Du auch von uns inzwischen Briefe und Karten erhalten hast, die wir Dir als Interniertensendung per Luftpost zukommen ließen. Ich vermute, dass auch Du per Luftpost an uns schreiben kannst, kann mir aber denken, dass Du nicht genug Geld hast, um den Luftpostzuschlag zu bezahlen. Nun, wir sind dankbar für jedes Lebenszeichen von Dir und besonders, wenn wir lesen, dass es Dir den Umständen nach gut geht und dass Du Gelegenheit zu lernen und zu arbeiten hast. Wir vermuten, dass Du inzwischen in ein anderes Lager gekommen bist, vielleicht Tatura, hoffen aber dass Dich dieser Brief doch erreicht und er Dir gegebenenfalls nachgesandt wird.

Von uns ist nicht sehr viel zu berichten. Wir waren glücklich, im vorigen Monat knappe 2 Wochen an der Ahr bei einer bekannten Familie, bei der wir auch im Vorjahre waren, zubringen zu können und haben uns bei gutem Wetter, guter Verpflegung und gutem Wein gut erholt. Jetzt aber sind wir wieder mitten im Alltag und seiner Arbeit, die nicht immer erfreulich ist, die aber getan werden muss. Mutti hat wirklich im Haushalt viel Arbeit, da wir nur einige Stunden in der Woche eine Hilfe haben, und ist viel schlanker geworden. Du würdest daran Deine Freude haben, denn eine schlanke Mutti hast Du Dir doch immer gewünscht.

Was nun unsere Auswanderungspläne anbelangt, so hatten wir gerade ein Affidavit bekommen, da kam die Schließung der amerikanischen Konsulate,[425] sodass wir einstweilen keine Aussicht haben, von hier nach USA zu kommen. Aber wir stehen wegen Deiner Auswanderung nach USA mit Edgar [Kaufmann – L.J.H.] in lebhaftem Briefwechsel. Er hofft, dass es ihm gelingen wird, Dich dorthin zu bringen und schrieb, dass er für diesen Fall Deine Freilassung erhalten habe. Deine Geburtsurkunde werden wir ihm senden, da er sie sicherlich in USA benötigt, um die Anträge für Dich zu stellen, dass Du zu ihm kommen kannst. Solltest Du aber auf Grund der Anträge von Onkel Hugo freigelassen [werden] und die Erlaubnis erhalten, nach dem Krieg in Australien zu bleiben, so ist uns Dein Verbleiben in Australien auch recht, weil wir dann sicherlich, wenn Du dort bist, auch dorthin zu kommen die Erlaubnis erhalten werden. Es sind das alles Dinge, die sich natürlich von hier aus schlecht beurteilen lassen.

Wie nehmen aber an, dass Du Gelegenheit hast, den Rat von Mosers[426] einzuholen, der Dir eine Richtschnur sein kann.

Nun lebe wohl für heute! Mutti wird anschreiben und Dir alles das schreiben, was ich vergaß. Ich bin guter Hoffnung, dass wir bald wieder von Dir hören.

Einen festen Gute Nacht Kuss – wir sprechen vor dem Einschlafen immer von Dir und malen uns aus, was Du wohl anfängst und wie Du aussiehst, und tausend herzliche Grüße!

Vati.

## 127.
### Sally Kaufmann an Emil Frank
[Maschinenschrift]
Brief

---

425 Während des Zweiten Weltkrieges schlossen die USA zeitweilig ihre Konsulate in Deutschland.
426 Siehe FN 400.

Duisburg, den 29. August 1941.

Fuldastr. 1

[30-10-41]

Lieber Herr Frank!

Durch Ihre Frau[427] haben wir Ihre neue Adresse erfahren und auch gehört, dass Sie mit unserem Walter zusammen sind. Ich bitte Sie daher, den nachfolgenden bzw. anliegenden Brief unserm Walter zu übermitteln, den Sie ja wahrscheinlich täglich sehen werden. Hoffentlich erfahren wir bald seine genaue Adresse, wie Hut Nr.[428] und Gefangenennummer, wenn sich letztere geändert haben sollte (sie lautete bisher 52069).

Ihre Nachrichten kommen besser an, als die unseres Walter, von dem wir bislang nur 2 Briefe aus Dezember und Januar hatten. Vielleicht liegt es daran, dass Sie per Luftpost schreiben können. Aber wir sind mit jeder Nachricht zufrieden und für sie dankbar.

Ihnen und allen dort, die ich kenne, viele herzliche Grüße, auch von meiner Frau, Ihr
Dr. Kaufmann

*Sally Kaufmann an Walter Kaufmann*
[Maschinenschrift]
Brief

Liebster Walter!

Diesen Brief kann Dir hoffentlich Dein Kamerad [Emil] Frank übergeben. Denn wir wissen wohl Deine alte Adresse, aber leider noch nicht Deine neue und Edgar [Kaufmann – L.J.H.] hat offenbar übersehen, sie uns zu senden.

Ich schrieb Dir in meinem Brief vom 9. August, der an Deine alte Adresse gerichtet war und von dem wir daher nicht wissen, dass er Dich erreicht, dass Onkel Hugo [Daniels], wie er uns schrieb, sich bemüht, Deine Entlassung und die Erlaubnis für Dich, nach dem Krieg dort zu bleiben, zu erreichen. So schwer es ist, von hier aus darüber etwas zu sagen, so meine ich doch, dass jeder Weg, der zu Deiner Entlassung führt, willkommen ist. Ob Du nach Deiner Entlassung aus dem Lager zu Edgar fährst – was ja z. Zt. mit großen Schwierigkeiten verknüpft

---

427 Eva Frank, geborene Neumark (siehe FN 248, 410). Ihr Mann Emil war zusammen mit Walter Kaufmann in Australien interniert, sie selbst mit den Kindern auf der Isle of Man.

428 Baracken-Nummer.

ist – oder in Australien bleibst, ist eine Frage, die hinter der ersten, nämlich ob Deine Entlassung erfolgt, zurücktritt. Wir haben jedenfalls nichts dagegen, dass die Bemühungen, für Dich die Erlaubnis zu erhalten, in Australien zu bleiben, intensiv fortgesetzt werden.

Aber noch wichtiger als alles andere ist es, dass Du alles tust, um Dich frisch an Geist und Körper zu erhalten. Wir hoffen, dass Du auch in Deinem jetzigen Lager genug Arbeit hast, sowohl geistiger Art, als auch körperlicher und sportlicher Art. Wie steht es mit dem austral. Schulexamen? Hast du es bestanden und ist das Examen schwer?

Bei uns ist alles unverändert. Ich habe viel und nicht immer erfreuliche Arbeit. Dass meine Arbeit viel Ärger und viele Sorgen mit sich bringt, weißt Du ja noch von früher und wenn es dann mal ein Donnerwetter gab, weil ich durch Dich bei der Arbeit oder in meinen Gedanken gestört wurde, so möchte ich heute, ich würde mal ausgiebig durch Dich gestört. Ich verspreche Dir, dass heute kein Donnerwetter folgt. Wie oft sprechen Mutti und ich von Dir und wie malen wir uns aus, wie Du wohl aussiehst? Bist Du noch gewachsen und wie groß bist Du? Sicherlich bist Du auch viel breiter geworden. Und was macht die Haartolle? Was macht eigentlich Dein Dauerschnupfen und was machen die Augen? Wenn Dich dieser Brief erreicht, bist Du bald 18 Jahre alt und ich glaube beinahe, dass es an der Zeit ist, Dir schon zu gratulieren.

Nun lebe wohl! Sei herzlichst gegrüßt und herzhaft geküsst
von Deinem Dich liebenden Vati


## 128.
**[Stempel] Dr. iur. Sally Kaufmann**
Konsulent
zugelassen nur zur rechtlichen Beratung
und Vertretung von Juden
Duisburg, Junkernstr. 2 (Büro)
Postscheckkonto: Essen 377
Telefon 22417, privat 24475  Duisburg, den 10. Sept. 1941.
J Kennkarte Duisburg K 10 Fuldastr. 1

*Sally Kaufmann an Walter Kaufmann*
[Maschinenschrift]
Brief

[9-1-42]

Liebster Walter! Mit großer Freude erhielten wir vor einigen Tagen Deinen Brief vom 26. April, während der darin erwähnte Brief vom 11. April noch nicht angekommen ist. Der Inhalt Deines Briefes war zwar größtenteils durch die Ereignisse überholt, insbesondere was die Auswanderungsaussichten anbelangt, aber wir sind dankbar für jede Zeile, die wir von Dir erhalten. Wir schrieben Dir zuletzt am 29. vorigen Mts. einen Luftpostbrief und zwar an Emil Franks Adresse, weil wir Deine Adresse nicht genau mitgeteilt bekommen hatten. Auch heute weiß ich sie noch nicht ganz genau, aber ich hoffe doch sehr, dass Dich dieser Brief erreicht. Eine Kopie schicken wir Dir vorsorglicherweise per Schiffspost an Deine alte Adresse.

Dass Du Dein Bestes für uns tun wirst, um uns zu helfen, wissen wir. Und doch war uns Deine Versicherung, dass Du alles daran setzen würdest, uns zu helfen, eine besondere Freude. Hoffentlich hast Du bald dazu die Gelegenheit! Wenn Du dort entlassen werden könntest und beginnen könntest, Dir dort eine Existenz aufzubauen, würde Dir das Helfen sicher leichter sein. Wir können ja von hier aus gar nichts dazu tun, werden aber mit Edgar [Kaufmann – L.J.H.] in Verbindung bleiben, solange das möglich ist. Nun von uns einiges! Die Ferientage, die wir, wie wir Dir schrieben, wieder an der Ahr zubringen konnten, sind nun schon beinahe wieder vergessen. Aber sie haben uns beide doch gestärkt, sodass wir besser der Arbeit gewachsen sind. Die liebe Mutti hat nur dreimal in der Woche für einige Stunden eine Hilfe und muss daher tüchtig auf dem Posten sein. Wenn auch die kleine Wohnung, die wir haben, nicht im Entferntesten soviel Arbeit macht, wie das Haus, so hat sie doch mehr als genug zu tun. Meine Arbeit ist auch nicht gerade kleiner geworden. Sie bringt vielerlei Schwierigkeiten und Verantwortung mit sich, aber ich hoffe zuversichtlich, dass ich sie weiterführen kann, bis wir uns alle wiedersehen.

Wann wird der nächste Brief von Dir ankommen? Darauf freut sich jetzt mit vielen herzlichen Grüßen und Küssen Dein
Vati


## *Johanna Kaufmann an Walter Kaufmann*
[Maschinenschrift]
Brief

Mein allerbester, liebster Junge. Wenn ich diese Anrede gebrauche, dann denke ich immer an den lieben Walter mit kurzen Hosen. In Wirklichkeit bist Du nun aber schon ein junger Mann, der sich aber sicher freut von der lieben Mutti der Allerbeste zu sein. Frau Else [Ruben – L.J.H.] vermissen wir sehr, sie ist gut in New York angekommen. Wie glücklich wird sie sein. Unsere Auswanderung geht leider garnicht weiter. Es ist ja kaum möglich, nach Amerika zu kommen. Du wirst von Edgar [Kaufmann – L.J.H.] ja über alles unterrichtet sein.[429] Morgen will ich nach Düsseldorf zu einem Konzert von dem Kulturbund.[430] Ich freue mich sehr darauf, es ist mal eine angenehme Abwechslung u. dann spreche ich immer Tante Erna [Katzenstein – L.J.H.]. Nach wie vor ist unsere Hausgemeinschaft eine sehr nette. Mit der jungen Frau auf unserer Etage,[431] wir haben ja die Küche gemeinsam, bin ich besonders befreundet. Letzte Woche waren wir in Köln, wo wir Tante Selma [Steinberg][432] aus Altenessen besuchten, die jetzt dort wohnt. Sie freut sich immer so mit uns, und auch ich kann alles mit ihr besprechen, und das tut in der jetzigen Zeit besonders gut. Vati hatte Dir im letzten Brief schon zum Geburtstag gratuliert. Ich will es heute tun. Also nochmals mein Allerbester, bleibe nur gesund, weiter so tapfer und mutig wie bisher. Unsere Gedanken sind an diesem Tage genauso bei Dir, als wenn Du in unserer Mitte weilen würdest.

Kuss + Gruß
Mutti

[Randbemerkung]
Vielleicht erreicht Dich dieser Brief aber doch

---

429   Dies war eine Anspielung Johanna Kaufmanns auf die weltpolitische Lage: Die Rote Armee hatte am 5. Dezember 1941 eine Gegenoffensive (»Stalingrad«) eröffnet, die Japaner zwei Tage später am 7. Dezember 1941 den US-amerikanischen Marinestützpunkt Pearl Harbour auf Hawaii angriffen und damit den Krieg mit den USA begonnen. Hitler erklärte am 11. Dezember 1941 vor dem Reichstag den Vereinigten Staaten von Amerika den Krieg. Die USA änderten daraufhin ihre Einwanderungspolitik und ließen (vorläufig) keine Zuwanderer aus »feindlichen« Staaten mehr ins Land. Vgl. Brief 132.

430   Die Jüdischen Kulturbünde waren eine Selbsthilfeorganisation jüdischer Künstler seit 1933, gegründet, um die Boykott-Politik der NS-Regierung und die dadurch bedingte kulturelle Isolation zu überwinden. Die einzelnen Kulturbünde waren über Deutschland verteilt, zu den wichtigsten gehörte der Kulturbund im Rhein-Ruhr-Gebiet. Die gesamtdeutsche Organisation wurde am 11. September 1941, also an dem Tag, an dem Johanna Kaufmann ein Konzert in Düsseldorf hörte, aufgelöst. Der Jüdische Kulturbund Rhein-Ruhr war als »Gemeinschaft der Freunde der Musik und des Theaters« 1933 in Köln gegründet worden. Der Kulturbund verstand sich nicht nur als geistiger, sondern auch als ein wichtiger ökonomischer Faktor zur Unterstützung jüdischer Künstler. Neben der Zentralstelle in Köln gab es eine Nebenstelle u. a. auch in Duisburg. Vgl. Schoeps 1992, S. 243f.

431   1941 wohnten mit den Kaufmanns auf einer Etage in der Fuldastraße 1: Edith Herz (geb. 20. September 1926 in Worms), 1945 im KZ Stutthof befreit, und Charlotte Rechtschaffen (geb. 15. April 1927 in Duisburg), ermordet, die altersmäßig passen würden. Welche »junge« Frau (oder welches junges Mädchen) hier gemeint war, ließ sich nicht ermitteln.

432   Siehe FN 321.

früher, dann liest Du diesen Brief am 19.1.42
nochmal. Tausend innige Grüße und Küsse in
Liebe Deine
Mutti

## 129.
*Sally und Johanna Kaufmann an Walter Kaufmann*
[Handschrift von Sally Kaufmann]
Brief

Duisburg, 13./9 41.

Lieber Walter!

Vor einigen Tagen sandten wir Dir den umstehenden Brief per Luftpost und nun soll er an Deine alte Adresse per Schiffspost abgehen.

Gerade haben wir ausführlich an Edgar [Kaufmann – L.J.H.] geschrieben, damit er sowohl seine Bemühungen, Dich nach USA zu bringen fortsetzt, als auch Onkel Hugo [Daniels] bittet, weiter sich um Deine Freilassung und das Verbleiben in Australien zu bemühen. Einer der beiden Wege hat hoffentlich den Erfolg, dass Du freigelassen wirst.

Herzlichste Grüße und Küsse
von
Mutti und Vati

## 130.
*Johanna Kaufmann an Walter Kaufmann*
[Maschinenschrift]
Brief

Duisburg, den 28. Sept. 41

Fuldastr. 1

[16-1-42]

Mein liebster, bester Walter,

Zu unserer größten Freude erhielten wir gestern, den 27. Deinen so lieben Brief vom 1. Juni. Ich kann Dir gar nicht sagen wie froh wir sind, dass Du gesund bist. Wie brav von Onkel Hugo [Daniels], dass er weiter schützend Dir zur Seite steht. Wir können Dir von hier aus ja leider garnicht helfen. Besonders erfreut hat uns die Nachricht, dass Du mit Herrn Emil[433] zusammen gewesen bist. Das

---

433  Gemeint ist: Emil Frank (siehe FN 248).

war für beide Teile sicher sehr angenehm. Es ist sehr bedauerlich, dass Du nicht zu Edgar kannst. Gibt es gar keine Möglichkeit, dass Du in Australien bleibst und eine Dir zusagende Beschäftigung findest? Dann könnten wir auch eines Tages zu Dir kommen, wie schön wird das werden! Ich kann mir denken, wie Du Dich mit unserem Bild gefreut hast. Hörst Du eigentlich garnichts von Nora [Kaufmann] u. Gerda [Katzenstein]? Lotte [Katzenstein] geht es auf ihrer Stelle sehr gut. Die Feiertage[434] sind nun auch vorbei. Ich war am ersten Tag zum Gottesdienst,[435] Nachmittags hatten wir allerlei Kaffeebesuch, die mir wunderschöne Blumen mitbrachten, es war recht gemütlich. Abends kamen Conitzers, die auf der oberen Etage wohnen zu uns. Den zweiten Tag machten wir bei herrlichstem Herbstwetter einen wunderschönen Waldspaziergang. Das hat uns beide sehr erfrischt u. die Arbeit ging am nächsten Tag noch mal so gut. Von Frau Ruben kamen schon ausführliche Berichte aus New York u. Kansas City. Sie hatte einen fabelhaften Empfang und die Wiedersehensfreude mit Klaus war groß. Es ist natürlich schade, dass Du nicht mehr mit Deinen alten Freunden zusammen bist. Du stehst doch sicher mit ihnen in schriftlicher Verbindung? Wie meine Gedanken bei Dir sind, mein liebster Junge, kann ich Dir gar nicht sagen. Hoffentlich kannst Du dich bald etwas mehr beschäftigen, damit Dir die Zeit nicht zu lang wird. Bleibe nur weiter geduldig, habe guten Mut. Grüße Richard u. Familie [Moser – L.J.H.]. Sei innig umarmt u. geküsst in Liebe Deine
Mutti


### Sally Kaufmann an Walter Kaufmann
[Maschinenschrift]
Brief

Liebster Walter!

Von Deinen Briefen aus der Zeit bis Juni scheint nur der vom 11.4. nicht angekommen zu sein, aber vielleicht trudelt er auch noch ein. Wir schrieben Dir ziemlich regelmäßig alle 14 Tage, hoffentlich werden Dir die Briefe, die an Deine alte Adresse gerichtet waren, nachgesandt. Nun warten wir schon wieder auf

---

434 Gemeint sind das jüdische Neujahr (Rosch ha-Schana), der Versöhnungstag (Jom Kippur) sowie das Laubhüttenfest (Sukkoth), Feiertage, die innerhalb von drei Wochen aufeinander folgen.

435 Hier handelt es sich um den ersten Tag (von zwei Tagen) von Rosch ha-Schana, denn der eine Woche später folgende Versöhnungstag (Jom Kippur) ist ein Fasttag.

Deinen nächsten Brief! Wenn Du regelmäßig alle 14 Tage an uns schreiben kannst, muss er bald kommen.

Hast Du eigentlich jetzt keine Gelegenheit mehr, regelmäßigen Unterricht zu genießen? Oder Dich auf das australische Schlussexamen vorzubereiten? Der älteste Sohn von Dr. Oswald,[436] der in Deinem Alter ist, hat als Internierter in Kanada dort das Schulexamen glänzend bestanden. Es wäre doch gut, wenn Du bei Deinem Studium ein bestimmtes Ziel vor Augen haben könntest, wie z. B. das Schlussexamen. Hast Du jetzt keine Gelegenheit mehr zu körperlicher Arbeit oder Übungen? Und wie ist dort das Klima, Verpflegung usw.? Alles interessiert uns sehr. Auch die Eltern und Schwiegereltern von Emil[437] haben Deinen Brief, wie auch alle sonstigen Briefe von Dir eifrig gelesen, wie sie uns natürlich auch seine Briefe zeigen.

Von Deinen alten Schulfreunden sind in letzter Zeit wohl keine fortgegangen. Ulmer,[438] der in Köln war, ist wieder hier bei seiner Mutter[439] und arbeitet im Tiefbau. Kurt Herzstein[440] ist es geglückt von Holland aus nach Kuba auszuwandern, zunächst ohne seine Mutter, die aber vielleicht nachkommen kann.[441] Nach Kuba kann man z. Zt. auch von hier aus noch kommen, aber es kostet soviel Geld, dass wir leider nicht daran denken können, dass uns diese Auswanderung gelingen könnte.

---

436  Dr. Max Ostwald [sic] wohnte in Duisburg auf der Vom-Rath-Straße 2.

437  Die Eltern waren: Siegmund und Johanna Frank; der Schwiegervater war Rabbiner Manass Neumark. Martha Neumark, Ehefrau von Manass Neumark, war bereits im Jahre 1924 verstorben.

438  Karl-Heinz Ulmer, geb. 29. Juli 1923, Schlosserlehrling, der am 11. Dezember 1941 nach Riga deportiert wurde. Am 29. Juli 1944 wurde er über das KZ Kauen nach Dachau verschleppt, wo er im Kommando »Kaufering« war. Er wurde befreit, gilt als verschollen.

439  Rosalia Ulmer, geb. 3. Juli 1889. Sie wurde am 10. Dezember 1941 nach Riga deportiert, später nach Stutthof, wo sie im Februar 1945 befreit wurde und anschließend nach Duisburg zurückkehrte.

440  Der am 21. Januar 1924 in Duisburg geborene Kurt Herzstein (siehe FN 16) war ein enger (Schul-)freund von Walter Kaufmann. Herzstein war im Dezember 1938 zunächst nach Amsterdam, 1941 nach Kuba und von dort 1944 nach Kanada ausgewandert.

441  Diese Auswanderungsmöglichkeit zerschlug sich: Kurt Herzsteins Mutter Franziska Herta Herzstein (siehe FN 60), aktives Mitglied in jüdischen Frauenorganisationen und bis 1938 Gemeindesekretärin, konnte zwar am 22. April 1939 nach Rotterdam auswandern, wurde allerdings im Juni 1943 zusammen mit ihrem Vater Emil Markus (FN 142) im Lager Westerbork interniert und im Juli 1943 in das Todeslager Sobibór deportiert, wo beide ermordet wurden.

Nun liebster Junge, weiter alles Gute! Sei herzlichst gegrüßt und geküsst von Deinem
    Vati.
    Viele Grüße auch an Emil Frank!

**131. (46)**
*Sally Kaufmann an Walter Kaufmann*
[Handschrift]
Karte

Duisburg, den 09. Nov. 194[1?]

Liebster bester Walter

Unsern Brief vom 26. [unleserlich] hast Du hoffentlich erhalten. Inzwischen hat sich nichts Besonderes, soweit <u>wir</u> in Frage kommen, ereignet, aber gestern waren wir bei Onkel Albert und Tante Erna [Katzenstein], um uns von ihnen zu verabschieden, weil sie mit vielen anderen fortziehen.[442] Wir sind alle so traurig, denn Du weisst ja, wie Mutti & Stinchen[443] aneinander hängen. Du kannst Dir denken, dass ich durch alle diese Dinge viel Arbeit und viel Aufregung und Sorgen habe. Mutti hilft mir aber sehr, alles zu tragen und auch Du würdest, wenn Du hier wärst, mir sicher [unleserlich] zur Seite stehen. Nun müssen wir abwarten, wie sich alles für uns entwickelt. Wir warten sehr auf Nachricht von Dir. Herzlichste Grüsse, viele, viele Küsse
    Dein Vati


*Johanna Kaufmann an Walter Kaufmann*
[Handschrift]
Karte

Mein allerbester Junge!
    Hoffentlich haben wir bald einen guten Brief von Dir. Edgar + Ruth [Kaufmann – L.J.H.] schrieben sehr nett und sandten ein Foto von Ruth (wie Nora). Wir wollen ihnen auch bald antworten. Das nächste Mal wieder mehr. Innige Grüsse + 1000 Küsse
    Muttichen

---

442  Albert und Erna Katzenstein wurden am 10. November 1941 nach Minsk deportiert.
443  Kosename von Erna (Ernestine) Katzenstein, geb. Hartoch (siehe FN 9), Johanna Kaufmanns Schwester.

## 132.
*Sally Kaufmann an Walter Kaufmann*
[Handschrift]
Brief

Herrn Walter Kaufmann E 39907. 2. Internment Camp, Section A
Victoria (Australia)
Absender: Dr. Sally Kaufmann, Duisburg, 14. Dez. 1941.
Fuldastr. 1

Liebster Walter!
 Ich schreibe heute mit der Hand, weil ich glaube, dass Dir ein handschriftlicher Brief mehr Freude macht, als ein Brief in der unpersönlichen Maschinenschrift. Allerdings ist mir das Schreiben in Latein-Schrift nicht so geläufig, wie das in deutscher Schrift,[444] aber es wird vielleicht die Beförderung des Briefes beschleunigen. – Vor wenigen Tagen kam Dein lieber Brief vom 19. August an; es scheint, dass bis dahin in Deiner Lage keine Änderung gegenüber dem Zustand, den Du uns mit Deinem Schreiben vom 8. Juli geschildert hast, eingetreten ist. Aber ich habe die Hoffnung, dass doch noch eines Tages, wenn auch vielleicht nicht Deine Reise zu Edgar, so doch Dein Verbleiben im Lande mit einer geregelten Tätigkeit, die nicht nur im Lesen & Schreiben besteht, möglich ist. Versäume bitte nicht, jede Gelegenheit zu benutzen, uns zu schreiben. Denn Deine Briefe bedeuten für uns in diesen Zeiten die Hoffnung auf eine friedliche, gemeinsame Zukunft, und diese Hoffnung hält uns aufrecht und macht uns stark. Von Emil Frank kamen bereits 2 Briefe an, die Oktober geschrieben sind, aber das ist wohl nur ein Zufall und vielleicht kommt morgen schon auch neuere Post von Dir. –
 Gert Brandt[445] ist auch wohl in demselben Lager wie Du; seine Eltern[446] sind jetzt in Litzmannstadt (Lodz) und schreiben einigermassen zufriedenstellend.

---

444 Die handschriftlich verfassten Briefe von Sally Kaufmann waren ansonsten in deutscher Kurrentschrift geschrieben.
445 Gerhard Brandt, geb. 27. Januar 1920, war am 31. Dezember 1938 infolge des Novemberpogroms von Duisburg nach Köln gezogen (siehe folgende FN).
446 Erich Brandt, geb. 18. August 1883, Inhaber des Kaufhauses E. Brandt & Co., Weseler Straße 48 in Hamborn-Marxloh. Während des Novemberpogroms 1938 flüchtete er nach unbekannt, nachdem am Morgen des 11. November 1938 Feuer in seinem Kaufhaus gelegt und seine Wohnung zerstört worden war. Am 30. Januar 1939 folgte Erich Brandt seiner am 31. Dezember 1938 nach Köln geflohenen Familie. – Ehefrau Else Brandt, geb. 1. Februar 1893. Die Familie wurde ins Ghetto Litzmannstadt deportiert; Erich Brandt wurde am 10.9.1942 im Vernichtungslager Kulmhof (Chełmno) ermordet, Else Brandt starb bereits am 28. Juli 1942 im

Unser Freundeskreis ist wieder sehr verkleinert worden. Vorige Woche sind viele Freunde, auch gute Bekannte von Dir, wie z. B. Horst Lucas mit seinen Eltern, nach dem Osten abgereist.[447] Wir schrieben Dir schon, dass auch Onkel Albert + Stinchen fortgereist sind; wir haben leider noch keine Nachricht von ihnen, hoffen aber bald von ihnen zu hören. Du weisst auch wohl schon, dass es, solange der Krieg dauert, für uns unmöglich sein wird, nach Übersee zu kommen,[448] und wir müssen uns daher darauf beschränken, um einen baldigen Frieden zu beten, der uns alle wieder vereint.

Dr. Neumark lässt dich grüssen. Er hat sich sehr gefreut, dass Du seiner besonders gedacht hast. Wir haben mit ihm + auch den Eltern[449] von Emil Frank gute Hausgemeinschaft.

Ich grüsse und küsse Dich herzlichst! Grüsse alle Bekannten dort, besonders Emil Frank,
    Dein Vati


### Johanna Kaufmann an Walter Kaufmann
[Handschrift]
Brief

Mein liebster Walter,
    Dein Brief erfreute uns sehr, wir hoffen, dass von all den Briefen und Karten, die wir regelmässig an dich schreiben, doch etwas angekommen ist. Wir denken so viel an Dich, mein bester Junge, bleibe weiter gesund und mutig. Von Lotte hatten wir Brief, das wird wohl die letzte Nachricht sein für lange Zeit. Das nächste Mal schreibe ich wieder ausführlicher. Habt Ihr eigentlich gar keine Gymnastik?
    Grüsse Onkel und Tante Richard + Marta.
    Sei vielmals innigst gegrüsst und geküsst in Liebe
    Deine Mutti


Ghetto Litzmannstadt. Gedenkbuch, https://www.bundesarchiv.de/gedenkbuch/de847190, abgerufen 9.8.2020.

447 Horst Lucas (siehe FN 221), geb. 6. Dezember 1921, Sattler, wurde zusammen mit seinen Eltern Josef und Elfriede Lucas, am 11. Dezember 1941 nach Riga deportiert. Während die Eltern im Lager ermordet wurden, überlebte Horst Lucas die Lager Stutthof und Buchenwald, wo er am 11. April 1945 befreit wurde. Mit seiner Ehefrau Edith emigrierte er Ende 1946 in die USA.

448 Vgl. Brief 128.

449 Siegmund und Johanna Frank.

## 133.
*Johanna Kaufmann an Walter Kaufmann*
[Maschinenschrift]
Brief
[Absender/Anschrift]
Herrn Walter Kaufmann, E 39907, 2. Internment Camp, Section A Victoria
Australia
Dr. Sally u. Johanna Kaufmann
Fuldastr. 1
                                                Duisburg, den 29. Dez. 41.

Mein liebster Walter,
   Nun sind die Weihnachtstage auch vorbei, die wir sehr zum Ausruhen benutzt haben. An unseren Feiertagen[450] haben wir deiner so oft gedacht, besonders beim Entzünden der Lichter. Der junge Lehrer war mit seiner jungen Frau[451] bei uns, es war recht nett, u. gemütlich. Geschenke hat es in diesem Jahr nicht gegeben. Das wollen wir lassen, bis wir wieder mit Dir zusammen sind. Wir erwarten mit großer Sehnsucht Post von Dir, zumal wir einen Brief von Erich Leffmann[452] lasen, der von Oktober datierte. Er schreibt unter anderem, Du wärest so groß u. kräftig geworden, dass er Dich kaum wieder erkannt hätte. Nun bist Du sicher viel größer wie der Vati, von mir gar nicht zu reden. Wir schicken Dir kleine Fotos von uns mit, damit Du weißt wie wir jetzt aussehen. Sehr verändert haben wir uns wohl nicht. Hoffentlich erhältst Du dieselben u. freust Dich damit. Unsere Gedanken sind morgens u. abends bei Dir, u. wir hoffen, dass Du bald richtige Arbeit findest.
   Heute Nachmittag hatten wir Besuch von jungen Leuten aus Mülheim, das hat wirklich gut getan. Sie haben Tee bei uns getrunken, u. wir haben uns gut unterhalten mit ihnen. Von Onkel Albert u. Tante Erna [Katzenstein] hörten wir noch garnichts; sie sind jetzt 7 Wochen fort. In meiner Heimatstadt [Düsseldorf – L.J.H.] ist noch kaum ein Bekannter. Ich war mit dem lieben Vati vor 14 Tagen zu einer Beerdigung dort.

---

450  Gemeint ist das jüdische Fest Chanukka, das Lichterfest, an dem an acht aufeinanderfolgenden Tagen jeweils ein weiteres Licht (Kerze) angezündet wird. Vgl. FN 349.
451  Vermutlich handelt es sich hier um Klaus Ernst Galinski, geb. 5. Juni 1913, der 1940 als Lehrer mit seiner Frau Hilde Mathilde, geb. de Jong, nach Duisburg kam und als Nachbar der Kaufmanns auf der Fuldastraße 1 (als Untermieter der Familie Conitzer) sowie der Junkernstraße 2 wohnte. Das Ehepaar Galinski wurde 1942 in Izbica ermordet.
452  Siehe FN 405.

Am 19. Januar wirst Du schon 18 Jahre. Du kannst sicher sein, dass wir an diesem Tage Deiner in Liebe gedenken und von Herzen hoffen u. wünschen, dass Du weiter gesund bleibst u. es nicht mehr zu lange dauert, bis wir uns wiedersehen. Wir sind öfters mit Kati u. ihrem Mann, Dr. Rottenstein zusammen, sie sind sehr glücklich.[453] Schrieb ich Dir schon, dass Gerda Leeser auch verheiratet ist?[454] Sie ist gerade 18 Jahre geworden! Den Mann kennst Du wohl nicht.[455] In unserem Hause ist noch alles unverändert, hoffentlich noch recht lange so. Von Lotte u. Gerda [Katzenstein] werde ich wohl nichts mehr hören, das ist sehr schade. Ich hoffe mein guter Junge, dass das neue Jahr uns allen [sic] besseren Zeiten entgegen führt. Alles, alles Gute! Lasse Dich herzlich grüßen u. küssen
in Liebe Deine
Mutti


### Sally Kaufmann an Walter Kaufmann

Liebster Walter! Gestern war ich in Schiefbahn, um die alte, fast 88-jährige Tante Sara[456] zu besuchen, die nun jetzt von allen unsern Verwandten dort allein zurückgeblieben ist. Ich kam über Krefeld und muss jedesmal, wenn ich den dortigen Bahnhof sehe, an unsern Abschied denken, der nun schon bald 3 Jahre zurückliegt.

Wer hätte das gedacht, dass wir solange getrennt werden würden!

---

453 Kati (Katharina) Rottenstein (siehe FN 133), geb. 17. November 1887 in Odessa, verheiratet mit Dr. Siegfried Rottenstein, Rechtsanwalt und Notar (siehe FN 134), Freunde der Kaufmanns. Das »Glück«, von dem Johanna Kaufmann spricht, hielt nicht länger an: Die Rottensteins wurden am 22. April 1942 nach Izbica deportiert und dort ermordet.

454 Gerda Leeser, geb. 6. November 1923 (siehe FN 373), war seit dem 7. Dezember 1941 mit Karl Steinberg (siehe FN 455) verheiratet, getraut von Rabbiner Neumark. Das Ehepaar wurde drei Tage nach der Eheschließung am 10. Dezember 1941 nach Riga deportiert. Gerda Steinberg wurde von dort aus in die KZs Stutthof und Lauenburg/Hinterpommern verschleppt, wo sie am 10. März 1945 befreit wurde. Sie wanderte 1948 von Duisburg nach Buffalo/USA aus und heiratete dort ein zweites Mal.

455 Karl Steinberg, geb. 30. März 1913, kaufmännischer Angestellter bei der Firma Gebrüder Alsberg, wurde mit seiner Frau Gerda Leeser (siehe FN 454) am 10. Dezember 1941 nach Riga, von dort im August 1944 in das KZ Stutthof und von da aus nach Buchenwald deportiert. Er wurde ermordet.

456 Das ist (vermutlich): Sara Kaufmann, Sally Kaufmanns Tante (siehe FN 335).

Aber wir hoffen unentwegt auf eine Wiedervereinigung mit Dir, das ist jetzt das Hauptziel unseres Lebens und – das will ich zusetzen – das Hauptziel des Lebens so vieler unserer Freunde.

Seit meinem letzten Brief vom 14. d. Mts. hat sich nicht wesentliches in unserer Situation verändert. Aber was die nächsten Wochen – oder Monate – bringen werden, wissen wir noch nicht. Ich arbeite wie früher im Wesentlichen auf dem Gemeindebüro, während meine Praxis durch die viele Gemeindearbeit etwas in den Hintergrund rückt. Bist du eigentlich mit Gert Brandt[457] zusammen? Ich glaube, wir fragten schon danach. Und hast Du, abgesehen von Emil Frank, noch nette Kameraden?

Lebe wohl für heute! Ich grüße und küsse Dich heute besonders herzlich, weil Dein 18. Geburtstag vor der Türe steht. Zu diesem Tag, der sich etwas von den andern Geburtstagen hervorhebt, weil die Mannesjahre beginnen, wünsche ich Dir alles erdenkliche Gute.

Dein
Vati

2 Anlagen (Photos)

## Januar 1942 – Dezember 1942

**134.**
*Johanna Kaufmann an Walter Kaufmann*
[Maschinenschrift]
Brief

Duisburg, den 19. Januar 1942

Fuldastr. 1
Herrn
Walter Kaufmann E 39907 Interniertensendung
2 Internment Camp Hut 4, Comp. A Gebührenfrei
Victoria, Australia

Mein sehr lieber Walter.

Heute an Deinem 18. Geburtstag schreibe ich Dir, damit Du weißt, dass wir in diesen Tagen, mehr denn je an Dich denken. Die Tage des Abschied[s] von Dir, mein liebster Junge, sind mir so gegenwärtig, als wenn es gestern gewesen

---

457 Siehe FN 445.

wäre. Und nun trennen uns schon 3 lange Jahre. In diesen Jahren bist Du nun zu einem jungen Mann herangereift, ob Du Dich sehr verändert hast? Unseren Geburtstagsbrief hast Du hoffentlich erhalten. Aber trotzdem möchte ich meine Wünsche wiederholen, bleibe gesund und mögen sich unsere u. Deine Wünsche auf ein baldiges Wiedersehen erfüllen. Du hast hoffentlich nun endlich Post von uns erhalten, damit Du weißt wie es uns geht. Den gestrigen Sonntagnachmittag haben wir mal gemütlich zu Hause verbracht u. uns ausgeruht. In der Woche gibt es für eine Hausfrau doch viel Arbeit. Am Mittwoch war ich für Vati in Köln, um verschiedenes zu erledigen.[458] Es war so kalt, dass die Fenster im Abteil festgefroren waren, trotzdem geheizt war. Ich war bei Tante Selma, der Mutter von Kurt Steinberg. Sie hatte gerade Rote-Kreuz-Post von den Kindern, denen es recht gut geht. Tante Selma hatte zum 31. Dez. Passage nach Cuba, und sie war sehr traurig, dass nun alles aus ist.[459]

Frau Ruben ist noch zu rechter Zeit fort gekommen, sie schrieb uns noch im November einen langen Brief, aber leider kann sie ja nichts für uns tun. Von Onkel Albert u. Tante Erna [Katzenstein] kam noch keine Nachricht, wir sind sehr in Sorge um sie. Lotte schrieb noch drei Briefe, sehr besorgt um die Eltern, da waren sie schon abgereist. Auch von Dir, liebster Walter, fehlt seit August jede Nachricht, aber wir wollen hoffen, dass Du gesund bist. Unser englischer Lehrer ist auch nicht mehr hier, das ist natürlich sehr schade.

Vati sagt eben, das ist aber kein schöner Brief, weil ich ein bischen [sic] durcheinander geschrieben habe. Aber Hauptsache ist es, das [sic] Du weißt, dass meine Gedanken bei Dir sind. Viele innige Küsse, viele tausend Grüße über das große Meer!

In herzlicher Liebe Deine Mutti.
[handschriftlich] Mutti


*Sally Kaufmann an Walter Kaufmann*
[Maschinenschrift]
Brief

Liebster Walter!

---

458 Was Johanna Kaufmann in Köln »erledigen« wollte, ist unbekannt. In Köln befand sich ein britisches Konsulat. In seiner Erzählung *Drei Tage im Januar* (in: Kaufmann 1985, S. 115–122) schreibt Walter Kaufmann wie er, alias »Stefan«, dort vorsprach, um ein Visum für Großbritannien zu erlangen.

459 Seit dem 23. Oktober 1941 bestand ein generelles Auswanderungsverbot für Juden aus dem Deutschen Reich.

Auch ich möchte Dir sagen, wie sehr ich heute an Dich denke und wieviel Gutes ich Dir in meinen Gedanken wünsche. Wir wollen versuchen, Dir wieder einmal ein kleines Paketchen [Süßigkeiten] durch das Rote Kreuz zugehen zu lassen. Vielleicht kommt es an und bringt Dir auch in dieser Form unsere Grüße. (Ich habe das Wort Süßigkeiten deshalb ausgestrichen, weil solche möglicherweise unterwegs verderben und wir daher etwas anderes senden wollen.)

Was magst Du heute wohl anfangen? Vielleicht wirst Du den Tag netter feiern, als wir es für möglich halten.

Einen festen Geburtstagskuss, den ich in Ermangelung des richtigen Objekts Deiner Mutti geben werde, und innige Grüße
Vati

**135.**
[Oberkommando der Wehrmacht Briefstempel] [3 Passed by Censor 191] [Duisburg 7.4.41-19 c]
Interniertensendung Gebührenfrei
Postkarte
Mit Luftpost (Par Avion)
Nach Nordamerika und ab
New York
Taxe Percu
RM 95 Pfg.
Unterschrift
Herrn
Walter Kaufmann
52069
Hut 28 Nr. 2 Compound
Nr. 7 Camp
Eastern Command
Australia
Absender: Frau Johanna
Sara Kaufmann, Duisburg
Fuldastr. 1 – Germany –

7. Aug. 42

**Dr. Sally – Johanna Sara Kaufmann**

Duisburg d. 29. März 42

Fuldastr. 1

## Johanna Kaufmann an Walter Kaufmann
[Handschrift]
Brief

Mein lieber, bester Walter,

Ich kann es manchmal nicht glauben, dass wir seit ½ Jahr nichts mehr von Dir gehört haben und wie sehnsüchtig erwarten wir wieder eine Nachricht von Dir! Vor kurzem hatten wir einen Roten-Kreuz-Brief von Onkel Hugo [Daniels], mit dem wir uns freuten. Ersehen wir doch daraus, dass er sich weiterhin sehr für dich interessiert. Er möchte wohl gerne, dass Du möglichst viele Sprachen lernst, ob Spanisch dort auch gelehrt wird? Im übrigen hoffen wir Dich gesund. Diese Woche waren wir sehr fleissig. Zu dem bevorstehenden Osterfest haben wir Mazze [ungesäuertes Brot, das zu Pessach gegessen wird – L.J.H.] gebacken, die sehr gut geraten ist. Wir werden den ersten Osterabend gemütlich mit unseren Etagen Bewohnern verbringen,[460] und den 2ten Abend bei Herrn Dr. Neumark verbringen. Wie oft wir an Dich denken und immer wieder von Dir sprechen, mein lieber Junge, kannst Du dir wohl vorstellen. Der Wunsch und die Sehnsucht, einst wieder mit Dir zusammen zu sein, ist sehr gross. Bleib nur auch weiter in Verbindung mit Lotte und Gerda [Katzenstein]. Leider fehlen uns auch Nachrichten von Onkel Albert u. Tante Erna [Katzenstein]. Wie glücklich wäre ich, mal von ihnen zu hören.

Der Winter scheint nun endgültig vorbei zu sein und die Sonne, die um die Mittagszeit schon schön warm scheint, gibt einem wieder frischen Mut und neue Kraft für die Zukunft. Der liebe Vati fühlte sich heute nicht so recht wohl, ich hoffe aber, es hat nichts zu bedeuten. Ein Tag Bettruhe wird ihm ganz gut tun. Seine Arbeit auf der Gemeinde ist sehr gross und aufregend.

Von Frau Herzstein kam heute wieder Post, sie hört leider auch nichts von ihrem Kurt und ist sehr einsam.[461] Du wirst die Ostertage mit netten Kameraden hoffentlich auch angenehm verbringen. Denke an uns, wie auch wir mit unseren Gedanken ganz bei Dir sind.

---

460  Das Haus Fuldastraße 1 war im September 1941 zum »Judenhaus« geworden und unterlag einer ständigen Fluktuation. Zu den Bewohnern gehörten u. a.: das Ehepaar Dr. Oskar und Ilse Conitzer mit Sohn Paul und Tochter Hannelore (siehe FN 423); Else Cohen; das Ehepaar Ludwig und Fanny Cohen; das Ehepaar Siegmund und Johanna Frank (siehe FN 407, die Eltern von Emil Frank); das Ehepaar Hermann und Sybille Hirschfeld. (Für die Angaben sei Monika Nickel gedankt.)

461  Franziska Herta Herzstein (FN 60).

Lasse Dich herzlich umarmen und küssen
In Liebe
Deine Mutti


**Sally Kaufmann an Walter Kaufmann**
[Handschrift]
Brief

30./3 42

Lieber Walter!
  Wenn ich auch heute noch im Bett liege, so hoffe ich doch morgen wieder in Ordnung zu sein. Es ist eine Grippe, die aber nichts zu bedeuten hat.
  Jetzt im Bett denke ich noch mehr an Dich und erhoffe ein Wiedersehen in Frieden und Freude.
  Ich grüße und küsse Dich innigst
  Dein Vati


**136.**
**Johanna Sara Kaufmann**
[Handschrift]
Brief

Duisburg, den 28. April 1942

Fuldastr. 1

Mein liebster, bester Walter,
  Du hast dieses Mal längere Zeit nichts von uns gehört aber unsere Gedanken sind immer bei Dir und mit Dir, mein liebster Junge. Hoffentlich haben Dich endlich unsere Nachrichten erreicht, damit Du weißt, wie es uns geht. Wie froh und glücklich wären wir mit einem Lebenszeichen von Dir, ob uns denn gar keine Post mehr von Dir erreichen wird?
  Vati und ich sind, trotz vieler Aufregungen und Sorgen, die wir in letzter Zeit hatten, gesund geblieben. Viele Bekannte und Freunde haben uns vor 8 Tagen verlassen. Unter ihnen waren Kathi und Dr. Rottenstein,[462] Paul und Hannelore C.

---

462 Die Rottensteins, Dr. Siegfried (siehe FN 134) und Katharina (siehe FN 133), enge Freunde der Kaufmanns, waren am 22. April 1942 nach Izbica deportiert und dort ermordet worden.

mit Eltern und Grossmutter[463] und viele andere noch. Der Abschied war uns sehr schwer, das kannst Du dir denken. Glücklicherweise sind unsere Mitbewohner, der Herr ist sehr krank, bei uns geblieben. Auch Dr. Neumark und Franks[464] sind noch unten im Haus. Die alten Gersons[465] wohnen vorübergehend bei ihnen, sie sind trotz aller Bemühungen nicht zu ihren Kindern gekommen.[466] Wie geht es Mosers,[467] hörst du von ihnen? Grüsse Herrn [Emil] Frank vielmals. Eben fällt mir ein, dass auch Frau Mendel verreist[468] ist, eine Tochter ist ja in Sydney verheiratet,[469] wie traurig wird sie sein, wenn sie davon hört.

Wir dürfen aber trotz allem den Mut nicht verlieren und stark bleiben. Nimm in Gedanken viele innige Grüsse

und Küsse in herzlicher Liebe deine

Mutti

463  Paul (siehe FN 381) und Hannelore Conitzer (siehe FN 413) waren die Kinder von Dr. Oskar und Ilse Conitzer (siehe FN 423). Die Großmutter der Kinder war Lina Lazar (siehe FN 424).

464  Siegmund und Johanna Frank (siehe FN 407), waren die Eltern von Emil (siehe FN 248), Selma (siehe FN 247) und Else Frank (siehe FN 497). Das Ehepaar Frank wurde am 25. Juli 1942 nach Theresienstadt deportiert, wo sie kurz hintereinander starben: Siegmund am 19. Oktober 1942, Johanna am 25. Juli 1942. Siehe auch FN 479.

465  Das sind: Leopold Gerson, geb. 4. Februar 1864, Inhaber eines Geschäfts für Haus- und Küchengeräte und Spielwaren, und Bertha Gerson, geb. 21. Dezember 1870. Beide wurden am 25. Juli 1942 nach Theresienstadt deportiert. Beide kamen in Theresienstadt ums Leben: Leopold Gerson am 8. März 1943, Bertha Gerson am 25. Dezember 1942.

466  Die Gersons hatten drei Kinder: Artur, geb. 3. März 1895, Oskar Max, geb. 2. Januar 1897 (siehe FN 336), und Meta. Artur Gerson war bereits 1935 in die USA emigriert.

467  Siehe FN 422.

468  Das Wort »verreist« ist ein glatter Euphemismus für die Tatsache, dass Hedwig Mendel am 22. Februar 1942 nach Izbica deportiert wurde, wo sie offensichtlich ermordet wurde.

469  Hedwig Mendel hatte drei Töchter: Edith Amalie, Lieselotte und Ilse, sowie einen Sohn Emil. Zwei Töchter emigrierten nach Australien: Lieselotte Mendel, geb. 7. Februar 1914, war 1933 zunächst nach England emigriert. Ilse Mendel (siehe FN 38), geb. 6. Juni 1922, war am 2. Februar 1939 mit einem Kindertransport nach England emigriert und dann nach Australien deportiert worden, wo sie später ihren Wohnsitz nahm.

45. Hermann Neumark (li.) [später: Yehoshua Amir], Rabbiner Manass Neumark, vor ihm Ehefrau Martha, Eva (hinten re.) [verh. Frank], Ruth (v. li.) [verh. Schaal], Ernst (u. re.) [später: Yisrael], um 1920.

**Sally Kaufmann an Walter Kaufmann**
[Maschinenschrift]
Brief

Liebster Walter!

Aus den Zeilen der l[ieben] Mutti ersiehst Du, welch schwere Tage hinter uns liegen. Der Abschied von so vielen lieben Menschen ist nicht leicht und erinnert mich immer wieder an die Stunde, als wir von Dir Abschied nahmen. Aber damals konnten wir annehmen, daß die Zeit der Trennung nur kurz sein würde, während jetzt niemand sagen kann, ob und wann wir die Scheidenden wieder sehen werden. Auch von Onkel Albert und Tante Erna [Katzenstein], die nun schon bald ein halbes Jahr fort sind, haben wir noch immer nichts gehört, wenn wir auch hoffen zu können glauben, daß es ihnen erträglich geht.[470]

Meine Arbeit geht unentwegt weiter. In Kürze werden manche von unsern Bekannten, die hier geblieben sind, nach Meiderich in ein großes, früheres Geschäftshaus übersiedeln, das herzurichten viel Mühe und viele Sorgen macht. Es handelt sich um das Haus, in dem Winter's zuletzt ihr Geschäft hatten, das aber im Laufe der Zeit sehr reparaturbedürftig geworden ist.[471]

Kürzlich haben wir durch das Rote Kreuz an Lotte geschrieben, aber natürlich noch keine Antwort erhalten können. Wir hoffen sehr, daß Du mit Lotte, aber auch mit Edgar [Kaufmann – L.J.H.] noch in regelmäßigem Briefverkehr stehst.

Wir denken so oft: Was treibt Walter wohl in diesem Augenblick und hoffen immer, daß doch eines Tages mal wieder Nachrichten von Dir ankommen.

Sei für heute wie stets herzlich gegrüßt und geküßt von Deinem
Vati


**137. (47)**
[Oberkommando der Wehrmacht geprüft] [Duisburg 1 01.6.42 -12] [3 Passed by Censor 400] [Ship Dept.] [V377561]
[Oberkommando der Wehrmacht geprüft] [Duisburg 1 09.2.43 – 15 p]
Absender:
Johanna Sara Kaufmann, Duisburg,
Junkernstr. 2
Postkarte
Internierten-
Sendung
Internee Mail[472]


---

470  Albert und Erna Katzenstein (siehe FN 131) waren am 10. November 1941 nach Minsk deportiert worden.

471  Es handelt sich um das ehemalige Kaufhaus Gebr. Winter in Meiderich, Baustraße 34/36, das zu einem »Judenhaus« umfunktioniert worden war. Am 10. Juli 1942 musste Rabbiner Neumark, nachdem er bereits zuvor im »Judenhaus« Fuldastraße 1 hatte wohnen müssen, in das »Judenhaus« Baustraße umziehen, von wo er zwei Wochen später, am 25.7.1942, nach Theresienstadt deportiert wurde. Vgl. Roden 1986a, Teil 2, S. 853–858.

472  Warum dieser Brief zwei Prüfungsvermerke enthält, ließ sich nicht klären.

V 397561
Gebührenfrei
Postage free
An den
Zivilinternierten
Walter Kaufmann
E 39907
2 Internment Camp
Hut 4 Comp. A
Victoria
Australia


*Johanna Kaufmann an Walter Kaufmann*
[Handschrift]
Karte

Duisburg, den 28. Mai 1942

Mein liebster Walter,
    wenn wir bis jetzt nur Karten schreiben, so tun wir das, weil wir denken, dass kurze Nachrichten dich schneller und sicherer erreichen als Briefe. Hoffentlich bist Du gesund und Du hast Beschäftigung, die Dir ein wenig Freude macht. Wir denken immer an Dich, es ist wirklich traurig, dass wir gar nichts mehr von dir hören. Aber die feste Hoffnung, Dich eines Tages gesund und frisch wieder zu sehen, gibt uns Kraft und Mut. Jetzt grünt und blüht alles draußen in der Natur. Wie schön waren unsere gemeinsamen Ausflüge und die Radtouren mit Vati, weisst Du noch mein guter Junge! Die Pfingsttage sind wir schön daheim geblieben und haben uns ausgeruht. In 14 Tagen ist schon wieder mein Geburtstag (12. Juni.) Ob Du wohl an die Mutti denkst. Schon das 3te Mal, dass ich keinen Gratulationsbrief von dir erhalte, zu diesem Tage werde ich all unserer Lieben gedenken, die draußen sind. Lebe wohl mein geliebter Junge und
    sei vielmals innig geküsst von
    Deiner Mutti


*Sally Kaufmann an Walter Kaufmann*
[Handschrift]
Karte


Lieber Walter! Auch von mir einen herzlichen Gruß und Kuss, der Dir
    zeigt, dass ich in Liebe an dich denke.
    Vati

**138.**
Dr. Sally Kaufmann
~~Rechtsanwalt~~
Duisburg
Fuldastraße 1
Fernsprecher: 24475
Postscheckkonto: Essen 377
Postkarte
Internierten-
Sendung
Internee Mail
Herrn
Walter Kaufmann
E 39907
2 Internment Camp
Comp. A
Victoria, Australia

*Sally Kaufmann an Walter Kaufmann*
[Maschinenschrift][473]
Brief

                                                                                             Duisburg, den 27.06.42.

Lieber Walter!

    Wenn wir Dir jetzt wider unsere Gewohnheit einige Wochen nicht geschrieben haben, so nur deshalb, weil ich bald nicht mehr weiß, wo ich mit der Arbeit anfangen soll.[474] So vielerlei gibt es für mich zu tun. Und die liebe Mutti hat jetzt

---

473  Auch nach dem 12. Juni 1942, dem Tag der Verordnung, dass Juden ihre Schreibmaschinen abliefern mussten, schrieben die Kaufmanns weiter mit Schreibmaschine. Offensichtlich fiel Sally Kaufmann als Gemeindevorsteher unter eine Ausnahmeregel, um im Auftrag der Gestapo seine Tätigkeit zur Abwicklung der Gemeindearbeit fortsetzen zu können.

474  Mit dem Wort »Arbeit« umschrieb Sally Kaufmann euphemistisch seine Tätigkeit im Zusammenhang mit den Deportationen, wobei es sich seit dem 17. Oktober 1941 (nach Litzmannstadt/Łódź) um Großtransporte handelte. Der größte davon war die Deportation nach Izbica (Lublin) mit 137 Juden aus Duisburg. Am 15. Juni 1942 ging ein weiterer Deportationszug von Duisburg mit ca. 25 Personen ab. Kaufmanns Aufgabe war es u. a., die verhängnisvollen Botschaften zu verschicken und damit Schicksale zu besiegeln. Die Schreiben hatten stets den gleichen Inhalt, dass auf Anordnung der Geheimen Staatspolizei, Außendienststelle Duisburg, ein Evakuierungstransport zusammengestellt sei und alsbald von Duisburg »abgehe«.

gar keine Hilfe im Haushalt mehr und muß nun alles allein machen. Aber sie ist glücklicherweise ganz mobil. Daß wir aber umso öfter von Dir sprechen, versteht sich von selbst. Wir haben nun noch immer keine Nachricht von Dir – Deine letzte datiert von August 1941 –, aber wir hoffen und bitten den lieben Gott, daß Du gesund bist, Beschäftigung hast und wie wir die Hoffnung auf ein Wiedersehen nicht aufgibst.

Das Haus Fuldastr. 1, in dem wir seit 2 Jahren wohnen, muß nun dieser Tage geräumt werden und so müssen wir wieder einen Wohnungswechsel vornehmen. Dieses Mal geht die Reise nicht weit: Wir ziehen in das Gemeindehaus Junkernstr. 2, wo ich ja schon mein Büro habe und werden dort mit Dr. Wolf[475] zusammen eine Küche haben. Gleich wollen wir mit dem Packen beginnen und wenn wir auch längst nicht mehr soviel Sachen haben, als auf der Prinz-Albrechtstraße, so ist das Einpacken doch eine lange und langwierige Arbeit.

Dieser Tage war ich in Schiefbahn, wo Tante Sara[476] nun ganz allein ist. Sie erkundigt sich aber trotz ihrer 88 Jahre immer nach Dir. Von Deinen hiesigen Bekannten sind kaum noch welche hier, wie wir auch uns sehr einsam fühlen. Denn viele gute Freunde und Kollegen haben uns verlassen. Aber immer wieder sprechen wir von der Zukunft und der Wiedervereinigung mit Dir und das hält uns aufrecht.

Nun lebe weiter recht wohl! Gott behüte Dich! Empfange einen
innigen Kuß und viele liebe Grüße von
Deinem
Vati


*Johanna Kaufmann an Walter Kaufmann*
[Handschrift]
Brief



Die benachrichtigte Person wurde aufgefordert, ein Vermögensverzeichnis auszufüllen und in der Gemeindeverwaltung abzugeben. Gleichzeitig sollten 50 RM Reisegeld eingezahlt werden. Siehe dazu: Roden 1986a, Teil 2, S. 868ff. Wenn Sally Kaufmann immer wieder von »Sorgen« spricht, von der seine »Arbeit« bestimmt sei, dann bezieht sich das gewiss auf den ethisch-moralischen Aspekt, wenn er die zur Deportation Bestimmten in seinem Büro in der Junkernstraße empfing, persönliche Erläuterungen geben musste und Trost zu spenden suchte.

475  Das ist Dr. Alfred Wolf, Augenarzt aus Hamborn (siehe FN 121).
476  Das ist Sara(h) Kaufmann, siehe FN 335.

Mein lieber, bester Walter,

Nun ist es bald ein Jahr her, dass wir Nachricht von Dir hatten. Wie sehnen wir uns nach einem Lebenszeichen von Dir, das kannst Du dir wohl denken. Unsere Gedanken sind unentwegt bei Dir mein guter Junge. Gott gebe, dass wir uns eines Tages wiedersehen. Wir haben hier auf der Fuldastr. doch auch gute Tage gehabt, ich denke jetzt auch an die Zeit mit Else Ruben, sie ist im August schon ein Jahr fort. Gestern kam eine Rote-Kreuz-Nachricht von Onkel Eugen, die nun 6 Monate unterwegs war, wir haben uns sehr damit gefreut. Leider fehlt uns noch jede Nachricht von Onkel Albert und Tante Erna [Katzenstein]. Tante Selma [Steinberg],[477] damals Altenessen, ist mit ihren Schwestern[478] auch verreist. Gesundheitlich geht es uns, trotz dieser Arbeit erfreulich. Niere und Galle benehmen sich im Augenblick anständig. Bleibe Du nur gesund, Du bist unsere einzige Hoffnung und unser Lichtblick, geliebtes Kind. Sei herzlichst gegrüßt und vielmals geküsst.

In Liebe deine
Mutti

## 139.
*Johanna Sara Kaufmann an Walter Kaufmann*
[Handschrift]
Brief

Duisburg, d. 10. Aug. 42

Mein liebster Walter,

Nun ist es bald ein ganzes Jahr her, dass wir den letzten Brief von Dir erhalten haben. Wenn wir nur mal wieder direkter von Dir hören würden. Seit ungefähr 3 Wochen sind wieder viele Freunde von hier abgereist. Der liebe Vati und ich sind zurück geblieben, Vati als Abwickler der Büroangelegenheiten. Nun ist es sehr einsam um uns geworden und wir denken viel an unsere fernen Lieben. Vor kurzem hatten wir einen Roten-Kreuz-Brief von Tante Anna [Essinger] mit der Nachricht, dass Du, mein liebster Junge, gesund bist. Darüber waren wir sehr froh. Dann teilte sie mir ferner mit, dass Du dein Examen leider nicht bestanden hättest. Das ist natürlich sehr schade. Ich bin aber sicher, dass Du seither fleissig arbeiten wirst und hoffentlich dein zweites Mal mehr Glück hast. Das wünsche ich Dir von ganzem Herzen, mein geliebtes Kind. Ich habe das feste Vertrauen, dass Du Deinen Weg machen wirst.

---

477  Siehe FN 85.
478  Von den »Schwestern« ist nur Henriette (Henny) Kaufmann namentlich bekannt.

Dr. Neumark und Emil Fr[ank]s Eltern sind auch nicht mehr hier.⁴⁷⁹ Sie sind aber mit Mut und Gottvertrauen auf die grosse Reise gegangen. Leider fehlt noch jede Nachricht. Wir selbst sind über unser Schicksal noch im unklaren, wir haben aber auch die feste Zuversicht, dass wir gesund bleiben und der allgütige unseren Weg richtig lenkt. Vati ist nun meine einzige Stütze und er ist in seiner Ruhe wirklich vorbildlich. Nun bleibe gesund, vergiss nur nicht wie wir auch Deiner natürlich gedenken. Tausend Grüsse und Küsse in Liebe
    Deine Mutti


*Sally Kaufmann an Walter Kaufmann*

Liebster Walter! Ich denke – ebenso wie Mutti – stets an Dich
    und Grüße und Küsse Dich herzlichst
    Dein Vati


## 140.
*Johanna Sara Kaufmann an Walter Kaufmann*
[Handschrift]
Brief

                                            Duisburg, d. 4. September 42

Mein liebster Walter,
    Vor kurzer Zeit kam ein Brief von Eva Neumark,⁴⁸⁰ in dem sie schrieb, dass Du im März noch Post von uns hattest. Ich bin so froh, dass Du endlich ein Lebenszeichen von uns erhalten hast und weisst, dass wir gesund sind. Inzwischen sind nun bereits sechs Wochen vergangen, seitdem unsere Freunde uns verlassen haben. Leider hörten wir noch garnichts von ihnen, wir müssen nur hoffen und wünschen, dass es ihnen gut geht. Tante Erna und Onkel Albert [Katzenstein] sind nun auch bald ein Jahr fort, wie mag es ihnen gehen? Es wäre sehr schön, wenn Du weiter in Verbindung mit Lotte und Gerda [Katzenstein] bleiben könntest. Gerda hat am 12. Sept. Geburtstag und wird schon 23 Jahre, die Zeit verfliegt ja nur

---

479  Die Neumarks (siehe FN 164) und Franks (siehe FN 407) wurden mit dem gleichen Transport – und mit 143 weiteren Duisburger Jüdinnen und Juden – am 25. Juli 1942 nach Theresienstadt deportiert.

480  Eva Frank, geb. Neumark (siehe FN 248, 410), war mit ihrem Mann Emil Frank im August 1939 nach England ausgewandert. Während Emil Frank bei Kriegsbeginn zusammen mit Walter Kaufmann nach Australien deportiert wurde, war Eva Frank mit ihren Kindern Jochanan und Martha auf der Isle of Man interniert.

so. Das ist gut, dass wir so viel Arbeit und Beschäftigung haben und wir garnicht zum Denken kommen. [Im] Augenblick ist herrliches Herbstwetter und wenn wir abends am offnen Fenster sitzen und den Sternenhimmel sehen, denken wir an dich, mein geliebter Junge und haben immer nur den einen Wunsch, dass es uns vergönnt sein möge, Dich wieder zu sehen. Ich bin viel schlanker geworden, Du würdest deine Freude haben, wenn Du mich sehen könntest. Der liebe Vati ist mir in dieser schweren Zeit eine grosse Stütze und ich bin so dankbar dass wir noch zusammen sind und so Gott will noch lange beieinander bleiben können. Behüte Dich Gott, bleib stark und gesund und gedenke unser. Viele innige Grüsse
   und Küsse in Liebe Deine Mutti
   Viele Grüsse an Emil Frank und Mosers

46. Brief mit diagonalem Tintenstreifen, 4. September 1942.

*Sally Kaufmann an Walter Kaufmann*
[Maschinenschrift]
Brief

Liebster Walter!

Die liebe Mutti und ich, wir schreiben Dir immer in der Hoffnung, auch von Dir ein Lebenszeichen zu erhalten und einmal wieder Deine Handschrift zu sehen. Wieviel würdest Du uns zu erzählen haben und wie inhaltsreicher würden auch unsere Briefe werden, wenn wir in ihnen auf Deine Briefe eingehen könnten! So wissen wir nicht, was Dich alles interessiert und was zu erfahren Dir Freude machen würde. Aber das eine – dessen bin ich sicher – wird Dir immer eine Freude sein, zu hören, dass wir gesund sind und stets an Dich denken.

In diesem Sinne sei viel tausendmal – weißt Du noch, wie Du früher am Schluß Deiner Briefe an uns eine »1« mit unendlich vielen Nullen setztest, um die Zahl Deiner Grüsse anzugeben? – gegrüßt und innigst geküßt von

Deinem
Vati


## 141.
*Johanna Sara Kaufmann an Walter Kaufmann*
[Handschrift]
Brief

Duisburg, den 18. Sept. 42

Mein liebster Walter,

Du kannst Dir kaum vorstellen wie groß unsere Freude war, als wir gerade am Neujahrsmorgen[481] einen Brief von Dir erhielten und zwar vom Nov. 41. Auch eine liebe Karte mit deinen Glückwünschen zu meinem Geburtstag empfingen wir und ich danke Dir sehr herzlich, mein lieber Junge. Die Feiertage haben wir sehr still für uns verbracht und im stillen Gebet all unserer Lieben gedacht und auch für Dich die innigsten Wünsche zum lieben Gott gesandt. – Nun kamen gestern wieder 2 Briefe von Dir und zwar vom 4. Februar und 22. April, das war aber eine schöne Post. Alles, was Du uns schreibst, interessiert uns natürlich sehr. Vor allem macht es uns Freude, dass Du dich weiterbilden kannst und wie wir heute aus einem Brief von Emil F[rank] an seine Eltern ersahen, auch Gelegenheit zum Schwimmen hast. Das ist natürlich sehr schön. Wenn Du diesen

---

481  Hier ist das jüdische Neujahr gemeint – Rosch ha-Schana. Am 14. September 1942 begann das jüdische Jahr 5703.

Brief erhältst, steht schon wieder Dein Geburtstag vor der Türe und dass dieser schon Dein 19. Geburtstag ist, will mir noch nicht in den Sinn hinein. Also, mein geliebter Walter, viel viel Gutes für Deine Zukunft mit dem flehenden Wunsch, dass wir Deinen 20. Geburtstag wieder gemeinsam feiern. Du hättest wohl auch nichts dagegen, gelt? Konntest Du das Examen noch einmal nachholen und hast bestanden? Ich denke so oft daran. Vielleicht hast Du doch Glück gehabt. Wir sind froh, dass es Lotte gut geht, wie wird sie sich um die Eltern [Erna und Albert Katzenstein – L.J.H.] sorgen. Von Onkel Eugen kam ein Roter-Kreuz-Brief als Antwort auf einen von uns, alles war ein Jahr unterwegs. Es geht ihnen wohl recht gut. Von Frau Herzstein hören wir oft, Kurt ist in Lehre und anscheinend sehr selbstständig geworden. Auch von Ulla's Eltern [Hertha und Sebald Müller in Holland – L.J.H.] hören wir ab und zu. Nun will Vati schreiben, deshalb mache ich Schluß.

Grüsse Meiers[482] herzlich und Herrn Frank. Innige Grüße und einen festen Geburtstagskuss
Deine
Mutti


*Sally Kaufmann an Walter Kaufmann*
[Handschrift]
Brief

Duisburg, den 19. Sept. 1942

Mein lieber Walter! Ich kann mir gut vorstellen, dass du oft gezögert hast, uns zu schreiben, wenn gar kein Brief von uns ankam und wenn Du selbst annahmst, das Schreiben sei wenig zweckvoll, da es uns doch nicht erreichen würde. Umsomehr waren wir erfreut, dass Du uns nicht nur schriebst, sondern auch den Eingang unserer Schreiben bestätigen konntest. Und wenn Deine Glückwünsche, lieber Walter, zu meinem Geburtstag auch mit einem halben Jahr und zu Muttis Geburtstag am 12. Juni (nicht Juli) mit einem Vierteljahr Verspätung ankamen, so danken wir Dir doch ebenso herzlich, als wenn sie rechtzeitig gekommen wären. Und da wir gerade an den Geburtstagen sind, so will ich Dir auch zu Deinem 19. Lebensjahr von Herzen jetzt schon das Beste wünschen. Wie oft sprachen wir von Deinen früheren Geburtstagsfeiern und besahen uns immer wieder die

---

482 Um welche »Meiers« es sich hier handelt, ließ sich nicht feststellen. Möglicherweise handelt es sich um Grete Meier, geb. 3. Januar 1903, die mit ihren Kindern Liselotte, geb. 8. Dezember 1923, und Rolf, geb. 26. Juli 1929, 1938 nach Australien ausgewandert war.

Bilder, die ich mit Blitzlicht gemacht habe. Wir schickten dir – ich glaube Ende Dezember 1941 – zwei Photos von uns und wollen einem der nächsten Briefe noch mal welche beilegen, die allerdings die gleichen sein werden.

Deine Jugenderinnerungen sind fabelhaft zutreffend. Ich habe daraus einige Notizen gemacht, die ich herausschreiben und Dir nächstens zusenden werde. Auch Deine Zukunftsgedanken, die sich auf Deine Sehnsucht, Dich »Dichter« nennen zu können, beziehen, haben wir mit Verständnis aufgenommen. Ich komme im nächsten Brief darauf zurück.

Erfreue uns recht bald wieder mit Post und sei innigst gegrüßt und geküsst von Deinem
Vati


## 142.
*Sally Kaufmann an Walter Kaufmann*
[Handschrift]
Brief

Duisburg, 6. Okt. 1942

Lieber Walter!

Wir schrieben Dir zuletzt am 18/19. September und fügen heute die in diesem Brief versprochenen Photos bei. Vielleicht hast Du sie schon früher einmal bekommen, aber wir können sie gut entbehren. – Um nun auf deine Idee, dich einmal »Dichter« nennen zu können, zurückzukommen, so finde ich, daß das Dichten zwar an sich etwas sehr Schönes ist – ich selbst hatte mir öfters gewünscht, daß ich etwas weniger prosaisch veranlagt sei –, aber das Dichten kann, wenigstens meiner Meinung nach, die Tätigkeit eines Menschen nie voll ausfüllen und muß immer nur gewissermaßen eine Ausspannung nach anderer, praktischer Arbeit sein. So hoffe ich auch, daß Du das Ziel, dich theoretisch und praktisch für einen Beruf, zu dessen Erlernung Du dort Gelegenheit hast, auszubilden, nie aus den Augen verlierst, mag auch das Dichten Dich noch so sehr locken. Und wenn Du uns dann einmal eine kleine Probe deiner Lieblingsbeschäftigung geben könntest, würden wir uns unendlich freuen. – Du wirst sicher nicht böse sein, wenn ich deine Idee nur mit einiger Einschränkung begrüße, nicht wahr?

Heute will ich schließen. Lebe weiter wohl! Innigste
Grüße und Küsse
Dein
Vati

*Johanna Sara Kaufmann an Walter Kaufmann*
[Handschrift]
Brief

Duisburg, d. 6. Okt. 42

Mein liebster, bester Walter,
wenn Dir heute meine Schrift etwas fremd erscheint, so kommt das wohl von Vati's Füllfederhalter, da ich den meinen leider verlegt habe, aber ich hoffe, denselben eines Tages wieder zu finden. Die Feiertage, auch das Laubhüttenfest sind nun vorüber und ich glaube, Du wirst dieselben in schöner Gemeinschaft angenehm verbracht haben. Wir lesen Deine lieben Briefe immer wieder, denn jetzt müssen wir uns sicher lange Zeit gedulden, ehe wieder Post von Dir kommt. Es ist wirklich erstaunlich, daß deine Erinnerungen bis zum 4. Jahre zurück reichen, denn die Geschichte mit der Geige ist mir noch lebhaft im Gedächtnis. Ach lieber, lieber Junge wie schön und gut wäre es, wenn wir nur erst wieder zusammen wären. – Das Wetter ist noch recht sommerlich, sodaß wir glücklicherweise noch nicht zu heizen brauchten, hier in dem grossen Hause ist es sehr kalt und alles Kohlenöfen. Nächste Woche ziehen noch einige Familien, die Du aber nicht kennst, hier ein. Das ist uns sehr angenehm, auch hoffe ich, dass man sowohl Vati wie mir bei der Arbeit hilft. – Wie gerne würde ich mal einen Aufsatz oder ein Gedicht von Dir lesen! Was macht die Arbeit? Ich denke so oft, ob Du wohl noch das Examen nach machen konntest, hoffentlich! Augenblicklich bin ich beim Zahnarzt in Düsseldorf in Behandlung, aber es ist niemand mehr dort, der uns näher steht. Ich bin sehr traurig, dass wir von Tante Erna und Onkel Albert [Katzenstein] gar nichts wissen. Sie sind bald ein Jahr fort! Lebe wohl, geliebtes Kind sei innig umarmt und geküsst von
Deiner Mutti

## 143.

*Johanna Kaufmann an Walter Kaufmann*
[Handschrift]
Brief

Duisburg d. 25. Okt. 42

Mein allerbester, liebster Walter,
Vorigen Samstag, also am 17. Oktober, erhielten wir Deine zwei Briefe vom 12. und 24. März. Diese guten, freundlichen Zeilen, mein Junge, haben uns sehr, sehr viel Freude gemacht. Ich habe mich immer wieder von Neuem in Deine Zeilen vertieft und glaube doch daraus zu lesen, dass aus dem oft so widerspenstigen Walter ein ganzer Kerl geworden ist, auf den wir eigentlich, und das hoffe ich von ganzem Herzen, stolz sein dürfen. Dieses soll Dir ein Beweis sein, dass wir allem,

was Du in diesen Briefen schreibst, Vertrauen schenken. Ich wünschte nur, wir könnten schon festere Zukunftspläne machen. Aber im Augenblick können wir ja garnichts tun, als wirklich uns möglichst gesund erhalten. Vorige Woche hatte ich mal zur Abwechslung eine kleine Gallenblasenentzündung, die aber nun wieder besser ist, ich konnte infolge dessen auch nicht zum Zahnarzt nach Düsseldorf fahren, aber Ende dieser Woche werde ich wohl wieder hin müssen. – Inzwischen haben wir hier im Hause auch Zuwachs bekommen. Das ist uns sehr angenehm. Unter anderem ist auch ein 8-jähriger Junge[483] unser Mitbewohner, der uns gerne und öfters besucht. Ich lerne etwas mit ihm Deutsch Aufsatz etc. und Vati gibt ihm Rechenunterricht. Du kannst dir vorstellen, dass wir da oft an Dich denken. Er ist ein lieber und aufgeweckter Bursche, der uns viel Freude macht. Hörtest du nochmal von Lotte K[atzenstein]? Ich wäre so froh, wenn sie sich verheiraten könnte, damit sie die Sorgen um die Eltern nicht mehr alleine zu tragen brauchte. Du kannst ihr doch sicher mal ein wenig Mut zu sprechen, denn Lotte nimmt immer alles schwerer als Gerda. Zu schade, dass ich deren Adresse nicht weiss, ich hätte ihr zu gerne mal über das Rote Kreuz geschrieben. Wenn ich an Tante Erna u. Onkel Albert [Katzenstein] denke, bin ich sehr, sehr traurig, aber wir können ja leider garnicht helfen. Heute Mittag erhielten wir überraschenden Besuch von einem Verwandten von Paul Conitzer, der uns viel Freude machte und mal eine Abwechslung war. Nun benutzen wir den Sonntag Nachmittag weiter um Brief-schulden zu erledigen. Ein Brief von Emil F[rank] kam schon von Juni an und wir hoffen zuversichtlich, auch von Dir bald zu hören. Bleibe weiter gesund und so tapfer! Ich grüsse und küsse Dich innigst in Liebe
   Deine Mutti


*Sally Kaufmann an Walter Kaufmann*
[Handschrift]
Brief

Liebster Walter!
   Auch ich möchte Dir versichern, daß wir Dir vertrauen und auf Dich und Deine junge Kraft bauen, wenn wir wieder zusammen sind. Es ist so schön, sich das auszumalen und so Gott will, wird es auch einst Wirklichkeit. Ob wohl Emil Frank, von dessen Eltern [Siegmund und Johanna Frank – L.J.H.] wir noch im-

---

483 Der Nachname des Jungen »Dieter« ließ sich nicht ermitteln.

mer nichts hörten – die allgemeinen Berichte von ihrem neuen Domizil[484] lauten zufriedenstellend – mit Dir zusammen ist? Er hoffte doch sehr, zu seiner Frau zu kommen.[485]

Für heute grüße und küsse ich Dich aufs herzlichste
Dein Vati

## 144.
*Sally Kaufmann an Walter Kaufmann*
[Maschinenschrift]
Brief

Duisburg, den 10. Nov. 1942

Liebster Walter!

Nun sind schon gut 14 Tage verflossen, daß wir Dir zuletzt schrieben und die Tage sind uns wie im Fluge vergangen. Post von Dir ging nicht mehr ein, aber da wir jetzt wissen, daß Du unsere Briefe, wenn auch vielleicht unregelmäßig, aber doch ziemlich sicher bekommst, wollen wir Dir regelmäßig weiterschreiben. Es hat sich hier nicht viel Neues, was dich interessiert, ereignet. Denn alle die Leute, mit denen wir jetzt zusammen kommen und die auch z. T. in unserm Hause wohnen, sodaß es nicht mehr so einsam hier ist, kennst Du kaum. Auch wir kennen sie erst seit kurzer Zeit. Nur des Heini Reichbart[486] wirst Du Dich vielleicht noch erinnern, er ist 1 Jahr jünger als Du und war Schüler von Herrn Frank. Dann ist bei uns im Hause ein 8 jähriger Junge, dessen Vater in England ist, und der nun von Mutti und mir etwas unterrichtet wird, da er z. Zt. keine Schule

---

484 Das »Altersghetto« Theresienstadt, das nichts anderes als ein Konzentrationslager war, als »Domizil« zu bezeichnen, ist bemerkenswert. Sally Kaufmann benutzte diesen Begriff gewiss nicht im ironischen oder zynischen Sinne, sondern im Sinne dessen, was er über Theresienstadt zu wissen schien.

485 Emil Franks Frau, Eva, geb. Neumark, befand sich zu dieser Zeit mit den gemeinsamen Kindern Jochanan und Martha in einem englischen Internierungslager auf der Isle of Man (siehe FN 480).

486 Heinrich (Heini) Reichbart, geb. 15. Januar 1925, war am 28. Oktober 1938 mit seinen aus Polen stammenden Eltern im Sammeltransport nach Neu Bentschen abgeschoben worden. Im November 1939 konnte die Familie nach Duisburg zurückkehren. Danach musste Heinrich Reichbart Zwangsarbeit in einer Ziegelei und als Straßenbauarbeiter leisten. Am 17. (18.?) September 1944 [sic] wurde er mit weiteren zwölf Personen und »Mischlingen« nach Theresienstadt deportiert, dort befreit und kehrte im August 1945 nach Hamborn zurück. 1949 wanderte er zusammen mit seiner Mutter Gertrud und Ehefrau Betty nach Israel aus. Erneute Rückkehr nach Hamborn 1958.

besucht. Mutti hat viel Freude mit dem Jungen, der sie oft an Deine Kinderjahre erinnert, wie überhaupt fast alles, was sich in unserem Umkreis ereignet, in irgend eine Beziehung zu Dir gesetzt wird und uns dadurch Deine Jugendjahre und Du selbst uns wieder vor Augen trittst. Wenn Du diesen Brief bekommst, sind wir über 4 Jahre getrennt, aber wir hoffen bestimmt, daß die längste Trennungszeit vorbei ist.

Von Deinen Freunden hörten wir in der letzten Zeit sehr wenig. Walter Meyer[487] will Ingenieur werden. Von Kurt wissen wir gar nichts. Hast Du von seinen Eltern etwas gehört? Sonst könntest Du ihnen auch von selbst einmal schreiben, ihre letzte Adresse, die aber auch wohl heute noch richtig ist, war Tegucigalpa (Honduras), Ava. Juan Ramón Molina.[488] Von Lotte und Gerda [Katzenstein] hören wir ebenfalls nichts. Warum mögen sie uns nicht einmal durch das Rote Kreuz schreiben?

Lebe wohl für heute! Sei herzlichst gegrüßt und geküßt von Deinem
Vati

47. Walter Kaufmann mit seinen Cousinen Lotte (li.) und Gerda Katzenstein, ca. 1927.

487 Das ist: Walter Meyer (siehe FN 17), geb. 6. Februar 1924, der später Medizin in Wien studierte.
488 Es handelt sich um Kurt Katzenstein (siehe FN 23), den Freund Walter Kaufmanns, der im April 1939 mit einem Kindertransport nach England gelangte. Die Eltern Dr. Robert und Helga Katzenstein, enge Freunde der Kaufmanns, waren im Mai 1939 mit ihrem Sohn Edgar (geb. 17. Mai 1927) nach Honduras ausgewandert (siehe FN 68).

*Johanna Kaufmann an Walter Kaufmann*

Mein liebster Walter,

Es ist zu schade, dass wir uns wieder lange Zeit gedulden müssen, ehe wieder Post von Dir kommt. Hoffentlich treffen Dich diese Zeilen so gesund und munter an, wie sie uns verlassen. Gestern hatten wir netten Besuch zum Kaffee. Mit der Dame spielte ich [unleserlich durch Wasserfleck], da staunst Du! Aber Vati [unleserlich durch Wasserfleck] Mühe gemacht und uns das Schach [unleserlich durch Wasserfleck] gebracht. Sehr prima geht es natürlich noch nicht, aber es interessiert uns sehr und Vati und ich sitzen nun manchen Abend und spielen und haben viel Freude daran. Heute ist es nun gerade ein Jahr, dass uns Onkel Albert und Tante Erna [Katzenstein] verlassen haben, hoffentlich geht es ihnen ordentlich. Ich muss so viel an sie denken, besonders wenn ich mit der D-Bahn nach Düsseldorf zum Zahnarzt muss. – Ich kann Dir nicht sagen, wie oft mich der Junge, der Dieter heisst, an Dich erinnert. Wir sind wirklich froh, etwas Jugend um uns zu haben. Viele innige Grüsse + Küsse, bleibe mir gesund bald wieder. In herzlicher Liebe Deine
    Mutti.


**145.**
*Johanna Kaufmann an Walter Kaufmann*
[Handschrift]
Brief

Duisburg d. 29. Nov. 1942

Mein liebster, bester Walter,

Im letzten Brief schrieben wir Dir von dem netten 8 jährigen Jungen, Dieter, der unser Hausgenosse geworden ist. Dieser Tage wollte er durchaus Kinderbilder von Dir sehen und ich zeigte ihm alle die hübschen Bücher mit Deinen Aufnahmen. Er interessierte sich natürlich brennend für das Zeugnis aus der Schwimmanstalt und ich musste ihm dauernd von Dir erzählen. Wie oft und voller Sehnsucht habe ich dann Deiner gedacht, das kannst Du Dir wohl denken. Der Junge ist wirklich viel Ablenkung und Abwechslung für uns. Diese Woche ist Chanuka[489] und wenn unsere Gedanken auch noch so traurig und wehmütig sind, wollen wir doch dem Kind eine kleine Freude machen. Das wird auch in Dr. Neumark's

---

489  Das jüdische Lichterfest, das immer in der (christlichen) Weihnachtszeit gefeiert wird (siehe FN 349).

Sinne sein. Über ihn hatten wir via Kurt Herzsteins Mutter,[490] sehr, sehr traurige Nachricht, dass er nicht mehr unter den Lebenden weilt.[491] Diese Botschaft hat uns tief getroffen, denn Du weisst ja auch, welch ein gütiger Menschenfreund und hoch begabter und kluger Mann unser Rabbiner war. Wir hoffen nun, dass er einen leichten Tod gehabt hat. Sein schweres Blasenleiden hat wohl sein Ende herbeigeführt. –

48. Rabbiner Dr. Manass Neumark, Ende der 1930er Jahre.

Diese Woche war ich viermal zur Zahnbehandlung in Düsseldorf, es ist jedes Mal eine recht anstrengende Reise mit Schmerzen verbunden, aber nun geht es mir erheblich besser und ich kann eine Ruhepause von 4 Wochen machen. Schrieb

490  Das ist: Franziska Herta Herzstein, geb. Markus (siehe FN 60).
491  Rabbiner Manass Neumark (siehe FN 164) war drei Monate nach seiner Deportation am 21. Oktober 1942 in Theresienstadt gestorben. Die Trauerzeremonie leitete Rabbiner Leo Baeck. Neumarks Asche wurde von seinen Bewachern in die Eger gestreut. Brief v. Jiri Lauscher, Prag, 27. September 1978, Privatarchiv Dr. Ludger Heid (Kopie) sowie Heid 2011, S. 314.

ich eigentlich, dass man mir 9 Zähne gezogen hat? Was machen eigentlich Deine Zähne und wie geht es Dir gesundheitlich, mein lieber Walter?

Wie schön wäre es, wenn wir noch vor Beginn des neuen Jahres wieder einmal Post von Dir erhielten. Von Tante Muttchen, die ja in der Schweiz lebt,[492] höre ich öfters. Sie hatte auch Brief von Lotte, die in so grosser Sorge ist. Ich wünschte, ich könnte ihr gute Nachricht senden. Wir wissen garnichts. Wir dürfen aber den Mut nicht sinken lassen und auf Gott vertrauen.

Viele innige Grüsse und Küsse, mein geliebtes Kind, von Deiner
Dich liebenden Mutti.


*Sally Kaufmann an Walter Kaufmann*
[Handschrift]
Brief

Liebster Walter!

Wir stehen noch unter dem Eindruck der Nachricht von Dr. Neumarks Hinscheiden[493] und auch Du wirst sicher voll Trauer seiner gedenken. Wenn sein Schwiegersohn[494] noch mit Dir zusammen ist, sage es ihm bitte in unserm Namen und sprich ihm unser herzlichstes Beileid aus. Wenn wir Näheres, insbesondere auch den Todestag erfahren, schreiben wir es Dir.

Von mir ist nicht viel Besonderes zu berichten. Ich habe noch recht viel Arbeit, dazu ist in dem großen Hause jeden Augenblick etwas anderes entzwei und zu reparieren und manches habe ich selber machen gelernt. So habe ich mich auch zum »Oberheizer« ernannt. Aber wir haben erfreulicherweise einen sehr guten Dauerbrandofen, der wohl den ganzen Winter anbleiben könnte.

Für heute lebe wohl! Ich grüße Dich innigst.
Dein Vati


492 Möglicherweise handelt es sich um Mathilde Berger, die bis Mai 1940 mit den Kaufmanns im Haus Fuldastraße 1 gewohnt hatte und dann mit ihrem Mann Alfred Berger nach Luzern/Schweiz umzog. Siehe auch FN 504.
493 Siehe FN 491.
494 Das ist: Emil Frank, Ehemann von Rabbiner Neumarks ältester Tochter Eva (siehe FN 248), mit Walter Kaufmann im gleichen Camp interniert.

## 146. (48)
*Johanna und Sally Kaufmann an Walter Kaufmann*
[Handschrift]
Karte

Duisburg [Datum unleserlich]

Liebster Walter!

Heute sollst du nur einen Kartengruß erhalten, der Dir berichten soll, dass es uns unverändert geht, dass wir trotz der Kälte gesund sind und immer an Dich denken. Wir schreiben Dir in Abständen von etwa 14 Tagen, ob Du wohl wenigstens einen Teil unserer Briefe erhalten hast. Nochmals Gruss und einen festen Kuss!

Vati und Mutti

## 147.
*Sally Kaufmann an Walter Kaufmann*
[Handschrift]
Brief

17/12. 42

Liebster Walter!

Hoffentlich erreichen Dich unsere ziemlich regelmäßig alle 14 Tage – 3 Wochen geschriebenen Briefe, u. a. auch der vom 29. vorigen Monats, in dem wir Dir berichteten, daß unser lieber Dr. Neumark gestorben ist, daß wir aber gar nichts Näheres erfahren haben. Auch bis heute wissen wir über den Trauerfall nicht mehr. Emil Frank baten wir, Dich zu benachrichtigen, wenn er noch dort ist. Seine Frau hat lange nicht mehr nach hier geschrieben, so daß wir annehmen, daß sie nicht mehr im Camp[495] ist. Von Emils Schwester Selma hören wir öfters,[496] seine Schwester Elsa,[497] die bei Onkel Eugen gearbeitet hat, hat sich verlobt. (Mit wem, schrieb sie nicht, da dazu die Wortzahl von 25[498] offenbar nicht ausreiche) –

Wir warten jetzt wieder so sehnsüchtig auf Post von Dir. Und wenn du auch vielleicht nicht viel erlebst, was Du für mitteilenswert hältst, so ist doch alles, was

---

495  Eva Frank war auf der Isle of Man interniert (siehe FN 480).

496  Selma Frank (siehe FN 247) lebte in den Niederlanden, ab 1942 im Untergrund.

497  Else Frank, geb. 26. September 1918, wohnte bis zu ihrer Auswanderung nach Palästina (in Ramatajim [auch: Ramatayim]) im Mai 1937 bei der Familie Neumark in der Fuldastraße 14. Im Jahre 1941 heiratete sie und trug seitdem den Namen Hess.

498  In Rote-Kreuz-Briefen waren nur Nachrichten bis zu 25 Worten erlaubt. Vgl. Brief 152.

mit Dir in Zusammenhang steht, mag es auch unter anderen Umständen noch so nebensächlich sein, von Interesse für uns. Schreibe also möglichst viel an uns, wir tun es auch und denken täglich, ja fast stündlich, an Dich.

Innigen Gruß und Kuß

Dein Vati

**Johanna Kaufmann an Walter Kaufmann**
[Handschrift]
Brief

Duisburg, d. 17. Dez. 1942

Mein liebster Walter,

Nun sind schon wieder 2 Monate vergangen, seitdem wir die letzte Post von Dir hatten und wie sehnlichst warten wir auf ein Lebenszeichen von Dir. Hoffentlich hast Du unsere Briefe alle erhalten. – Eben war ich oben bei meinem kleinen Freund Dieter, um ihm Gute Nacht zu wünschen. Er ist wirklich ein lieber und schlauer Junge und erinnert mich so lebhaft an Dich. Er spielt mit Vorliebe Dame und Mühle mit mir. Wir tuen das meistens nach der Schulstunde am Spätnachmittag. Ich weiss nicht, ob ich Dir schon erzählte, dass wir Chanuka mit unseren Hausleuten gemütlich hier bei uns zusammen waren. –

Heute war ich wieder zur Zahnbehandlung in Düsseldorf, es ist leider eine langweilige Angelegenheit und kostspielig und ich bin froh, wenn alles wieder in Ordnung ist. Dieser Tage hatten wir Post von Frau Herzstein. Sie ist öfters mit Ruth und Alfred Nathan zusammen,[499] von Ruth schreibt Frau Herzstein sehr entzückt. Die Kinder sind wohl genau so lange fort wie Du, mein liebster Walter. Leider sind Nathans'[500] auch nicht mehr hier und die Kinder machen sich Sorgen, wie Du Dir wohl denken kannst. Wenn Du diesen Brief erhältst, bist du schon 19 Jahre alt. Ich kann es manchmal nicht fassen, dass wir nun schon 4 Jahre getrennt sind. Wenn Du an Mosers schreibst, grüsse sie bitte herzlichst von uns. Ich will nun für heute schliessen, mein lieber, lieber Walter. Bald hörst Du wieder von uns. Mit vielen innigen Grüssen und Küssen bin ich in Liebe

Deine Mutti

---

499 Gemeint sind Franziska Herta Herzstein (siehe FN 60) sowie Ruth Nathan, geb. 30. Mai 1927, und Alfred Nathan, geb. 26. Februar 1926. Beide kamen mit einem Kindertransport im Januar 1939 nach Nijmegen.

500 Ferdinand Nathan, geb. 29. März 1883, Kaufmann, und Irma Nathan, geb. 10. Januar 1902, wurden beide am 21. April 1942 nach Izbica deportiert und sind dort verschollen. Vgl. auch FN 258.

## Januar 1943 bis Februar 1950

**148.**
*Johanna Kaufmann an Walter Kaufmann*
[Handschrift]
Brief

Duisburg, d. 02. Jan. 1943

Mein liebster Walter,

Vor einigen Tagen hatten wir Nachricht von Selma Frank. Sie teilt uns mit, dass ihr Bruder[501] nach langer Trennung wieder mit seiner Familie zusammen ist.[502] Wir haben uns wirklich sehr darüber gefreut, gleichzeitig sendet uns Eva[503] Grüsse von Dir, mein Allerbester, dass Du gesund und zufrieden seiest. Das ist nun auch schon einige Monate her, aber wir sind mit diesem Wenigen von Dir sehr, sehr glücklich und hoffen nun, dass von Dir nun auch mal directe Nachricht eintrifft. Wie gerne hätte ich Dr. Neumark diese Nachricht der Wiedervereinigung seiner Kinder mit zu erleben gewünscht, aber der Allgütige hatte es anders gewollt. Wenn Eva die Trauerbotschaft erhält hat sie wenigstens ihren Mann zur Seite, das ist gut so. Ich kann mir so lebhaft vorstellen, dass Du am Liebsten mit Emil mitgefahren wärest und es war sicher wieder ein schwerer Abschied für Dich, mein lieber Junge. Aber du bist bis jetzt so tapfer und mutig gewesen und wirst auch fernerhin die Kraft dazu finden. Wir sind gesund und hoffen es zu bleiben. Leider ist meine Zahnbehandlung noch immer nicht beendet, aber ich hoffe sehr, dass ich bis Ende Januar wieder vollkommen hergestellt bin. Von Onkel Eugen [Katzenstein] hatten wir dieser Tage einen Roten-Kreuz-Brief mit wenig Inhalt, sie sind gesund. Hörst du eigentlich von Onkel Hugo [Daniels], ob es ihm immer noch gut geht? Heute beginne ich wieder mit dem Unterricht bei dem kleinen Dieter, es macht mir wirklich Freude. Am 19. werden wir wieder an Dich schreiben, darum sei für heute vielmals innigst umarmt + geküsst in Liebe Deine
   Mutti.

---

501   Das ist: Emil Frank (siehe FN 248), der mit Walter Kaufmann nach Australien deportiert worden war, während seine Frau Eva und die Kinder auf der Isle of Man interniert wurden (siehe FN 480).

502   1942 hatte Emil Frank eine Arbeitserlaubnis erhalten, in England als Bauschreiner zu arbeiten, wozu er als ehemaliger Werklehrer und nach einer Ausbildung in den jüdischen Lehrwerkstätten in Köln befähigt war. Später arbeitete er als Bibliothekar im Dokumentationszentrum der »Wiener Library« in London.

503   Das ist: Eva Frank (siehe FN 248), Ehefrau von Emil Frank.

**149.**
*Johanna Kaufmann an Walter Kaufmann*
[Handschrift]
Brief

Duisburg, d. 19. Jan. 1943

Mein geliebter Walter,

Heute an Deinem 19. Geburtstag sollst Du wissen, dass unsere Gedanken ständig bei Dir sind und wir von ganzem Herzen hoffen und wünschen, dass Du gesund bleibst und sich alle Deine Wünsche erfüllen und – wir endlich, wenn Gott will, doch noch mal ein Wiedersehen feiern können. Du kannst Dir ja vorstellen, dass unsere Sehnsucht, Dich als erwachsenen, jungen Mann wiederzusehen, auch recht gross ist. Wir müssen uns aber weiter in Geduld fassen. Heute Mittag habe ich unseren kleinen Freund Dieter als Mittagsgast, er ist wirklich so lieb und anhänglich und macht auch im deutschen ganz gute Fortschritte, nur mit der Rechtschreibung ist es nicht weit her. Aber es wird schon werden. Er gibt sich jedenfalls Mühe. Dieser Tage hatten wir einen Roten-Kreuz-Brief von Lotte [Katzenstein], wir haben uns sehr gefreut. Leider haben wir von Tante Erna und Onkel Albert [Katzenstein] keine Nachricht. – Ob Du wieder einen so netten Geburtstag hast wie im letzten Jahr, das wäre fein. Jedenfalls wünsche ich Dir nochmals, mein lieber, lieber Junge, alles Gute und einen schönen Tag im Kreise Deiner Freunde.

Lasse Dich herzlichst umarmen in Liebe Deine
Mutti


*Sally Kaufmann an Walter Kaufmann*
[Maschinenschrift]
Brief

Duisburg, an Deinem 19. Geburtstag. [19. Januar 1943]

Liebster Walter!

Ich glaube, daß heute unsere Gedanken sich irgendwo im Äther treffen und auch Du an die schönen Geburtstage zurückdenkst, die wir zusammen gefeiert haben, und die wir heute abend in den Bildern, die wir treulich aufbewahren, wieder vor unsern Augen erstehen lassen. So grüße ich Dich heute zusammen mit Mutti besonders innig und wünsche Dir von Herzen alles Gute. Die nächsten Jahre, in denen Du zum Mann völlig heranwächst, sind wohl entscheidend für Dein ganzes Leben. Nutze die Zeit so gut aus, als es Dir unter den Verhältnissen, unter denen Du lebst, möglich aus [sic], und wir sind überzeugt, daß du ein ganzer Mann wirst, den wir mit Gotteshülfe einst stolz ansehen können.

Besonderes, was wir Dir mitzuteilen hätten, liegt heute nicht vor, wie dieser Brief ja nur ein Geburtstagsbrief sein soll. Daß Emil Frank wieder mit seiner Frau zusammen ist, schrieben wir Dir wohl schon.

Nochmals: Alles erdenkbar Gute und einen festen Geburtstagskuß
Vati

## 150. (49)
*Johanna Kaufmann an Walter Kaufmann*
[Handschrift]
Karte

Duisburg, d. 08. Feb. 1943

Mein lieber, lieber Walter,

Wir haben länger nicht geschrieben, weil wir immer dachten von Dir Post zu erhalten, aber leider vergebens. Hoffentlich kommen unsere Briefe wenigstens an. Es geht uns soweit erfreulich. Meine Zahnbehandlung ist noch immer nicht beendet, aber in 10–14 Tagen werde ich, so Gott will, wieder in Ordnung sein. Ich musste viel Geduld haben und bin ein wenig nervös geworden, aber das wird hoffentlich auch wieder besser werden. Von Tante Muttchen,[504] die ja in der Schweiz lebt, hatte ich liebe Post mit Grüssen auch von Gerda, mit denen wir uns sehr freuten. Bleibe nur immer mit den Cousinen in Verbindung. Von Onkel Eugen [Kaufmann] kam Post von Dezember, sehr gut und schnell. An Deinem Geburtstag dachten wir viel an Dich, hoffentlich hattest du ein paar nette Stunden. Bleibe gesund, lieber Junge. In herzlichem Gedenken mit innigen Grüssen + Küssen
Deine Mutti


*Sally Kaufmann an Walter Kaufmann*

Für heute nur einen herzlichen, innigen Gruß mit Kuß
Dein Vati


## 151.
*Johanna und Sally Kaufmann an Walter Kaufmann*
[Maschinenschrift]

---

504 Um welche Frau es sich handelt, ließ sich nicht sicher ermitteln. Möglicherweise handelt es sich um Mathilde Berger (siehe FN 492).

Formular[505]

Liebster Walter!
Wir reisen heute [24.6.43. – L.J.H.] nach Theresienstadt ab und senden Dir innige Abschiedsgrüße und Küsse. Hoffen auf ein Wiedersehen.
Onkel Hugo schrieb uns Gutes über Dich.
Vati Mutti

---

505 Abs. Deutsches Rotes Kreuz. Präsidium/Auslandsdienst, Berlin SW 61, Blücherplatz 2: Antrag an die *Agence Centrale des Prisonniers de Guerre, Genf* – Internationales Komitee vom Roten Kreuz – auf Nachrichtenvermittlung [Stempel: 28 DEC 1943; 5 Jul 1943 – 548735]. Anschrift: Walter Kaufmann, Melbourne (Australia) c/o Aust. Red Cross Society; Vic. Div. 289 Swanston Str. – Es war dies die letzte Nachricht von Johanna und Sally Kaufmann vom 24. Juni 1943 an ihren Sohn Walter am Tage ihrer Deportation aus Duisburg. Die Deportation nach Theresienstadt erfolgte dann offensichtlich tags darauf am 25. Juni 1943 (von Düsseldorf?), Privatarchiv Walter Kaufmann.

Deutsches Rotes Kreuz
Präsidium / Auslandsdienst
Berlin SW 61, Blücherplatz 2

28 DEC 1943
-5 JUL 1943- 348765

ANTRAG
an die *Agence Centrale des Prisonniers de Guerre, Genf*
— Internationales Komitee vom Roten Kreuz —
auf Nachrichtenvermittlung

REQUÊTE
de la Croix-Rouge Allemande, Présidence, Service Etranger
à l'Agence Centrale des Prisonniers de Guerre, Genève
— Comité International de la Croix-Rouge —
concernant la correspondance

1. Absender / Expéditeur: Dr. Sally Kaufmann
   Duisburg, Junkernstr. 2
   bittet, an / prie de bien vouloir faire parvenir à

Verwandtschaftsgrad: Sohn

2. Empfänger / Destinataire: Walter Kaufmann, Melbourne (Australia)
   c/o Aust. Red Cross Society
   Vic. Div. 289 Swanston Str.

folgendes zu übermitteln / ce qui suit:
(Höchstzahl 25 Worte)
(25 mots au plus)

Liebster Walter!
Wir reisen heute nach Theresienstadt und senden Dir innige Abschiedsgrüße und Küsse. Wir hoffen auf ein Wiedersehen. Onkel Hugo schrieb uns Gutes über Dich

(Datum / date) 24.6.43.
(Unterschrift / Signature) Vati Mutti

3. Empfänger antwortet umseitig
   Destinataire répond au verso

49. Letztes Lebenszeichen von Johanna und Sally Kaufmann.

## 152.
*Britisches Rotes Kreuz an Walter Kaufmann über Rotes Kreuz Melbourne*
[Maschinenschrift]
Brief

London, April 15, 1944

DEAR SIR,

THANK YOU FOR YOUR LETTER OF MARCH 21, WHICH WE HAVE JUST RECEIVED.

WE HAVE SUBMITTED YOUR NAME AND PARTICULARS ABOUT YOUR PARENTS TO MR. REHFELDT, OF THE HICEM GROUP,[506] 129 WESTBOURNE TERRACE, LONDON, W.2., AND PARCELS WILL BE DESPATCHED TO MR. AND MRS. KAUFMANN IN THERESIENSTADT AT REGULAR INTERVALLS, FREE OF CHARGE.

MESSAGES OF 25 WORDS MAY BE FORWARDED TO PEOPLE IN THERESIENSTADT ONCE EVERY TWO MONTHS FOR THE COST OF 1/-. THE AUSTRALIAN RED CROSS SOCIETY WILL BE ABLE TO SEND THESE MESSAGES FOR YOU.

WE REGRET WE CAN GIVE YOU NO VERY GREAT DETAILS ABOUT THERESIENSTADT CAMP, BUT WE UNDERSTAND THAT SEVERAL WELL-KNOWN SOCIAL WORKERS ARE THERE AND PUBLIC SERVICE ARE FAIRLY WELL ORGANISED. THE INTERNEES SEEM TO BE ALLOWED TO COMMUNICATE OCCASIONALLY WITH RELATIVES AND FRIENDS IN GERMANY AND NEUTRAL COUNTRIES, AND ALTHOUGH WE OURSELVES HAVE RECEIVED ONLY ONE BATCH OF REPLY MESSAG[ES] FROM THERESIENSTADT SO FAR (IN AUGUST–SEPTEMBER 1943) WE ARE HOPING TO RECEIVE SOME MORE VERY SOON. FROM THESE SOURCES WE UNDERSTAND THAT THE PEOPLE LIVING IN THE CAMP RECEIVE THEIR MESSAGES AND PARCELS BUT ARE NOT ALLOWED TO WRITE VERY OFTEN AND ACKNOWLEDGE THEIR RECEIPT.

WE SINCERELY HOPE YOU WILL HAVE COMFORTING NEWS OF YOUR PEOPLE IN DUE COURSE; AND WE SHOULD LIKE TO SAY HOW MUCH WE SYMPATHISE WITH YOU IN YOUR ANXIETY.

YOURS TRULY

---

506 HICEM, 1927 mit Sitz in Paris gegründete Vereinigung der jüdischen Emigrantenhilfsorganisation (HIAS = Hebrew Immigrant Aid Society; JCA = Jewish Colonization Association; EMIDIRECT = Vereinigtes Komitee für jüdische Auswanderung). Zu den Aufgaben von HICEM gehörten u. a. juristische und konsularische Hilfsleistungen. Nach 1933 wurde HICEM zur wichtigsten Organisationszentrale für jüdische Auswanderer außerhalb Palästinas.

M. R. CARDEN
(C/N SECTION)

Übersetzung
Britisches Rotes Kreuz an Walter Kaufmann über Rotes Kreuz Melbourne:

Lieber Herr,
danke für Ihr Schreiben vom 21. März, das wir gerade erhalten haben.

Wir haben Ihren Namen und die Personalien Ihrer Eltern an Herrn Rehfeldt von der HICEM Group 129 Westbourne Terrace, London W. 2., eingereicht, und Päckchen werden an Herrn und Frau Kaufmann in Theresienstadt in regulären Intervallen kostenlos abgefertigt.

Nachrichten von 25 Worten können den Menschen in Theresienstadt jeden zweiten Monat zu den Kosten von 1/-, weitergeleitet werden. Das Australische Rote Kreuz ist in der Lage, diese Nachrichten für Sie zu senden.

Wir bedauern, Ihnen keine genauen Details über das Lager Theresienstadt mitteilen zu können, aber wir hörten, dass mehrere bekannte Sozialarbeiter dort sind und der öffentliche Dienst gut organisiert ist.

Es scheint den Internierten erlaubt zu sein, gelegentlich mit Angehörigen und Freunden in Deutschland und neutralen Ländern zu kommunizieren, und obwohl wir selbst bis jetzt nur einen Stapel Rückschreiben aus Theresienstadt erhalten haben (im August–September 1943), hoffen wir, dass wir sehr bald mehr erhalten. Aus dieser Quelle wissen wir, dass die im Lager lebenden Menschen die Nachrichten und Pakete erhalten, es ihnen aber nicht erlaubt ist, sehr oft zu schreiben oder deren Empfang zu bestätigen.

Wir hoffen aufrichtig, dass Sie so bald wie möglich tröstliche Nachrichten Ihrer Angehörigen erhalten; und wir möchten sagen, wie sehr wir mit Ihnen und Ihrer Angst mitfühlen.
Hochachtungsvoll
M. R. Carden

## 153.
*Eugen Kaufmann an Walter Kaufmann*
[Maschinenschrift]
Brief

Ramat Hadar PO. Ramataym , d. 02. Juni 1945

Mein lieber Walter,
Deinen Brief vom Februar beantworte ich erst jetzt, weil ich erst etwas Näheres über Deine lieben Eltern erfahren wollte. Leider kann ich Dir aber nichts Gutes

berichten: Nachdem wir vor einem viertel Jahr über die Schweiz Abschrift von Karten an uns erhielten, die relativ vergnügt waren (Dein Vater schrieb, dass er in Theresienstadt auf einem Büro arbeite und Deine Mutter auch tätig wäre), hörten wir jetzt auch über die Schweiz durch einen Duisburger, der jetzt in der Schweiz ist und mit Deinem Vater in einem Zimmer wohnte, dass Deine lieben Eltern im September vorigen Jahres von Theresienstadt fortgekommen sind, wohin wusste er nicht.[507] Gebe der liebe Gott, dass sie einen Schutzengel hatten, der sie beschützte, so dass wir bald etwas von ihnen hören. Vielleicht hast du auch von dort Gelegenheit, Dich weiter zu erkundigen. In seiner letzten Karte schrieb Dein Vater, dass er Sardinendosen erhalten habe, die wir ihm von hier durch den »Joint«[508] zugesandt hatten. Es ist hart zu denken, dass Deine Eltern solch schweres Los getroffen hat.

Jedenfalls, wenn wir etwas weiteres erfahren, schreiben wir Dir sofort und bitten Dich auch darum.

Ich weiss nicht, ob wir Dir schon zu Deiner Verheiratung gratuliert haben.[509] Jedenfalls tun wir es hiermit herzlichst und wünschen Dir und Deiner lieben Frau alles Gute für die Zukunft. Hast du schon Pläne für die Zeit nach Deiner Entlassung? Gebe Gott, dass auch wir uns eines Tages wiedersehen. Schade, dass ein Wiedersehen mit Edgar damals nicht geklappt hat![510]

507 Laut dem Gedenkbuch für die jüdischen Opfer der NS-Gewaltherrschaft wurde das Ehepaar Kaufmann am 28. Oktober 1944 aus Theresienstadt nach Auschwitz deportiert (https://bundesarchiv.de/Gedenkbuch/de896513, abgerufen 13.1.2020, https://www.bundesarchiv.de/gedenkbuch/de896943, abgerufen 9.8.2020). Es ist davon auszugehen, dass sie ihres hohen Alters wegen unmittelbar nach ihrer Ankunft in Auschwitz am 30. Oktober 1944 (https://www.bundesarchiv.de/gedenkbuch/chronicles.html.de?page=1, abgerufen 9.8.2020) »selektiert« und danach vergast wurden.

508 Der Joint, kurz für »American Joint Distribution Committee«, war 1914 mit dem Ziel gegründet worden, Gelder zur Erleichterung des Elends von Juden unter Kriegsbedingungen zu verteilen. Während des Zweiten Weltkrieges half der Joint bei der Rettung des bedrohten europäischen Judentums mit Geld. Nach 1945 leistete er umfangreichste Hilfe für die jüdischen Überlebenden.

509 Walter Kaufmann hatte im Herbst 1944 seine australische Freundin Barbara Dryer, Grafische Künstlerin, zu der Zeit Buchhändlerin, vor dem »Altar der kleinen presbyterianischen Kirche« in Tocumwal/New South Wales, Australien, geheiratet (Kaufmann 2010, S. 58).

510 Die Bemühungen von Eugen Kaufmanns Sohn Edgar Kaufmann (siehe FN 98), seinem Onkel Sally und seiner Tante Johanna Kaufmann sowie seinem Cousin Walter ein Affidavit für die USA zu beschaffen, hatten sich zerschlagen (siehe Briefe 128 und 132).

50. Walter Kaufmann als Soldat der Australian Employment Company
mit Ehefrau Barbara, 1944.

Von Nora[511] und Edgar hören wir leider auch nicht so oft, wie wir gern möchten. Nora hofft ja, schnellstens hierher zu kommen.

Wir leben mit Arnold[512] und seiner netten Frau Chawah[513] hier friedlich aber sehr arbeitsam zusammen. Von morgens 5 Uhr bis abends um 8 Uhr wird fast ununterbrochen gearbeitet. Du weisst ja, wie das in der Landwirtschaft ist.[514] Auch

---

511  Eugen Kaufmanns Tochter Nora Kaufmann (siehe FN 5), inzwischen verheiratet mit Peter David Imberg, lebte seit 1935 in England (London).
512  Arnold Kaufmann, Sohn von Eugen und Jeanette Kaufmann, geb. 25. April 1917, Cousin Walter Kaufmanns, Diplom-Landwirt, der seit Februar 1937 in Palästina lebte (siehe FN 189).
513  Chawa Kaufmann, Ehefrau von Arnold Kaufmann.
514  Im Februar 1939 waren die Eheleute Eugen und Jeanette Kaufmann (siehe FN 13) über Großbritannien nach Palästina ausgewandert, wo er sich als ehemaliger Bankdirektor »mit Schwung einem sehr schweren ungewohnten Dasein unterwarf« und in ein völlig ungewohntes Aufgabengebiet der Landwirtschaft begab. Er war zusammen mit seinem Sohn Arnold aktiv beteiligt am Aufbau einer landwirt-

wir müssen trotz unseres Alters noch ordentlich herhalten, um unser tägliches Brot zu verdienen.

    Schreibe uns bald wieder.
    Viele herzliche Grüsse für Dich und Deine Frau alles Gute
    Dein Onkel
    Eugen

Handschriftlicher Zusatz:
Herzliche Glückwünsche
Grüsse & Küsse
Tante Jeanette, Arnold, Chawah

schaftlichen Kooperative. Biografisches: Roden 1986a, Teil 2, S. 960–963. Eugen Kaufmann starb am 8. Juni 1964 in Israel.

51. Walter Kaufmann, 1970er Jahre.

**154.**
*Eugen Kaufmann an Walter Kaufmann*
[Maschinenschrift]
Brief

Ramat Hadar, P.O. Ramataym, 4. Februar 1950.

Lieber Walter,

Deine beiden Briefe haben wir erhalten. Vielen Dank, insbesondere auch für die beiden Fotos. Wir freuen uns, dass es Euch wirtschaftlich und gesundheitlich nach Wunsch geht. Weiter alles Gute! Nach Erhalt Deines ersten Briefes hatte ich sofort Herrn E. Weischenberg,[515] Duisburg, Neckarstrasse 14, der die Dokumente Deines lieben Vaters hat, gebeten, sie Dir sofort zuzusenden. Ich werde jetzt dringend reklamieren, da ich hier nichts davon habe. Ich weiss nicht, durch wen Du Deine »Restitutionsansprüche«[516] bearbeiten lässt, evtl. empfehle ich Dir, Dich mit Rechtsanwalt und Notar Dr. Albert Michels in Duisburg, Am Buchenbaum 2, einem alten Freund von mir, Dich [sic] in Verbindung zu setzen.[517] Er bearbeitet auch meine Sachen und gibt sich grosse Mühe. Besonders wegen des Hauses Prinz Albrechtstrasse 17, das Dein Vater verkaufen musste, wirst Du meines Erachtens Ansprüche haben. Sobald ich etwas erfahre, was für Dich wichtig sein kann, werde ich es Dir schreiben.

Inzwischen sei Du und Barbara[518] herzlichst gegrüsst von Eurem Onkel
Eugen

NB. [handschriftlich] Durch wen erfuhrst Du, dass du Adoptivsohn[519] bist?

---

515 Emil Weischenberg (geb. 6. März 1885 Hagen, gest. 9. August 1957 Bonn), er wird im Hausstandsregister als Sparkassendirektor a. D. und Bankvertreter bezeichnet. Er wohnte 1944 Lahnstraße 5 und 1946 Neckarstraße 14. Im Adressbuch von 1939 steht: E. Weischenberg, Hypothekenbank, Düsseldorfer Str. 1.

516 Walter Kaufmann bemühte sich seit den 1950er Jahren um Wiedergutmachung für seine Eltern und für sich selbst. Siehe dazu u. a.: Wiedergutmachungsakte Dr. Sally Kaufmann, StADU Best. 506/4039; 506/4048; Tietz 1993.

517 Diesen Rat beherzigte Walter Kaufmann, indem er Dr. Michels in seinem Wiedergutmachungsverfahren als Rechtsvertreter verpflichtete. Dr. Albert Michels geb. 6. März 1901 Duisburg, ab 1934 Parkstraße 19, vorher Lutherstraße 8.

518 Barbara Kaufmann, geb. Dryer (siehe FN 509), seit 1944 verheiratet mit Walter Kaufmann.

519 Walter Kaufmann hatte im Jahre 1934 als Zehnjähriger durch eine ungeschickte Bemerkung der Kaufmann'schen Haushälterin, einer Holländerin, erstmals erfahren, dass er ein Adoptivkind sei. Er begriff die Bedeutung des Wortes nicht, was ihn, wie er später meinte, »mit Ahnungen erfüllte«. 1955 übergab ihm Maria Minuth die Adoptionsurkunde.

52. Walter Kaufmann (re.) und Kurt Katzenstein sich im Arm haltend, ca. 1927.

**Jeanette Kaufmann an Walter Kaufmann**
[Handschrift]
Brief

Lieber Walter,
    wir freuten uns sehr mit Deinen Nachrichten und den Bildern. Ich lege Dir ein Photo Deiner lieben Eltern bei, das sie uns durch einen Dritten während ihrer Leidenszeit zuschickten. Wenn Du es auch bekommen hast, erbitten wir das Bild zurück. Die einliegende Karte ist eine Amateuraufnahme vom letzten Sommer bei uns im Garten. Von rechts nach links: Edna und Ralphy Kaufmann[520] und Peter David Imberg, Noras Junge, Nora mit Mann und Kind sind öfter bei uns. Von Edgar haben wir schöne Nachrichten. Dir und Deiner lieben Frau weiter alles Gute und herzliche Grüße
    Tante Jeanette

---

520  Edna und Ralphy Kaufmann sind (vermutlich) die Kinder von Walter Kaufmanns Cousin Arnold Kaufmann (siehe FN 512), Sohn von Eugen und Jeanette Kaufmann (siehe FN 13).

53. Walter Kaufmann, Buchlesung, Stadtbibliothek Duisburg, 1987.

# Abkürzungen

| | |
|---|---|
| a. D. | außer Dienst |
| Ders. | Derselbe |
| EMIDIRECT | »Emigrationsdirectorium«: Vereinigtes Komitee für jüdische Auswanderung |
| et al. | und andere |
| | |
| FN | Fußnote |
| FSK | Freiwillige Selbstkontrolle der Filmwirtschaft |
| | |
| geb. | geboren/geborene |
| g(G)sd(D) | Gott sei Dank |
| gest. | gestorben |
| | |
| Hapag | Hamburg-Amerikanische Paketfahrt-Actien-Gesellschaft |
| h(rs)g. | herausgegeben |
| H(rs)g. | Herausgeber |
| HIAS | Hebrew Immigrant Aid Society |
| HICEM | Vereinigung der jüdischen Emigrantenhilfsorganisation |
| HMT | Hired Military Transport, auch: His Majesty's Transport (*Dunera*) |
| | |
| Inh. | Inhaber |
| ITS | Internationaler Suchdienst (Arolsen) |
| | |
| JCA | Jewish Colonization Association |
| Jg. | Jahrgang |
| Joint | American Joint Distribution Committee, Jüdische Hilfsorganisation |
| | |
| Lit. | Literatur |

| | |
|---|---|
| Mk | (Reichs-)Mark |
| MS | Motorschiff |
| | |
| N. B. | Nachbemerkung |
| NS | Nationalsozialismus; nationalsozialistisch |
| NSDAP | Nationalsozialistische Deutsche Arbeiterpartei |
| | |
| OKW | Oberkommando der Wehrmacht |
| OLG | Oberlandesgericht |
| | |
| PA | Privatarchiv |
| Pfg. | Pfennig |
| PO | Postoffice Box (Postfach) |
| | |
| Rpf | Reichspfennig |
| RM | Reichsmark |
| | |
| sgw | so Gott will |
| SS | Schutzstaffel; Steamship *(Manhattan)* |
| | |
| TA | »Tante Anna« |
| | |
| U. O. B. B. | Unabhängiger Orden B'nai B'rith |
| | |
| Verf. | Verfasser |
| verh. | verheirat(ete) |
| versch. | verschiedene |
| | |
| WHW | Winterhilfswerk (des deutschen Volkes) |
| | |
| YMCA | Christlicher Verein Junger Männer |
| | |
| zit. | zitiert |

# Quellen und Bibliographie

## 1. Ungedruckte Quellen

Staatsbibliothek zu Berlin – Preußischer Kulturbesitz

### Handschriftenabteilung

Nachlass (Vorlass) 433, Walter Kaufmann, Karton 6, Nr. 3, Mappe I–II; 14

### Landesarchiv NRW Abteilung Rheinland (LAV NRW R)

RW 58 Nr. 6926
RW 58 Nr. 35546
RW 58 Nr. 62912
Ger. Rep. 180 Nr. 234
Ger. Rep. 196 Nr. 162

### Stadtarchiv Duisburg(StADU)

42/371 Werbeanzeige der Firma Hugo Daniels, 1909
306/253 Polizeiakte vom November 1938
506/3130 Wiedergutmachungsakte Emil Frank
506/3131 Wiedergutmachungsakte Johanna Frank
506/3134 Wiedergutmachungsakte Siegmund Frank
506/4035 Wiedergutmachungsakte Johanna Kaufmann
506/4039 Wiedergutmachungsakte Dr. Sally Kaufmann
506/4048 Wiedergutmachungsakte Walter Kaufmann
610/819 Hausakte Kuhlenwall 48
610/3766 Hausakte Junkernstraße 4
Dienstreg. 52/21

### Stadtarchiv Düsseldorf

**Standesamt Düsseldorf-Mitte 432/08**

Sig. 5-15-2-61.0000

### Privatarchive

Ludger J. Heid, Duisburg

Walter Kaufmann, Berlin

### Interview Walter Kaufmann

Walter Kaufmann im Gespräch mit Dr. L. J. Heid u. Robin Heun, Duisburg, 25. Juni 2015, Zentrum für Erinnerungskultur, Menschenrechte und Demokratie, Kultur- und Stadthistorisches Museum/Stadtarchiv Duisburg (Zit.: Interview Walter Kaufmann, 25. Juni 2015)

## 2. Zeitungen

Gemeindeblatt der Jüdischen Gemeinde Duisburg, Jg. 1931

Gemeindeblatt für die jüdischen Gemeinden in Rheinland und Westfalen, Jg. 1936

Jüdische Allgemeine, Jg. 2017

National-Zeitung. Organ der Nationalsozialistischen Deutschen Arbeiterpartei, Jg. 1933 und 1939

Rhein- und Ruhrzeitung, Jg. 1875

Völkischer Beobachter, Jg. 1938

## 3. Internet-Quellen

Gedenkbuch
    Bundesarchiv: Gedenkbuch für die Opfer der NS-Judenverfolgung in Deutschland 1933–1945, https://www.bundesarchiv.de/gedenkbuch/

Freimaurer-Wiki

Freunde und Förderer des Freimaurer-Wiki e. V.: Freimaurer-Wiki, https://freimaurer-wiki.de/index.php/Antisemitismus_und_Freimaurerei

GenWiki

Verein für Computergenealogie e. V.: GenWiki, http://wiki-de.genealogy.net

Holocaust-Chronologie

Knut Mellenthin: Chronologie des Holocaust, http://www.holocaust-chronologie.de

Kindertransporte aus Nordrhein-Westfalen

Projektgruppe Kindertransporte des Lern- und Gedenkorts Jawne: Kindertransporte aus Nordrhein-Westfalen (Zeitzeugenprojekt), http://www.kindertransporte-nrw.eu/kindertransporte_fluchtpunkt.html

NS-Archiv

Jürgen Langowski: NS-Archiv. Dokumente zum Nationalsozialismus, https://www.ns-archiv.de

Wikipedia

https://de.wikipedia.org/wiki/Affidavit

https://de.wikipedia.org/wiki/Anna_Essinger

https://de.wikipedia.org/wiki/Anne_Ranasinghe

https://de.wikipedia.org/wiki/Auswandererabgabe

https://en.wikipedia.org/wiki/Bunce_Court_School

https://www.bundesarchiv.de/gedenkbuch/directory.html.de?id=900518

https://de.wikipedia.org/wiki/HMT_Dunera

https://de.wikipedia.org/wiki/Erich_Klibansky

https://de.wikipedia.org/wiki/Hachschara

https://de.wikipedia.org/wiki/Hilfsverein_der_deutschen_Juden

https://de.wikipedia.org/wiki/Judentum_in_Kuba

https://de.wikipedia.org/wiki/Judenvermögensabgabe

https://de.wikipedia.org/wiki/Jüdisches_Leben_in_Düsseldorf

https://de.wikipedia.org/wiki/Kindertransport

https://de.wikipedia.org/wiki/Konsulent_(Deutschland)

https://de.wikipedia.org/wiki/Lebensmittelmarke

https://de.wikipedia.org/wiki/Naharija

https://de.wikipedia.org/wiki/Nanon_(Film)

https://de.wikipedia.org/wiki/Paläastinaamt

https://de.wikipedia.org/wiki/Reichsvereinigung_der_Juden_in_Deutschland

http://www.steinheim-institut.de/cgi-bin/epidat?id=du4-79&lang=de&release=

https://de.wikipedia.org/wiki/RMS_Scythia

https://de.wikipedia.org/wiki/Walter_Heimig

https://de.wikipedia.org/wiki/Wilhelm_Schreuer

https://de.wikipedia.org/wiki/Winterhilfswerk

## 4. Auskünfte

Axel Dörrenbach, Düsseldorf

Catharine Gardner, London

Rabbiner David Geballe, Duisburg

Dr. Uri Kaufmann, Alte Synagoge Essen

Walter Kaufmann, Berlin

Lothar Mück, Loge »Zur deutschen Burg«, Duisburg

Monika Nickel, Stadtarchiv Duisburg

Martina Strehlen, Alte Synagoge Essen

Immo Schatzschneider, Mahn- und Gedenkstätte für die Opfer des Nationalsozialismus, Düsseldorf

## 5. Schriften von Walter Kaufmann

Kaufmann 1984
    Kaufmann, Walter: Flucht, Halle/Leipzig 1984

Kaufmann 1985
    Kaufmann, Walter: Jenseits der Kindheit, Berlin (DDR) 1985

Kaufmann 1986
    Kaufmann, Walter: Kauf mir doch ein Krokodil. Geschichten, Berlin 1986

Kaufmann 1992
    Kaufmann, Walter: Die Zeit berühren. Mosaik eines Lebens auf drei Kontinenten, Berlin 1992

Kaufmann 2002
    Kaufmann, Walter: Stimmen im Sturm, Rostock 2002 [erste Ausgabe: Berlin (DDR) 1977]

Kaufmann 2004
    Kaufmann, Walter: Die Welt des Markus Epstein, [Dresden] 2004

Kaufmann 2010
    Kaufmann, Walter: Im Fluss der Zeit. Auf drei Kontinenten, Berlin 2010

Kaufmann 2013
    Kaufmann, Walter: Schade, dass du Jude bist. Kaleidoskop eines Lebens. Autobiografische Erzählungen, Münster/Berlin 2013

Kaufmann 2018
    Kaufmann, Walter: Die meine Wege kreuzten. Begegnungen aus neun Jahrzehnten, Berlin 2018

## 6. Sonstige Literatur

Adler 1974
　Adler, H[ans] G[ünther]: Der verwaltete Mensch. Studien zur Deportation der Juden aus Deutschland, Tübingen 1974

Adler 2018
　Adler, H[ans] G[ünther]: Theresienstadt 1941–1945. Das Antlitz einer Zwangsgemeinschaft, Göttingen 2018

Alte Synagoge Essen 2016
　Alte Synagoge Essen – Haus jüdischer Kultur. Die Dauerausstellung, Essen 2016

Archiv der Stadt Duisburg 1983
　Archiv der Stadt Duisburg, Dezernat für Kultur und Bildung (Hg.): Duisburg im Nationalsozialismus. Eine Dokumentation zur Ausstellung des Stadtarchivs Duisburg 1982/1983, Duisburg 1983

Arendt 1987
　Arendt, Hannah: Eichmann in Jerusalem. Ein Bericht von der Banalität des Bösen, München/Zürich 1987

Barkai 1988
　Barkai, Avraham: »Schicksalsjahr 1938«. Kontinuität und Verschärfung der wirtschaftlichen Ausplünderung der deutschen Juden, in: Pehle 1988, S. 94–117

Barkow et al. 2008
　Barkow, Ben/Gross, Raphael/Michael Lenarz (Hg.): Novemberpogrom 1938. Die Augenzeugenberichte der Wiener Library, London, Frankfurt a. M. 2008

Benz 1988
　Benz, Wolfgang (Hg.): Die Juden in Deutschland 1933–1945. Leben unter nationalsozialistischer Herrschaft, München 1988

Benz 2003
　Benz, Ute: »Traumatisierung durch Trennung. Familien- und Heimatverlust als kindliche Katastrophen«, in: Benz et al. 2003, S. 136–155

Benz et al. 2003
　Benz, Wolfgang/Curio, Claudia/Hammel, Andrea: Die Kindertransporte 1938/39. Rettung und Integration, Frankfurt a. M. 2003

Brechtken et al. 2017
　Brechtken, Magnus/Jasch, Hans-Christian/Kreutzmüller, Christoph/Weise, Niels (Hg.): Die Nürnberger Gesetze – 80 Jahre danach. Vorgeschichte, Entstehung, Auswirkungen, Göttingen 2017

Berger 1997
　Berger, Manfred: »Anna Essinger – Gründerin eines Landerziehungsheims. Eine biographisch-pädagogische Skizze«, in: Zeitschrift für Erlebnispädagogik 17,4 (1997), S. 47–52

Burghardt 2015
    Burghardt, Franz Josef: »Zwischen Recht und Rechts. Der Duisburger Rechtsanwalt und Geheimdienstoffizier Karl Hegener (1894–1954)«, in: Duisburger Forschungen 60 (2015), S. 117–174

Corbach 1990
    Corbach, Dieter: Die Jawne zu Köln: Zur Geschichte des ersten jüdischen Gymnasiums im Rheinland und zum Gedächtnis an Erich Klibansky, 1900–1942, Köln 1990

Curio 2006
    Curio, Claudia: Verfolgung, Flucht, Rettung. Die Kindertransporte 1938/39 nach Großbritannien, Berlin 2006

David 2008
    David, Ruth L.: »… im Dunkel so wenig Licht …«. Briefe meiner Eltern vor ihrer Deportation nach Auschwitz, Wiesbaden 2008

Donner 2016
    Donner, Anke: »Charley Jacob – Ein Jude, der für viele Schicksale steht«, in: regionalHeute.de 19.2.2016, https://regionalheute.de/goslar/charley-jacob-ein-jude-der-fuer-viele-schicksale-steht/, abgerufen 15.1.2020

Essinger 1983
    Essinger, Anna: »Die Bunce Court School (1933–1943)«, in: Schulen im Exil. Die verdrängte Pädagogik nach 1933. Hg. v. Hildegard Feidel-Mertz, Reinbek 1983, S. 71–88

Evangelischer Kirchenkreis Duisburg [o. J.]
    Evangelischer Kirchenkreis Duisburg (Hg.): Stolpersteine in Duisburg. Wir erinnern an Naziopfer und zwei Täter, Duisburg [o. J.]

Faust 1987
    Faust, Anselm: Die »Kristallnacht« im Rheinland. Dokumente zum Judenpogrom im November 1938, Düsseldorf 1987

Feidel-Mertz 1990
    Feidel-Mertz, Hildegard: Pädagogik im Exil nach 1933. Erziehung zum Überleben. Bilder einer Ausstellung, Frankfurt a. M. 1990

Feidel-Mertz 2003
    Feidel-Mertz, Hildegard: »Identitätsbildung und Integration. Exilschulen in Großbritannien«, in: Benz et al. 2003, S. 102–119

Feidel-Mertz 2004
  Feidel-Mertz, Hildegard: »Integration and Formation of Identity: Exile Schools in Great Britain«, in: Shofar. An Interdisciplinary Journal of Jewish Studies 23,1 (2004), S. 71–84
Fleermann/Genger 2008
  Fleermann, Bastian/Genger, Angela (Hg.): Novemberpogrom 1938 in Düsseldorf, Essen 2008
Foner/Lichtwitz 2013
  Foner, Henry/Lichtwitz, Heinz: Postkarten an einen kleinen Jungen. Eine Geschichte vom Kindertransport, Jerusalem 2013

Genger/Jacobs 2010
  Genger, Angela/Jacobs, Hildegard (Hg.): Düsseldorf/Getto Litzmannstadt 1941, Essen 2010
German Jewish Aid Committee 1938
  The German Jewish Aid Committee, Jewish Board of Deputies (Hg.): While you are in England. Helpful Information and Guidance for every Refugee, London 1938
Giebeler 1997
  Giebeler, Sara: Das Landschulheim der Anna Essinger, 1997
Gilbert 2002
  Gilbert, Martin: Nie wieder. Die Geschichte des Holocaust, Berlin/München 2002
Goebbels 1992a
  Goebbels, Joseph: Tagebücher. Bd. 3: 1935–1939, hg. v. Ralf Georg Reuth, München 1992
Goebbels 1992b
  Goebbels, Joseph: Tagebücher. Bd. 4: 1940–1942, hg. v. Ralf Georg Reuth, München 1992
Gold/Heuberger 1999
  Gold, Helmut/Heuberger, Georg (Hg.): Abgestempelt. Judenfeindliche Postkarten, Frankfurt a. M. 1999
Göpfert 1999
  Göpfert, Rebekka: Der Jüdische Kindertransport von Deutschland nach England 1938/39. Geschichte und Erinnerung, Frankfurt a. M. 1999
Göpfert 2003
  Göpfert, Rebekka: »Die Kindertransporte. Geschichte und Erinnerung«, in: Benz et al. 2003, S. 34–43

Hammel 2003
  Hammel, Andrea: »Familienbilder im Spannungsfeld. Autobiographische Texte ehemaliger Kindertransport-Teilnehmer«, in: Benz et al. 2003, S. 186–202

Hammel/Lewkowicz 2012
: Hammel, Andrea/Lewkowicz, Bea (Hg.): The Kindertransport to Britain 1938/39. New Perspectives Amsterdam/New York 2012 (= The Yearbook of the Research Centre Exile Studies, Bd. 13)

Harris et al. 2000
: Harris, Mark Jonathan/Oppenheimer, Deborah/Hofer, Jerry: Kindertransport in eine fremde Welt, München 2000

Hays 2017
: Hays, Peter: Warum? Eine Geschichte des Holocaust, Frankfurt a. M./New York 2017

Heid 1993
: Heid, Ludger: »Zwischen Ost und West. Der Duisburger Rabbiner Manass Neumark«, in: Tappe/Tietz 1993, S. 70–77

Heid 1999a
: Heid, Ludger: »Die Kraft der Seelsorge. Der Duisburger Rabbiner Manass Neumark (1875–1942)«, in: Udim. Zeitschrift der Rabbinerkonferenz in der Bundesrepublik Deutschland XIX (1999), S. 53–79

Heid 1999b
: Heid, Ludger: »›Wahrhafter Seelsorger mit heiterem Gleichmut‹. Der Duisburger Rabbiner Manass Neumark«, in: Juden im Ruhrgebiet. Vom Zeitalter der Aufklärung bis in die Gegenwart. Hg. v. Jan-Pieter Barbian, Michael Brocke u. Ludger Heid, Essen 1999, S. 47–66

Heid 2011
: Heid, Ludger J.: Ostjuden in Duisburg. Bürger, Kleinbürger, Proletarier. Geschichte einer jüdischen Minderheit im Ruhrgebiet, Essen 2011

Heid 2015a
: Heid, Ludger J.: »›Duisburg ist der Ausgangspunkt meiner großen Reise in die Welt‹. Der Schriftsteller Walter Kaufmann«, in: Duisburger Forschungen 60 (2015), S. 47–58

Heid 2015b
: Heid, Ludger J.: »Sally Kaufmann, Rechtsanwalt und Vorsitzender der Jüdischen Gemeinde Duisburgs 1936–1943. Ein Portrait«, in: Duisburger Forschungen 60 (2015), S. 9–46

Heid/Schoeps 1992
: Heid, Ludger/Schoeps, Julius H. (Hg.): Wegweiser durch das jüdische Rheinland., Berlin 1992

Kaufhold 2017
: Kaufhold, Roland: »Der Retter vom Volksgarten. Gymnasialdirektor Erich Klibansky bewahrte viele seiner Schüler vor der Vernichtung«, in: Jüdische Allgemeine, Nr. 30, 27. Juli 2017, S. 11

Klemperer 1996
: Klemperer, Victor: Ich will Zeugnis ablegen bis zum letzten. Tagebücher 1942–1945, Berlin 1996

Kolbet 2000
: Kolbet, Christine: »Vor sechzig Jahren: Die Internierung deutscher Juden in Australien. Die ›Dunera‹-Affäre«, in: haGalil onLine 29.6.2000, http://www.hagalil.com/archiv/2000/06/australien.htm, abgerufen 22.1.2020

Krechel 2012
: Krechel, Ursula: Landgericht. Roman, Salzburg/Wien 2012

Kröger 2003
: Kröger, Marianne: »Kindheit im Exil. Ein Forschungsdesiderat«, in: Benz et al. 2003, S. 17–33

Kulka/Jäckel 2004
: Kulka, Otto Dov/Jäckel, Eberhard (Hg.): Die Juden in den geheimen NS-Stimmungsberichten 1933–1945, Düsseldorf 2004

Landeszentrale für politische Bildung Baden-Württemberg 1998
: Landeszentrale für politische Bildung Baden-Württemberg (Hg.): Die Nacht, als die Synagogen brannten. Texte und Materialien zum Novemberpogrom 1938, zusammengestellt, bearbeitet u. kommentiert v. Myrah Adams, Benigna Schönhagen, Thomas Stöckle, Stuttgart 1998

Lipsky 2020
: Lipsky, Stefan: Die Irrfahrt der »Ungewollten« – Jüdische Emigranten auf der St. Louis. In: Schiff Classic, Magazin für Schifffahrts- und Marinegeschichte e. V. der DGSM, Ausgabe: 2/2020, S. 38–45

Lowenberg 2003
: Lowenberg, Monica: »Bildung oder Ausbildung? Das Jawne-Gymnasium und die ORT-Schule in Deutschland und England«, in: Benz et al. 2003, S. 120–135

Lüdtke 2011
: Lüdtke, Katharina: Anna Essinger – eine Pädagogin der besonderen Art, Neu-Ulm 2011

Mahn- und Gedenkstätte Düsseldorf 1998
: Mahn- und Gedenkstätte Düsseldorf (Hg.): Juden in Düsseldorf. Ein fotografisches Erinnerungsbuch, Düsseldorf 1998

Mautner-Markhof 2001
: Mautner-Markhof, Georg: Das St. Louis-Drama. Hintergrund und Rätsel einer mysteriösen Aktion des Dritten Reiches, Graz/Stuttgart 2001

Mauss 2013
: Mauss, Susanne: Nicht zugelassen. Die jüdischen Rechtsanwälte im Oberlandesgerichtsbezirk Düsseldorf 1933–1945, Essen 2013

Mueller-Töwe 2009a
: Mueller-Töwe, Jonas: Flüchtlingsschiff MS St. Louis (1): Sonderfahrt nach Kuba, in: Zeit Online 13.5.2009, https://www.zeit.de/online/2009/20/flucht-kuba, abgerufen 24.8.2020

Mueller-Töwe 2009b
: Mueller-Töwe, Jonas: Flüchtlingsschiff ›MS St. Louis‹ (2): Zurück nach Europa, in: Zeit Online 14.5.2009, www.zeit.de/online/2009/20/st-louis-europa, abgerufen 24.11.2019

Nießalla/Keldungs 1993
: Nießalla, Folker/Keldungs, Karl-Heinz: 1933–1945. Schicksale jüdischer Juristen in Duisburg, Duisburg 1993

Pehle 1988
: Pehle, Walter H. (Hg.): Der Judenpogrom 1938. Von der »Reichskristallnacht« zum Völkermord, Frankfurt a. M. 1988

Philo-Atlas 1938
: Philo-Atlas. Handbuch für die jüdische Auswanderung, Berlin 1938 [Reprint Bodenheim b. Mainz 1998]

Progressiver Eltern- und Erzieherverband 1983
: Progressiver Eltern- und Erzieherverband, Stadtverband Duisburg (Hg.): Duisburger im Dritten Reich. Augenzeugen berichten, Duisburg 1983

Reichsgesetzblatt 1938
: Reichsgesetzblatt 1938, Teil I, hg. v. Reichsministerium des Innern, Berlin 1938

Reichsgesetzblatt 1940
: Reichsgesetzblatt 1940, Teil I, hg. v. Reichsministerium des Innern, Berlin 1940

Reinfelder 2002
: Reinfelder, Georg: MS »St. Louis«. Die Irrfahrt nach Kuba Frühjahr 1939. Kapitän Gustav Schroeder rettet 906 deutsche Juden vor dem Zugriff der Nazis, Berlin 2002.

Richarz 1982
: Richarz, Monika (Hg.): Jüdisches Leben in Deutschland. Selbstzeugnisse zur Sozialgeschichte 1918–1945, New York 1982

Richarz 1989
: Richarz, Monika (Hg.): Bürger auf Widerruf. Lebenszeugnisse deutscher Juden 1780–1945, München 1989

Roden 1986a
: Roden, Günter von: Geschichte der Duisburger Juden, 2 Teile, Duisburg 1986 (= Duisburger Forschungen, Bd. 34)

Roden 1986b
   Roden, Günter von: »Eine jüdische Loge in Duisburg«, in: Roden 1986a, Teil 1, S. 654–660

Salewsky 2001
   Salewsky, Anja: »Der olle Hitler soll sterben!« Erinnerungen an den jüdischen Kindertransport nach England, München 2001

Sauer 2016
   Sauer, Jutta (Hg.): Menschen und Masken. Literarische Begegnungen mit dem Maler Felix Nussbaum, Springe 2016

Schachne 1986
   Schachne, Lucie: Erziehung zum geistigen Widerstand, Das jüdische Landschulheim Herrlingen 1933–1939, Frankfurt a. M. 1986

Schöck-Quinteros et al. 2019
   Schöck-Quinteros, Eva/Rau, Simon/Loeber, Matthias (Hg.): Keine Zuflucht, nirgends. Die Konferenz von Évian und die Fahrt der St. Louis (1938/39), Bremen 2019

Schoeps 1992
   Schoeps, Julius (Hg.): Neues Lexikon des Judentums, München 1992

Silbermann 1990
   Silbermann, Alphons: Verwandlungen. Eine Autobiographie, Bergisch Gladbach, 3. Aufl. 1990

Sozialdemokratische Partei Deutschlands 1934–1940
   Sozialdemokratische Partei Deutschlands, Exilvorstand (Hg.): Deutschland-Berichte der Sozialdemokratischen Partei Deutschlands (Sopade) 1934–1940, Paris/Prag 1934–1940 [Reprint Salzhausen/Frankfurt a. M. 1980]

Stadt Duisburg 1992
   Stadt Duisburg (Hg.): Synagoge und Schule. Aus der Geschichte der Duisburger Juden. Begleitheft zur Ausstellung, Stadtbibliothek in Kooperation mit der Universität Duisburg, Text: Adam Weyer, Michael Gebel, Andrea Kleckers. Duisburg 1992

Stadt Duisburg 2015
   Stadt Duisburg (Hg.): »Noch viele Jahre lang habe ich nachts von Duisburg geträumt«. Jüdisches Leben in Duisburg von 1918 bis 1945. Katalog zur Ausstellung, Kultur- und Stadthistorisches Museum Duisburg, Zentrum für Erinnerungskultur, Menschenrechte und Demokratie, Red.: Anne Ley-Schalles, Michael Kanther, Duisburg 2015

Tappe/Tietz 1993
   Tappe, Rudolf/Tietz, Manfred (Hg.): Tatort Duisburg 1933–1945, Bd. II: Widerstand und Verfolgung im Nationalsozialismus, Essen 1993

Thalmann/Feinermann 1987
: Thalmann, Rita/Feinermann, Emmanuel: Die Kristallnacht, Frankfurt a. M. 1987

Thies 2017
: Thies, Jochen: Evian 1938. Als die Welt die Juden verriet, Essen 2017

Tietz 1993
: Tietz, Manfred: »Prinz-Albrecht-Straße, Duissern. Eine vornehme Straße«, in: Tappe/Tietz 1993, S. 78–158

Thüne 2019
: Thüne, Eva-Maria: Gerettet. Berichte von Kindertransport und Auswanderung nach Großbritannien, Berlin/Leipzig 2019

Turner 2002
: Turner, Barry: Kindertransport. Eine beispiellose Rettungsaktion, Gerlingen 2002

Übelhack 2001
: Übelhack, Andrea: »Der jüdische Kindertransport nach England: ›Der olle Hitler soll sterben!‹«, in: haGalil onLine 15.5.2001, http://judentum.net/kultur/kindertransporte.htm, abgerufen 22.1.2020

Verhandlungen des Reichstags 1939–1942
: Verhandlungen des Reichstags, Stenographische Berichte, Bd. 460, 4. Wahlperiode 1939–1942, Berlin [o. J.]

Wexberg-Kubesch 2012
: Wexberg-Kubesch, Anna: Vergiss nie, dass du ein jüdisches Kind bist. Der Kindertransport nach England 1938/39, Wien 2012

Wilczynski 2001
: Wilczynski, Klaus: Das Gefangenenschiff. Mit der »Dunera« über vier Weltmeere, Berlin 2001

# Bildnachweis

Staatsbibliothek zu Berlin – Preußischer Kulturbesitz: 18, 19, 44, 46

Landesarchiv NRW Abteilung Rheinland: 7

Stadtarchiv Düsseldorf: 10, 12

Stadtarchiv Duisburg: 11, 31, 32, 45, 48

Catherine Gardner, London: 21, 22, 23, 24, 26, 28, 29, 33, 41, 43, 47, 52

Dieter Glade (Karl Abel), Duisburg: 5

Walter Kaufmann, Berlin: 1, 3, 6, 8, 9, 13, 14, 15, 16, 17, 20, 25, 27, 30, 34, 35, 36, 37, 38, 39, 40, 42, 49, 50, 51, 53

Rebekka Kaufmann, Berlin: Frontispiz

Bundesarchiv Koblenz: 4

# Personenregister

## A
Abraham, NN  230, 252f., 300, 304
Adler, Hans Günther  128f.
Albers, Hans  24
Alsberg, Heinz  197
Arendt, Hannah  123
Auerbach, Emma  82, 234f.
Auerbach, Melanie  82, 234f.
Auerbach, NN  218

## B
Baeck, Leo, Dr.  30, 129, 204, 370
Baer, Berta, Dr.  t194
Baer, Simon  194
Benz, Ute  88
Bergel, Kurt, Dr.  197
Berger, Alfred  117, 371
Berger, Mathilde  371, 376
Berger, Max  211, 309
Berger, Toni  211, 309
Betker, Marinko  19
Brandt, Else  122, 344
Brandt, Erich  122, 343f.
Brandt, Gerhard  343, 347
Brodinger, Beate  279
Brodinger, Isy (Israel)  279f., 286
Brodinger, Miriam (Marianne)  279
Brodinger, Rosa  279, 286
Butterworth, I.  259, 261
Butterworth, NN  112

## C
Cahn, Herbert  201
Cahn, Max  201
Carden, M. R.  380
Churchill, Winston  57, 131
Cohen, Else  350
Cohen, Fanny  350
Cohen, Lotte (Charlotte) geb. Katzenstein  149, 152, 156, 158, 160, 168f., 175, 180f., 184, 187, 191, 195, 227, 254, 258, 261, 279, 285, 292, 302, 314, 323, 340, 344, 346, 348, 350, 354, 359, 363, 366, 371, 375,
Cohen, Lotte (Charlotte) geb. Katzenstein (Foto)  99, 107, 109, 368
Cohen, Ludwig  117, 350
Cohn, Siegbert, Dr.  64
Conitzer, Hannelore  310, 327, 331, 350ff.
Conitzer, Ilse  310, 327, 331, 340, 345, 350
Conitzer, Oskar, Dr.  117, 310, 327, 331, 340, 345, 350, 352
Conitzer, Paul  310, 327, 331, 350ff., 366

## D
Daniels, Anna Elisabeth Bertha  47
Daniels, Ella Elisabeth geb. Türck  47

Daniels, Hugo  25ff., 43, 45–51, 59, 75, 78f., 81, 84, 152–155, 157, 159, 162, 171f., 174f., 178, 181, 186, 188, 190–192, 195–197, 202f., 205ff., 211, 213, 215, 217, 219, 222, 224–228, 232, 234, 239, 242–246, 252, 258f., 267, 269, 273f., 276, 278f., 281f., 284f., 287, 292, 294, 299–303, 306f., 309f., 313–317, 324, 326f., 333ff., 339, 350, 374, 377
Daniels, Wilhelmine geb. Marx  47
Defries, Hilde  310
Defries, Julius  310
Defries, Lore  310
Defries, Marta  310
Defries, Martin  310
Defries, Max  310
Defries, Paula  310
Defries, Robert  310
Demnig, Gunter  140
Dieckmann, Bernd  168
Diesenberg, Ida  117
Diner, Dan  124
Dryer, Barbara vh. Kaufmann s. dort

### E
Ebbecke, Berthild  23
Ebert, Friedrich  63
Eisenberg, Kurt  196, 245
Eisenberg, NN  77, 216, 218, 230, 260, 264, 290
Eisenberg, Rolf  196, 201
Emmel, Thea  298
Eppstein, Paul  128
Essinger, Anna  44, 46, 51–54, 56ff., 78, 93, 112, 131, 151, 156, 171, 174, 177f., 180, 183, 185ff., 192, 201, 204, 209ff., 213, 218, 226, 232, 235, 241f., 244–247, 249f., 256, 258, 261f., 265, 267f., 272, 274, 278, 280, 283, 285f., 291, 297, 316, 325, 333, 358

### F
Feidel-Mertz, Hildegard  151
Feinstein, Chaim  144f.
Feinstein, Chanele  145
Feinstein, Miriam  144f.
Feuchtwanger, Lion  103
Finschen, Frauke  275
Foner, Henry  11
Frank, Else vh. Hess s. dort
Frank, Emil  94, 121, 134, 247f., 266, 323f., 329, 334f., 337, 339, 342ff., 347, 350, 352, 359f., 362f., 366f., 371f., 374, 376
Frank, Ernst (Yisrael) (Foto)  353
Frank, Eva geb. Neumark  129, 134, 204, 248, 266, 324, 335, 359, 367, 371, 374
Frank, Eva geb. Neumark (Foto)  353
Frank, Jochanan  248, 266, 324, 359, 367
Frank, Johanna  323, 329, 341, 344, 350, 352, 359, 366
Frank, Martha  248, 266, 324, 359, 367
Frank, Selma  247, 372, 374
Frank, Siegmund  117, 323, 329, 341, 344, 350, 352, 359, 366
Friedländer, Eva  203
Friedländer, Martha  204
Frohmann, Charlotte geb. Steinberg  174, 240
Frohmann, Heinrich  240

### G
Galinski, Hilde Mathilde geb. de Jong  345
Galinski, Klaus Ernst  117, 345
Gardner, Kenneth J., s. Katzenstein, Kurt
Garenfeld, Ida (Foto)  119
Gebühr, Otto  23
Gerling, Richard  280
Gerson, Artur  352
Gerson, Bertha  352

Gerson, Leopold 352
Gerson, Meta 352
Gerson, NN 288
Gerson, Oskar Max 352
Goebbels, Joseph 16, 31, 102, 122
Goethe, Johann Wolfgang von 103
Goldschmidt, NN 35
Göring, Hermann 93, 99f., 102,
Grefe, Sabine 19
Grynszpan, Herschel 30f.
Guttmann, Alfred 183, 189
Guttmann, Hermann 183, 247
Guttmann, Selma geb. Löwenwärter 183
Guttmann, Walter 183, 189

## H
Hahn, Mirjam 164
Hans, Klaus Peter 219
Hartoch, Erna (Ernestine) vh. Katzenstein s. dort
Hartoch, Rebecka geb. Russ 149
Hartoch, Salomon 149
Hartog, G. W. 248
Hauf, NN 314
Heesters, Johannes 23
Heidelberg, Emma 165
Heidelberg, Max 165
Heidelberg, Werner 166
Heilbrunn, Henny geb. Löwenthal 255
Heilbrunn, Kurt 256f.
Heilbrunn, Willy 255
Heimann, Felix 290
Heimann, Philipp 290
Heimig, Walter 172
Herz, Albert 117
Herz, Edith 338
Herz, Ellen 197
Herz, Kurt Gerson, Dr. 55, 197, 203
Herz, Lotte 273, 277, 300
Herz, Michael 197
Herz, Peter 197

Herz, Rudolf 273
Herzer, Ludwig 23
Herzl, Ludwig s. Herzer
Herzstein, Erika 212, 245, 280
Herzstein, Franziska Herta geb. Markus 154, 167, 170, 196, 200, 203, 210, 240, 248, 252, 298, 300, 309, 314, 328, 341, 350, 363, 370, 373
Herzstein, Kurt (Court) 154, 164, 166f., 200, 242, 244, 252, 309, 314, 328, 341, 350, 363, 370,
Herzstein, NN 55, 77
Hess, Else geb. Frank 247, 352, 372
Heumann, Lotte 229f.
Heydrich, Reinhard 100
Hirsch, Alfred 117
Hirschfeld, Hermann 117, 350
Hirschfeld, Jakob Heinrich 23
Hirschfeld, Sybille 350
Hirschfeld, Victor s. Léon
Hitler, Adolf 22f., 28, 59, 62, 72, 92f., 131
Holl, Fritz 24
Hoselmann, NN 162

## I
Imberg, Nora geb. Kaufmann 149, 152ff., 175, 181, 184, 187ff., 193, 196, 201, 203, 207, 218, 225, 227f., 233, 237, 239, 242f., 245, 248, 250, 253, 263, 267, 270, 272f., 277, 279f., 283, 285f., 291, 294, 300f., 303, 306, 308, 315f., 326f., 340, 342, 382, 386
Imberg, Nora geb. Kaufmann (Foto) 109
Imberg, Peter David 382, 386
Israel, Elsbeth 255
Israel, Eva 255
Israel, Gottfried 255, 272
Israel, Norbert-Walter 255

## J

Johnson, NN  211
Jong, Hilde Mathilde de vh. Galinski s. dort
Jülich, Hans Otto Emanuel  164, 171, 188, 275
Jülich, Karl (Charles)  164, 170f., 188, 212, 236, 275, 281
Jülich, Martha  164, 188, 211, 271, 275f., 281f., 294
Jülich, NN  55, 77
Jülich, Walter, Dr  92, 164, 188, 211, 236f., 272, 275f., 277, 281f., 284, 288, 296, 304

## K

Kahn, Ellen  263
Kahn, NN  304
Kaiser, Fritz (Friedrich) Seligmann  221, 261, 305
Kaiser-Blüth, Charlotte, Dr. geb. Steinberg  174, 240
Kaiser-Blüth, Hans-Wolfgang  240
Kanther, Michael, Dr.  19
Katz, Anneliese vh. Ranasinghe s. dort
Katzenberg, Egon (Kenton)  180
Katzenberg, Rolf (Kenton)  180
Katzenstein, Albert  85, 149, 152, 156, 168, 175, 194, 201, 203, 214, 221, 223, 229f., 237ff., 244f., 253f., 258, 261, 267, 273, 279, 284f., 293, 296, 299, 302, 310, 314, 342, 344, 346, 348, 350, 354, 358f., 363, 365f., 369, 375
Katzenstein, Albert (Foto)  110
Katzenstein, Edgar  152, 156, 166, 169, 171, 189, 194, 201, 215, 218, 230, 242, 254, 292, 368
Katzenstein, Edgar (Foto)  98f.
Katzenstein, Erna (Ernestine) geb. Hartoch  85, 149, 152, 156, 168f., 175, 187f., 189, 193f., 201, 203, 214, 216, 221, 223, 227–230, 253f., 261, 267, 270, 273, 279, 284, 287, 292f., 296, 299, 302, 310, 312, 314, 323, 338, 342, 344, 346, 348, 350, 354, 358f., 363, 365f., 369, 375,
Katzenstein, Erna (Ernestine) geb. Hartoch (Foto)  110
Katzenstein, Eugen  374
Katzenstein, Gerda vh. Kazir s. dort
Katzenstein, Helga geb. Kauders  152, 156, 161, 166, 169, 171, 193f., 196, 212, 215, 218, 230, 242, 254, 257, 281, 287, 292, 330, 368,
Katzenstein, Helga geb. Kauders (Foto)  110, 153, 203, 214
Katzenstein, Kurt  152, 156, 158, 161, 164, 168f., 172, 174, 176, 180, 182, 185, 188, 190, 194, 201, 207, 211, 214f., 225, 230, 235, 241f., 244f., 250ff., 254f., 267, 274, 279ff., 283–286, 294f., 298ff., 304, 328, 368
Katzenstein, Kurt (Foto)  98f., 107f., 111, 131, 386
Katzenstein, Lotte vh. Cohen s. dort
Katzenstein, NN  55, 148
Katzenstein, NN  203
Katzenstein, NN  214
Katzenstein, Nora  159
Katzenstein, Robert, Dr.  65, 152, 156, 166, 168f., 171, 185, 192, 194, 196, 201, 203, 212, 214f., 218, 230, 235, 241f., 254, 257, 287, 292, 294, 330, 368
Kauders, Helga vh. Katzenstein s. dort
Kauders, NN  254
Kaufmann, Arnold  55, 149, 154, 218f., 382f., 386
Kaufmann, Barbara geb. Dryer  381, 385

Kaufmann, Barbara geb. Dryer (Foto)  139, 382
Kaufmann, Chawa  382f.
Kaufmann, Deborah Johanna  19, 149
Kaufmann, Edgar  55, 83, 149, 154, 177, 190, 209, 218, 235, 241, 296, 301, 306, 308f., 312–315, 321–326, 328ff., 332, 334f., 337–340, 342f., 354, 381f., 386
Kaufmann, Edna  386
Kaufmann, Elisabeth (Else)  227
Kaufmann, Ernst  166, 227
Kaufmann, Eugen  38, 41, 55, 76, 83, 90, 98, 147ff., 152, 154ff., 158, 160, 162, 166, 169, 172f., 175, 177, 180ff., 184, 186, 189f., 191, 194–197, 207, 209, 211, 213, 218f., 221, 223f., 227, 234, 237, 242, 245, 248, 258f., 263, 266, 273ff., 279, 284ff., 291, 294, 301, 308, 314, 331, 358, 363, 372, 376, 380–384, 386
Kaufmann, Eugen (Foto)  109
Kaufmann, Fritz (Friedrich)  227
Kaufmann, Helene geb. Wiener  59, 149
Kaufmann, Henriette (Henny)  174, 281f., 358
Kaufmann, Isidor  117
Kaufmann, Jeanette geb. Nachmann  147, 149, 152, 154ff., 160, 162, 175, 177, 182, 207, 218f., 237f., 244, 248, 273, 277, 294, 329, 331, 382f., 386,
Kaufmann, Jeanette geb. Nachmann (Foto)  109
Kaufmann, Julius  59, 149
Kaufmann, Leopold  263
Kaufmann, Nora vh. Imberg s. dort
Kaufmann, Paula geb. Traugott  263
Kaufmann, Ralph  386
Kaufmann, Rebekka  19, 149
Kaufmann, Ruth  177, 315, 342
Kaufmann, Sara(h)  288, 296, 346, 357
Kaufmann, Selma vh. Steinberg s. dort
Kaufmann, Siegmund (Sally)  227
Kaufmann, Uri, Dr.  19
Kaufmann, Wilhelm, Dr.  65
Kazir, Gerda geb. Katzenstein  149, 152, 156, 168f., 175, 178ff., 182, 184f., 187, 194, 196, 198, 200, 203, 211, 216, 221, 227, 245, 251, 254, 258, 261, 275, 279, 283, 286f., 292f., 302, 315, 323f., 328, 340, 346, 350, 359, 366, 376
Kazir, Gerda geb. Katzenstein (Foto)  99, 107, 109, 368
Keitel, Wilhelm  93
Keller, Gottfried  103
Kenton s. Katzenberg, Egon + Rolf  180
Kirby, David Charles s. Koebe  236
Klein, Meta  129
Klein, Siegfried, Dr.  129
Klemperer, Victor  126
Klestadt & Brodinger  279
Klestadt & Moser  155
Klestadt, Ernst  164
Klibansky, Erich  163f., 198f., 216
Koch, Misa  207
Koch, Werner  207
Koebe, Elise geb. Stein  236, 240, 286, 289, 293, 310
Koebe, Hans  236, 240, 286, 289, 293
Koebe, Karl Ludwig (Lutz) (Kirby, David Charles)  236, 240, 286

## L

Lammers, Hans Heinrich  93
Landau, Oskar  35
Lauter, Erich  117
Lauter, Theodor  30, 117
Lazar, Benjamin  117, 331
Lazar, Lina  331, 352
Leeser, Gerda vh. Steinberg s. dort
Leffmann, Erich  323, 345
Lehár, Franz  23

Léon, Victor  23
Lessing, Gotthold Ephraim  103
Levy, Hanna vh. Steinberg, s. unter Steinberg
Levy, Otto, Dr.  65
Lewin, Julo  197
Lichtwitz, Heinz  11f.
Lichtwitz, Max  11
Lilienthal, Otto  117
Löhnberg, Walter  48
Löhner-Beda, Fritz  23
London, Jack  140
Löwe, Emanuel  152, 217
Löwe, Hedwig  152, 236
Löwe, Siegfried (Salli)  152, 217, 236, 278
Löwenberg, Otto  65
Löwenberg, Siegmund  35
Löwenstein, Hilde  176, 221, 232, 285, 305, 312f., 322
Löwenstein, Kurt (Eduard)  176, 233, 285, 305, 322
Löwenstein, Max  66, 159, 176, 221, 232, 285, 305, 312f., 322
Löwenstein, Rolf Hans (Ralph)  176, 232f., 285, 305, 322
Löwenthal, Elfriede  104, 216, 305
Löwenthal, Henny vh. Heilbrunn s. dort  255
Löwenthal, Richard  255
Löwenwärter, Selma vh. Guttmann s. dort
Lucas, Edith  234, 344
Lucas, Elfriede  344
Lucas, Horst  233f., 344
Lucas, Josef  344
Luther, Martin  63f.
Luxbacher, Mathilde vh. Rosenstern s. dort

# M
Maisch, Herbert  23
Marcus, NN  35
Markus, Emil  167, 196, 199, 203, 341
Markus, Franziska Herta vh. Herzstein s. dort
Markus, Fritz  200
Marquardt, Marion  19
Marx, Wilhelmine vh. Daniels s. dort
Maugham, Somerset  140
Meier, Grete  363
Meier, Liselotte  363
Meier, Rolf  363
Mendel, Edith Amalie  352
Mendel, Emil  352
Mendel, Hedwig  352
Mendel, Ilse  161, 223, 291, 312, 352
Mendel, Lieselotte  352
Meyer, Eva  183, 213
Meyer, Ilse  237
Meyer, Julius  164, 183, 213
Meyer, Luise (Liesel)  164, 183, 213
Meyer, Moritz  213
Meyer, NN, Dr.  250, 263, 279
Meyer, Richard  183, 213
Meyer, Ullrich  53
Meyer, Walter  154, 164, 183, 200, 213, 368
Michels, Albert, Dr.  385
Minuth, Maria  25, 103, 385
Moll, Heinrich  104, 110, 138, 213, 301f.
Moser, Hans Hermann (Johan Harold)  77, 156, 240, 321, 328, 330
Moser, Martha  77, 155, 160, 177, 240, 321ff., 324, 327f., 330, 334, 340, 344, 352, 360, 373
Moser, Richard  77, 155, 160, 177, 240, 321ff., 324, 327f., 330, 334, 340, 344, 352, 360, 373
Moser, Stefanie (Steffe Berta)  156, 240, 321, 328, 330
Müller, Familie  316
Müller, Frau  315
Müller, Herr  315

Müller, Hertha   174, 185, 194, 200, 222, 224, 233, 237, 239, 251, 254, 270, 273, 275, 277, 286f., 289f, 296, 309, 314, 315f., 328, 330, 363
Müller, NN   77, 92
Müller, Sebald, Dr.   174, 185, 194, 196, 200f.,204, 207, 210f., 217, 222, 230, 242, 270f., 279, 289f., 315f., 328, 330, 363
Müller, Ursula   174, 185, 200, 222, 224, 233, 237, 239, 251, 271, 296, 315, 363
Münchhausen, Alfred (Foto)   110
Mussolini, Benito   72

## N
Nachmann, Anna Hilde geb. Schremper   160, 243, 257
Nachmann, Jeanette vh. Kaufmann s.dort
Nachmann, Josef   160, 207, 243, 257, 329
Nachmann, Max   154
Nathan, Alfred   373
Nathan, Ferdinand   253, 255, 373
Nathan, Irma   253, 255, 373
Nathan, Ruth   373
Neill, Alexander Sutherland   57
Neumark   326
Neumark, Bertha vh. Traugott s. dort
Neumark, Ernst   204
Neumark, Eva vh. Frank s. dort
Neumark, Hartog   283
Neumark, Hermann (Amir, Yehoshua)   204f., 289
Neumark, Hermann (Amir, Yehoshua) (Foto)   353
Neumark, Manass, Dr.   36, 94, 107f., 114, 117, 121f., 124, 129, 134, 204, 209, 230, 248, 266, 289, 324, 326, 329, 344, 346, 350, 352, 354, 359, 369ff, 372, 374

Neumark, Manass, Dr. (Foto)   115, 353, 370
Neumark, Martha   341
Neumark, Martha (Foto)   353
Neumark, NN   36
Neumark, NN   94
Neumark, Ruth vh. Schaal s. dort
Nickel, Monika   19, 117
Nierendorff, NN   146
Nussbaum, Felix   144f.

## O
Offszanka, Franz, Dr.   103, 175, 179, 195
Ostrand, Marianne geb. Steinberg   174
Ostwald, Max, Dr.   341

## P
Palm, Erwin   197
Pilger, Andreas, Dr.   19

## R
Ranasinghe, Abraham, Dr.   165
Ranasinghe, Anneliese geb. Katz   165
Rath, Ernst vom   30f., 290
Rechtschaffen, Charlotte   338
Rechtschaffen, Manden (Mendel)   117
Rehfeldt, NN   379
Reichbart, Betty   367
Reichbart, Gertrud   367
Reichbart, Heinrich   367
Reichbart, Hermann (Hersch)   125
Reichbart, Willy   125
Reifenberg, Fritz (Fred)   161, 169, 181
Reifenberg, Hedwig   161, 169, 181
Reifenberg, Hugo, Dr.   160, 169, 181
Richterich, Robin   19
Roden, Günter von   30, 117, 148
Roeber, Fritz   47
Roosevelt, Franklin D.   42, 71
Rosenstern, Mathilde geb. Luxbacher   180, 193, 218, 222f., 225, 227, 237, 241, 246

Rosenstern, Nathan, Dr. 180, 227
Rosenthal, (Kanaille) 281
Rosenthal, Elli 165, 281
Rosenthal, Hans 165
Rosenthal, Hugo 151
Rosenthal, Paul-Günter 165
Rosenthal, Richard, Dr. 63
Rothschild, Josef 172, 234
Rothschild, Joseph 82
Rottenstein, Elisabeth 170
Rottenstein, Emil 170
Rottenstein, Jakob 170
Rottenstein, Katharina geb. Zunsheim 170, 194, 229, 314, 346, 351
Rottenstein, Marion 170
Rottenstein, Robert 170
Rottenstein, Siegfried, Dr. 170, 194, 346, 351
Ruben, Bernd (Bernt) 152, 162, 166, 172, 174, 179, 181, 185, 192, 194, 196, 198, 200f., 204, 207, 211, 216, 217, 219, 225, 230, 232, 236, 238, 253, 261, 267ff., 273, 275, 277, 280f., 286, 291f., 299, 304, 307, 311f., 323, 328, 333
Ruben, Else 152, 166, 172, 174, 179, 185, 196, 200, 204, 210, 217, 229f., 233, 237, 239, 251, 253, 259, 261, 266f., 270, 273, 277, 281, 284, 286, 291ff., 296, 298ff., 306, 308, 310, 312, 323, 326, 328–331, 333, 337, 340, 348, 358
Ruben, Hugo 117
Ruben, Klaus (Walter Klaus) 152, 166, 172, 200, 217, 239, 242, 244, 249, 253, 261–264, 266, 273ff., 277, 280, 283, 286, 288, 292f., 302, 308, 312, 331, 333, 340
Ruben, NN 55, 77
Rubinski, Jakob 117
Rühmann, Heinz 24
Russ, Rebecka vh. Hartoch s. dort

## S

Sack, Erna 23
Schaal, Ruth geb. Neumark 204, 289
Schaal, Ruth geb. Neumark (Foto) 353
Schaal, Zvi 289
Schatz, NN, Dr. 224
Schatzschneider, Immo 19
Schiller, Friedrich 103
Schily, Otto 138
Schmeidler, Rachela 107
Schönenberg, Ernst 171
Schönenberg, Flora 171
Schönenberg, Fritz 170
Schönwald, Siegmund 35
Schremper, Anna Hilde vh. Nachmann s. dort
Schreuer, Wilhelm 172
Scott, William Patrick 69
Seelmann, Fritz 117
Sella, Kurt Josef s. Steinberg, Kurt
Shakespeare, William 104
Simon, Max 65
Simon, Walter 117
Sommer-Heid, Karin 19
Sparks, NN 205
Stein, Elise vh. Koebe s. dort
Steinberg, Alex 174, 240
Steinberg, Charlotte vh. Frohmann s. dort
Steinberg, Charlotte vh. Kaiser-Blüth s. dort
Steinberg, Gerda geb. Leeser 305, 346
Steinberg, Hanna geb. Levy 153f.
Steinberg, Kurt Alfred (Sella, Kurt Josef) 153, 174, 281, 321, 348
Steinberg, Marianne vh. Ostrand s. dort
Steinberg, Selma geb. Kaufmann 174, 240, 281f., 321, 338, 348, 358
Steinhauer, NN 35
Stern, Adolf 220
Stern, Dora 220

Stern, Gertrud  220
Stern, Gustav(e)  220
Stern, Hans-Hermann  220
Stevenson, J. H.  245
Strehlen, Martina  19, 174

**T**
Tauber, Richard  23
Teiwel, Martin  302
Teiwel, Max  302
Teiwel, Rosalie  302
Teiwel, Rudolf  302
Thomas, Alwine  120
Tietz, Manfred  136
Traugott, Bertha geb. Neumark  283, 327
Traugott, Louis, Prof.  283, 291, 298, 327
Traugott, Paula vh. Kaufmann s. dort
Traugott, Stefan  283, 327
Türck, Ella Elisabeth vh. Daniels s. dort

**U**
Ulmer, Karl-Heinz  341
Ulmer, Rosalia  341
Upmann, Änny  211
Upmann, Julius  211
Upmann, Lieselotte  211

**V**
Varga, András  53
Vogedes, Rita  148

**W**
Wagner, Richard  23
Weimersheimer, Clara  52
Weinberg, Elli  117
Weischenberg, E.  385
Wertheide, NN  236
Wiener, Ernest Edouard  189, 203, 303, 306, 308, 311, 313f.
Wiener, Helene vh. Kaufmann s. dort
Wilczynski, Klaus  68f., 132, 320
Wilmers, NN  50
Winkler, Philipp, Dr.  63f.
Winter, Helene  77, 156, 162, 172, 177, 180, 185, 188, 196, 216, 218, 222f., 249, 251, 254, 260, 263f., 267f., 273, 277, 279f., 283f., 286, 289, 290f., 293, 300, 354
Winter, Sally  77, 156f., 161f., 172, 177, 180, 185, 188, 196, 216, 218, 222f., 225, 230, 239, 245, 249, 251, 254, 260, 262, 264, 267f., 273, 283, 293, 300, 354
Wolf, Alfred, Dr.  117, 188, 239, 357
Wolf, Christa  139
Wolf, Erich  262, 288, 309
Wolf, Käthe  239
Wolf, Kurt  288, 309
Wormleighton, Alex  53

**Z**
Zunsheim, Katharina vh. Rottenstein s. dort
Zweig, Arnold  103
Zweig, Stefan  103